Be a Master of Reading

펴낸이   김기훈 | 김진희
펴낸곳   (주)쎄듀 | 서울특별시 강남구 논현로 305 (역삼동)
발행일   2024년 10월 7일 초판 1쇄
내용문의   www.cedubook.com
구입문의   콘텐츠 마케팅 사업본부
        Tel. 02-6241-2007
        Fax. 02-2058-0209
등록번호   제 22-2472호
ISBN   978-89-6806-434-0
        978-89-6806-432-6 (세트)

천일문 독해

저자

김기훈
現 ㈜쎄듀 대표이사
現 메가스터디 영어영역 대표강사
前 서울특별시 교육청 외국어 교육정책자문위원회 위원
저서   천일문 / 천일문 Training Book / 천일문 GRAMMAR
        첫단추 BASIC / Grammar Q / ALL씀 서술형 / Reading Relay
        어휘끝 / 어법끝 / 쎄듀 본영어 / 절대평가 PLAN A
        The 리딩플레이어 / 빈칸백서 / 오답백서
        첫단추 / 파워업 / 쎈쓰업 / 수능영어 절대유형 / 수능실감 등

쎄듀 영어교육연구센터

쎄듀 영어교육센터는 영어 콘텐츠에 대한 전문지식과 경험을 바탕으로
최고의 교육 콘텐츠를 만들고자 최선의 노력을 다하는 전문가 집단입니다.

오혜정 수석연구원   **한예희** 책임연구원   **장정문** 선임연구원   **구민지** 전임연구원   **정예영** 전임연구원
이누리 연구원   **변효진** 연구원   **박정원** 연구원   **김미정** 연구원

검토에 도움을 주신 분들

구대만 선생님(대치잇올스파르타)   권영진 선생님(경동고)   길성윤 선생님(길선생 영어학원)
김정은 선생님(조이럭 영어학원)   김지연 선생님(송도탑영어학원)   박수진 선생님(서울 송파 이은재영어학원)
이선재 선생님(경기 용인 E-Clinic)   이헌승 선생님(아잉카아카데미)   한재혁 선생님(현수학영어학원)

마케팅   콘텐츠 마케팅 사업본부
제작   정승호
영업   문병구
인디자인 편집   올댓에디팅
디자인   윤혜영
일러스트   제니곽, 박하영
영문교열   James Clayton Sharp

FOREWORD

천일문 독해 시리즈는 천일문 시리즈를 근간으로 하는 지문 독해 학습서입니다. 천일문 시리즈는 개별 문장의 정확한 해석을 학습 목표로 하며, 천일문 독해 시리즈는 **지문 독해 학습**을 목표로 새롭게 선보이는 것입니다.

이 시리즈를 준비하면서, 독해 학습 효과를 극대화한 **진정한 독해 교재**를 만들기 위해 깊이 고민하고 연구했습니다. 연구 결과를 책으로 구현하기까지, 알고 있던 독해 이론들을 다시 정리하고, 효과적인 독해 학습 방법에 대한 최신 논문들도 하나하나 검토했습니다. 또한, 킬러 문항 배제 정책 이후의 미묘한 출제 변화와 그것이 학생들의 오답률에 미친 영향을 꼼꼼히 분석하였습니다. 이러한 연구 활동은 학생들이 실제로 겪고 있는 어려움과 고민을 헤아리는 탄탄한 기반이 되었습니다.

학습 대상이 되어야 할 좋은 글은 무엇인지에 대해서도 생각해 보았습니다. 글쓰기의 궁극적 목적과 방향은 주제 및 요지를 정확하고 알기 쉽게 전달하는 것입니다. 대부분의 평범한 글은 이를 충실히 수행하므로 읽는 사람이 어렵지 않게 파악할 수 있습니다. 그러나 시험에 출제되는 일부 글은 그렇지 않습니다. 마치 어떻게 하면 이해가 어려울지를 고민하면서 쓴 것처럼 느껴집니다.

따라서 쉽게 읽히는 글이나 단순히 정보만 나열된 글은 고등학생들의 학습 대상이 아닙니다. 이러한 글은 아무리 읽어도 독해 실력이 잘 늘지 않습니다. 어휘의 표면적 의미(문자 그대로의 의미)만 알면 누구나 쉽게 이해할 수 있기 때문입니다. 집중적으로 학습해야 할 글은 **이해를 방해하는 요소가 있는 글, 논리 사고력을 키워주는 글**입니다. 이런 특성을 가진 120개의 지문을 엄선하였고, 이를 다시 수준에 맞게 다듬고, 길이 조정과 검수를 거쳐 각 30개씩 총 네 권에 나눠 실었습니다.

또한 일선에 계신 선생님들을 만나 뵙고 내부 구성과 요소들에 대한 조언을 반영했습니다. 그 조언들에 따라 연구원들과 함께 수정을 거듭하고 아이디어를 모았습니다. 방향이 정해진 뒤에는 원고 작업과 개선에 매진하여 선택지 하나에도 그 몇 배의 고민과 지난 집필 경험을 담았습니다.

힘든 과정이었지만, 한 지문, 한 지문 원고를 완성하면서 느끼는 만족감과 즐거움도 그만큼 커졌습니다. 어느새 출간을 앞두고 보니, 어서 빨리 학생들과 함께 나누고 싶은 마음 또한 커집니다. **진정한 독해력이 그 어느 때보다 중요한 시기**입니다. 이 시리즈가 학생 여러분의 독해 고민을 해결해 드릴 수 있으리라 믿습니다. 이 의미 있는 여정의 결과를 함께할 모든 학생 여러분에게 진심을 담아 응원을 전합니다!

저자

SERIES *COMPOSITION*

좋아하는 장르의 드라마나 영화를 계속 시청하다 보면 전개가 익숙하게 느껴지고 결말, 때로는 반전까지 예측할 수 있게 됩니다.
그 이유는 로맨스, 코미디, 스릴러, 모험, 액션, SF, 판타지 등 장르마다 대중을 사로잡는 고유한 플롯(plot: 구성)이 있기 때문입니다.
예를 들어, 모험(Adventure) 장르는 주인공이 어떤 이유로 집을 떠나 다양한 고난의 여정을 거치며 성장을 이루고 돌아오는 이야기를
주로 담고 있습니다. 이 플롯을 알면 전개되는 내용을 더 잘 이해할 수 있고, 요약해서 전달하거나 기억하기도 쉽습니다.

학생들이 가장 많이 접하고 훈련해야 하는 글의 플롯은 아래 두 가지 유형입니다. 목표로 하는 시험에 가장 높은 비율로 등장하며,
교육적으로도 상당히 유용합니다.

 **Argument Passages: 주장글**
글쓴이의 주장(argument)을 담고 있습니다.

 **Explanation Passages: 설명글**
사실(facts) · 정보(information)를 설명합니다.

(좀 더 상세한 설명은 p. 12~13 Understanding ARGUMENT and EXPLANATION Passages 참고)

이 두 가지 유형의 전개에 익숙해지면 독해력이 탄탄하게 올라갑니다. 주제문과 세부 사항에 대한 이해력이 향상되어 자신감이 길러지고,
읽는 동안 생각이 이리저리 흩어지지 않고 핵심에 집중할 수 있게 해줍니다.

이를 위해, 일정 기간 한 가지 유형에만 집중하는 것이 필요합니다. 마치 좋아하는 장르를 계속해서 시청하면 플롯을 꿰뚫게 되는 것과
같은 이치입니다. 천일문 독해 시리즈는 한 권에서 한 가지 유형만 온전히 다루는 방식으로 하여 레벨 당 두 권으로 구성했습니다.
각 레벨의 두 권을 모두 학습한 뒤에는 다양한 글이 섞여 나오는 기존의 학습서를 어느 것이든 선택하여 학습을 이어가시면 됩니다.
지문의 평균 길이가 150~180단어이므로, 본인이 모르는 단어가 10개 이하인 것을 선택하는 것이 바람직합니다.

글 유형	주장글	설명글	주장글	설명글
난이도	고1 (2, 3등급)		고2 (2, 3등급)	
병행학습	천일문 기본(BASIC)편과 병행 권장		천일문 핵심(ESSENTIAL)편과 병행 권장	

BOOK *COMPOSITION*

1. 본책

기출 간접 연계 지문을 수록했습니다. 소재는 유사하지만 내용이 다르므로 시험과 근접한 느낌으로 학습할 수 있습니다.

학평, 모평, 수능의 소재는 반복하여 출제되는 경향이 있습니다. 예를 들어, Richard Dawkins의 <이기적 유전자(The Selfish Gene)>는 2011~12년에 자주 출제되었고 2021학년도에 다시 등장했습니다. 최근에는 AI가 계속해서 출제되고 있습니다.

이 책을 가이드 삼아, 문제 푸는 것에서 한 발짝 더 나아가 소재에 대한 배경지식과 관련 어휘를 정리해 보세요. 실전에서 발휘할 수 있는 소중한 자산이 될 것입니다.

(좀 더 상세한 설명은 p. 6 Key Aspects & Applications (주요 부분과 활용법) 참고)

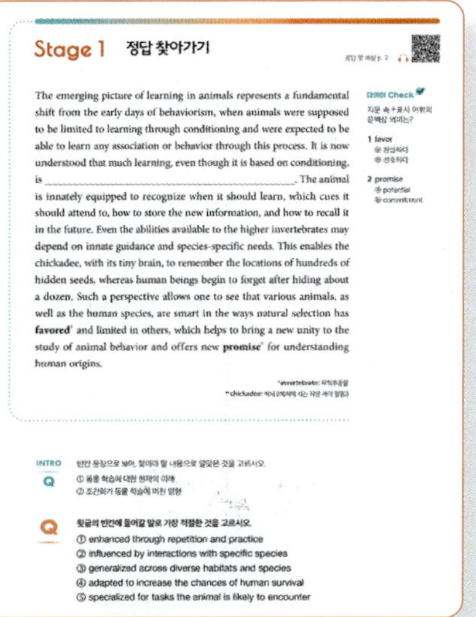

2. 함께 풀면 좋은 기출문제

본책의 지문마다 연계되는 기출문제를 두 개씩 실었습니다. 지문 소재나 글 구조가 기출에서 어떻게 출제되었는지 알 수 있으며, 독해 학습법 중 하나인 narrow reading 으로 활용할 수 있습니다.

*narrow reading: 하나의 소재 또는 같은 작가의 글을 집중해서 읽는 학습법. 특히 어휘력 습득과 배경지식 증진에 도움이 됩니다.

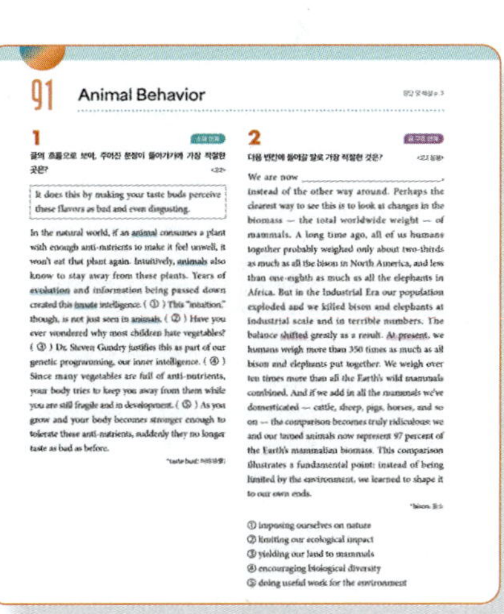

3. 정답과 해설

직독직해와 각 문제에 대한 친절하고도 자세한 해설을 실었습니다. 맞은 문제라도 해설을 참고하여 자신의 추론이나 사고 과정이 올바른지 꼼꼼히 확인해 보세요.

일러두기 /, // 의미 단위 표시 ( ) 형용사구 [ ] 형용사절
- 일반적인 어구의 끊어 읽기는 /로 표시하였고, 절과 절의 구별은 //로 표시하였습니다. 다만, 더 큰 절 내의 부속절은 /로 표시하였습니다.

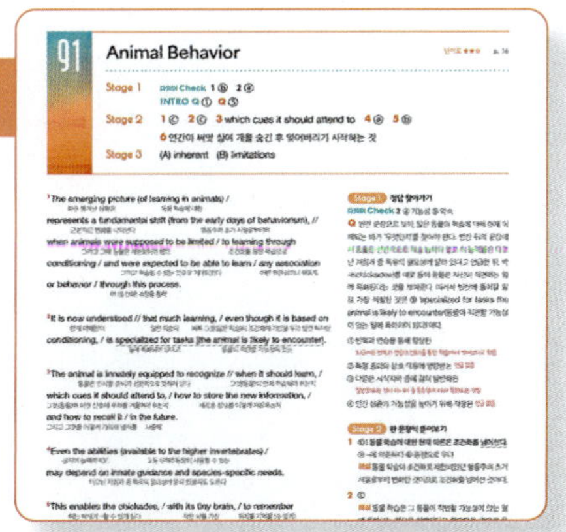

KEY ASPECTS *& APPLICATIONS*

Thought Experiments 사고 실험

원리나 이론을 검증하기 위해 머릿속으로 생각하며 수행하는 실험을 말해요.
생각 실험이나 사유 실험이라고도 하며, 관찰이나 실험을 통한 경험적(empirical) 실험 방법과 대비됩니다.

사고 실험을 하는 이유는 무엇일까요?
그것은 바로 실제 실험을 하기 어려운 상황이 있기 때문입니다.
특히 과거의 혁명적 이론들 중에는 실제 실험을 할 수 있는 여건이
되지 않아 사고 실험으로 이론(theory, hypothesis, principle)을
증명(prove)하거나 어떤 이론이 틀렸음을 입증(disprove)한
경우가 있습니다.

현대의 물리학자들도 사고 실험을 즐겨 사용합니다.
예를 들어, 블랙홀과 관련된 논의들은 실제 블랙홀을 대상으로
실험할 수 없어서 많은 부분이 사고 실험으로 진행됩니다.

Words & PHRASES

✦표시 단어는
지문 속 의미를
다의어 Check♥
에서 고르세요.

theoretical	이론적인, 이론의	cf. theoretical physics 이론 물리학
discipline✦	규율; 학과, 학문 분야; 훈련(하다)	
existence	존재, 실재; 생존	• come into existence 생기다, 나타나다
conduct	안내하다; (특정한 활동을) 수행하다; 지휘하다; (특정한) 행동	
hypothesis	가설; 추정(= assumption)	
string	끈, 줄; 묶다, 매달다	
overall	종합[전반]적인, 전체의	
set up	세우다; 설치하다; 준비하다; 설정하다	
apparatus	장치, 기구(= equipment); (신체) 기관; (정부) 조직체[기구]	
prove	증명하다, 입증하다(↔ disprove 틀렸음을 입증하다)	• proof 증명, 입증(↔ disproof 반증, 반박); (손상 등에) 견딜 수 있는
contrary to A	A와는 반대로(= as opposed to A)	
mass✦	(형체가 없는) 덩어리; ((물리)) 질량; (제멋대로 모여 있는) 무리; 대량의	
vacuum	진공; 진공청소기(로 청소하다)	
acceleration	가속(도)	• accelerate 가속화하다, 속도를 높이다
combine	결합하다, 결합되다	• combine A with[and] B A와 B를 결합하다
flaw	결함(= defect, fault); (사물의) 흠, 갈라진 틈	
reasoning	추론, 추리	• reason 이유, 근거; 이성, 사고력; 추리[추론]하다

1. 핵심 소재 소개

지문의 소재와 배경지식을 간단히 정리했습니다. 소재와 관련된 핵심 기출 어휘도 함께 살펴볼 수 있습니다.

*지문을 읽고 문제를 푼 뒤에 살펴보는 방법도 있습니다.

2. 어휘 주석 *Words & PHRASES*

지문에 나오는 어휘의 의미, 유반의어, 관련어구 등을 미리 학습할 수 있습니다.

✦ 표시는 다의어를 뜻하며, 여러 뜻 중 지문에서 사용된 의미를 묻는 문제가 다음 페이지의 지문 오른쪽에 마련되어 있습니다.

*지문에서 모르는 어휘가 평균 5개 미만인 경우, 어휘를 미리 학습하지 말고 바로 문제 풀기에 도전하는 것이 더 좋습니다. 모르는 어휘가 보이면 문맥으로 추론해 읽어보고 나중에 확인하는 방식으로 학습해 보세요.

Stage 1 정답 찾아가기

정답 및 해설 p. 4

We're seeing a shift from mass culture to increasingly parallel culture driven by digital technologies and online platforms. Whether we realize it or not, each of us simultaneously belongs to many different "tribes," sharing some interests with our colleagues and others with our families. ① We even share some with people we have never met or even think of as individuals, such as blog authors or social media influencers. ② In short, these technologies, leading to an explosion of choice in the content we consume, are also creating new social structures. ③ Analog technologies, on the other hand, take quite a long time to spread across cultures and sociocultural impacts take a long time to unfold. ④ When mass culture **breaks off**, it turns into millions of microcultures that coexist and interact in surprising ways, rather than re-forming into a different mass. ⑤ As a result, we can now treat culture not as one big blanket, but as the overlapping of many interwoven threads, each of which is individually accessible and connects different groups of people at once.

다의어 Check ✔
지문 속 ✦표시 어휘의
문맥상 의미는?

1 break off
ⓐ become
  separated
ⓑ stop

INTRO Q 첫 두 문장으로 보아, 앞으로 전개될 내용으로 가장 적절한 것을 고르시오
① the transition to more diverse cultures
② digital technologies and online platforms

Q 윗글에서 전체 흐름과 관계 <u>없는</u> 문장을 고르시오.
①   ②   ③   ④   ⑤

OUTRO Q 위 문제에서 선택한 정답 문장의 내용을 고르시오.
① Analog technologies spread and impact society slowly.
② Mass culture breaks into many interacting microcultures.

---

3. Stage 1 정답 찾아가기

대의(주장, 요지, 주제, 제목), 함의 추론, 빈칸, 무관 문장, 순서, 문장 넣기 유형으로 구성했습니다.

- 지문을 읽고 ✦ 표시된 굵은 글씨 어휘의 문맥상 의미를 **다의어 Check** ✔ 에서 확인하세요.
- QR코드를 이용하여 음성 녹음파일을 들어볼 수 있습니다. 복습할 때 활용하세요.

문제 유형마다 정답을 찾아가는 올바른 과정이 있습니다. 체계적인 문제 풀이를 습관화할 수 있도록 본 문제에 대한 사전, 사후 문제를 두었습니다.

INTRO Q   본 문제를 풀기 위한 사전 문제
OUTRO Q   정답을 검증하기 위한 사후 문제

**유형별
INTRO, OUTRO
문제 모음**

❶ 주장, 요지, 주제, 제목	**INTRO Q**	윗글의 중심 소재는 무엇인지 고르시오.
❷ 함의 추론	**INTRO Q**	밑줄 친 어구의 ○○가 의미하는 것을 고르시오.
❸ 빈칸	**INTRO Q**	빈칸 문장으로 보아, 찾아야 할 내용으로 알맞은 것을 고르시오.
❹ 부관 분상	**INTRO Q**	첫 문장으로 보아, 앞으로 전개될 내용으로 가장 적절한 것을 고르시오.
	OUTRO Q	위 문제에서 선택한 정답 문장의 내용을 고르시오.
❺ 순서	**INTRO Q1**	네모 안에 주어진 글의 핵심 내용으로 적절한 것을 고르시오.
	INTRO Q2	(A)~(C)의 내용으로 알맞은 것끼리 짝지으시오.
❻ 문장 넣기	**INTRO Q**	네모 안에 주어진 문장으로 보아, 앞 내용으로 가장 적절한 것을 고르시오.
	OUTRO Q	위에서 고른 정답 뒤에 바로 이어지는 내용으로 가장 적절한 것을 고르시오.

정답 및 해설 p. 12

◆주어진 질문에 답하시오.

¹There was once a time when the world was full of mess and disorder.

²Then mankind came along.

³Prehistoric men wouldn't at first have been significantly less messy than most other animals.

1 문장 3을 원급 구문을 이용하여 바꿔 쓸 때 빈칸에 들어갈 말로 알맞은 것을 쓰시오.
= Prehistoric men would at first have been nearly _______________ most other animals.

⁴Then, **gradually**, they developed a skill **for categorizing** mushrooms into poisonous and nonpoisonous varieties, **for keeping** hunting grounds free of human signs that would alert prey, **and for scheduling** shifts for guard duty.

◀ gradually는 시간의 흐름에 따른 변화를 나타낸다.

◀ <for+동명사구> 형태인 전명구 세 개가 콤마(,)와 and로 병렬 연결되었다.

2 문장 4를 간단히 표현할 때 빈칸에 알맞은 것은?
→ a progression to a more _______________ way of living
ⓐ minimal
ⓑ ordered
ⓒ independent

⁵Archaeological sites dating as far back as 1.5 million years **suggest that** early humans establish storage areas for tools, and **that** by 20,000 BC some hunter-gatherers had separate areas for eating, cooking, tossing garbage, and even for leisure activities such as carving stones.

◀ suggest that ~
suggest의 의미에 따라 that절의 동사 형태가 달라진다.
1. ~이 되어야 한다고 제안하다: that절의 동사는 <(should +)동사원형>으로 쓴다.
2. ~을 시사하다[암시하다]: that절 동사는 주어의 인칭과 수, 그리고 시제에 맞게 쓴다.

3 문장 5가 어법상 옳으면 O, 틀리면 X로 표시하고 틀린 부분을 바르게 고치시오.

⁶Anthropologists have argued that <u>the Neanderthals</u>, a species of man that branched off from our own ancestor Homo sapiens half a million years ago and thrived in Europe for a hundred thousand years, died off because they seemed to be less organized than our own primitive ancestors, **judging by** the excavated remains of the messier Neanderthal sites.

◀ 긴 문장에서는 삽입구를 제외한 주어, 동사 등 핵심 구조 위주로 해석한다.

◀ judging by[from] (~으로 판단하건대)

4 밑줄 친 주어 the Neanderthals의 동사를 찾아 쓰시오.

5 문장 6을 간단히 표현할 때 빈칸에 알맞은 것은?
→ Neanderthals' extinction appears to be related to their _______________ organizational skills.
ⓐ deficient
ⓑ distinctive
ⓒ unnecessary

⁷Clearly, a preference for certain types of order **must have resulted in advantages** in primitive men's fight for survival.

◀ advantages는 지문에서 열거한 내용들을 일반화하여 나타낸 것이며, 이 글은 문장 7을 주제문으로 하는 미괄식 구조이다. 설명문의 주제문에는 difficulties, benefits, factors, efforts, effects와 같은 일반적 의미의 어구들이 많이 등장한다.

TIP◆ 조동사 have p.p.: 과거의 일에 대한 가능성/추측

might have p.p.	may have p.p.	could have p.p.	must have p.p.
어쩌면 ~했을지도 모른다	~했을지도 모른다	~했을 수도 있다	~했음이 틀림없다
			↔ can't[cannot] have p.p.
			~했을 리가 없다

less certain ←——————————————————————→ almost certain

4. *Stage* 2 한 문장씩 뜯어보기

독해력은 하루아침에 향상되는 것이 아닙니다. '문제를 많이 풀면 언젠가는 되겠지'와 같은 막연한 기대는 하지 않는 것이 좋습니다. 수능 유형 문제만 풀고 넘어가지 말고, 지금 학습하는 책의 내용 하나하나를 충실하게 습득하는 것이 무엇보다 중요합니다.

• **문장별 또는 소문단별 핵심 요약:** 글을 문장별로 또는 두세 문장의 작은 의미 덩어리로 나눠 다른 말로 요약해 보는 훈련입니다. 정확한 흐름 파악과 말바꿈(paraphrasing), 유반의어 습득에 도움이 됩니다. 고학년으로 올라갈수록 단어 하나하나의 세세한 이해보다는 요약하여 흐름을 이해하는 능력이 중요하므로 이에 대한 탄탄한 기본기를 다질 수 있습니다.

• **지칭어/대용어 파악:** 영어는 반복을 피하려는 특성이 있어서 같은 대상이라도 계속해서 다른 말로 표현합니다. 지칭어나 유의어뿐만 아니라 그 문맥에서만 의미가 통하는 다른 말도 사용합니다. 앞서 나온 어구를 달리 표현한 어구를 제대로 간파하면서 읽어 내려가는 능력을 길러야 합니다.

• **내용 예측:** 예측은 독해에서 아주 중요한 역할을 합니다. 예측한 대로 내용이 흘러가면 독해 속도가 빨라지고, 예측이 맞지 않으면 맞지 않는 대로 독해 몰입도가 올라갑니다. 마치 영화에 반전이 있을 때 더 몰입되는 것과 같습니다. 따라서 예측하고 틀리는 것을 겁내지 말고 습관화해야 합니다.

*학자들은 독해를 'psychological guessing game'이라고 정의 내리기도 합니다. 독해란 앞으로 전개될 내용을 예측하고 맞는지 확인하는 과정의 연속이라는 의미입니다.

• **기타 문제:** 어법, 어휘, 문장 전환, 직독직해 등 다양한 문제로 구성하였습니다.

• **TIP:** 해당 문장을 정확하게 해석하는 데 필요한 구문 지식을 정리하였습니다.

• **문장 오른쪽 설명부:** 글의 흐름 판단에 도움이 되는 내용, 어법 및 구문 설명, 독해 시 주의 사항 등을 정리했습니다.

Stage 3 요약하기

* 글의 내용을 아래와 같이 요약할 때, 빈칸 (A)~(D)에 들어갈 가장 적절한 말을 <조건>에 맞게 쓰시오.

Early humans evolved from initial (A) ____________ and developed various organiz skills for their (B) ____________, while Neanderthals' (C) ____________ incl for order may have contributed to their (D) ____________.

(조건) <보기>의 단어 중에서 골라 그대로 쓸 것
(보기) arrangement / extinction / superior / variety
survival / disorder / separation / weaker

96 Exploring Prehistory

정답 및 해설 p. 13

1 소재 연계

다음 글의 제목으로 가장 적절한 것은? <고2>

Anxiety has been around for thousands of years. According to evolutionary psychologists, it is adaptive to the extent that it helped our ancestors avoid situations in which the margin of error between life and death was slim. Anxiety warned people when their lives were in danger: not only from wild tigers, cave bears, hungry hyenas, and other animals stalking the landscape, but also from hostile, competing tribes. Being on alert helped ancient people fight predators, flee from enemies, or "freeze," blending in, as if camouflaged, so they wouldn't be noticed. It mobilized them to react to real threats to their survival. It pushed them into keeping their children out of harm's way. Anxiety thus persisted through evolution in a majority of the population because it was (and can be) an advantageous, lifesaving trait.

*camouflaged: 위장한

① Don't Be Anxious, Just Be Ready!
② How Anxiety Helped Us to Survive
③ Living Simply in an Anxious World
④ Humans and Animals: Friends or Enemies?
⑤ Various Emotions: the Products of Evolution

2 글 구조 연계

다음 빈칸에 들어갈 말로 가장 적절한 것은? <고2>

Dancers often push themselves to the limits of their physical capabilities. But that push is misguided if it is directed toward accomplishing something physically impossible. For instance, a tall dancer with long feet may wish to perform repetitive vertical jumps to fast music, pointing his feet while in the air and lowering his heels to the floor between jumps. That may be impossible no matter how strong the dancer is. But a short-footed dancer may have no trouble! Another dancer may be struggling to complete a half-turn in the air. Understanding the connection between a rapid turn rate and the alignment of the body close to the rotation axis tells her how to accomplish her turn successfully. In both of these cases, understanding and working within the ____________ imposed by nature and described by physical laws allows dancers to work efficiently, minimizing potential risk of injury.

*alignment: 정렬 **rotation axis: 회전축

① habits
② cultures
③ constraints
④ hostilities
⑤ moralities

5. *Stage* 3 요약하기

글쓴이가 말하고자 하는 핵심과 그에 대한 주요 세부 사항을 담고 있습니다. Stage 2에서 내용을 세세하게 살펴보았다면, Stage 3에서는 글의 큰 흐름을 간략히 정리해 보는 것으로 마무리합니다.

6. 함께 풀면 좋은 기출문제

본책의 지문과 소재가 같은 기출문제는 <소재 연계>, 구조가 같은 글은 <글 구조 연계>로 제시하였습니다.

연계되는 어휘, 어구, 표현, 구문을 형광펜으로 표시하였으므로 쉽게 확인할 수 있습니다.

CONTENTS

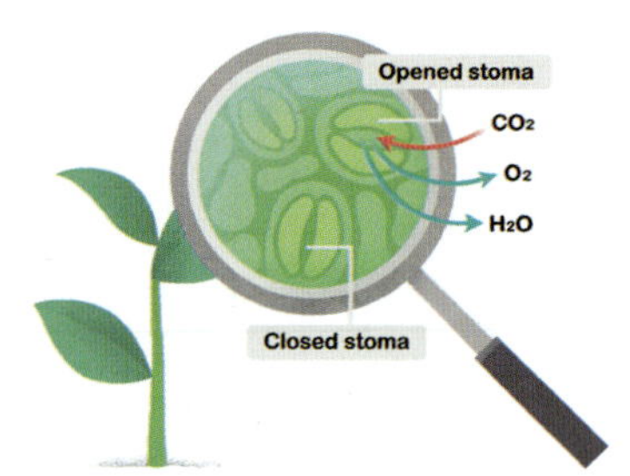

ESSENTIAL A

UNDERSTANDING
ARGUMENT and EXPLANATION Passages

앞서 살펴본 바와 같이, 글의 두 가지 유형별 특색을 잘 알아두어 구별하는 것은 독해력 향상에 도움이 됩니다.
두 가지 유형의 특징은 아래와 같습니다.

주장글 (ARGUMENT PASSAGES)

주요 목적은 읽는 이가 글쓴이의 주장, 특정 관점을 받아들이도록 설득하는 것입니다. (persuasive passages라고도 합니다.)
즉, 읽는 이의 생각이나 행동에 영향을 미치고자 합니다. 신문 사설, 정치 연설, 광고 등이 이에 속합니다.

1. 주제문
소재나 주제에 대한 글쓴이의 주관적 관점을 명확히 서술합니다.
e.g. A는 훌륭한[가장 좋은, 바람직한 등] ~이다 / ~해야 한다 / ~하면 안 된다 / ~하라 / ~하지 마라 등

2. 주요 세부 사항
주로, 설득력이 강한 객관적 사실, 통계, 전문가 의견 등을 내세워 글쓴이의 주관적 관점을 타당성 있게 뒷받침합니다.

[1]Face-to-face interaction is a uniquely powerful — and sometimes the only — way to share many kinds of knowledge, from the simplest to the most complex. [2]It is one of the best ways to stimulate new thinking and ideas, too. [3]Most of us would have had difficulty learning how to tie a shoelace only from pictures, or how to do arithmetic from a book. [4]Psychologist Mihàly Csikszentmihàlyi found, while studying high achievers, that a large number of Nobel Prize winners were the students of previous winners: they had access to the same literature as everyone else, but personal contact made a crucial difference to their creativity. ~ *arithmetic: 계산 **literature: (연구) 문헌	**문장 1~2(주제문)** 대면 상호작용의 중요성과 우월성 (← **1** 대면 상호작용(소재)은 다양한 지식을 공유하는 데 매우 강력하며, **2** 새로운 생각과 아이디어를 자극하는 최고의 방법 중 하나이다.) **문장 3~4(주요 세부 사항)** 근거1: **3** 사람들은 그림만으로 신발 끈 묶는 법을 배우거나 책으로 계산을 배우는 데 어려움을 겪는다. (→ 대면 상호작용이 중요함을 객관적 사실로 뒷받침) 근거2: **4** 심리학자 미하이 칙센트미하이는 많은 노벨상 수상자들이 (대면 상호작용이 가능한) 이전 수상자들의 제자였음을 발견했다. (→ 전문가의 말로 뒷받침)

또는 이야기 방식으로 전달하기도 합니다. 이야기의 문제 해결, 등장인물의 행동 등이 주제문을 뒷받침합니다.

[1]Rewarding business success doesn't always have to be done in a material way. [2]A software company I once worked for had a great way of recognizing sales success. [3]The sales director kept an air horn outside his office and would come out and blow the horn every time a salesperson settled a deal. ~ [7]You should have seen the way the rest of the sales team wanted the air horn blown for them.	**문장 1(주제문)** 성공 보상은 물질적이지 않은 방식으로도 가능하다. (← **1** 사업 성공에 대한 보상이 언제나 물질적 방식이어야 하는 것은 아니다.) **문장 2~7(주요 세부 사항)** 영업 계약이 성사될 때마다 영업 이사가 에어 혼(공기로 작동하는 경적)을 불어 큰 소리를 내었다. ~ 결국 모두가 자신에게 그 에어 혼이 불리기를 원했다. (→ 즉, 비물질적 보상인 에어 혼으로도 충분한 업무 동기가 된다.)

 설명글(EXPLANATION PASSAGES)

주요 목적은 읽는 이에게 소재[주제]를 알리고, 설명하고, 묘사하는 것입니다. (expository passages라고도 합니다.)
교육적으로 유용하고 흥미로운 사실과 정보를 담고 있습니다. 교과서 본문, 단계별 지침을 담은 안내서, 백과사전 내용 등
이 이에 속합니다.

1. 주제문

설명하고자 하는 소재[주제]를 다양한 표현으로 소개합니다. 주제문을 명시하지 않는 경우가 더 많습니다.
e.g. ~의 이점[원인, 결과, 역할, 방법 등]에는 몇 가지가 있다 등

2. 주요 세부 사항

소재에 대해 상세한 객관적·사실적 정보와 설명을 제공합니다. 용어나 개념을 자세히 소개하여 이해를 돕기도 합니다.
읽는 이에게 어떤 주관적 관점을 설득하려 하지 않습니다.

*주장글과 설명글 모두 객관적·사실적 정보가 등장할 수 있습니다. 하지만 주장글의 사실들은 읽는 이가 특정 관점을 받아들이도록 설득하
거나 특정 행동을 유도하기 위해 사용합니다.

<table>
<tr><td>

[1]Vegetarian eating is moving into the mainstream as more and more young adults say no to meat, poultry, and fish. [2]According to the American Dietetic Association, "approximately planned vegetarian diets are healthful, are nutritionally adequate, and provide health benefits in the prevention and treatment of certain diseases." [3]But health concerns are not the only reason that young adults give for changing their diets. [4]Some make the choice out of concern for animal rights. ~ [6]Others turn to vegetarianism to support the environment. ~

</td><td>

문장 1(도입문)
점점 더 많은 젊은이들이 육식 대신 채식을 하고 있다.

문장 3(주제문)
젊은이들이 식단을 바꾼 여러 이유가 있다. (← 3 젊은이들이 식단을 바꾼 이유는 건강에 대한 염려 때문만은 아니다.)

문장 2, 4, 6 등(주요 세부 사항)
이유1 **2** 건강에 좋아서
이유2 **4** 동물의 권리를 위해
이유3 **6** 환경을 위해

</td></tr>
</table>

즉 위에서 등장하는 전문가의 말, 사실 등은 '채식주의가 바람직하다'는 견해를 갖거나 '채식'을 하도록 읽는 이를 설득하기
위한 것이 아니고, '채식 선호가 증대되는 현상의 이유'를 나열하여 설명하는 것입니다.

* 주제문이 없는 글

주장글, 설명글에서 세부 사항만으로도 주제를 충분히 알 수 있는 경우, 주제문을 명시적으로 나타내지 않기도 합니다. 따라서 세부
사항이 견해나 주장을 뒷받침하는 근거 또는 증거에 해당하는지, 아니면 어떤 것을 구체적으로 설명하여 이해시키려는 것인지에 따
라 글의 주제를 판단하면 됩니다.

Explanation

Be informed about specific subjects
and interesting facts!

91

120

Animal Behavior 동물 행동

동물 행동 연구는 진화 생물학(evolutionary biology)의 한 세부 분야로,
동물들이 환경에 어떻게 적응하고 생존 전략을 세우는지를 연구합니다.

동물이 왜 그런 행동을 하는지 궁금해 한 적이 있을 거예요.
동물 행동 연구는 이런 질문에 대한 답을 찾아가는데,
동물의 타고난(innate) 능력뿐만 아니라 학습된 행동도 연구합니다.

이 연구를 통해서 우리 인간의 행동과 진화(evolution)도 조금씩
이해할 수 있어요.

Words & PHRASES

✦표시 다의어는
지문 속 의미를
다의어 Check✔
에서 고르세요.

☐ **emerging**	최근 생겨난, 최근에 만들어진	• emerge 나오다, 나타나다; 생겨나다 • emergence 출현, 발생, 등장
☐ **picture**	그림; 사진; (전반적인) 상황	
☐ **represent**	나타내다; 대표하다	
☐ **fundamental**	근본적인(= basic); 필수적인(= essential)	
☐ **shift**	변화; 교대, 교체; 변화하다	
☐ **behaviorism**	행동주의 ((자극과 반응으로 일어나는 행동을 대상으로 심리를 연구하는 입장))	
☐ **be supposed to-v**	v하기로 되어 있다, v해야 한다; v라고 여겨진다	
☐ **conditioning**	(특정 조건에 반응하거나 익숙하게 하는) 길들이기, ((심리)) 조건화	• condition (전제) 조건; 상태; 길들이다, 훈련시키다
☐ **association**	협회; 연계; 연관(성)	• associate 어울리다; 연상하다, 연관 짓다
☐ **innately**	선천적으로(= inherently)	• innate 타고난, 선천적인(= inborn)
☐ **equip**	장비를 갖추다; 준비를 갖춰 주다	• equipment 장비, 장치 ▶ be equipped with ~을 갖추고 있다
☐ **attend to A**	A에 주의를 기울이다	
☐ **recall**	소환(하다); 기억해 내다(= recollect); 기억	
☐ **guidance**	지도, 안내; 지침	
☐ **dozen**	12개짜리 한 묶음; 십여 개[명]	
☐ **favo(u)r**✦	호의를 보이다, 찬성하다; 선호하다; ~에 유리하다	
☐ **unity**	통합, 통일(성)	
☐ **promise**✦	약속; (성공할) 가능성; 징조	
☐ **origin**	기원, 근원; (사람의) 출신	
[선택지]		
☐ **generalize**	일반[보편]화하다	
☐ **habitat**	(동식물의) 서식지	
☐ **specialized**	전문적인, 특화된	• specialize (~을) 전공하다[전문적으로 다루다]
☐ **encounter**	맞닥뜨리다, 직면하다	

Stage 1 정답 찾아가기

The emerging picture of learning in animals represents a fundamental shift from the early days of behaviorism, when animals were supposed to be limited to learning through conditioning and were expected to be able to learn any association or behavior through this process. It is now understood that much learning, even though it is based on conditioning, is ____. The animal is innately equipped to recognize when it should learn, which cues it should attend to, how to store the new information, and how to recall it in the future. Even the abilities available to the higher invertebrates may depend on innate guidance and species-specific needs. This enables the chickadee, with its tiny brain, to remember the locations of hundreds of hidden seeds, whereas human beings begin to forget after hiding about a dozen. Such a perspective allows one to see that various animals, as well as the human species, are smart in the ways natural selection has **favored** and limited in others, which helps to bring a new unity to the study of animal behavior and offers new **promise** for understanding human origins.

*invertebrate: 무척추동물
**chickadee: 박새 ((북미에 사는 작은 새의 일종))

다의어 Check

지문 속 ✦표시 어휘의 문맥상 의미는?

1 favor
ⓐ 찬성하다
ⓑ 선호하다

2 promise
ⓐ potential
ⓑ commitment

INTRO Q

빈칸 문장으로 보아, 찾아야 할 내용으로 알맞은 것을 고르시오.
① 동물 학습에 대한 현재의 이해
② 조건화가 동물 학습에 미친 영향

Q

윗글의 빈칸에 들어갈 말로 가장 적절한 것을 고르시오.

① enhanced through repetition and practice
② influenced by interactions with specific species
③ generalized across diverse habitats and species
④ adapted to increase the chances of human survival
⑤ specialized for tasks the animal is likely to encounter

Stage 2 한 문장씩 뜯어보기

◆ 주어진 질문에 답하시오.

[1]The emerging picture of learning in animals represents **a fundamental shift from** the early days of behaviorism, when animals were supposed to be limited to learning through conditioning and were expected to be able to learn any association or behavior through this process.

> a shift from ~ / now
> 문장 1과 2는 과거로부터의 변화, 즉 과거와 달라진 현재에 대해 말하고 있다.

1 문장 1을 간단히 표현할 때 빈칸에 알맞은 것은?
→ Current theories of animal learning ＿＿＿＿＿＿ conditioning.
ⓐ rely on　　　　ⓑ center on　　　　ⓒ go beyond

[2]It is **now** understood that much learning, even though it is based on conditioning, is specialized for tasks the animal is likely to encounter.

2 위 내용으로 보아, 앞으로 전개될 내용으로 가장 적절한 것은?
ⓐ 동물 학습 이론의 일반성
ⓑ 행동주의와 동물 학습의 관련성
ⓒ 동물별로 특화되는 학습의 특성

[3]The animal is innately equipped to recognize when it should learn, 그것이 어떤 신호에 주의를 기울여야 하는지, how to store the new information, and how to recall it in the future.

3 밑줄 친 우리말과 일치하도록 괄호 안의 어구를 모두 활용하여 영작하시오.
(should / it / cues / which / attend to)
→ ＿＿＿＿＿＿＿＿＿＿＿＿＿＿＿＿＿＿＿＿

4 문장 3을 간단히 표현할 때 빈칸에 알맞은 것은?
→ Animals are ＿＿＿＿＿＿ with learning abilities.
ⓐ born　　　　ⓑ satisfied　　　　ⓒ collaborative

[4]Even the abilities available to the higher invertebrates may depend on innate guidance and species-specific needs.

> [5]This enables the chickadee, with its tiny brain, to remember the locations of hundreds of hidden seeds, whereas human beings begin to forget after hiding about a dozen.

5 문장 4~5를 한 문장으로 표현할 때 빈칸에 알맞은 것은?

→ Different species have _______________ different abilities that suit their particular needs.

ⓐ tested　　　　　　ⓑ evolved　　　　　　ⓒ lacked

> [6]Such a perspective allows one to see that various animals, as well as the human species, are smart in the ways natural selection has favored and <u>limited in others</u>, which helps to bring a new unity to the study of animal behavior and offers new promise for understanding human origins.

6 밑줄 친 <u>limited in others</u>에 해당하는 예를 문장 5에서 찾아 우리말로 해석하시오.

Stage 3　요약하기

◆ 글의 내용을 아래와 같이 요약할 때, 빈칸 (A), (B)에 들어갈 가장 적절한 말을 <조건>에 맞게 쓰시오.

Specialized learning in animals, driven by (A) _____________ abilities and evolutionary needs, reveals unique strengths and (B) _____________, providing fresh insights into animal behavior and human origins.

조건　<보기>의 단어 중에서 골라 그대로 쓸 것
보기　acquired / limitations / inherent / common / memory

두 가지 Conditioning 조건화

1. 연관(association)을 이용한 조건화: 자극(stimulus)과 다른 자극을 연결하여, 서로 유사한 반응(response)을 이끌어 내는 것. 예를 들어, 개는 음식을 보면 침을 흘리는데, 종소리를 들려주고 바로 음식을 주면 이후에는 종소리만 들어도 침을 흘림.

2. 결과(consequence)를 이용한 조건화: 보상(reward)이나 벌(punishment)과 같은 강화(reinforcement)를 통해 어떤 행동을 하거나 하지 않게 하는 것. 예를 들어, 개가 특정 행동을 할 때 간식을 주면 그 행동을 학습하게 됨.

Digital Technology 디지털 기술

데이터를 만들고 저장하고 처리, 전송하는 기술을 말합니다. 이때 데이터는 0과 1로 표현되는 전자 신호로 처리됩니다.
연속적으로 변하는 값으로 표현되는 아날로그 신호와는 대비되지요.

디지털 기술은 컴퓨터부터 스마트폰, 인터넷,
그리고 유튜브 같은 디지털 미디어까지 전부를 아우릅니다.

이 기술 덕분에 이제는 집에서 쉽게 쇼핑하고,
과제는 인터넷으로 제출하며, 친구와 영상 통화도 할 수 있어요.

디지털 기술 발전으로 사람들이 사는 방식,
일하는 방식, 소통하는 방식 모두가 혁신적으로 바뀌었습니다.

Words & PHRASES

✦표시 다의어는
지문 속 의미를
다의어 Check♥
에서 고르세요.

☐ **mass**	덩어리; 무리; (일반) 대중; 질량; 대량의	• mass culture 대중문화
☐ **parallel**	평행한; (둘 이상의 일이) 아주 유사한[병행하는]; 병렬의	
☐ **simultaneously**	동시에	• simultaneous 동시의
☐ **tribe**	부족, 종족; 집단, 무리	
☐ **explosion**	폭발, 폭파; 폭발적인 증가	• explode 폭발하다; (감정을) 터뜨리다 • explosive 폭발성의; 촉발하는; 폭발물
☐ **consume**	소비하다, 사용하다; 먹다, 마시다	• consumption 소비(량), 소모(량)
☐ **sociocultural**	사회 문화적인	
☐ **unfold**	(접힌 것을) 펴다, 펼쳐지다(↔ fold 접다); (서서히) 펼쳐지다, 밝혀지다	
☐ **break off**✦	분리되다(= break into); (갑자기) 중단하다(= stop)	
☐ **turn into**	~으로 변하다[되다](= change into)	
☐ **microculture**	마이크로 문화, 소집단 문화	
☐ **coexist**	동시에[같은 곳에] 있다, 공존하다	
☐ **interact**	상호 작용을 하다; 소통하다, 교류하다	• interaction 상호 작용; 소통
☐ **re-form**	재결성하다[되다]; 재형성하다[되다]	**cf.** reform 개혁[개선](하다)
☐ **overlap**	겹치다; 겹쳐지다; 공통되다, 중복되다	
☐ **interweave**	(실, 털실 등을) 섞어 짜다[넣다]	(interwove-interwoven)
☐ **thread**	실; 꿰다	
☐ **accessible**	접근[이용] 가능한; 이해하기 쉬운(= available) (↔ inaccessible 접근하기 어려운; 난해한)	
☐ **at once**	즉시(= immediately); 동시에(= simultaneously)	

Stage 1   정답 찾아가기

We're seeing a shift from mass culture to increasingly parallel culture driven by digital technologies and online platforms. Whether we realize it or not, each of us simultaneously belongs to many different "tribes," sharing some interests with our colleagues and others with our families. ① We even share some with people we have never met or even think of as individuals, such as blog authors or social media influencers. ② In short, these technologies, leading to an explosion of choice in the content we consume, are also creating new social structures. ③ Analog technologies, on the other hand, take quite a long time to spread across cultures and sociocultural impacts take a long time to unfold. ④ When mass culture **breaks off**⁺, it turns into millions of microcultures that coexist and interact in surprising ways, rather than re-forming into a different mass. ⑤ As a result, we can now treat culture not as one big blanket, but as the overlapping of many interwoven threads, each of which is individually accessible and connects different groups of people at once.

다의어 Check ✔

지문 속 ✦표시 어휘의 문맥상 의미는?

1 break off
ⓐ become separated
ⓑ stop

INTRO

Q 첫 두 문장으로 보아, 앞으로 전개될 내용으로 가장 적절한 것을 고르시오
① the transition to more diverse cultures
② digital technologies and online platforms

Q 윗글에서 전체 흐름과 관계 <u>없는</u> 문장을 고르시오.
①　　②　　③　　④　　⑤

OUTRO

Q 위 문제에서 선택한 정답 문장의 내용을 고르시오.
① Analog technologies spread and impact society slowly.
② Mass culture breaks into many interacting microcultures.

Stage 2 한 문장씩 뜯어보기

◆ 주어진 질문에 답하시오.

[1] **We're seeing** a shift from mass culture to increasingly parallel culture driven by digital technologies and online platforms.

[2] Whether we realize it or not, each of us simultaneously belongs to many different "tribes," sharing some interests with our colleagues and others with our families.

> 지각동사 see는 보통 진행형으로 쓰지 않지만, 진행 중인 일이나 추세를 목격하고 있음을 강조할 때는 진행형으로 사용할 수 있다.

1 문장 1~2의 내용으로 보아, 밑줄 친 tribes의 의미로 알맞은 것은?

ⓐ social media　　　ⓑ social statuses　　　ⓒ social groups

[3] We even share some with people we have never met or even think of as individuals, such as blog authors or social media influencers.

2 문장 3을 간단히 표현할 때 빈칸에 알맞은 것은?

→ We even share interests with ＿＿＿＿＿＿.

ⓐ strangers　　　ⓑ neighbors　　　ⓒ imaginary people

[4] **In short**, **these technologies**, leading to an explosion of choice in the content we consume, are also creating new social structures.

> In short (요컨대, 간단히 말하면)
> 다소 장황한 앞 내용에 대한 요약문을 이끈다.

> these technologies가 지칭하는 것은 문장 1의 digital technologies and online platforms 이다.

3 문장 4를 간단히 표현할 때 빈칸에 알맞은 것은?

→ These technologies are ＿＿＿＿＿＿ social structures through increased content choices.

ⓐ denying　　　ⓑ balancing　　　ⓒ forming

[5] Analog technologies, on the other hand, take quite a long time to spread across cultures and sociocultural impacts take a long time to unfold.

4 밑줄 친 unfold의 의미로 알맞은 것은?

ⓐ develop　　　ⓑ separate　　　ⓒ disappear

[6]When mass culture breaks off, it turns into millions of microcultures that coexist and interact in surprising ways, rather than re-forming into a different mass.

5 문장 6을 간단히 표현할 때 빈칸에 알맞은 것은?

→ Mass culture breaks into many interacting microcultures instead of ___________.

ⓐ a single subculture
ⓑ a traditional culture
ⓒ another large-scale culture

[7]**As a result**, we can now treat culture not as (a) <u>one big blanket</u>, but as the overlapping of many interwoven (b) <u>threads</u>, each of them is individually accessible and connects different groups of people at once.

As a result (그 결과, 결과적으로)

문장 6의 내용, 즉 mass culture가 millions of microcultures로 변한 것의 결과를 설명한다.

6 문장 7에서 어법상 틀린 단어 하나를 찾아 바르게 고치시오.

고치기 전:
→ 고친 후:

7 밑줄 친 (a), (b)가 비유하는 것으로 알맞게 짝지어진 것은?

ⓐ group - individuals
ⓑ technology - cultures
ⓒ mass culture - microcultures

Stage 3 요약하기

◆ 글의 내용을 아래와 같이 요약할 때, 빈칸 (A), (B)에 들어갈 가장 적절한 말을 <조건>에 맞게 쓰시오.

Digital technologies and online platforms are (A) ___________ cultural consumption and social structures, leading to a diverse and (B) ___________ web of microcultures rather than a single, mass culture.

조건 1. <보기>의 단어를 한 번씩만 사용할 것
2. 필요하면 문맥과 어법에 맞게 변형할 것
3. 각각 한 단어로 작성할 것
보기 interconnect / transform

Classical Music 클래식 음악

클래식(음악)이라고 하지만, 영문으로는 classic이 아닌 classical이 맞는 표현입니다.
18~19세기에 쓰인 교향곡, 협주곡, 소나타, 또는 그 기법에 따라 쓰인 진중한 음악을 뜻해요.

클래식 음악은 서양 전통의 엄격한 작곡 기법과 연주법을 이용했다는
점에서, 대중음악(popular[folk] music), 재즈 등과는 구별됩니다.

제대로 감상하려면 집중해서 들어야 하고 형식과 구조에 대한
추가적인 공부도 필요해요.

반면 대중음악은 작곡 구조가 더 단순하고 가사도 이해하기 쉬워서
일반 청중들도 부담 없이 즐길 수 있습니다.

Words & PHRASES

✦표시 다의어는
지문 속 의미를
다의어 Check✔
에서 고르세요.

□ **classical**	고전적인, 고전주의의; ((음악)) 클래식의	• classic 일류의; 전형적인; 고전적인
□ **performance**✦	수행, 실행; 성과; 공연, 연주	• perform 수행하다, 실행하다; 공연하다, 연주하다
□ **venue**	(콘서트, 스포츠 경기, 회담 등의) 장소	
□ **keep A out of**	A의 출입을 통제하다	
□ **lower class**	하층[노동자] 계급 (↔ elite 엘리트 (계층), upper class 상류층)	*cf.* middle class 중산층
□ **symphony**	교향곡, 심포니	
□ **instance**	경우, 사례(= case)	
□ **exclusively**	배타적으로; 독점적으로	• exclusion 배제, 제외 • exclusionary 배제하기 위한
□ **extreme**	극도의; 극단적인; 극도	• extremely 극도로, 몹시
□ **dynamics**	((물리)) 역학; 활력; 원동력; ((음악)) 강약(법)	• dynamic 활발한; 역동적인
□ **composer**	(특히 클래식 음악) 작곡가	• compose 구성하다; 작성하다; 작곡하다 • composition 구성; (음악, 미술) 작품; 작곡
□ **passage**	통로; 구절, (음악의) 악절; (시간의) 흐름[경과]	
□ **harmonically**	조화되어; ((음악)) 화성적으로	• harmonic 조화; ((음악)) 화성
□ **appreciate**✦	감상하다, 진가를 알아보다; (제대로) 인식하다; 고마워하다	• appreciation 이해, 평가; 감상; 감사
□ **as well**	또한, 역시	
□ **acoustically**	청각적으로, 음향적으로	
□ **restrictive**	제한[구속]하는	• restrict 제한하다, 한정하다
□ **come into existence**	생기다, 나타나다	
□ **refine**	정제하다, 불순물을 제거하다(= purify); 개선하다	• refinement 정제; 개선; 세련, 고상함
□ **ubiquitous**	어디에나 있는, 흔한	
[선택지]		
□ **popularity**	인기	• popular 대중적인; 인기 있는

정답 및 해설 p. 6

Around 1900, classical audiences were no longer allowed to shout, eat, and chat during a **performance**[+], as the venues for classical music changed. This was a way of keeping the lower classes out of the new symphony halls and opera houses (They were thought to be inherently noisy). Music that in many instances used to be for all was now exclusively for the elite. This exclusionary policy affected the music being written, too—since no one was talking, eating, or dancing anymore, the music could have extreme dynamics. Composers knew that every detail would be heard, so very quiet passages could now be written, and harmonically complex passages could be **appreciated**[+] as well. Much of twentieth-century classical music could only work in (and was written for) the socially and acoustically restrictive spaces. A new kind of music came into existence that didn't exist previously —and the future emergence and refining of recording technology would make this music more available and ubiquitous.

다의어 Check

지문 속 ✦표시 어휘의 문맥상 의미는?

1 performance
ⓐ 성과
ⓑ 공연

2 appreciate
ⓐ 고마워하다
ⓑ 감상하다

INTRO Q

윗글의 중심 소재는 무엇인지 고르시오.

① musical taste of the elite
② changes in classical music
③ the future of classical music

윗글의 주제로 가장 적절한 것을 고르시오.

① importance of using various dynamics in classical music
② growing popularity of classical music through technology
③ conflict between classes over limited access to classical music
④ shifts in twentieth-century classical music due to social influence
⑤ reasons why classical music was exclusively appreciated by the elite

Stage 2 한 문장씩 뜯어보기

◆ 주어진 질문에 답하시오.

---

¹Around 1900, classical audiences were no longer allowed to shout, eat, and chat during a performance, as the venues for classical music changed.

1900년 무렵 클래식 음악 상황: 공연 중 소음이 금지됨 (Cause)

---

²This was a way of keeping the lower classes out of (a) <u>the new symphony halls and opera houses</u> ((b) **They were thought to be** inherently noisy).

---

1 밑줄 친 (a)는 무엇에 대한 예시인지 문장 1에서 찾아 쓰시오. (두 단어)

2 밑줄 친 (b)를 아래와 같이 바꿔 쓸 때 빈칸에 들어갈 말로 알맞은 것을 쓰시오.
→ It __________ __________ that __________ __________ inherently noisy.

TIP★ People think[know, say, believe] + that S′ V′ ~ 문장의 수동태

People think[know, say, believe] 등이 that절을 목적어로 하는 경우, 수동태 문장의 주어를 무엇으로 하는지에 따라 두 가지 수동태가 가능하다.
1. It + be p.p.+ that S′ V′ ~ <가주어 it 사용>
2. S′ + be p.p.+ to-v[to have p.p.] ~ <that절의 주어를 수동태 주어로 가져오고, 동사를 to-v로 변경>

People knew that she was traveling in Europe.
→ **It was known that** she was traveling in Europe.
→ **She was known to be** traveling in Europe.
그녀가 유럽 여행 중이었다는 것이 알려졌다.

---

³<u>Music</u> that in many instances **used to** be for all was now exclusively for the elite.

소음 금지로 인한 결과 (Effect 1): 청중의 변화

used to
1. ~하곤 했다
   ((과거의 습관))
2. 예전에는 ~였다[했다]
   ((과거의 상태))
cf. be used to v-ing
   (v하는 것에 익숙하다)
   be used to-v
   (v하는 데 사용되다)

---

3 밑줄 친 Music을 수식하는 부분을 [ ]로 묶고, 문장 3 전체를 우리말로 해석하시오.

---

⁴This exclusionary policy affected the music being written, too—since no one was talking, eating, or dancing anymore, the music could have extreme dynamics.

소음 금지로 인한 결과 (Effect 2): 음악 작곡의 변화

---

⁵<u>작곡가들은 모든 세부적인 부분이 들리리라는 것을 알았다</u>, so very quiet passages could now be written, and harmonically complex passages could be appreciated as well.

4 밑줄 친 우리말과 일치하도록 괄호 안의 어구를 모두 활용하여 영작하시오. (필요시 어형 변화 가능)

(every / composers / that / would hear / know / detail)

→ ____

5 문장 4~5를 한 문장으로 표현할 때 빈칸에 알맞은 것은?

→ The _______________ policy during classical concerts allowed for the creation of music with detailed and complex sounds.

ⓐ silence

ⓑ inclusive

ⓒ composer

> **6** Much of twentieth-century classical music could only work in (and was written for) the socially and acoustically restrictive spaces.

> **7** A new kind of music came into existence that didn't exist previously— and the future emergence and refining of recording technology would make this music more available and ubiquitous.

결과에 대한 추가 설명: 후속 변화

6 문장 7에 함축된 의미로 가장 적절한 것은?

ⓐ 기술 발전과 함께 새로운 장르의 음악이 등장했다.

ⓑ 녹음 기술의 발전으로 클래식 음악의 청중 폭이 넓어졌다.

ⓒ 20세기 클래식 음악의 성공으로 녹음 기술이 발전했다.

Stage 3 요약하기

◆ 글의 내용을 아래와 같이 요약할 때, 빈칸 (A)~(C)에 들어갈 가장 적절한 말을 <조건>에 맞게 쓰시오.

(A) _____________ on audience behavior at classical music performances led to (B) _____________ with extreme dynamics and complex harmonies, (C) _____________ the development of twentieth-century classical music.

조건   1. <보기>의 단어 중에서 골라 쓸 것
       2. 필요하면 문맥과 어법에 맞게 변형할 것
       3. 각각 한 단어로 작성할 것
보기   appreciations / shape / restriction
       compositions / diminish / critics

FOMO
(Fear of Missing Out) 포모 (놓치는 것에 대한 두려움)

'남들은 다 하는데 나만 안 하는 건가? 나만 좋은 기회를 놓치고 있는 건가?'라는 생각에서 나오는 두려움을 말합니다.

우리는 부족하다고 느끼는 것을 더 가치 있게 여기기 때문에 FOMO가 강화됩니다. 어떤 행동을 하지 않으면 나중에 후회할 수 있다는 두려움이 그 행동을 유발하게 되지요.

여러 마케팅 전략들은 우리의 이런 성향을 이용합니다. 한정 판매, 품절 임박 등의 문구가 바로 FOMO의 아주 흔한 사례이지요.

Words & PHRASES

✦표시 다의어는 지문 속 의미를 **다의어 Check**✔ 에서 고르세요.

표제어	뜻	관련어
□ miss out	(유익한 것을) 놓치다; ~을 빠뜨리다	
□ trending	유행하는, 인기 있는	• trend 추세, 동향
□ intensify	심화시키다, 강화하다; (정도가) 심해지다	• intense 극심한, 강렬한
□ scarcity	부족, 결핍(= lack), 드묾, 희귀함; 희소성	• scarce 부족한, 드문
□ common✦	공동의, 공통의; 흔한(↔ uncommon 흔하지 않은)	
□ occurrence	발생, 나타남, 존재; 발생하는[존재하는] 것	• occur 일어나다, 발생하다
□ deviate from	~에서 벗어나다	• deviation 일탈, 탈선; 편차
□ rationality	합리성	• rational 이성적인, 합리적인
□ prospect✦	전망, 경치; 가망, 가능성; 잠재 고객	• prospective 장래의; 곧 있을
□ slip away	사라지다[없어지다], 죽다	
□ prompt	촉발하다; 즉각적인; 신속한	• promptly 지체 없이; 정확히 제시간에; 즉시
□ close a deal	거래를 성사시키다, 협상을 타결하다	
□ perspective	관점, 시각(= viewpoint); 전망, 경치; 원근법	
□ make sense	의미가 통하다[이해가 되다]; 타당하다[말이 되다]	
□ genuine	진짜의, 진품의(= authentic); 진정한, 진심의	• genuinely 진정으로
□ set price	정가(= fixed[settled] price)	
□ fabricate	만들다; 조립하다; (거짓 정보를) 날조[조작]하다, 꾸며내다	• fabrication 제조; 조립; 꾸며낸 것, 위조(물)
□ interested	관심[흥미] 있어 하는; 이해관계가 있는	
□ party✦	정당; 단체; 모임, 파티; 당사자, 관계자	
□ real estate	부동산; 부동산 중개업	
□ agent	대리인; 중개인; (정부 기관의) 요원	
□ fictitious	허구의, 지어낸	• fiction 소설; 꾸며낸 이야기, 허구

정답 및 해설 p. 8

> The Fear of Missing Out (FOMO) is a trending psychological phenomenon of our time, intensified by perceived scarcity. In fact, the scarcity error is a **common**[+] occurrence.

(A) Nevertheless, human behavior often deviates from pure rationality. The **prospect**'s[+] decision is influenced by the psychological concept of scarcity, which makes them feel that the opportunity is limited or slipping away, prompting them to take action and close the deal, even though this may not be entirely rational.

(B) The effect is very real, though: the prospect closes the deal. From an objective perspective, it doesn't make sense. The logical approach to deciding whether to buy the land should be based on the individual's genuine interest and the set price, independent of any fabricated stories about other interested **parties**[+].

(C) Whenever my friend, a real estate agent, has an interested buyer who cannot decide, she calls and says: "A doctor from London saw the land yesterday. He liked it a lot. What about you?" The doctor from London—sometimes it's a professor or a banker—is, of course, fictitious.

다의어 Check ☑

지문 속 ✦표시 어휘의 문맥상 의미는?

1 common
ⓐ 흔한
ⓑ 공통의

2 prospect
ⓐ 가능성
ⓑ 잠재 고객

3 party
ⓐ 정당
ⓑ 관계자

INTRO

1. 네모 안에 주어진 글의 핵심 내용으로 적절한 것을 고르시오.

① FOMO라는 용어의 유래
② FOMO와 희소성 오류

2. (A)~(C)의 내용으로 알맞은 것끼리 짝지으시오.

(1) 합리성에서 벗어나는 원인 · · (A)
(2) 희소성 오류의 효과 및 논리적 결정 방식 · · (B)
(3) 희소성 오류를 이용한 사례 · · (C)

주어진 글 다음에 이어질 글의 순서로 가장 적절한 것을 고르시오.

① (A) – (C) – (B)　　　② (B) – (A) – (C)
③ (B) – (C) – (A)　　　④ (C) – (A) – (B)
⑤ (C) – (B) – (A)

Stage 2 한 문장씩 뜯어보기

◆ 주어진 질문에 답하시오.

[1] The Fear of Missing Out (FOMO) is a trending psychological phenomenon of our time, **intensified** by **perceived** scarcity.

> 수식하는 명사와의 관계가 능동이면 현재분사(v-ing), 수동이면 과거분사(p.p.)를 쓴다.

[2] In fact, the scarcity error is a common occurrence.

[3] Whenever my friend, a real estate agent, has an interested buyer who cannot decide, she calls and says: "A doctor from London saw the land yesterday. He liked it a lot. What about you?"

1 밑줄 친 부분의 의미로 알맞은 것은?

ⓐ 런던에서 온 의사에게 땅을 팔았다.
ⓑ 내 친구는 희소성 있는 땅을 소개했다.
ⓒ 다른 사람이 땅을 구매해 버릴지도 모른다.

[4] The doctor from London—sometimes it's a professor or a banker—is, of course, fictitious.

[5] The effect is very real, though: the prospect closes the deal.

2 밑줄 친 the prospect closes the deal의 의미로 알맞은 것은?

ⓐ The doctor bargains the price.
ⓑ The real estate agent takes a risk.
ⓒ The interested buyer buys the land.

3 문장 3~5를 한 문장으로 표현할 때 빈칸에 알맞은 것은?

→ ______________ prompts a hesitant buyer to close the deal.

ⓐ Future value
ⓑ Perceived scarcity
ⓒ A common occurrence

[6] From an objective perspective, it doesn't make sense.

[7] The logical approach to deciding whether to buy the land should be based on the individual's genuine interest and the set price, independent of any fabricated stories about other interested parties.

4 문장 6~7을 한 문장으로 표현할 때 빈칸에 알맞은 것은?

→ Decisions to buy should not be based on _______________.

ⓐ individual's luck
ⓑ invented narratives
ⓒ the advice of others

---

[8] **Nevertheless**, human behavior often _______________ pure rationality.

Nevertheless(그럼에도 불구하고)가 앞 문장과 상반되는 설명을 이끈다.

5 문맥상 빈칸에 들어갈 말로 가장 적절한 것은?

ⓐ builds up
ⓑ aligns with
ⓒ deviates from

---

[9] The prospect's decision is influenced by the psychological concept of scarcity, (a) which makes them feel that the opportunity is limited or slipping away, prompting them (b) to take action and close the deal, even though this may not be entirely rational.

6 밑줄 친 (a), (b)가 문장 9에 나타난 원인과 결과 중 무엇에 해당하는지 찾아 연결하시오.

(a) •   • 원인
(b) •   • 결과

Stage 3   요약하기

◆ 글의 내용을 아래와 같이 요약할 때, 빈칸 (A), (B)에 들어갈 가장 적절한 말을 <조건>에 맞게 쓰시오.

The psychological impact of scarcity and FOMO causes buyers to make (A) _________ decisions, driven by the urgency to (B) _________ perceived opportunities rather than by genuine interest and logical assessment.

조건   <보기>의 단어 중에서 골라 그대로 쓸 것
보기   independent / intensify / irrational / limit / seize / logical

Astronomical Event 천문 현상

우주에서는 일식과 월식을 포함한 주목할 만한 천문 현상이 일어납니다.

곧 다가올 천문 현상에 대해 알아보려면 천문학 관련 웹사이트를 확인하거나 별 관측을 위한 모바일 앱, 천문대와 우주 기관에서 제공하는 천문 현상 달력(astronomical calendar)을 참조하면 됩니다.

Astronomical[Celestial] Event로 검색해도 관련 내용을 알 수 있어요.

Words & PHRASES

✦표시 다의어는
지문 속 의미를
다의어 Check✔
에서 고르세요.

☐ calculation	계산, 산출; 추정, 추측	• calculate 계산하다, 산출하다; 추정하다
☐ transit✦	통과, 환승; 운송; 교통 체제	• transition (다른 상태로의) 이행, 변화
☐ astronomical	천문(학)의; (숫자 등이) 천문학적인, 어마어마한	• astronomy 천문학 • astronomer 천문학자 **cf.** astronomical unit 천문단위(AU) ((태양과 지구의 평균 거리))
☐ directly	곧장, 일직선으로; 직접적으로	• direct 직행[직통]의; 직접적인; 정확한; 지휘하다
☐ mere	단순한, 단지 ~에 불과한	• merely 단지, 그저
☐ heavenly body	((천문학)) 천체	
☐ unintentionally	무심코, 의도치 않게 (↔ deliberately 고의로, 의도적으로)	• intention 목적; 의사, 의도
☐ time✦	시간[시기]을 맞추다; 시간을 측정하다; 시간	
☐ determine	결정하다; 알아내다, 밝히다; (거리를) 측정[산정]하다	
☐ astrophysicist	천체 물리학자	
☐ value	가치, 중요성; 값	
☐ expand	확대[확장]되다, 확대[확장]시키다 (↔ contract 줄어들다, 줄이다)	• expansion 확대, 확장, 팽창
☐ the solar system	태양계	**cf.** solar 태양의; 태양열을 이용한
☐ measurement	측정, 측량; 양, 치수, 크기, 길이	• measure 측정하다, 재다; 평가하다; 척도, 기준
☐ bounce	(공 등이) 튀다; (소리, 빛이) 반사하다	
☐ radio wave	전파, 라디오파	
☐ yield	(결과 등을) 낳다, 산출하다; 양보하다; 산출[수확]량	
☐ accuracy	정확성, 정확(도)(↔ inaccuracy 부정확(함))	• accurate 정확한; 정밀한

> The answer he arrived at by that calculation, 56 million miles, was almost 10 times greater than scientists had thought.

What use is the **transit**✦ of Venus, the unique astronomical event where Venus passes directly between the Earth and the Sun? During a transit, Venus can be seen from Earth as a small black dot moving across the face of the Sun. (①) But historically the transit of Venus has been much more than a mere movement of heavenly bodies. (②) In 1639, astronomer Jeremiah Horrocks unintentionally increased the size of the universe by using the transit. (③) He measured the astronomical unit (AU)—the distance from the Earth to the Sun—by **timing**✦ how long Venus took to move across the Sun from two different positions, and then using trigonometry to determine how far away the Sun must be. (④) Robert Walsh, an astrophysicist at the University of Central Lancashire, said that with that one value, Horrocks expanded the solar system. (⑤) More recent measurements, achieved by bouncing radio waves off the Sun and timing how long it takes them to return, have yielded greater accuracy than Horrocks's method: AU is now known to be around 93 million miles.

*trigonometry: 삼각법 ((기하학적 도형을 연구하는 수학 분야))

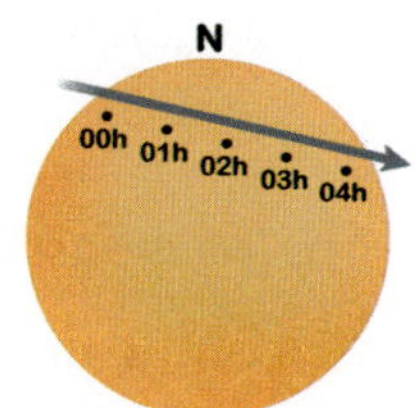

INTRO

Q 네모 안에 주어진 문장으로 보아, 앞 내용으로 가장 적절한 것을 고르시오.

 ① 그가 답에 도달하기까지의 계산 과정
 ② 그가 도출한 답의 정확성을 검증한 방법

Q 글의 흐름으로 보아, 주어진 문장이 들어가기에 가장 적절한 곳을 고르시오.

①　　　②　　　③　　　④　　　⑤

Stage 2 한 문장씩 뜯어보기

◆ **주어진 질문에 답하시오.**

[1]**What** use is the transit of Venus, the unique astronomical event where Venus passes directly between the Earth and the Sun**?**

[2]During a transit, Venus can be seen from Earth as a small black dot moving across the face of the Sun.

[3]But historically the transit of Venus has been much more than a mere movement of heavenly bodies.

1 문장 1~3을 한 문장으로 표현할 때 빈칸에 알맞은 것은?

→ Venus passing the Sun has a ______________ historical meaning.

ⓐ trivial
ⓑ significant
ⓒ questionable

[4]In 1639, astronomer Jeremiah Horrocks unintentionally increased the size of the universe by using the transit.

[5]He measured the astronomical unit (AU)—the distance from the Earth to the Sun—by timing how long Venus took to move across the Sun from two different positions, and then using trigonometry to determine how far away the Sun must be.

2 문장 4~5의 내용으로 보아, 문장 1에 대한 답으로 알맞은 것은?

ⓐ calculating the entire size of the universe
ⓑ measuring the distance from the Earth to the Sun
ⓒ timing the hours Venus takes to move across the Sun

[6]The answer he arrived at by that calculation, 56 million miles, was almost 10 times greater than scientists had thought.

[7]Robert Walsh, an astrophysicist at the University of Central Lancashire, said that with that one value, Horrocks expanded the solar system.

3 문장 4~7을 한 문장으로 표현할 때 빈칸에 알맞은 것은?

→ Jeremiah Horrocks _______________ the known size of the solar system by using the transit of Venus.

ⓐ doubted

ⓑ reduced

ⓒ broadened

---

[8] More recent measurements, (achieve) by bouncing radio waves off the Sun and timing how long it takes <u>them</u> to return, have yielded greater accuracy than Horrocks's method: AU is now known to be around 93 million miles.

---

4 괄호 안의 단어를 어법상 알맞은 형태로 쓰시오. (한 단어)

5 밑줄 친 <u>them</u>이 지칭하는 것을 문장 8에서 찾아 쓰시오.

6 문장 8을 간단히 표현할 때 빈칸에 알맞은 것은?

→ The actual distance from the Earth to the Sun has been found to be almost _______________ the value that Horrocks calculated.

ⓐ half

ⓑ double

ⓒ close to

Stage 3 요약하기

◆ 글의 내용을 아래와 같이 요약할 때, 빈칸 (A), (B)에 들어갈 가장 적절한 말을 <조건>에 맞게 쓰시오.

The transit of Venus allowed astronomer Jeremiah Horrocks to estimate the astronomical unit, (A) _______________ our understanding of the solar system, though his calculation of 56 million miles was later (B) _______________ to around 93 million miles.

조건　<보기>의 단어 중에서 골라 그대로 쓸 것
보기　contracted / corrected / enlarging
　　　limited / narrowing / measuring

Exploring Prehistory 선사 시대 들여다보기

선사 시대(prehistory)는 글자가 아직 발명되지 않아 인류 역사 중에 기록이 남아 있지 않은 시대입니다.
석기, 청동기, 철기 시대 등으로 구분됩니다.

어떤 글이 primitive era, hunter-gatherer days로 시대를 묘사하고
있다면 선사 시대(prehistory)에 대한 설명으로 이해해 보세요.

문자가 없던 이 시대는 인류 발전의 길고 복잡한 여정을
이해하는 중요한 기반이 됩니다.

Words & PHRASES

✦표시 다의어는
지문 속 의미를
다의어 Check✔
에서 고르세요.

☐ mess	(지저분하고) 엉망인 상태; 엉망으로 만들다	• messy 어질러진, 흐트러진; 지저분한
☐ come along	함께 가다[오다]; (원하는 대로) 되어 가다[나아지다] (= progress); 생기다, 나타나다	
☐ prehistoric	선사 시대의, 역사 기록 이전의	• prehistory 선사 시대
☐ categorize	(범주로) 분류하다	• category 범주, 카테고리
☐ poisonous	독이 있는, 유독한(↔ nonpoisonous 독이 없는)	
☐ variety✦	다양성; 종류	• vary 각기[서로] 다르다; 변화하다
☐ free of	~이 없는	
☐ alert	(위험 등을) 알리다; 경계시키다; 경계하는; 경계 (태세)	
☐ duty✦	(도덕, 법률적) 의무; 임무, 근무; 세금	
☐ archaeological	고고학의, 고고학적인	• archaeologist 고고학자
☐ site	위치, 장소, 현장	**cf.** archaeological site (고고학적) 유적지
☐ hunter-gatherer	수렵 채집인	
☐ separate	분리된, 따로 떨어진; 별개의, 서로 다른; 분리하다	▶ separate A from B B에서 A를 분리하다
☐ toss	(가볍게) 던지다(= throw)	
☐ carve	조각하다; 새기다[파다](= engrave)	
☐ anthropologist	인류학자	• anthropology 인류학
☐ branch off	갈라지다, 나뉘다; 다른 길로 접어들다[들어서다]	
☐ thrive	번창하다, 번성하다(= prosper); 잘 자라다	
☐ organized	(많은 사람들로) 조직화된, 조직적인; (사람이) 체계적인	• organizational 체계에 관한; 조직[기관]의
☐ primitive	원시(사회)의; 원시적인	
☐ excavate	(구멍 등을) 파다; 발굴하다(= unearth)	
☐ remains✦	(제거하고) 남은 것, 나머지; 유적; 유해	
[선택지]		
☐ specialization	전문화, 특수화	
☐ hygiene	위생	

Stage 1 정답 찾아가기

There was once a time when the world was full of mess and disorder. Then mankind came along. Prehistoric men wouldn't at first have been significantly less messy than most other animals. Then, gradually, they developed a skill for categorizing mushrooms into poisonous and nonpoisonous **varieties**⁺, for keeping hunting grounds free of human signs that would alert prey, and for scheduling shifts for guard **duty**⁺. Archaeological sites dating as far back as 1.5 million years suggest that early humans established storage areas for tools, and that by 20,000 BC some hunter-gatherers had separate areas for eating, cooking, tossing garbage, and even for leisure activities such as carving stones. Anthropologists have argued that the Neanderthals, a species of man that branched off from our own ancestor Homo sapiens half a million years ago and thrived in Europe for a hundred thousand years, died off because they seemed to be less organized than our own primitive ancestors, judging by the excavated **remains**⁺ of the messier Neanderthal sites. Clearly, _________________________________ must have resulted in advantages in primitive men's fight for survival.

다의어 Check 

지문 속 ✦표시 어휘의 문맥상 의미는?

1 variety
ⓐ diversity
ⓑ type

2 duty
ⓐ 근무
ⓑ 세금

3 remains
ⓐ 제거하고 남은 것
ⓑ 유적

INTRO

Q 빈칸 문장으로 보아, 찾아야 할 내용으로 알맞은 것을 고르시오.

① 원시인들의 생존을 유리하게 해준 것
② 원시인들이 생존한 결과로 나타난 것

Q 윗글의 빈칸에 들어갈 말로 가장 적절한 것을 고르시오.

① a specialization in defense
② a tendency to cooperate in hunting
③ an evolution for intelligent tool usage
④ a preference for certain types of order
⑤ a development of the concept of hygiene

Stage 2　한 문장씩 뜯어보기

◆ 주어진 질문에 답하시오.

[1] There was once a time when the world was full of mess and disorder.

[2] Then mankind came along.

[3] Prehistoric men wouldn't at first have been significantly less messy than most other animals.

1　문장 3을 원급 구문을 이용하여 바꿔 쓸 때 빈칸에 들어갈 말로 알맞은 것을 쓰시오.

= Prehistoric men would at first have been nearly _________________ most other animals.

[4] Then, **gradually**, they developed a skill **for categorizing** mushrooms into poisonous and nonpoisonous varieties, **for keeping** hunting grounds free of human signs that would alert prey, **and for scheduling** shifts for guard duty.

- gradually는 시간의 흐름에 따른 변화를 나타낸다.
- <for+동명사구> 형태인 전명구 세 개가 콤마(,)와 and로 병렬 연결되었다.

2　문장 4를 간단히 표현할 때 빈칸에 알맞은 것은?

→ a progression to a more ______________ way of living

ⓐ minimal
ⓑ ordered
ⓒ independent

[5] Archaeological sites dating as far back as 1.5 million years **suggest that** early humans establish storage areas for tools, and **that** by 20,000 BC some hunter-gatherers had separate areas for eating, cooking, tossing garbage, and even for leisure activities such as carving stones.

- suggest that ~

  suggest의 의미에 따라 that절의 동사 형태가 달라진다.

  1. ~이 되어야 한다고 제안하다: that절의 동사는 <(should +)동사원형>으로 쓴다.

  2. ~을 시사하다[암시하다]: that절 동사는 주어의 인칭과 수, 그리고 시제에 맞게 쓴다.

3　문장 5가 어법상 옳으면 O, 틀리면 X로 표시하고 틀린 부분을 바르게 고치시오.

⁶Anthropologists have argued that <u>the Neanderthals</u>, a species of man that branched off from our own ancestor Homo sapiens half a million years ago and thrived in Europe for a hundred thousand years, died off because they seemed to be less organized than our own primitive ancestors, **judging by** the excavated remains of the messier Neanderthal sites.

4 밑줄 친 주어 the Neanderthals의 동사를 찾아 쓰시오.

5 문장 6을 간단히 표현할 때 빈칸에 알맞은 것은?

→ Neanderthals' extinction appears to be related to their ___________ organizational skills.

ⓐ deficient   ⓑ distinctive   ⓒ unnecessary

⁷Clearly, a preference for certain types of order **must have resulted in advantages** in primitive men's fight for survival.

TIP★ 조동사 have p.p.: 과거의 일에 대한 가능성/추측

might have p.p.	may have p.p.	could have p.p.	must have p.p.
어쩌면 ~했을지도 모른다	~했을지도 모른다	~했을 수도 있다	~했음이 틀림없다
			↔ can't[cannot] have p.p.
			~했을 리가 없다

less certain ←——————————————————→ almost certain

Stage 3   요약하기

◆ 글의 내용을 아래와 같이 요약할 때, 빈칸 (A)~(D)에 들어갈 가장 적절한 말을 <조건>에 맞게 쓰시오.

Early humans evolved from initial (A) ___________ and developed various organizational skills for their (B) ___________, while Neanderthals' (C) ___________ inclination for order may have contributed to their (D) ___________.

(조건) <보기>의 단어 중에서 골라 그대로 쓸 것
(보기) arrangement / extinction / superior / variety
        survival / disorder / separation / weaker

Plants' Stomata 식물의 기공

식물의 잎과 줄기 표면에 있는 작은 숨구멍을 말합니다. 식물 생존에 필수적인 역할을 해요.

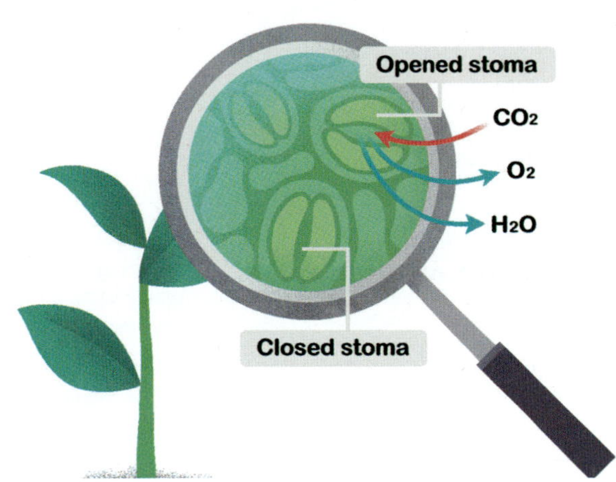

식물의 기공은 호흡을 하는 우리의 폐와 같은 역할을 합니다.
즉, 산소와 이산화탄소 같은 가스가
기공을 통해 흡수되고 방출되죠.

또한, 기공은 영양소와 물이 뿌리에서 다른 부위로
흡수되어 이동하는 데에도 중요한 역할을 합니다.

Words & PHRASES

✦표시 다의어는
지문 속 의미를
다의어 Check ✔
에서 고르세요.

☐ **soil**	토양, 흙	
☐ **moist**	촉촉한; 알맞게 물기가 있는; (지역이) 비가 많은	*cf.* **damp** (불쾌감을 줄 정도로) 축축한, 눅눅한
☐ **release**✦	석방[해방](하다); (대중들에게) 공개(하다); (가스 등을) 방출(하다)	
☐ **dry out**	(원치 않게) 메말라지다, ~을 메마르게 하다	
☐ **deficit**	결핍, 부족; 적자	• **deficient** 결핍된, 부족한; 결함 있는
☐ **severe**	극심한, 심각한; (처벌이) 가혹한, 혹독한(= harsh)	
☐ **stream**✦	개울, 시내; (계속 이어진) 줄, 흐름(= flow)	
☐ **hydration**	수화 (작용) ((물을 흡수하도록 하는 과정))	*cf.* **dehydration** 탈수(증); 건조
☐ **break apart**	부서지다; 분리되다, 분해되다	
☐ **suffer from**	(질병, 고통 등에) 시달리다, 고통받다; ~을 앓다, 병들다	• **suffer** (부상, 패배 등을) 겪다, 당하다
☐ **channel**	(생각을) 쏟다; (TV 등의) 채널; 경로; 수로	▶ **channel A into B** A를 B에 쏟다[돌리다]
☐ **pest**	해충; 성가신 사람[것]	
☐ **photosynthesize**	광합성 하다	• **photosynthesis** 광합성
☐ **maximize**	최대화하다(↔ minimize 최소화하다)	• **maximum** 최대의, 최고의; 최대, 최고
[선택지]		
☐ **humid**	습한	

Many plants don't live in environments where the soil is constantly moist, which would allow them to leave their stomata open all the time. If they keep their stomata open, the stomata will continuously **release**[+] water. ① Their roots would then pull all the available water from the soil, drying it out and leading to a water deficit. ② If the water deficit becomes too severe, the continuous **streams**[+] of water inside the plant's hydration system will break apart, causing the plant to experience dehydration. ③ When plants suffer from broken leaves, they channel energy into recovery, healing the damage and strengthening defenses against pests drawn to the area. ④ Bubbles will form inside the cells, and the leaves will no longer be able to pull water upward; It will be like sucking on a straw with a hole in the side, and the plant will die. ⑤ Because plants can't photosynthesize without losing water to the air, they must perform a balancing act, opening their stomata for as long as possible to maximize photosynthesis, but not so long that they lose too much water.

*stoma: ((복수형 -ta)) 식물의 숨구멍, 기공

다의어 Check

지문 속 +표시 어휘의 문맥상 의미는?

1 release
  ⓐ 방출하다
  ⓑ 공개하다

2 stream
  ⓐ 개울
  ⓑ 흐름

INTRO Q   첫 두 문장으로 보아, 앞으로 전개될 내용으로 가장 적절한 것을 고르시오.
  ① the effect of plants' maintaining open stomata
  ② the evolution process of plants in humid environments

Q   윗글에서 전체 흐름과 관계 <u>없는</u> 문장을 고르시오.
  ①   ②   ③   ④   ⑤

OUTRO Q   위 문제에서 선택한 정답 문장의 내용을 고르시오.
  ① how plants respond to injury
  ② results of bubble formation inside cells

Stage 2 한 문장씩 뜯어보기

◆ 주어진 질문에 답하시오.

¹Many plants don't live in environments where the soil is constantly moist, which would allow them to leave their stomata open all the time.

²If they keep their stomata open, the stomata will continuously release water.

식물이 기공을 계속 열어 두는 것의 결과를 차례대로 설명한다.

³Their roots would then pull all the available water from the soil, **drying it out and leading to a water deficit**.

drying it out and leading ~
의미상 결과를 뜻하는 분사구문이 and로 병렬 연결되었다.

1 문장 1~3을 한 문장으로 표현할 때 빈칸에 알맞은 것은?

→ ______________________________ can lead to the plant's water deficit.

ⓐ Insufficient soil nutrients
ⓑ Drying roots in moist soil
ⓒ Too much water loss from stomata

⁴If the water deficit becomes too severe, the continuous streams of water inside the plant's hydration system will break apart, causing the plant to experience dehydration.

⁵When plants suffer from broken leaves, they channel energy into recovery, healing the damage and strengthening defenses against pests drawn to the area.

⁶Bubbles will form inside the cells, and the leaves will no longer be able to pull water upward; **It will be like sucking on a straw with a hole in the side**, and the plant will die.

친숙하고 쉬운 유사 대상을 언급하는 비유 표현 (It will be like ~)으로 이해를 돕는다.

2 문장 4, 6을 한 문장으로 표현할 때 빈칸에 알맞은 것은?

→ Maintaining a steady ______________ is essential for the plant's hydration.

ⓐ water flow   ⓑ growth of cells   ⓒ exposure to sunlight

3 윗글에서 묘사된 식물이 시들게 되는 과정 ⓐ~ⓓ를 순서대로 나열하시오.

> ⓐ 식물 내 수화 체계의 붕괴와 식물의 탈수
> ⓑ 뿌리가 땅의 수분을 끌어당겨 수분 부족 발생
> ⓒ 세포 내 기포 발생으로 물을 끌어 올릴 수 없게 됨
> ⓓ 기공이 계속해서 수분을 방출

so+형용사(+that) ...
(…할 정도로 ~하다; 아주
~해서 …하다)

7 (a) Because plants can't photosynthesize **without** losing water to the air, they must perform a ______________ act, opening their stomata for as long as possible to maximize photosynthesis, but (b) not **so** long **that** they lose too much water.

4 밑줄 친 (a)를 아래와 같이 바꿔 쓸 때 빈칸에 알맞은 것은?

→ Because plants ______________ water whenever they photosynthesize

ⓐ hold back
ⓑ give off
ⓒ soak up

TIP★ **부정어 A without B**: ((이중부정)) A하려면 반드시 B한다

한 문장에 부정을 나타내는 표현이 두 개 있으면 부정의 의미가 사라지고 강한 긍정의 의미가 된다.

We can't achieve our goals **without** careful planning.

세심한 계획 없이는 목표를 달성할 수 없다. (목표를 달성하려면 반드시 세심한 계획이 필요하다.)

5 문맥상 빈칸에 들어갈 말로 가장 적절한 것은?

ⓐ balancing
ⓑ weakening
ⓒ healing

6 밑줄 친 (b)를 우리말로 해석하시오.

Stage 3 요약하기

◆ 글의 내용을 아래와 같이 요약할 때, 빈칸 (A)~(C)에 들어갈 가장 적절한 말을 <조건>에 맞게 쓰시오.

To avoid dehydration and death, plants need to carefully (A) ______________ stomata opening during (B) ______________ as excessive water (C) ______________ causes soil drying and cellular bubbles.

(조건) <보기>의 단어 중에서 골라 그대로 쓸 것
(보기) maximize / environment / loss
regulate / pressure / photosynthesis

Time Perception 시간 지각

시간은 모두에게 동일하게 흐르지만, 같은 시간도
누군가에게는 길게 느껴지고 다른 누군가에게는 짧게 느껴집니다.

색깔도 시간 지각에 영향을 미칠 수 있다는 것을 알고 있나요?
한 연구는 열이 파란 화면보다 빨간 화면에서
시간을 지각하는 속도가 빨라져서
시간을 평상시보다 길게 느낀다는 것을 보여주었습니다.

이처럼 다양한 요소들이 시간 지각에 영향을 줍니다.

Words & PHRASES

✦표시 다의어는
지문 속 의미를
다의어 Check✔
에서 고르세요.

☐ **component**	(구성) 요소(= factor), 부품	
☐ **lie in**	~에 있다	
☐ **perception**	인지; 지각; 인식(하여 갖게 된 생각)	• perceive 감지[인지]하다; ~을 (…로) 여기다
☐ **progress**	(시간이) 지나다; 진행(하다); 진보(하다)	▸ in progress (현재) 진행 중인
☐ **consciously**	의식적으로(↔ unconsciously 무의식적으로)	• conscious 의식[자각]하는; 의식적인 (↔ unconscious 의식이 없는; 무의식적인) • consciousness 의식, 자각; 생각
☐ **aware**	알고[의식/자각하고] 있는 (↔ unaware 알지 못하는, 알아채지 못한)	▸ be aware of ~을 알다, ~을 알아차리다 • awareness 자각, 인식
☐ **barely**	겨우, 간신히; 거의 ~ 않는	
☐ **enrich**	부유하게 하다; (가치 등을) 높이다, 풍요롭게 하다	• enrichment 질을 높임, 풍요롭게 함
☐ **intense**	강렬한, 격렬한(= extreme)	• intensify 강화하다; 격렬해지다 • intensity 강도, 격렬함
☐ **cease**	그만두다, 중지하다; ~이 아니게 되다	
☐ **illustrate**	(예를 들어) 설명하다; 삽화를 넣다	
☐ **relativity**	상대성	• relative 상대적인, 비교상의; 친척; 동족
☐ **absolute**	완전한(= complete); 절대적인	• absolutely 완전히, 전적으로; 절대로
☐ **fixed**✦	고정된; 확립된; 수리된, 고쳐진	• fix 고정시키다; (날짜 등을) 정하다; 수리하다
☐ **gravitational**	중력의	• gravitation ((물리)) 만유인력, 중력 *cf.* gravitational pull 중력
[선택지]		
☐ **trick**	속이다, 속임수를 쓰다; 속임수	
☐ **orientation**	지향, 방향; 성향; 오리엔테이션, 예비 교육	

A major component of the flow of time lies in our own perception of it: when we're younger, time seems to go slower—progressing from age one to two exactly doubles your total days lived. In contrast, when we're older, time appears to pass more quickly—it's just another year. And when we are consciously aware of time it can barely seem to pass at all. This psychological fact explains the saying "A watched pot never boils," because the watcher gives up since it simply takes too long. When we are unaware—such as when we are sleeping, or in the more enriching moments of being human, such as when in a state of intense focus as an athlete, musician, or writer—time ceases to be a factor. To further illustrate the complexity of time, consider Einstein's Theory of Relativity, which shows that time is not even absolute or **fixed**[+]. Instead, it is relative to where one stands. The closer to the Earth, where gravitational forces are stronger, the slower it goes. (Over time, your feet age slightly more slowly than your head due to the difference in gravitational pull!) This highlights that time itself can vary based on different conditions, much like how our perception of time can vary based on our age and awareness.

 **다의어 Check**

지문 속 ✦표시 어휘의 문맥상 의미는?

1 fixed
ⓐ 고정된
ⓑ 고쳐진

INTRO Q　윗글의 중심 소재는 무엇인지 고르시오.
① changes over the course of time
② perception and physics of time flow

Q　윗글의 제목으로 가장 적절한 것을 고르시오.
① Time Is a Fixed Value of Our Universe
② How To Trick Your Brain To Slow Down Time
③ Does Time Change Our Perception of Reality?
④ What Aspects Influence Our Experience of Time
⑤ Time Orientation: Perception of Time in Different Cultures

Stage 2 한 문장씩 뜯어보기

◆ 주어진 질문에 답하시오.

[1]A major component of the flow of time lies in our own perception of it: when we're younger, time seems to go slower—progressing from age one to two exactly doubles your total days lived.

1 밑줄 친 부분의 의미로 빈칸에 알맞은 것은?
→ For a two-year-old, a year is ______________ of their life.
ⓐ a small fraction
ⓑ various aspects
ⓒ a significant portion

[2]In contrast, when we're older, time appears to pass more quickly—it's just another year.

2 문장 1~2를 한 문장으로 표현할 때 빈칸에 알맞은 것은?
→ Our perception of time changes as we ______________.
ⓐ age　　　　　　ⓑ learn　　　　　　ⓒ enjoy

[3]And when we are consciously aware of time it can **barely** seem to pass **at all**.

3 문장 3을 우리말로 해석하시오.

◖ at all이 부정어 barely를 강조한다. 이와 같은 부정어 뒤 강조 표현으로는 in the least, a bit, by any means 등이 있다.

[4]This psychological fact explains the saying "A watched pot never boils," because the watcher gives up since it simply takes too long.

[5]When we are unaware—such as when we are sleeping, or in the more enriching moments of being human, such as when in a state of intense focus as an athlete, musician, or writer—time ceases to be a factor.

4 문장 3~5를 한 문장으로 표현할 때 빈칸에 알맞은 것은?
→ Our perception of time changes based on our ______________ awareness.
ⓐ conscious　　　　　　ⓑ temporary　　　　　　ⓒ informed

5 문장 5의 밑줄 친 <u>time ceases to be a factor</u>의 의미로 알맞은 것은?

ⓐ 소요 시간이 중요하다.

ⓑ 짧은 시간에 처리한다.

ⓒ 시간을 지각하지 못한다.

⁶To further illustrate the complexity of time, consider Einstein's Theory of Relativity, which shows that time is not even absolute or fixed.

⁷Instead, it is relative to where one stands.

⁸**The closer** to the Earth, where gravitational forces are stronger, **the slower** it goes.

the+비교급 ~, the+비교급 …
(~하면 할수록, 더욱 …하다)

⁹(Over time, your feet age slightly more slowly than your head due to the difference in gravitational pull!)

6 문장 6~9를 한 문장으로 표현할 때 빈칸에 알맞은 것은?

→ Einstein proved time varies with gravity; the _______________ to Earth's stronger gravitational force, the slower time flows.

ⓐ steadier　　　　　　ⓑ farther　　　　　　ⓒ nearer

¹⁰This highlights that time itself can vary based on different conditions, much like how our perception of time can vary based on our age and awareness.

Stage 3　요약하기

◆ 글의 내용을 아래와 같이 요약할 때, 빈칸 (A)~(C)에 들어갈 가장 적절한 말을 <조건>에 맞게 쓰시오.

Our view of time shifts with age and (A) _____________, and as Einstein's Theory of Relativity explains, (B) _____________ also affects time's (C) _____________.

조건　1. <보기>의 단어를 한 번씩만 사용할 것
　　　2. 필요하면 문맥과 어법에 맞게 변형할 것 (단어 추가 없음)

보기　pace / aware / gravity

Paradigm Shift 패러다임 전환

패러다임은 한 시대 사람들의 견해나 사고를 지배하는 이론적 틀이나 체계를 의미합니다.
'사례, 본보기'를 뜻하는 그리스어 '파라데이그마(paradeigma)'에서 유래했습니다.

패러다임은 특히 과학의 발전을 설명하는 데 자주 사용됩니다.

새로운 패러다임은 무(無)에서 생겨나기보다는
기존의 지배적인 패러다임이 전환되는 혁명의 과정을 거칩니다.

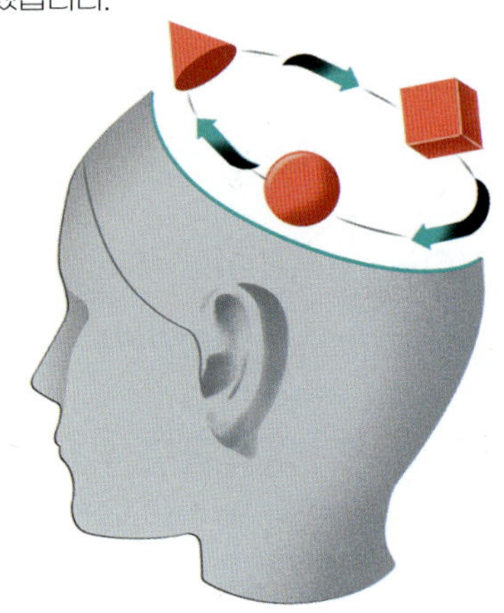

Words & PHRASES

✦표시 다의어는
지문 속 의미를
다의어 Check✔
에서 고르세요.

☐ demonstrate✦	(증거를 통해) 보여주다, 증명하다; 시위하다(= protest)	• demonstration 입증; (시범) 설명; 시위
☐ theoretical	이론상으로 (가능한); 이론의, 이론적인	• theory 이론, 학설; 의견
☐ construction	(이론의) 구성; 건설, 공사; 건축물	
☐ place	배치하다; (특정 상황에) 두다; 장소; 자리	
☐ indicate	가리키다; 나타내다[보여주다]; 시사하다	• indication 지시; 암시
☐ paradigm	패러다임, (특정 시대의 지배적인) 사고의 틀; 전형적인 예	
☐ alternative	대안; 대체 가능한; (전통 방식과 다른) 대안적인	• alternate 교대로 일어나다; 번갈아 나오는
☐ penetrate	관통하다; 뚫고 들어가다; 간파하다	• penetration 관통, 침투; 간파
☐ employment✦	(기술, 방법 등의) 사용, 이용; 고용, 채용	• employ 사용하다, 쓰다; 고용하다
☐ manufacture	제조(하다), 생산(하다); 제조업	
☐ retool	기계[설비]를 교체하다; (조직을) 개편하다	
☐ luxury	호화로움, 사치(품)	
☐ reserve	(딴 데 쓰려고) 따로 남겨두다; 예약하다	
☐ significance	의미, 의의; 중요성	• significant 중대한, 중요한; (양, 정도가) 상당한
☐ occasion	때, 기회, 경우; 행사, 의식	• occasionally 가끔, 때때로
☐ come up with	(답을) 찾아내다, 제시하다	
☐ seldom	좀처럼 ~ 않다	
☐ undertake	약속[동의]하다; (책임을 맡아) 착수하다	(undertook-undertaken)
☐ subsequent	차후의, 그다음의(= following)	• subsequently 그 후에, 그다음에

> Philosophers of science have repeatedly **demonstrated**[+] that more than one theoretical construction can always be placed upon a given collection of data. History of science indicates that, particularly in the early developmental stages of a new paradigm, it is not even very difficult to invent such alternatives.

다의어 Check

지문 속 ✦표시 어휘의 문맥상 의미는?

1 demonstrate
ⓐ 시위하다
ⓑ (증거를 통해) 증명하다

2 employment
ⓐ (기술 등의) 사용
ⓑ 고용

(A) So long as the tools a paradigm supplies continue to prove capable of solving the problems it defines, science moves fastest and penetrates most deeply through confident **employment**[+] of those tools. The reason is clear.

(B) As in manufacture so in science—retooling is a luxury reserved for when it's absolutely necessary. The significance of crises in science is the indication they provide that an occasion for retooling has arrived.

(C) Despite this, coming up with alternatives is just what scientists seldom undertake except during the pre-paradigm stage of their science's development and on very special occasions during its subsequent evolution.

INTRO

1. 네모 안에 주어진 글의 핵심 내용으로 적절한 것을 고르시오.

① 과학 철학자들은 대체 이론을 만드는 것을 불필요하다고 여김
② 패러다임 초기에는 대체 패러다임을 만드는 것이 이렵지 않음

2. (A)~(C)의 내용으로 알맞은 것끼리 짝지으시오.

(1) 패러다임 교체가 드문 이유   •   • (A)
(2) 기존 패러다임이 제공하는 도구 사용의 효용 •   • (B)
(3) 주어진 글과 상반된 과학자들의 양상   •   • (C)

주어진 글 다음에 이어질 글의 순서로 가장 적절한 것을 고르시오.

① (A) – (C) – (B)   ② (B) – (A) – (C)
③ (B) – (C) – (A)   ④ (C) – (A) – (B)
⑤ (C) – (B) – (A)

Stage 2 한 문장씩 뜯어보기

◆ 주어진 질문에 답하시오.

> **1** Philosophers of science have repeatedly demonstrated **that** more than one theoretical construction can always be placed upon a given collection of data.

1 문장 1을 간단히 표현할 때 빈칸에 알맞은 것은?

→ ________________ theories can explain the same data.

ⓐ Few   ⓑ Most   ⓒ Multiple

> **2** History of science <u>indicating</u> **that**, particularly in the early developmental stages of a new paradigm, **it** is not even very difficult **to invent such alternatives.**

it은 가주어, to invent 이하가 진주어이다.

2 밑줄 친 indicating이 어법상 옳으면 O, 틀리면 X로 표시하고 바르게 고치시오.

> **3** Despite this, coming up with alternatives is just **what** scientists seldom undertake except during the pre-paradigm stage of their science's development and on very special occasions during its subsequent evolution.

3 문장 3을 간단히 표현할 때 빈칸에 알맞은 것은?

→ Scientists create alternatives ________________ during previous and special phases of paradigms.

ⓐ mainly   ⓑ passively   ⓒ accidentally

TIP★ 접속사 that vs. 관계대명사 what

접속사 that은 뒤에 완전한 구조의 문장이 오고, 관계사 what은 뒤에 불완전한 구조의 문장이 온다.

2 ~ **that**, ~, it is not even very difficult to invent such alternatives. <접속사 that이 이끄는 명사절>
    S´ V´   C´   S˝(진주어)
    (가주어)

cf. The rumor **that** he bought a new car spread quickly. <접속사 that이 이끄는 동격절>
    S´   V´   O´

그가 새 차를 샀다는 소문이 빠르게 퍼졌다.

3 ~ is just **what** scientists seldom undertake ● except during the pre-paradigm stage ~.
    S´   V´
    <관계대명사 what이 이끄는 명사절-undertake의 목적어 없음>

[4]**So long as** (a) <u>the tools</u> a paradigm supplies continue to prove capable of solving (b) <u>the problems</u> it defines, science moves fastest and penetrates most deeply through confident employment of those tools.

◖ so[as] long as
1. ~하는 동안(= while)
2. ~하는 한, ~하기만 하면 (= if)

[5]**The reason** is clear.

◖ 현상을 먼저 설명하고 그 뒤에 이유(the reason)가 이어진다.

4 밑줄 친 (a), (b)를 수식하는 부분을 각각 찾아 쓰시오.
(a):
(b):

5 문장 4를 간단히 표현할 때 빈칸에 알맞은 것은?
→ Scientists prefer _______________ tools in problem-solving.
ⓐ rare　　　　　　ⓑ alternative　　　　　　ⓒ established

[6]**As** in manufacture **so** in science—retooling is a luxury reserved for when it's absolutely necessary.

◖ (just) as ~, so ...
((꼭) ~인 것처럼 …하다)
as와 so 뒤에는 it is가 각각 생략되었다.

[7]The significance of <u>crises</u> in science is **the indication** they provide **that** an occasion for retooling has arrived.

◖ that은 the indication 의 동격절을 이끈다. provide의 목적어절을 이끄는 것으로 착각하기 쉽다.

6 밑줄 친 <u>crises</u>의 의미로 알맞은 것은?
ⓐ 문제를 해결할 새로운 해결책이 너무 어려운 경우
ⓑ 과학자들이 새로운 패러다임을 받아들이지 않는 경우
ⓒ 기존 패러다임으로 해결하지 못하는 문제가 생기는 경우

Stage 3　요약하기

◆ 글의 내용을 아래와 같이 요약할 때, 빈칸 (A), (B)에 들어갈 가장 적절한 말을 <조건>에 맞게 쓰시오.

Although several theories can explain particular data, scientists typically avoid (A) _____________ paradigms, and retooling is done when the existing paradigm (B) _____________ to solve defined problems.

조건　1. <보기>의 단어 중에서 골라 쓸 것
　　　2. 필요하면 문맥과 어법에 맞게 변형할 것
　　　3. 각각 한 단어로 작성할 것
보기　alternative / succeed / difficult / fail

Cognitive Sharing 인지 공유

정보를 판단하고 이해하는 정신적인 활동을 '인지(cognition)'라고 합니다.

'강아지'라는 단어를 듣거나 보면 강아지의 모습, 짖는 소리, 관련된 경험 등이 떠오르는데, 이를 '표상(representation)'이라고 합니다.

우리는 저마다 서로 다른 표상을 갖는데, 상호 작용을 통해 이러한 표상을 공유하는 일을 '인지 공유'라 합니다.

Words & PHRASES

✦표시 다의어는 지문 속 의미를 **다의어 Check✔** 에서 고르세요.

□ representation	표현, 묘사; ((심리)) 표상; 대표, 대리	• represent 표현하다; 나타내다, 상징하다; 대표하다
□ roughly	거칠게; 대략, 거의	• rough (표면 등이) 거친; 난폭한; 대충 한
□ perspective✦	관점, 시각; 원근법; 전망, 경치	
□ cognitive	인지의, 인식의	• cognition 인지, 인식
□ improvisational	즉흥적인	• improvise 즉흥적으로 하다, 즉석에서 만들다 • improvisation 즉석에서 하기; 즉석에서 한 것
□ anticipate	예상하다; 기대하다, 고대하다(= expect)	• anticipation 예상; 기대
□ scoring position	득점 위치, 득점 기회	
□ to some degree	약간은, 어느 정도까지	**cf.** degree 정도; 학위; 도 ((각도, 온도의 단위))
□ spectator	(특히 스포츠 행사의) 관중	
□ engagement✦	약속; 고용; 참여	• engage (주의, 관심을) 끌다; 고용하다; 참여하다
□ transport	이동시키다; 수송하다; 다른 상황에 있는 것 같은 느낌이 들게 하다	
□ coordination	조정; 조직(화); 조화	• coordinate 조정하다; 조직화하다
□ synchronization	동시에 하기; 시계를 맞추기; 동기화	• synchronize 동시에 발생하다
□ briefly	짧게, 잠시; 간단히	• brief (시간이) 짧은; (말, 글이) 간단한
[선택지]		
□ transcend	초월하다, 능가하다	
□ boundary	경계(선)(= border); 한계, 한도(= limit)	
□ self	자아, 자신; 모습, 본모습	

정답 및 해설 p. 20

The brain's way of forming representations means that two, or five, or fifty people can roughly share the same **perspective**⁺. This cognitive sharing is what lends extra excitement to listening to jazz, to watching improvisational comedy, or to seeing teammates on the field passing the ball, anticipating what each needs to do to get the ball into scoring position. To some degree we experience what all the other spectators experience; depending on our level of skill and **engagement**⁺, we also experience to some degree what the participants experience. This sharing also allows members of cardiac surgery teams and World Cup soccer teams to anticipate one another's wishes and needs, solve problems, and respond at a speed that would be impossible for a single individual. We are transported into intense coordination and synchronization that moves at a pace that can be quicker than conscious thought. Through "cognitive sharing" we briefly feel ourselves

____.

*cardiac: 심장(병)의

다의어 Check ✔

지문 속 ✦표시 어휘의 문맥상 의미는?

1 perspective
ⓐ 관점
ⓑ 전망

2 engagement
ⓐ 약속
ⓑ 참여

INTRO

Q 빈칸 문장과 선택지들의 구조로 보아, 찾아야 할 내용으로 알맞은 것을 고르시오.

① 인지 공유로 인해 우리가 잠시 느끼는 것
② 인지 공유를 통해 우리가 빠르게 해결하는 것

Q 윗글의 빈칸에 들어갈 말로 가장 적절한 것을 고르시오.

① performing tasks with greater creativity
② transcending the boundaries of the self
③ reaching a higher level of communication
④ understanding other's medical conditions better
⑤ achieving complete concentration but eventually losing it

Stage 2 한 문장씩 뜯어보기

◆ **주어진 질문에 답하시오.**

> **1** The brain's way of forming representations means that two, or five, or fifty people can roughly share the same perspective.

> **2** This cognitive sharing is **what lends** extra excitement **to listening** to jazz, **to watching** improvisational comedy, **or to seeing** teammates on the field passing the ball, anticipating that each needs to do to get the ball into scoring position.

◖ lend A to B (B에 A를 부여하다[주다])

세 개의 to v-ing가 콤마(,)와 or로 병렬 연결되었다.

1 문장 2에서 어법상 **틀린** 단어 하나를 찾아 바르게 고치시오. (한 단어)

고치기 전:

→ 고친 후:

> **3** To some degree we experience **what** all the other spectators experience; depending on our level of skill and engagement, we also experience to some degree **what** the participants experience.

2 밑줄 친 <u>what</u>이 어법상 옳으면 O, 틀리면 X로 표시하고 바르게 고치시오.

TIP★ **관계대명사 what** (~하는 것(들)) (= the thing(s) which ~)

1. '~하는 것(들)'으로 해석되고 문장에서 주어, 목적어, 보어의 역할을 하는 명사절을 이끈다.
2. 관계대명사 what을 없애면 관계대명사절의 구조가 불완전하다.
3. 관계대명사 what은 선행사를 포함하므로 관계대명사절 앞에 선행사가 따로 없다.

주어가 없는 불완전한 구조

2 This cognitive sharing is **what** lends^V extra excitement^O to listening ~
C

목적어가 없는 불완전한 구조

3 ~ we experience **what** all the other spectators^{S'} experience^{V'}; ~
O

3 문장 1~3을 한 문장으로 표현할 때 빈칸에 알맞은 것은?

→ _______________ cognitive understanding boosts enjoyment of activities.

ⓐ Rough
ⓑ Mutual
ⓒ Exclusive

[4]This sharing also **allows** members of cardiac surgery teams and World Cup soccer teams **to anticipate** one another's wishes and needs, **solve** problems, **and respond** at a speed that would be impossible for a single individual.

4 문장 4를 간단히 표현할 때 빈칸에 알맞은 것은?

→ Cognitive sharing enables team members to _____________ coordination and efficiency.

ⓐ complicate ⓑ enhance ⓒ assess

[5]We are **transported** into intense coordination and synchronization **that** moves at a pace **that** can be quicker than conscious thought.

TIP★ 관계대명사절 두 개가 연달아 오는 경우

한 문장에 관계사절 두 개가 연달아 올 때 각 관계대명사절의 선행사를 올바르게 판단해야 한다. 선행사가 동일할 수도, 각각 다를 수도 있다.

[5]We are transported into *intense coordination and synchronization* [**that** moves at *a pace* [**that** can be quicker than conscious thought]].

cf. There are *many things* [**which** influence our daily lives], and [**which** shape our experiences]. 일상생활에 영향을 미치고 경험을 형성하는 많은 것들이 있다.

[6]Through "cognitive sharing" we briefly feel ourselves **transcending** the boundaries of the self.

Stage 3 요약하기

◆ 글의 내용을 아래와 같이 요약할 때, 빈칸 (A)~(C)에 들어갈 가장 적절한 말을 <조건>에 맞게 쓰시오.

Cognitive sharing allows us to experience and react (A) _____________, as we transcend individual (B) _____________ and boost group (C) _____________ and enjoyment in diverse activities.

(조건) <보기>의 단어 중에서 골라 그대로 쓸 것
(보기) collaboration / improvisation / separation / limitations / collectively / roughly

Aesthetic Sense 미적 감각

아름다움과 조화를 인지하고 감상하는 능력을 의미합니다.

미술 시간에 생각만큼 그림을 잘 그리지 못했던 경험, 옷 코디가 기대보다 멋지지 않았던 경험,
휴대폰 카메라로 찍은 사진이 마음에 들지 않았던 경험 등은
모두 미적 감각이 부족하면 일어날 수 있는 일입니다.

일상 속 아름다움과 조화를 발견하게 해주는 미적 감각을 기른다면
삶이 더 즐겁고 풍요로워질 수 있을 거예요.

Words & PHRASES

✦표시 다의어는
지문 속 의미를
다의어 Check✔
에서 고르세요.

□ derive A from B	B에서 A를 얻다	• derive 유래하다, 나오다; 끌어내다; 얻다
□ attraction	끌림; 매력; 명소, 명물	• attract (주의, 흥미를) 끌다, 끌어당기다 • attractive 매력적인, 멋진
□ taste✦	맛; 입맛, 미각; 취향, 기호	
□ aesthetic	미(美)의식; 미학; 미적인	
□ capacity✦	용량; (최대) 수용력; 능력(= ability)	
□ assert	(강하게) 주장하다, 단언하다	• assertive 적극적인
□ precision	정확(성), 정밀(성)(= accuracy)	• precise 정확한, 정밀한
□ contribute to A	A에 기여하다	
□ encounter	맞닥뜨리다; 마주치다; (우연한) 만남	
□ impressive	인상적인, 인상[감명] 깊은	
□ swiftly	신속히, 재빨리	• swift 신속한, 빠른
□ pin down	속박하다; ~을 정확히 밝히다[이해하다]	
□ explore	탐사[탐험]하다; 탐구[분석]하다	• exploratory 탐구의, 시험적인
□ heighten	높이다, 고조시키다	
□ architectural	건축학[술]의	• architecture 건축학[술]; 건축 양식
□ numb	감각이 없는, 무감각한; 망연자실한; 감각을 잃게 하다	
□ generalization	일반화	• generalize 일반화하다; 보편화하다
□ lik(e)able	호감이 가는, 마음에 드는	
□ come to mind	생각이 떠오르다	
□ strike✦	(세게) 치다[때리다]; (빛이 표면에) 부딪치다; 파업(하다)	
□ convey	전달하다, 전하다	

Stage 1 정답 찾아가기

A significant benefit we may derive from drawing is a conscious understanding of the reasons behind our attraction to certain landscapes and buildings. We find explanations for our **tastes**✝ and we develop an "aesthetic," a **capacity**✝ to assert judgments about beauty and ugliness. ① With increased precision, we identify what is lacking in a building we don't like and what contributes to the beauty of one we do. ② Upon encountering an impressive scene, we swiftly analyze it and pin down the nature of its power. ③ Exploring the beauty of nature heightens our perception and understanding of architectural design. ④ We move from a numb "I like this" to "I like this because ...," and then in turn towards a generalization about the likeable. ⑤ Even if they are only held in exploratory, uncertain ways, laws of beauty come to mind: it is better for light to **strike**✝ objects from a street to convey a sense of space, or the buildings must only be as high as the street is wide.

다의어 Check ✔

지문 속 ✚표시 어휘의 문맥상 의미는?

1 taste
  ⓐ 맛
  ⓑ 취향

2 capacity
  ⓐ volume
  ⓑ ability

3 strike
  ⓐ 파업하다
  ⓑ (빛이 표면에) 부딪치다

INTRO

Q 첫 두 문장으로 보아, 앞으로 전개될 내용으로 가장 적절한 것을 고르시오.

① how we appreciate landscapes and buildings
② how drawing shapes our aesthetic judgments

Q 윗글에서 전체 흐름과 관계 <u>없는</u> 문장을 고르시오.

①　　　　②　　　　③　　　　④　　　　⑤

OUTRO

Q 위 문제에서 선택한 정답 문장의 내용을 고르시오.

① 우리는 단순한 선호에서 취향에 대한 일반화로 나아간다.
② 자연의 아름다움을 탐구하면 건축 디자인의 이해가 높아진다.

Stage 2 한 문장씩 뜯어보기

◆ 주어진 질문에 답하시오.

[1]**A significant benefit we may derive from drawing** is a conscious understanding of the reasons behind our attraction to certain landscapes and buildings.

[2]We find explanations for our tastes and we develop an "aesthetic," a capacity to assert judgments about beauty and ugliness.

[3]With increased precision, we identify what is lacking in **a building we don't like** and what contributes to the beauty of <u>one we do</u>.

do는 앞에 나온 일반동사 like를 대신하는 대동사 이다.

1 문장 3을 아래와 같이 표현할 때 빈칸에 알맞은 것은?
→ Drawing helps us identify more ＿＿＿＿＿＿＿ specific elements that we either like or dislike in buildings.

ⓐ quickly　　　　　ⓑ accurately　　　　　ⓒ frequently

2 밑줄 친 <u>one</u>이 지칭하는 것을 문장 3에서 찾아 쓰시오. (두 단어)

TIP★ <u>명사(A)+S′+V′~: S′가 V′하는 A</u>

명사나 대명사 뒤에 이를 수식하는 <S′+V′~>가 이어지고 절 안에서 목적어가 빠져 있다면 그 사이에 목적격 관계대명사가 생략된 것이다. (대)명사 A 뒤에 S′에 해당하는 또 다른 (대)명사가 오게 되어 <(대)명사+(대)명사> 형태를 띤다.

[1]*A significant benefit* [(which[that]) we may derive ● from drawing] is ~.
[3]~ in *a building* [(which[that]) we don't like ●] and ~ the beauty of *one* [(which[that]) we do ●].

[4]Upon encountering an impressive scene, we swiftly analyze it and pin down <u>the nature of its power</u>.

3 밑줄 친 <u>the nature of its power</u>의 의미로 알맞은 것은?
ⓐ who made the scene
ⓑ how long the scene lasts
ⓒ why the scene is appealing

[5]Exploring the beauty of nature heightens our perception and understanding of architectural design.

핵심 주장에 대한 부연 설명이 마지막 문장까지 이어지고 있다.

6 We move from a numb "I like this" to "I like this because …," and then in turn towards a generalization about the likeable.

4 문장 4, 6을 한 문장으로 표현할 때 빈칸에 알맞은 것은?

→ We can identify what captivates us and then derive a _______________ rule from it.

ⓐ broad　　　　　ⓑ random　　　　　ⓒ contradictory

7 **Even if** they are only held in exploratory, uncertain ways, laws of beauty come to mind: it is better for light to strike objects from a street to convey a sense of space, or the buildings must only be as high as the street is wide.

5 밑줄 친 laws of beauty의 구체적인 예로 제시되지 <u>않은</u> 것은?

ⓐ light's effect on spatial perception
ⓑ utilization of natural materials
ⓒ proportional building height

TIP★ **even if + 가정:** 비록 ~일지라도, ~이든 아니든 (= whether or not)

She decided to go for a run **even if** it was raining.
그녀는 비가 오더라도 달리기로 결심했다. (비가 오는 경우를 가정)

cf. even though + 사실: 비록 ~이지만, (사실)임에도 불구하고 (= despite the fact that)

She decided to go for a run **even though** it was raining.
그녀는 비가 내림에도 불구하고 달리기로 결심했다. (실제로 비가 내림)

6 글의 주제문에 해당하는 문장의 번호를 쓰시오. (하나만 쓸 것)

Stage 3　요약하기

◆ 글의 내용을 아래와 같이 요약할 때, 빈칸 (A), (B)에 들어갈 가장 적절한 말을 <조건>에 맞게 쓰시오.

Drawing helps us understand our aesthetic (A) _____________, enabling us to explain why we are (B) _____________ to certain landscapes and buildings, and to form general principles of beauty.

조건　1. <보기>의 단어 중에서 골라 쓸 것
　　　2. 필요하면 문맥과 어법에 맞게 변형할 것
　　　3. 각각 한 단어로 작성할 것
보기　contribute / attract / potentials / preferences

Notable Journey of Money
돈의 주목할 만한 여정

돈의 등장으로 인해 무역이 촉진되었으며, 가치를 저장할 수 있게 되었습니다.
이는 안정적인 경제 환경을 조성하려는 인류의 열망을 반영합니다.

물물 교환(barter)에서 전자 화폐(e-money, cybermoney, digital currencies)에 이르기까지, 돈은 변화하는 사회의 요구를 충족하고자 계속해서 진화합니다.

Words & PHRASES

✦표시 다의어는
지문 속 의미를
다의어 Check✔
에서 고르세요.

☐ trade	거래하다, 무역하다; 교환하다; 거래, 무역	• trader 상인, 거래자
☐ marketable	(상품이) 잘 팔리는, 시장성이 있는	
☐ creation	창조, 창작(품)	• create 창조하다, 만들어 내다
☐ gradual	점진적인, 서서히 일어나는	• gradually 점차, 서서히
☐ a series of	일련의	
☐ self-interested	사리를 추구하는, 이기적인	
☐ initially	처음에	• initial 처음의, 초기의; 머리글자
☐ direct✦	직행의; 직접적인; 솔직한, 단도직입적인 (↔ indirect 간접적인; 에둘러 말하는); 명령하다	• direction 방향; 목적, 목표; 감독
☐ exchange	교환; 환전; 교환하다, 주고받다	cf. direct exchange 물물 교환(= barter)
☐ outcome	결과(= result)	
☐ possess	소유하다, 가지다	• possession 소유(물)
☐ locate✦	(특정 장소에) 두다, 놓다; (~의) 위치를 찾아내다	▶ be located in[on] ~에 위치하다
☐ good✦	선(善); 도움, 소용; 하나의 물품[상품]; 좋은, 훌륭한	• goods 물품, 상품; 물자; 소유물
☐ serve as	~의 역할을 하다	• serve 제공하다; 도움이 되다, 기여하다; 적합하다
☐ medium	매개체; 도구; 매체, 수단; 중간의	• media 《복》 매체, 수단; 대중매체
☐ incentive	동기 (부여)(= motivation); 우대책, 장려(금)	
☐ accumulate	축적하다, 모으다	• accumulation 축적, 쌓아 올림
☐ highly	매우; (수준, 양 등이) 고도로, 높이[많이]	
☐ over time	시간이 흐르면서, 시간이 지남에 따라	
☐ eventually	결국, 마침내	• eventual 궁극적인, 최종적인
☐ agree on	~에 동의하다[합의하다]	
☐ particular	특정한(= specific); 특별한; 각별한	• particularly 특히, 특별히

> Unfortunately, not all goods are equally easy to trade, some being more marketable than others.

The creation of money is a gradual process, resulting from a series of self-interested decisions made by individual traders with limited knowledge. Initially, traders recognize that when **direct**[+] exchange (barter) is challenging, they can achieve their desired outcome through indirect exchange. (①) Rather than finding someone who both possesses what they want and wants what they have, they only need to **locate**[+] someone who wants what they have. (②) They can then trade what they have for the other person's **good**[+], even if they do not want to use it themselves, and subsequently trade that for something they do want to use. (③) In this case, the intermediate good serves as a medium of exchange. (④) As a result, a trader has an incentive to accumulate highly marketable items to use them as media of exchange. (⑤) Over time, traders in the market who understand the advantages of using a common medium of exchange eventually agree on one particular item, and this is how money emerges.

다의어 Check

지문 속 ✦표시 어휘의 문맥상 의미는?

1 direct
ⓐ 직접적인
ⓑ 솔직한

2 locate
ⓐ 두다, 놓다
ⓑ 위치를 찾아내다

3 good
ⓐ 선(善)
ⓑ 물품

INTRO

네모 안에 주어진 문장으로 보아, 앞 내용으로 가장 적절한 것을 고르시오.
① 물품을 교환의 수단으로 쓰는 것
② 물품을 직접 교환하는 것의 어려움
③ 시장성이 낮은 물품을 교환하는 전략

글의 흐름으로 보아, 주어진 문장이 들어가기에 가장 적절한 곳을 고르시오.
①　　②　　③　　④　　⑤

OUTRO

위에서 고른 정답 뒤에 바로 이어지는 내용으로 가장 적절한 것을 고르시오.
① ways to make less marketable goods popular
② the recognition for the interest in highly marketable goods
③ the pursuit of highly marketable goods as a medium of exchange

Stage 2 한 문장씩 뜯어보기

◆ **주어진 질문에 답하시오.**

¹The creation of money is a gradual process, **resulting from** a series of self-interested decisions made by individual traders with limited knowledge.

result from (~에서 발생하다[비롯되다])
cf. result in (~을 초래하다, ~에 이르게 하다)

1   문장 1로 보아, 앞으로 전개될 내용으로 가장 적절한 것은?
ⓐ the impact of money on trade and economic growth
ⓑ the progression of money from pursuit of self-interest
ⓒ how money made individual traders more self-interested

²Initially, traders recognize that when direct exchange (barter) is (a) <u>challenge</u>, they can achieve their (b) <u>desire</u> outcome through indirect exchange.

2   밑줄 친 (a), (b)를 어법상 알맞은 형태로 쓰시오.
(a):
(b):

³Rather than finding someone who both possesses what they want and wants what they have, they only need to locate someone who wants what they have.

⁴They can then trade what they have for the other person's good, **even if** they do not want to use it themselves, and subsequently trade that for something they do want to use.

(even) if (비록 ~일지라도, ~이든 아니든)

3   문장 3~4가 설명하는 것을 문장 2에서 찾아 쓰시오. (두 단어)

⁵In this case, the intermediate good serves as a(n) __________ of exchange.

4   문맥상 빈칸에 들어갈 말로 가장 적절한 것은?
ⓐ goal
ⓑ medium
ⓒ obstacle

[6]Unfortunately, **not all** goods are equally easy to trade, **some being** more marketable than others.

5 문장 6의 의미로 알맞은 것은?

ⓐ All goods are easy to trade.
ⓑ Some goods are easy to trade.
ⓒ None of the goods are easy to trade.

TIP★ **부분부정**

일부만 부정하는 것으로, 바꿔 말하면 일부는 긍정하는 것이다.
- not all[every, both] (모두[둘 다] ~은 아니다, 일부만 ~하다)
- not always (항상 ~은 아니다), not necessarily (반드시 ~은 아니다)

[7]As a result, a trader has an incentive **to accumulate** highly marketable items **to use** them as media of exchange.

[8]Over time, traders in the market who understand the advantages of using a common medium of exchange eventually agree on one particular item, and this is how <u>money</u> emerges.

6 문장 7~8의 내용으로 보아, 밑줄 친 <u>money</u>가 의미하는 것이 <u>아닌</u> 것은?

ⓐ highly marketable items
ⓑ an incentive to accumulate
ⓒ a common medium of exchange

Stage 3 요약하기

◆ 글의 내용을 아래와 같이 요약할 때, 빈칸 (A), (B)에 들어갈 가장 적절한 말을 <조건>에 맞게 쓰시오.

(A) M___________ emerged from increasing efficiency of indirect transactions in trades and the agreement on highly marketable goods as a (B) c___________ means.

조건 1. 본문에서 찾아 그대로 쓸 것
2. 각각 한 단어로 작성할 것

Multiculturalism 다문화주의

다문화주의는 다양한 문화와 인종이 공존하며, 상호 존중과 평등을 지향하는 사회 이념입니다.

세계화(globalization)로 국가 간 이동이 빈번해지며 각 사회에 이주자들(immigrants)이 유입되고 있습니다.

이에 따라, 소수자(minorities)의 문화와 인권(civil rights)을 존중하고 수용하려는 의식도 높아지고 있죠.

다양한 문화적 배경(cultural background)을 가진 구성원들을 차별하지(discriminate) 않고 존중하는 것이 문화적 다양성 (cultural diversity)을 형성하는 출발점이에요.

Words & PHRASES

✦표시 다의어는 지문 속 의미를 **다의어 Check** 에서 고르세요.

☐ multiculturalism	다문화주의	• multicultural 다문화의 **cf.** monoculturalism 단일문화주의
☐ minority	(한 집단의) 소수(↔ majority 다수); 소수 집단	
☐ adapt to A	A에 적응하다	• adapt 적응하다; 맞추다, 조정하다; 각색하다
☐ quest	탐구, 탐색, 추구(= pursuit)	
☐ assimilation	(지식 등의) 흡수; 동화 ((사상 등이 서로 같아짐)) (↔ dissimilation 이화(달라짐))	• assimilate 흡수하다; 동화하다, 같게 하다
☐ obligation	의무(= duty)	• oblige 의무적으로 ~하게 하다, 강요하다
☐ civil rights	인권, 시민권; 《美》 (소수 민족 그룹의) 평등권	
☐ organization✦	구조(= structure); 준비; 조직(체), 단체, 기구	• organize 준비하다; 정리[체계화]하다; (단체를) 조직하다
☐ discrimination	식별력; 안목; 차별	• discriminate 식별[구별]하다(= differentiate, distinguish); 차별하다
☐ impose A on B	B에게 A를 부과하다[강요하다]	
☐ competitive advantage	경쟁우위	• competitive 경쟁하는; 경쟁력 있는 • competitiveness 경쟁력, 경쟁적인 것
☐ diversity	다양성(= variety)	• diverse 다양한, 가지각색의
☐ implication	암시, 시사, 함축	• imply 암시하다, 시사하다(= indicate, suggest)
☐ indispensable	없어서는 안 될, 필수적인(= essential, vital)	
☐ subgroup	하위 집단	
☐ norm	규범, 규준; 표준, 일반적인 것(= rule); 기준	
☐ performance✦	공연, 연주회; (과제 등의) 수행; 성과, 성적	• perform 수행하다, 실행하다; 공연하다, 연주하다
[선택지]		
☐ prioritize[-ise]	우선순위를 매기다, 우선시하다	• priority 우선순위
☐ embrace	(껴)안다, 포옹하다; 받아들이다, 수용[포용]하다	
☐ uniformity	동일(성), 획일(성)	• uniform 획일적인, 균일한; 제복, 교복

정답 및 해설 p. 26

The traditional approach to handling multiculturalism has been to expect members of the minority culture to adapt to the cultural requirements of the majority group. Efforts to protect and improve the rights of minorities over the past two decades have changed the workplace from the "melting pot" to the "salad bowl." What factors have driven this significant shift in perspective? A quest for social justice has been largely unsuccessful under assimilation. This provided the impetus for a search for new and better paradigms. Additionally, legal obligations arising from civil rights laws have made it necessary for **organizations**⁺ to find alternative ways to eliminate racial and gender discrimination in education and employment. Lastly, the strategic demands imposed on businesses for competitive advantage have created more pressures to deal with cultural diversity in a way that recognizes and works with differences in cultures. Globalization, with its multicultural implications, has become an indispensable factor in strategic competitiveness. The subgroups possess different work attitudes, perceptions, values, and norms which, in turn, affect individual and group **performance**⁺.

*impetus: 자극(제), 추동력

다의어 Check

지문 속 ✦표시 어휘의 문맥상 의미는?

1 organization
ⓐ institution
ⓑ planning

2 performance
ⓐ show
ⓑ achievement

INTRO

밑줄 친 어구의 "melting pot"과 "salad bowl"이 의미하는 것을 짝지으시오.

(1) melting pot   •   • (a) combining cultures into one
(2) salad bowl   •   • (b) coexisting while maintaining individuality

Q

밑줄 친 **from the "melting pot" to the "salad bowl."**이 의미하는 바로 가장 적절한 것을 고르시오.

① prioritizing individual rights over business efficiency
② improving team unity by respecting cultural differences
③ blending various cultures together to create a unique one
④ employing varied strategies to enhance individual performance
⑤ embracing cultural diversity rather than valuing cultural uniformity

Stage 2 한 문장씩 뜯어보기

◆ 주어진 질문에 답하시오.

> [1] The traditional approach to (a) <u>handling</u> multiculturalism has been to expect members of the minority culture (b) <u>adapt</u> to the cultural requirements of the majority group.

1 밑줄 친 (a), (b)가 어법상 옳으면 O, 틀리면 X로 표시하고 바르게 고치시오.

(a):

(b):

2 문장 1을 간단히 표현할 때 빈칸에 알맞은 것은?

→ Minorities were encouraged to _______________ to the majority culture.

ⓐ return   ⓑ conform   ⓒ contribute

> [2] Efforts to protect and improve the rights of minorities over the past two decades have changed the workplace from the "melting pot" to the "salad bowl."

3 문장 2의 앞에 올 연결어로 가장 적절한 것은?

ⓐ Thus   ⓑ Besides   ⓒ Meanwhile

> [3] **What factors** have driven this significant shift in perspective**?**

4 문장 3에 이어 전개될 내용으로 가장 적절한 것은?

ⓐ the benefits of a traditional perspective
ⓑ the reason multiculturalism is hard to achieve
ⓒ elements that changed the view of multiculturalism

> [4] A quest for social justice has been largely unsuccessful under assimilation.

> [5] This provided the impetus for a search for <u>new and better paradigms</u>.

5 밑줄 친 <u>new and better paradigms</u>가 가리키는 것을 문장 2에서 찾아 쓰시오. (두 단어)

◖ 도입부 뒤의 질문에 포함된 일반적 어구(factors)에 주목할 필요가 있다. factors가 일반적 의미의 복수명사이므로 이에 대한 구체적인 답(세부 사항)이 두 개 이상 이어질 것임을 예측할 수 있다. 따라서 설명문의 질문에 쓰인 일반적 어구는 주제문의 핵심 어구이다.

6 Additionally, legal obligations arising from civil rights laws have made **it** necessary **for organizations to find** alternative ways to eliminate racial and gender discrimination in education and employment.

6 문장 6을 간단히 표현할 때 빈칸에 알맞은 것을 문장 6에서 찾아 쓰시오. (한 단어)
→ Organizations had to develop new methods to address ______________ due to civil rights laws.

7 Lastly, the strategic demands imposed on businesses for competitive advantage have created more pressures to deal with cultural diversity in **a way that** recognizes and works with differences in cultures.

8 Globalization, with its multicultural implications, has become an indispensable factor in strategic competitiveness.

9 The subgroups possess different work attitudes, perceptions, values, and norms which, in turn, affect individual and group performance.

7 문장 8~9를 한 문장으로 표현할 때 빈칸에 알맞은 것은?
→ Managing cultural diversity is essential for ______________ and performance in global business.
ⓐ success   ⓑ investment   ⓒ stability

Stage 3 요약하기

◆ 글의 내용을 아래와 같이 요약할 때, 빈칸 (A), (B)에 들어갈 가장 적절한 말을 <조건>에 맞게 쓰시오.

Social justice, civil rights requirements, and the need to maintain (A) ______________ have driven businesses to replace (B) ______________ with managing cultural diversity for improved performance.

조건 <보기>의 단어 중에서 골라 그대로 쓸 것
보기 assimilation / minorities / implications / competitiveness

Conventional Wisdom 통념

대부분의 사람들이 믿고 있는 생각을 통념(conventional wisdom)이라고 합니다.
common[general, popular] beliefs 등으로도 표현되며,
과학적으로나 실질적으로 증명되지는 않은 것이 대부분입니다.

어디서 들은 말을 의심 없이 받아들이는 것은
통념에 의존하고 있다는 것입니다.

근거 없는 믿음(myth)은 거짓이나 오해를 초래하지만,
통념은 관찰과 반복된 경험을 바탕으로 하므로 사실인 경우도 있어요.

Words & PHRASES

✦표시 다의어는
지문 속 의미를
다의어 Check ✔
에서 고르세요.

☐ a shift (away) from A to B	A로부터 B로의 변화	
☐ industrial	산업의, 공업의	*cf.* industrious 근면한, 부지런한
☐ dominate	지배[군림]하다; 우위를 차지하다	• dominant 우세한, 지배적인
☐ notion	개념, 생각, 관념	
☐ overtake✦	추월하다; 능가하다; (불행 등이) 엄습하다	
☐ outlive	~보다 더 오래 살다(= survive); ~보다 더 오래 지속되다	
☐ suspect	의심스러운(= suspicious); 의심하다; 용의자	• suspicion 의심, 불신; 의혹, 혐의; 느낌
☐ flourish	(동식물이) 잘 자라다; 번창하다, 번성하다	
☐ apparently	겉보기에는, ~인 것 같이; 명백히	
☐ unfriendly	불친절한, 비우호적인; 불리한, (상황이) 나쁜	
☐ conventional	관습적인, 전통적인(= traditional); 재래식의	
☐ fall apart	다 허물어지다, 부서지다	
☐ multiply✦	크게 증가하다; 번식하다; 곱하다	• multiple 많은; 다양한; ((수학)) 배수
☐ chaos	혼돈, 혼란	• chaotic 혼돈 상태인, 혼란 상태인
☐ influential	영향력 있는	• influence 영향을 주다; 영향(력)
☐ cling to A	A를 고수하다, A에 매달리다	
☐ attribute A to B	A를 B의 탓[덕]으로 보다, A의 원인을 B에 돌리다	
☐ pragmatic	실용[현실]적인(= realistic)	
☐ concession	양보, 양해; 인정	
☐ paralyze	마비시키다; 무력[무능]하게 하다	• paralysis 마비
☐ indecision	(결정을 못 내리고) 망설임	
[선택지]		
☐ reasonable	합리적인, 타당한	
☐ originality	독창성, 기발함	• original 최초의; 원래의; 독창적인

In the mid-1980s, there was a warning that America's shift away from an industrial-based economy to a service-based economy would result in a workforce dominated by low-wage jobs like fast food and laundry; the notion couldn't survive the economic boom of the 1990s. Nor could the idea that Japan would **overtake**[+] America economically outlive Japan's stagnation in the 1990s. But other suspect ideas continue to flourish, apparently unaffected by any amount of unfriendly evidence or logic. Of course, not all conventional wisdom is mistaken. If it were, society might begin to fall apart. Everyday errors, based on wrong ideas, would **multiply**[+] and spread chaos. Still, we are fooled by many suspicious ideas. Why is this? John Kenneth Galbraith, an influential economist and public intellectual, provides a clue: the inertia of beliefs. People cling to what they know and what makes them feel comfortable. He attributed this to ________________________________. It's a pragmatic concession to daily living. If we constantly reexamined every belief and assumption, we'd be paralyzed by indecision.

*stagnation: (경기) 침체
**inertia: 무력, 타성; 관성

다의어 Check

지문 속 ✦표시 어휘의 문맥상 의미는?

1 overtake
ⓐ (불행 등이) 엄습하다
ⓑ 추월하다

2 multiply
ⓐ 크게 증가하다
ⓑ 곱하다

INTRO

Q 빈칸 문장의 this가 지칭하는 것을 고르시오.
① 모든 신념과 가정을 끊임없이 검증하는 것
② 알고 있는 것과 편안하게 해주는 것을 고수하는 것

Q 윗글의 빈칸에 들어갈 말로 가장 적절한 것을 고르시오.
① a social pressure
② a fear of being wrong
③ a reasonable suspicion
④ a lack of common sense
⑤ a dislike of too much originality

Stage 2 한 문장씩 뜯어보기

◆ 주어진 질문에 답하시오.

1 In the mid-1980s, there was **a warning that** America's shift away from an industrial-based economy to a service-based economy would result in a workforce dominated by low-wage jobs like fast food and laundry; the notion couldn't survive the economic boom of the 1990s.

문장 1, 2의 that은 각각 a warning, the idea에 대한 동격절을 이끈다.

1 밑줄 친 세미콜론(;) 뒤에 올 연결어로 가장 적절한 것은?
ⓐ however ⓑ therefore ⓒ moreover

2 **Nor could the idea that** Japan would overtake America economically outlive Japan's stagnation in the 1990s.

nor[neither] + V + S
(S도 역시 그렇지 않다)

2 문장 1~2를 한 문장으로 표현할 때 빈칸에 알맞은 것은?
→ Warnings about America and Japan were _______________.
ⓐ ignored ⓑ disproved ⓒ strengthened

3 But other suspect ideas continue to flourish, apparently unaffected by any amount of <u>unfriendly</u> evidence or logic.

3 밑줄 친 <u>unfriendly</u>의 의미로 알맞은 것은?
ⓐ obvious ⓑ affirmative ⓒ contradictory

4 Of course, **not all** conventional wisdom is mistaken.

not all ~ ((부분부정))
(모든 ~가 …하진 않다)
이 글에서는 내용을 전환하는 역할을 한다.

5 <u>If it were</u>, society might begin to fall apart.

4 밑줄 친 <u>If it were</u>와 같은 의미가 되도록 빈칸에 알맞은 말을 쓰시오. (다섯 단어)
= If _______________________________

5 문장 4~5를 한 문장으로 표현할 때 빈칸에 알맞은 것은?
→ Some conventional wisdom is _______________ for society.
ⓐ modern and fit ⓑ valid and necessary ⓒ wrong but pervasive

6 Everyday errors, based on wrong ideas, would multiply and spread chaos.

[7]**Still**, we are fooled by many suspicious ideas. [8]Why is this?

6 문장 7을 간단히 표현할 때 빈칸에 알맞은 것은?

→ False conventional wisdom ______________.

ⓐ fails　　　　　ⓑ counts　　　　　ⓒ persists

[9]**John Kenneth Galbraith, an influential economist and public intellectual**, provides a clue: the inertia of beliefs.

[10]People cling to what they know and what makes them feel comfortable.

7 문장 10을 간단히 표현할 때 빈칸에 알맞은 것은?

→ People ______________ changing familiar, comfortable beliefs.

ⓐ risk　　　　　ⓑ resist　　　　　ⓒ enjoy

[11]He **attributed** this **to** a dislike of too much originality.

[12]It's a pragmatic concession to daily living.

[13]If we constantly reexamined every belief and assumption, we'd be paralyzed by indecision.

Stage 3 요약하기

◆ 글의 내용을 아래와 같이 요약할 때, 빈칸 (A)~(C)에 들어갈 가장 적절한 말을 <조건>에 맞게 쓰시오.

Many false beliefs (A) ______________ because people (B) ______________ familiarity for (C) ______________ and practicality, avoiding the paralysis of constant decisions.

조건 <보기>의 단어 중에서 골라 그대로 쓸 것
보기 favor / originality / comfort / endure / disappear / dislike

Paradox in Immunology 면역학의 역설

면역계(immune system)는 우리 몸의 방어기제(defense mechanism)로서
박테리아, 바이러스 같은 병원균(pathogens)으로부터 우리 몸을 보호합니다.
이러한 면역계를 연구하는 학문이 바로 면역학입니다.

면역학은 감염병 치료, 자가면역 질환 관리, 백신 개발에 매우 중요합니다.

여러 과학자들의 연구로 면역학이 발전했는데요.
면역학의 아버지라 불리는 에드워드 제너는 천연두 백신을 개발했으며,
루이 파스퇴르는 예방접종 원칙을 확립하고
면역 반응에 대한 이해도를 높였습니다.

이런 인물들의 노력 덕분에 우리는 건강을 지켜나갈 수 있는 것입니다.

Words & PHRASES

✦표시 다의어는
지문 속 의미를
다의어 Check♥
에서 고르세요.

□ paradox	역설; 역설적인 사람[일]	• paradoxical 역설적인; 모순된
□ opposite	반대(되는 사람[것]); 반의어; 반대의; 맞은편의	
□ separate	분리된, 따로 떨어진; 서로 다른, 별개의	• separation 분리, 구분; 헤어짐
□ distinct	(전혀) 다른, 별개의; 뚜렷한, 분명한	• distinctive 뚜렷이 구별되는, 독특한
□ overlap	겹치다; 중복되다; 겹침	(overlapped-overlapped-overlapping)
□ condition✦	조건(= terms); 상태(= state); 《복》 상황(= situations); (만성) 질환; 길들이다	
□ uncover	덮개[뚜껑]를 벗기다; 알아내다, 밝히다	
□ infect	감염[전염]시키다; 오염시키다(= pollute)	• infection 감염, 전염; 전염병 • infectious 전염되는, 전염성의
□ undetected	아무에게도 들키지[발견되지] 않는	• detect 발견하다, 알아내다
□ free from	~을 면한, ~의 염려가 없는	
□ function	(제대로) 기능하다, 작용하다(= operate); 기능	
□ underscore	강조하다, 분명히 보여주다	
□ contradictory	모순되는(= paradoxical)	
□ simultaneously	동시에, 일제히	• simultaneous 동시에 일어나는, 동시의
□ conceptual	개념의	
□ blend	혼합; 섞다, 섞이다(= mix)	
□ transform	변형시키다; 완전히 바꿔 놓다, 탈바꿈시키다	• transformation 변형; 변화(= change)

정답 및 해설 p. 30

Most paradoxes make us feel ambivalent and uncertain because we're taught to keep opposites, such as curves and lines, separate and distinct. However, the overlapping of opposites creates **conditions**⁺ that allow a new point of view to emerge in your mind. ① Louis Pasteur discovered the principle of immunology by uncovering a paradox: some chickens previously infected with cholera survived a new, stronger infection, while uninfected chickens died. ② He realized that the surviving chickens were both diseased and not-diseased at the same time; a previous, undetected infection had kept them free from disease and had protected them from further infection. ③ This paradoxical idea—that disease could function to prevent disease—was the basis for the science of immunology. ④ The idea also underscored the challenges ahead in infectious disease research, but the development of vaccines created hope that these diseases could be controlled or even eliminated. ⑤ The ability to imagine opposite, or contradictory, ideas or images existing simultaneously in a conceptual blend transforms thought and allows an intelligence beyond thought to act and create a new form.

*ambivalent: 반대 감정이 공존하는
**immunology: 면역학

다의어 Check ✔

지문 속 ✦표시 어휘의 문맥상 의미는?

1 conditions
  ⓐ diseases
  ⓑ situations

INTRO

첫 두 문장으로 보아, 앞으로 전개될 내용으로 가장 적절한 것을 고르시오.
① 우리를 불편하게 하는 역설적인 상황
② 새로운 관점을 열어주는 역설적인 상황
③ 상반되는 것을 분리하려는 우리의 성향

윗글에서 전체 흐름과 관계 <u>없는</u> 문장을 고르시오.
①   ②   ③   ④   ⑤

OUTRO

위 문제에서 선택한 정답 문장의 내용을 고르시오.
① 이 역설적 생각이 면역학 지식 체계의 기반이다.
② 백신 개발은 질병이 억제될 수 있다는 희망을 주었다.

Stage 2 한 문장씩 뜯어보기

◆ 주어진 질문에 답하시오.

[1]Most paradoxes make us feel ambivalent and uncertain because **we're taught to keep** opposites, such as curves and lines, separate and distinct.

1 문장 1을 간단히 표현할 때 빈칸에 알맞은 것은?

→ We are ______________ to maintain a clear separation between opposites.

ⓐ allowed　　　　ⓑ dedicated　　　　ⓒ conditioned

TIP★ **SVOC 문형의 수동태**

능동태 SVOC 문형을 수동태로 쓸 때, O를 수동태 주어로 쓰고 C는 그 자리에 그대로 남는다. 문장 1은 아래 능동태 문장을 수동태로 쓴 것이다.

They teach us to keep opposites, such as curves and lines, separate and distinct.
　S　　V　　O　　　　　　　　　　　　　　　　　C

[2]**However**, the overlapping of opposites creates conditions that allow a new point of view to emerge in your mind.

> 일반적 경향을 설명하는 첫 문장 뒤에, 역접 연결어 However와 함께 글의 핵심 내용이 등장한다.

[3]Louis Pasteur discovered the principle of immunology by uncovering a ______________: some chickens previously infected with cholera survived a new, stronger infection, while uninfected chickens died.

2 문맥상 빈칸에 들어갈 말로 가장 적절한 것은?

ⓐ virus　　　　ⓑ paradox　　　　ⓒ diversity

[4]He realized that the surviving chickens were <u>both diseased and not-diseased at the same time</u>; a previous, undetected infection had kept them free from disease and had protected them from further infection.

3 밑줄 친 부분의 의미로 알맞은 것은?

ⓐ 닭들은 질병에 걸렸지만 증상은 없었다.
ⓑ 닭들은 동시에 여러 질병에 걸린 이력이 있었다.
ⓒ 질병에 걸렸던 닭은 이후 병에 걸리지 않게 되었다.

[5]This paradoxical idea—**that** disease could function to prevent disease—was the basis for the science of immunology.

> 동격절을 이끄는 접속사 that
>
> This paradoxical idea = disease could ~ prevent disease

6 The idea also underscored the challenges ahead in infectious disease research, but the development of vaccines created hope that these diseases could be controlled or even eliminated.

7 The ability to imagine opposite, or contradictory, ideas or images existing simultaneously in a conceptual blend transforms thought and allows an intelligence beyond thought to act and create a new form.

문장 2를 재진술하면서 글을 맺고 있다.

4 문장 7의 주어(수식어구 포함)에 밑줄을 그으시오.

5 문장 7을 간단히 표현할 때 빈칸에 알맞은 것은?

→ Combining contradictory ideas transforms thinking and fosters _____________ intelligence.

ⓐ collective
ⓑ innovative
ⓒ predictable

Stage 3 요약하기

◆ 글의 내용을 아래와 같이 요약할 때, 빈칸 (A)~(C)에 들어갈 가장 적절한 말을 <조건>에 맞게 쓰시오.

The (A) __________ of opposites, often found in paradoxes, encourages new (B) __________ and discoveries, as demonstrated by Louis Pasteur's breakthroughs in immunology—that a prior disease could act as a(n) (C) __________ against future ones.

조건 <보기>의 단어 중에서 골라 그대로 쓸 것
보기 defense / infection / coexistence
perspectives / absence / violence

Adam Smith 애덤 스미스

스코틀랜드 출생의 철학자이자 정치 경제학자인 애덤 스미스(1723~1790)는 경제학의 아버지라 불립니다. 역대 기출 지문에서 가장 자주 언급된 인물 중 한 명입니다.

애덤 스미스는 산업혁명 시대에 활동했지만,
그가 만든 경제학의 방법과 용어는 오늘날에도 사용될 정도로
영향력이 큰 인물입니다.

그는 대표 저서인 <국부론(The Wealth of Nations)>에서
자본주의(capitalism)의 기본 원리를 제시하고 있어요.

다음과 같은 대표적 개념이 소개됩니다.
1 **노동 분업**(division of labor)**과 전문화**(specialization)
   업무를 세분화하여 생산성을 높이는 한 방법이에요.
2 **자유 시장**(free market)
   정부가 개입(involvement)하지 않고
   시장의 수요와 공급(demand and supply)
   그리고 시장 경쟁(market competition)에 의해
   가격이 결정되는 곳이에요.

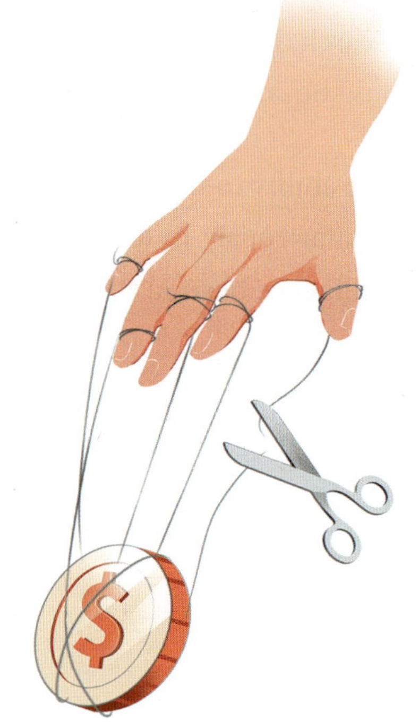

Words & PHRASES

✦표시 다의어는
지문 속 의미를
다의어 Check✔
에서 고르세요.

☐ **gain**	이익; (원하는 것을) 얻게 되다; (이익을) 얻다	
☐ **arise**	생기다, 발생하다	(arose-arisen)
☐ **firm**	회사; 단단한; 확고한	
☐ **goods**	상품, 제품	*cf.* goods and services 재화와 용역
☐ **reflect**✦	반사하다; 반영하다; 심사숙고하다	
☐ **consist of**	~로 구성되다(= be made up of, be composed of)	
☐ **rent**	집세, 임대[임차]료; 임대[임차]하다	
☐ **profit**	수익, 이윤; 이익을 얻다	
☐ **capital**	대문자; (나라의) 수도; 자본(금)	• capitalism 자본주의
☐ **wage**	임금, 급료; (전쟁을) 벌이다[계속하다]	
☐ **labo(u)r**	(육체) 노동; 작업; 분만; (부지런히) 일하다	
☐ **rate**	요금; 비율; 속도; 평가하다	
☐ **return**	돌아옴[감]; 수익; 돌아오다[가다]	
☐ **scarcity**	부족, 결핍(= lack)	• scarce 부족한, 드문 • scarcely 거의 ~ 않는; 겨우, 간신히
☐ **industry**✦	근면(성); 산업, 공업	• industrial 산업의, 공업의 • industrious 근면한, 부지런한
☐ **slump**	(가치, 수량 등의) 급감, 폭락; 불황; 급감[폭락]하다	
☐ **demand**	요구(하다); 일[부담]; 수요(↔ supply 공급(하다))	

> In that case, opportunities for gain will arise and prices will increase, but only until market forces bring new firms into the market and prices fall back to their natural level.

Adam Smith believed that all goods have a natural price that **reflects**[+] the total efforts that went into making them. (①) This consists of the natural rent for the land, the natural profit for the capital, and the natural wage for the labor used in production. (②) Market prices and rates of return can differ from their natural level for periods of time, which might happen in times of scarcity. (③) Similarly, if one **industry**[+] begins to suffer a slump in demand, prices will drop and wages will fall, but as a different industry rises, it will offer higher wages to attract workers. (④) In the long run, Smith says, "market" and "natural" prices will be the same. (⑤) Modern economists call this equilibrium.

*equilibrium: 균형

다의어 Check

지문 속 ✦표시 어휘의 문맥상 의미는?

1 reflect
ⓐ 반사하다
ⓑ 반영하다

2 industry
ⓐ 근면성
ⓑ 산업

INTRO

 네모 안에 주어진 문장으로 보아, 앞 내용으로 가장 적절한 것을 고르시오.

① Factors that drive natural price formation
② Factors that drive product price increases

 글의 흐름으로 보아, 주어진 문장이 들어가기에 가장 적절한 곳을 고르시오.

①　　　　②　　　　③　　　　④　　　　⑤

OUTRO

 위에서 고른 정답 뒤에 바로 이어지는 내용으로 가장 적절한 것을 고르시오.

① 자연 가격의 구성 요소
② 시장 가격과 자연 가격의 일치
③ 가격이 내려가는 상황

Stage 2 한 문장씩 뜯어보기

◆ 주어진 질문에 답하시오.

> ¹Adam Smith believed that all goods have a natural price that reflects the total efforts that went into making them.

> ²This is consisted of the natural rent for the land, the natural profit for the capital, and the natural wage for the labor used in production.

1 밑줄 친 This가 지칭하는 것을 문장 1에서 찾아 쓰시오. (세 단어)

2 문장 2에서 어법상 **틀린** 부분을 찾아 바르게 고치시오.
고치기 전:
→ 고친 후:

> ³Market prices and rates of return can differ from their natural level for periods of time, which might happen in times of scarcity.

❙ market prices와 rates of return이 natural level과 달라지는 조건을 설명한다.

3 밑줄 친 부분을 아래와 같이 바꿔 쓸 때 빈칸에 알맞은 것은?
→ if there is not enough _______________
ⓐ supply ⓑ money ⓒ demand

> ⁴In that case, opportunities for gain will arise and prices will increase, but only until market forces bring new firms into the market and prices fall back to their natural level.

4 밑줄 친 부분의 의미로 알맞은 것은?
ⓐ price rises ⓑ supply increases ⓒ demand increases

> ⁵**Similarly**, if one industry begins to suffer a slump in demand, prices will drop and wages will fall, but as a different industry rises, **it** will offer higher wages to attract workers.

❙ Similarly (마찬가지로)
= Likewise

가격이 오르다가 자연적인 수준에 맞춰진다는 설명 뒤에 Similarly를 사용하여 가격이 내리다가 수요에 맞춰 오르는 설명이 추가로 이어진다.

5 밑줄 친 it이 지칭하는 것으로 알맞은 것은?
ⓐ to attract workers
ⓑ a different industry
ⓒ a slump in demand

가주어 it vs. 대명사 it

문장이 <it ~ to-v> 형태이면 무조건 it을 가주어로, to-v를 진주어로 판단하기 쉽다. 하지만 it은 대명사, 비인칭주어, 강조구문의 it 등 쓰임이 다양하며, to-v는 형용사나 부사 역할로도 많이 쓰인다. 따라서 문맥을 통해 올바르게 해석해야 한다.

The guest asked about *the book* on the coffee table. **It** was *a travel guide* to plan my summer trip.

대명사 it(= the book)   형용사 역할(v할, v하는)

방문객이 커피 테이블 위에 놓인 책에 대해 물었다. 그것은 나의 여름 여행을 계획할 여행 가이드북이었다.

6 문장 5를 간단히 표현할 때 빈칸에 알맞은 것은?

→ the ______________ nature of prices and wages driven by trends in demand across different industries

ⓐ dynamic
ⓑ superficial
ⓒ ambiguous

6 In the long run, Smith says, "market" and "natural" prices will be the same.

7 Modern economists call this equilibrium.

7 문장 7을 우리말로 해석하시오.

Stage 3 요약하기

◆ 글의 내용을 아래와 같이 요약할 때, 빈칸 (A), (B)에 들어갈 가장 적절한 말을 <조건>에 맞게 쓰시오.

Adam Smith believed that goods have a natural price based on rent, profit, and wages: although market prices can temporarily (A) ____________, they eventually (B) ____________ to this natural price in the long run.

조건 <보기>의 단어 중에서 골라 그대로 쓸 것
보기 return / improve / fluctuate / add / belong

Copyright 저작권

저작자가 자신의 창작물(creation),
즉 지적 재산(intellectual property)에 대해 갖는 권리로 법적 보호를 받습니다.

콘텐츠와 매체가 늘어감에 따라
저작권 침해(infringement) 문제도 늘어나고 있습니다.

이는 심각한 사회 문제이므로
올바른 인식을 갖추는 것이 필요해요.

참고로, 저작권과 비슷한 의미를 가진 특허권(patent)은
기술과 관련된 발명과 아이디어를 보호하는 것입니다.

Words & PHRASES

✦표시 다의어는
지문 속 의미를
다의어 Check✔
에서 고르세요.

☐ copyright	저작권, 판권	
☐ intellectual	지적인, 지성의; 지식인	
☐ artistic	예술의; 예술적인	
☐ inhibit	저해[억제]하다; 못하게 하다	
☐ A rather than B	B라기보다는 A	
☐ enhance	높이다, 향상시키다; 촉진하다	• enhancement 향상, 증대
☐ cover✦	보호[보장]하다; 가리다; 다루다, 포함시키다	
☐ express	표현하다, 나타내다; 급행의; 급행	• expression 표현, 표출; 표정
☐ contain✦	(감정을) 억누르다, 참다; 담고 있다, 포함하다	
☐ hinder	저해하다, 방해하다	• hindrance 방해[저해] (요인), 장애(물)
☐ evolution	((생물)) 진화; (점진적인) 발전, 진전	
☐ species	(생물 분류상의) 종	
☐ factual	사실의, 사실에 입각한	
☐ biography	(인물의) 전기, 일대기	• autobiography 자서전
☐ and so forth	~ 등등, 따위	
[선택지]		
☐ proof	증거(물), 증명(서); (손상 등에) 견딜 수 있는	• prove 증명하다, 입증하다
☐ favo(u)r A over B	B보다 A를 선호하다	• favo(u)r 호의(를 보이다); 지지(하다)

Stage 1 정답 찾아가기

정답 및 해설 p. 34

The purpose of copyright is to encourage intellectual and artistic creation. But at the same time, giving authors too much copyright protection can inhibit rather than enhance creative growth. To avoid this, copyright only **covers**[+] the words with which a writer expresses facts and ideas, and does not protect the facts or ideas themselves; they are free for anyone to use. To give an author a monopoly over the facts and ideas **contained**[+] in his or her work would hinder intellectual and artistic progress, not encourage it. Imagine how scientific progress would have suffered if Charles Darwin could have prevented anyone else from writing about evolution after he published *On the Origin of Species*. Works in which the particular words used by the author are important and distinctive— such as in poems, novels, and plays— enjoy the most copyright protection. Factual works, such as histories, biographies, how-to books, news stories, and so forth, ________________________________.

*monopoly: 독점

다의어 Check 

지문 속 ✦표시 어휘의 문맥상 의미는?

1 cover
ⓐ 가리다
ⓑ 보호하다

2 contain
ⓐ (감정을) 억누르다
ⓑ 포함하다

INTRO Q 빈칸 문장의 Factual works에 대해 본문에서 서술한 것으로 알맞은 것을 고르시오. 

① Their information is free for anyone to use.
② They hinder intellectual and artistic progress.

Q 윗글의 빈칸에 들어갈 말로 가장 적절한 것을 고르시오.

① receive less protection
② serve as proof of copying
③ need more powerful protection
④ are more favored over fiction
⑤ enhance creative growth

Stage 2 한 문장씩 뜯어보기

◆ 주어진 질문에 답하시오.

[1] The purpose of copyright is to encourage intellectual and artistic creation.

[2] But at the same time, giving authors too much copyright protection can inhibit rather than enhance creative growth.

1 문장 1~2를 한 문장으로 표현할 때 빈칸에 알맞은 것은?

→ Copyright is a matter of _______________.

ⓐ choice
ⓑ balance
ⓒ perspective

[3] **To avoid** this, copyright only covers the words with which a writer expresses facts and ideas, and does not protect the facts or ideas themselves; they are free for anyone **to use**.

> **TIP★ 부사적 역할을 하는 to부정사**
>
> 부사적 역할을 하는 to-v구는 다양한 의미를 가지는데, 'v하기 위해서, v하도록'이라는 목적을 나타내는 의미로 많이 쓰인다. 형용사를 뒤에서 수식하여 'v하기에[v하는 데] ~하다'의 의미로도 잘 쓰인다.
>
> [3] **To avoid** this, copyright only covers the words ~; they are *free* for anyone **to use**.
> 부사적 역할(목적)　　　　　　　　　　　　부사적 역할(형용사 수식)

[4] To give an author a monopoly over the facts and ideas contained in his or her work **would** hinder intellectual and artistic progress, not encourage it.

2 문장 4의 주어에 해당하는 첫 두 단어를 쓰시오.

3 밑줄 친 would의 의미로 알맞은 것은?

ⓐ 과거의 습관(~하곤 했다)
ⓑ 현재나 미래에 대한 추측(~할 것이다)

[5] **Imagine** how scientific progress would have suffered if Charles Darwin could have prevented anyone else from writing about evolution after he published *On the Origin of Species*.

▌would의 주요 의미

1. ~일[할] 것이다
((현재나 미래에 대한 추측))
2. ~하곤 했다
((과거의 습관))
*과거에 규칙적으로 되풀이된 '동작'을 의미하며, 상태를 뜻할 때는 쓸 수 없다.
3. ~해 주시겠어요?
((요청))

▌Imagine (that) (~라고 가정해 보자)

앞 내용에 대한 사례나 가상의 일을 언급할 때, Imagine, Suppose, Say 등이 쓰일 수 있다.

4 문장 5의 예가 함축하고 있는 것을 간단히 표현할 때 빈칸에 알맞은 것은?

→ the importance of ___________ to facts and ideas for scientific progress

ⓐ open access
ⓑ paying attention
ⓒ author's feedback

[6]Works **in which** the particular words used by the author is important and distinctive— such as in poems, novels, and plays— enjoy the most copyright protection.

5 문장 6이 어법상 옳으면 O, 틀리면 X로 표시하고 틀린 부분을 바르게 고치시오.

TIP★ 전치사 + 관계대명사

관계대명사가 전치사의 목적어인 경우, 전치사는 관계대명사 바로 앞이나 관계대명사절의 끝에 온다.

The town [**in which** she was born] is famous for its historic architecture.
 (= *The town* [**which** she was born **in**] is famous ~.)
그녀가 태어난 마을은 역사적인 건축물로 유명하다.

[7]Factual works, such as histories, biographies, how-to books, news stories, and so forth, receive less protection.

Stage 3 요약하기

◆ 글의 내용을 아래와 같이 요약할 때, 빈칸 (A)~(C)에 들어갈 가장 적절한 말을 <조건>에 맞게 쓰시오.

Copyright protects the (A) ___________ expression of facts and ideas to promote intellectual and artistic creation, ensuring creative growth is not (B) ___________ by excessive rights and allowing information to remain (C) ___________.

조건 1. <보기>의 단어 중에서 골라 쓸 것
    2. 필요하면 문맥과 어법에 맞게 변형할 것
    3. 각각 한 단어로 작성할 것
보기 foster / vague / specific / available / reliable / inhibit

Competitive Strategy 경쟁 전략

기업은 업계 내에서 경쟁 우위(competitive advantage)를
확보하기 위해 장기적인 계획을 세우고 실행합니다.

기업은 여러 가지 경쟁 전략을 사용합니다.

생산 비용을 줄여서 가격을 낮추거나,
다른 회사와는 차별화된 제품이나 서비스를 제공거나,
다양한 제품을 판매하여 많은 고객의 요구에 빠르게 대응하는
것과 같은 방법이 있어요.

Words & PHRASES

✦표시 다의어는
지문 속 의미를
다의어 Check♥
에서 고르세요.

☐ **manufacturing**	제조업	• **manufacture** 제조(하다), 생산(하다) • **manufacturer** 제조업체[제조자], 생산 회사
☐ **see A as B**	A를 B로 여기다[간주하다](= view[think of, regard, look upon] A as B, consider A B)	
☐ **base A on B**	B에 A의 근거[기반]를 두다	
☐ **be known as**	~으로 알려져 있다	**cf.** be known for ~으로 유명하다
☐ **refer to A✦**	A를 나타내다(= indicate); A를 언급하다(= mention); (정보를 찾기 위해) A를 보다(= look at)	**cf.** refer to A as B A에 대해 B라고 언급하다[말하다]
☐ **integrate A with[and] B**	A와 B를 통합시키다(= combine A with[and] B)	• **integration** 통합
☐ **comprehensive**	포괄적인, 종합적인(= inclusive, complete)	• **comprehend** 이해하다; 포함하다
☐ **complement**	보완하다, 덧붙이다; 보완재	• **complementary** 상호 보완적인 **cf.** complimentary 칭찬하는; 무료의
☐ **bespoke**	(개인 주문에 따라) 맞춘(= custom-made); 맞춤 생산을 하는	
☐ **exploit✦**	(최대한 잘) 활용하다(= utilize); (부당하게) 이용하다; 착취하다(= abuse); 위업, 공적	• **exploitation** 개발; 이용; 착취
☐ **competence**	역량, 능력(↔ incompetence 무능, 기술 부족)	• **competent** 능숙한(↔ incompetent 무능한)
☐ **latter**	(둘 중에서) 후자(의); (나열된 것들 중에서) 마지막(의)	**cf.** former 이전의; 전자(의)
☐ **advanced**	선진의; 고급의	• **advance** 전진(하다); 발전(하다)
☐ **operation**	(기계의) 작동; (컴퓨터의) 작업; (사업의) 운영; 수술; 작전	
☐ **commercial**	상업의; 상업적인; 광고 (방송)	• **commerce** 무역, 상업
☐ **sustainability**	지속[유지] 가능성; 환경 파괴 없이 지속될 수 있음	• **sustainable** 지속[유지] 가능한
[선택지]		
☐ **automation**	자동화	• **automate** 자동화하다; 자동화로 제조하다

Stage 1 정답 찾아가기

정답 및 해설 p. 36 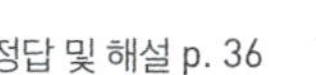

Manufacturing and services industries are often seen as independent. Yet manufacturers themselves can base their competitive strategies on services, and the process through which this is achieved is widely known as servitization. Servitization **refers to**[+] the transformation of manufacturing firms to integrate and deliver comprehensive service offerings with their traditional products, and can be approached in various ways. Some manufacturers simply add more and more individual services to complement their product offerings, while others develop bespoke, long-term, and personal offerings with a few strategic customers. Seeing themselves as service providers, they **exploit**[+] their own design and production competences to deliver and improve business processes for their customers. We refer to this latter category as advanced services. These product-service systems demand dramatically different operations compared to those of traditional production, but when done well are highly valuable to the commercial sustainability of the manufacturer.

다의어 Check 

지문 속 ✦표시 어휘의 문맥상 의미는?

1 refer to
ⓐ indicate
ⓑ mention

2 exploit
ⓐ abuse
ⓑ utilize

INTRO Q 윗글의 중심 소재는 무엇인지 고르시오.
① important service qualities
② service-oriented industries
③ service-based transformation

Q 윗글의 주제로 가장 적절한 것을 고르시오.
① sustainable manufacturing through advanced services
② automation of service-enhanced manufacturing industries
③ difficulties of combining services and manufacturing products
④ dramatical transformation through a new manufacturing process
⑤ factors contributing to competitiveness in manufacturing industries

◆ 주어진 질문에 답하시오.

[1] Manufacturing and services industries **are often seen as** independent.

1 문장 1을 아래와 같이 바꿔 쓸 때 빈칸에 알맞은 것은?

→ We often believe manufacturing and services industries are not _______________.

ⓐ related
ⓑ separate
ⓒ booming

> A be often seen as B
> (A는 흔히 B로 여겨진다)
>
> 일반인들의 흔한 생각을 뜻하므로, 이후로는 역접 연결어와 함께 이에 대한 사실(truth)이 전개될 것으로 예상할 수 있다.

[2] Yet manufacturers **themselves** can base their competitive strategies on services, and the process through which this is achieved is widely known as servitization.

2 문장 2가 어법상 옳으면 O, 틀리면 X로 표시하고 틀린 부분을 바르게 고치시오.

> 주어 manufacturers를 themselves(재귀대명사) 가 강조한다.

[3] Servitization refers to the transformation of manufacturing firms to integrate and deliver comprehensive service offerings with their traditional products, and can be approached **in various ways**.

3 문장 3으로 보아, 앞으로 전개될 내용으로 가장 적절한 것은?

ⓐ the challenges of transforming firms
ⓑ the different strategies of servitization
ⓒ the impact of servitization on businesses

> 일반적 어구(in various ways) 뒤에는 그에 대한 구체적 설명이 전개될 것임을 예측할 수 있다.

[4] Some manufacturers simply add more and more individual services to complement their product offerings, while <u>others</u> develop bespoke, long-term, and personal offerings with a few strategic customers.

4 밑줄 친 <u>others</u>의 전략상 특징에 해당하는 것은?

ⓐ offering training programs to customers
ⓑ concentrating on custom-made offerings
ⓒ broadening the range of service offerings

⁵Seeing themselves as service providers, **they** exploit their own design and production competences to deliver and improve business processes for their customers.

5 밑줄 친 부분을 간단히 표현할 때 빈칸에 알맞은 것은?
→ The manufacturers utilize their ______________ to provide better services.
ⓐ service mind　　　　ⓑ customer networks　　　　ⓒ manufacturing skills

⁶We refer to **this latter category** as advanced services.

6 밑줄 친 advanced services의 의미로 알맞은 것은?
ⓐ business processes　　　　ⓑ sustainable services　　　　ⓒ customized offerings

⁷These product-service systems demand dramatically different operations compared to those of traditional production, but when done well is highly valuable to the commercial sustainability of the manufacturer.

7 문장 7에서 어법상 **틀린** 단어 하나를 찾아 바르게 고치시오.
고치기 전:
→ 고친 후:

Stage 3　요약하기

◆ 글의 내용을 아래와 같이 요약할 때, 빈칸 (A), (B)에 들어갈 가장 적절한 말을 <조건>에 맞게 쓰시오.

Manufacturers use servitization to (A) ______________ services with products, (B) ______________ competitiveness and sustainability when executed well.

> 조건　1. <보기>의 단어를 한 번씩만 사용할 것
> 　　　2. 필요하면 문맥과 어법에 맞게 변형할 것
> 　　　3. 각각 한 단어로 작성할 것
> 보기　enhance / integrate

Cultural Orientation 문화적 성향

문화는 오랜 시간에 걸쳐 진화(evolution)하여 특정한 문화적 특성을 띠게 됩니다.
생물학적 진화와 마찬가지로 문화 진화의 원인이 유전자(gene)인지
환경 요소인지에 대한 논의가 계속되고 있어요.

문화 진화로 나타나는 문화적 성향 중에는
개인주의(individualism)와 집단주의(collectivism)가 있습니다.

개인주의 문화권에서는 각 개인의
권리와 자율성(autonomy)을 중시하지만,
집단주의 문화권에서는 다수의 뜻과 통일성(unity)을 중시하죠.

대체로 서구 문화(Western culture)는 개인주의 성향,
동아시아 문화(East Asian culture)는 집단주의 성향이
강하다고 알려져 있어요.

Words & PHRASES

✦표시 다의어는
지문 속 의미를
다의어 Check✔
에서 고르세요.

☐ **ultimate**	궁극적인, 최종의(= final); 최고[최악]의	• ultimately 궁극적으로, 결국
☐ **individualism**	개인주의	• individualist 개인주의자(의) • individualistic 개인주의적인
☐ **collectivism**	집단주의	• collectivist 집단주의자(의) • collective 집단의, 단체의
☐ **orientation**	성향; 방향; 오리엔테이션, 예비교육	
☐ **concentration**✦	(정신의) 집중, 전념; (무엇이 한곳에 모이는) 집중, 집결; 농도	• concentrate 집중하다; 모으다; 농축물
☐ **microbe**	미생물(= microorganism)	
☐ **counterpart**	상대, 대응 관계에 있는 사람[것]	
☐ **cohesion**	화합, 결합; 응집력	
☐ **external**	외부의, 겉의(↔ internal 내부의)	
☐ **thrive**	번창하다, 번성하다(= prosper); 잘 자라다(= flourish)	▶ thrive on ~을 잘 해내다, ~을 즐기다
☐ **-prone**	~하기[당하기] 쉬운, ~하는 경향이 있는	
☐ **encourage**✦	격려하다, 용기를 북돋우다; 조장하다, 부추기다	• encouragement 격려; 조장
☐ **shield**	보호하다, 가리다; 방패	
☐ **alien**	생경한; 외국의, 외래의; 외계의; 외계인	• alienate 소원하게[멀어지게] 만들다
☐ **equip**	장비를 갖추다; 준비를 갖춰 주다	• equipment 장비

정답 및 해설 p. 38

> Researchers still debate the ultimate origins of individualism and collectivism, opposing cultural orientations, but one fascinating theory suggests that these tendencies might reflect the **concentration**⁺ of disease-causing microbes.

다의어 Check

지문 속 ✦표시 어휘의 문맥상 의미는?

1 concentration
ⓐ 전념
ⓑ 집결

2 encourage
ⓐ give someone courage
ⓑ make something more likely to happen

(A) Meanwhile, they tended to be more industrious and adventurous, while their collectivist counterparts prioritized social cohesion and harmony to face external challenges.

(B) Collectivist societies are likely to thrive in disease-prone areas of the world because collectivists tend to fear outsiders more than individualists, and are less likely to take the sorts of risks that might **encourage**⁺ disease. This fearful attitude towards outsiders shielded them from alien diseases that their bodies weren't equipped to fight.

(C) In contrast, individualists were more likely to separate from the group and interact with outsiders, encouraging new diseases to infect their groups when they returned from their adventures. Thus, individualistic cultures thrived in areas with fewer dangerous diseases.

INTRO

Q

1. 네모 안에 주어진 글의 핵심 내용으로 적절한 것을 고르시오.

① 개인주의와 집단주의 문화의 차이점
② 개인주의와 집단주의의 기원을 다룬 이론

2. (A)~(C)의 내용으로 알맞은 것끼리 짝지으시오.

(1) 집단주의와 대조되는 개인주의의 특성　·　　　　　· (A)
(2) 개인주의가 번성한 환경　·　　　　　· (B)
(3) 집단주의가 번성한 환경　·　　　　　· (C)

Q 주어진 글 다음에 이어질 글의 순서로 가장 적절한 것을 고르시오.

① (A) – (C) – (B)　　　② (B) – (A) – (C)
③ (B) – (C) – (A)　　　④ (C) – (A) – (B)
⑤ (C) – (B) – (A)

Stage 2 한 문장씩 뜯어보기

◆ 주어진 질문에 답하시오.

1 Researchers still debate the ultimate origins of **individualism and collectivism**, opposing cultural orientations, but one fascinating theory suggests that these tendencies might reflect the concentration of disease-causing microbes.

서로 대조되는 두 개념의 기원을 다룬 이론이 구체적으로 설명될 것임을 예측할 수 있다.

1 문장 1을 간단히 표현할 때 빈칸에 알맞은 것은?

→ Whether a society becomes individualistic or collectivist may be linked to the _______________ of disease.

ⓐ variety
ⓑ theory
ⓒ spread

2 Collectivist societies are likely to thrive in disease-prone areas of the world because collectivists tend to fear outsiders more than individualists, and are less likely to take the sorts of risks that might encourage disease.

서로 대조되는 두 개념이 A and B로 소개되었을 때 대부분 A, B 순서대로 설명이 이어지지만 반드시 그런 것은 아니다.

3 This fearful attitude towards outsiders shielded them from alien diseases that their bodies weren't equipped to fight.

2 문장 2~3을 한 문장으로 표현할 때 빈칸에 순서대로 알맞은 것은?

→ Collectivists thrive in disease-prone areas due to their _______________ approach toward outsiders, which reduces exposure to _______________ diseases.

ⓐ indifferent, external
ⓑ cautious, unfamiliar
ⓒ supportive, contagious

4 **In contrast**, individualists were more likely to separate from the group and interact with outsiders, (그 결과) 새로운 질병이 자신들의 집단을 감염시키도록 조장했다 when they returned from their adventures.

In contrast (반대로)
= On the contrary
서로 반대되거나 대조되는 내용을 잇는 연결어이다.

3 밑줄 친 우리말과 일치하도록 괄호 안의 어구를 모두 활용하여 영작하시오.

(their / infect / new diseases / encouraging / to / groups)

→ ____

[5]Thus, individualistic cultures thrived in areas with fewer dangerous diseases.

4 문장 4~5를 한 문장으로 표현할 때 빈칸에 알맞은 것은?

→ Individualism thrived in areas where the risk of disease from ______________ outsiders was low.

ⓐ believing in
ⓑ exposure to
ⓒ contributing to

[6]**Meanwhile**, they tended to be more industrious and adventurous, while their collectivist counterparts prioritized social cohesion and harmony to face external challenges.

Meanwhile(동시에; 한편)
meanwhile은 순접 내용을 이끄는 경우가 많지만, 역접을 이끌기도 하므로 문맥으로 의미를 판단한다.
He was studying for exams. **Meanwhile**, his friends were at a party. ((역접))
그는 시험공부 중이었다. 한편 그의 친구들은 파티에 있었다.

5 밑줄 친 Meanwhile의 의미로 알맞은 것은?

ⓐ instead
ⓑ nevertheless
ⓒ at the same time

6 글의 주제문에 해당하는 문장의 번호를 쓰시오. (하나만 쓸 것)

Stage 3 요약하기

◆ 글의 내용을 아래와 같이 요약할 때, 빈칸 (A)~(C)에 들어갈 가장 적절한 말을 <조건>에 맞게 쓰시오.

Collectivist societies developed in places with a high spread of disease due to their fear of outsiders and (A) ______________ risk-taking with diseases. Conversely, individualistic cultures, with (B) ______________ openness and risk-taking, (C) ______________ in regions with fewer diseases.

조건 <보기>의 단어 중에서 골라 그대로 쓸 것
보기 flourished / greater / quicker / lower / suffered

Natural Selection 자연선택

환경에 적응한 개체가 생존율이 높아진다는 찰스 다윈(Charles Darwin)의 진화(evolution) 이론입니다.
생물 진화 과정을 이해하는 핵심이라 할 수 있어요. 자주, 그리고 꾸준히 등장하는 소재입니다.

자연선택 이론에서는 생물이 환경에 적응하여 생존(survival, existence)하고
번식(reproduction)할 수 있는 능력을 적응도(fitness)라고 합니다.

적응도가 가장 높은(fittest) 생물은 생존하고 번식할 확률이 높아요.
그래서 survival of the fittest는 '적자생존, 가장 적합한 자의 생존'을 의미합니다.

Words & PHRASES

✦표시 다의어는
지문 속 의미를
다의어 Check✔
에서 고르세요.

☐ **moth**	나방	
☐ **visible**	(눈에) 보이는; 뚜렷한 (↔ invisible 보이지 않는; 구별이 잘 안 가는)	
☐ **trunk**	나무의 몸통; (코끼리의) 코; 여행용 큰 가방	
☐ **frequently**	자주, 흔히	• frequency 빈도, 잦음; (소리 등의) 주파수
☐ **pepper**	후추(를 치다); (후추처럼) 뿌리다	*cf.* peppered moth 회색가지나방
☐ **whitish**	약간 하얀, 희끄무레한	
☐ **speckle**	작은 반점	• speckled 작은 반점들이 있는, 얼룩덜룩한
☐ **population**✦	인구, 주민; 개체군	
☐ **dramatic**	연극의; 극적인; 급격한	• dramatically 극적으로; 급격하게
☐ **ecologist**	생태학자	• ecology 생태학; 생태(계)
☐ **notice**	알아차리다; 주목(하다); 통지(하다)	• noticeable 눈에 띄는, 뚜렷한
☐ **coming**	시작, 도래; 다가오는, 다음의	
☐ **accumulate**	축적하다, 모으다	• accumulation 축적, 쌓아 올림
☐ **bark**	나무껍질; (개 등이) 짖는 소리; (개가) 짖다	
☐ **classic**✦	일류의, 최고 수준의; 전형적인; 고전적인	*cf.* classical 고전적인; ((음악)) 클래식의
☐ **natural selection**	자연선택 ((환경에 적응한 개체가 생존율이 높아진다는 진화 이론))	
☐ **be at an advantage**	유리한 입장에 있다, 유리하다	
☐ **coloration**	(생물의) 천연색	
☐ **camouflage**	위장하다[위장시키다], 감추다; 위장	
☐ **reverse**	(정반대로) 뒤바꾸다, 반전[역전]시키다; 반대(의)	

Stage 1 정답 찾아가기

> Black moths, on the other hand, are more visible on the light trunks and consequently are eaten more frequently.

The peppered moth gets its name from its peppered appearance; most individuals are whitish with black speckles on their wings. It was a surprise to discover a number of completely black moths among the peppered moth **population**⁺ in certain areas. The mystery of this dramatic change in the population was solved by a British ecologist named H.B.D. Kettlewell in 1955. (①) He noticed that with the coming of the Industrial Revolution, soot from English factories accumulated on tree trunks, making their bark much darker. (②) The increase in the frequency of black moths was caused by the effects of pollution on the trees, a phenomenon known as industrial melanism. (③) Industrial melanism is a **classic**⁺ example of natural selection. (④) In unpolluted forests, speckled moths are at an advantage because their lighter coloration camouflages them. (⑤) The advantage is reversed in areas with industrial pollution; black moths are protected by their camouflage, while speckled individuals are more easily seen and eaten more often.

*soot: (목재나 석탄 등이 연소되어 생기는) 그을음, 매연
**industrial melanism: 공업 흑화 ((오염 물질로 인한 흑색 변이의 증가))

다의어 Check

지문 속 ✦표시 어휘의 문맥상 의미는?

1 population
ⓐ 인구
ⓑ 개체군

2 classic
ⓐ 일류의
ⓑ 전형적인

INTRO

네모 안에 주어진 문장으로 보아, 앞 내용으로 가장 적절한 것을 고르시오.

① 검은 나방이 사라지게 된 이유
② 밝은 나무 몸통에서 생존이 유리한 나방

글의 흐름으로 보아, 주어진 문장이 들어가기에 가장 적절한 곳을 고르시오.

①   ②   ③   ④   ⑤

Stage 2 한 문장씩 뜯어보기

◆ 주어진 질문에 답하시오.

[1]The peppered moth gets its name from its peppered appearance; most **individuals** are whitish with black speckles on their wings.

individuals
= peppered moths

[2]It was a surprise to discover a number of completely black moths among the peppered moth population in certain areas.

[3]**The mystery** of this dramatic change in the population **was solved** by a British ecologist named H.B.D. Kettlewell in 1955.

도입부에서 결과(effect)를 먼저 설명하고, 뒤에서 원인(cause)을 서술하는 순서로 글이 전개된다.

1 문장 1~3의 내용으로 보아, 앞으로 전개될 내용으로 가장 적절한 것은?
ⓐ 회색가지나방의 생김새
ⓑ 검은 나방이 다수 발견된 배경
ⓒ 회색가지나방과 검은 나방의 차이

[4]He noticed that with the coming of the Industrial Revolution, soot from English factories <u>accumulating</u> on tree trunks, making their bark much darker.

2 밑줄 친 accumulating이 어법상 옳으면 O, 틀리면 X로 표시하고 바르게 고치시오.

[5]The increase in the frequency of black moths ______________ the effects of pollution on the trees, a phenomenon known as industrial melanism.

3 문맥상 빈칸에 들어갈 말로 가장 적절한 것은?
ⓐ was caused by
ⓑ were noticed by
ⓒ was unaffected by

[6]Industrial melanism is a classic example of natural selection.

[7]In unpolluted forests, speckled moths are at an advantage because their lighter coloration camouflages them.

[8]Black moths, on the other hand, are more visible on the light trunks and consequently are eaten more frequently.

4 문장 7~8로 보아, 빈칸에 알맞은 것은?

→ Black moths are less likely to _______________ in uncontaminated areas.

ⓐ evolve
ⓑ survive
ⓒ reproduce

[9]The advantage is reversed in areas with industrial pollution; black moths are protected by their camouflage, while speckled individuals are more easily seen and eaten more often.

5 문장 9를 간단히 표현할 때 빈칸에 알맞은 것은?

→ Industrial pollution _______________ black moths rather than speckled moths.

ⓐ harms
ⓑ favors
ⓒ diversifies

Stage 3 요약하기

◆ 글의 내용을 아래와 같이 요약할 때, 빈칸 (A)~(C)에 들어갈 가장 적절한 말을 <조건>에 맞게 쓰시오.

Pollution originating from the Industrial Revolution (A) _______________ tree trunks, helping black moths become less (B) _______________ than speckled ones and survive in (C) _______________ numbers, which demonstrates natural selection in action.

(조건) 1. <보기>의 단어 중에서 골라 쓸 것
       2. 필요하면 문맥과 어법에 맞게 변형할 것
       3. 각각 한 단어로 작성할 것
(보기) greater / darken / hidden / less / conceal / visible

Motivations 동기 부여

목표를 달성하기 위해 행동하도록 이끄는 것을 말합니다.
동기의 유형으로는 내재적(intrinsic) 동기와 외재적(extrinsic) 동기가 있습니다.

1 **내재적(intrinsic) 동기**: 개인적 만족, 흥미, 즐거움으로 유발됩니다.
   e.g. 글쓰기를 좋아해서 일기를 씀
2 **외재적(extrinsic) 동기**: 돈, 성적, 칭찬, 처벌 회피와 같은
   외적 보상(rewards)에 의해 유발됩니다.
   e.g. 좋은 성적을 받기 위해 열심히 공부함

위 두 가지 동기는 상황이나 목표에 따라 다르게 작용합니다.
따라서 어떤 동기가 나를 움직이게 하는지 아는 것이
목표를 이루는 데 도움이 됩니다.

Words & PHRASES

✦표시 다의어는
지문 속 의미를
다의어 Check✔
에서 고르세요.

□ **body of**	많은 양[모음]의 ~	
□ **intrinsic**	내적인; 고유한, 본질적인(= inherent)(↔ extrinsic 외적인)	• intrinsically 본질적으로
□ **moral**	도덕과 관련된, 도덕(상)의; 도덕적인(= ethical); 교훈	
□ **conviction**	유죄 선고[판결]; 확신; (강한) 신념	*cf.* moral conviction 도덕적 신념
□ **at hand**	가까운; 즉시 쓸 수 있도록 (준비하여)	*cf.* task at hand 당면한 과제[과업]
□ **tangible**	만질 수 있는; 유형의(↔ intangible 만질 수 없는; 무형의)	
□ **worthwhile**	가치[보람] 있는, (~할) 가치가 있는	
□ **depreciate**	가치를 떨어뜨리다, (~을) 평가 절하하다 (↔ appreciate 가치를 올리다)	
□ **commitment**	전념, 헌신; 약속; 의무, 책임; (돈, 시간 등의) 투입	
□ **preference**	선호(도); 선호되는 것	
□ **additive**	부가적인, 첨가하는; 첨가물, 첨가제	
□ **miss✦**	놓치다; 이해하지 못하다; 그리워하다	
□ **corrosive**	부식을 일으키는; 좀[갉아]먹는	
□ **implication**	암시; 의미; 영향	• imply 암시[시사]하다; 의미하다
□ **call into question**	~에 이의를 제기하다; 의문을 품다, 의문시하다	
□ **financial**	금융[재정]의, 금전적인(= monetary)	• finance 재원; 재정, 재무; (복) 자금
□ **incentive**	(어떤 행동을 장려하기 위한) 장려책, 인센티브	
□ **motivate**	동기를 부여하다, (~하도록) 자극[유도]하다; 이유[원인]가 되다	• motivation 자극, 유도; 동기 부여
□ **civic**	(도)시의; 시민의	*cf.* civil 시민의; 민간의
□ **hold✦**	잡고 있다; 유지하다; 사실이다, 유효하다	
[선택지]		
□ **dictate**	받아쓰게 하다; 지시[명령]하다	
□ **relevant**	관련 있는(↔ irrelevant 관련 없는); 유의미한	

A growing body of work in social psychology emphasizes the difference between intrinsic motivations (such as moral conviction or interest in the task at hand) and extrinsic ones (such as money or other tangible rewards). When people are engaged in an activity they consider intrinsically worthwhile, offering them money may weaken their motivation by depreciating or "crowding out" their intrinsic interest or commitment. Standard economic theory interprets all motivations, whatever their character or source, as preferences and assumes they are additive, meaning they can be combined without influencing each other. But this **misses**[+] the corrosive effect of money. The crowding-out phenomenon has big implications for economics. <u>It</u> calls into question the use of market mechanisms and market reasoning in many aspects of social life, including financial incentives to motivate performance in education, health care, the workplace, voluntary associations, civic life, and other settings in which ___________________________________.
According to the economist Reto Jegen, if the crowding-out effect **holds**[+], raising monetary incentives could reduce, rather than increase, supply.

*crowd out: ~을 몰아내다

다의어 Check

지문 속 ✦표시 어휘의 문맥상 의미는?

1 miss
ⓐ 놓치다
ⓑ 그리워하다

2 hold
ⓐ 잡고 있다
ⓑ 사실이다

INTRO

Q

1. 빈칸 문장의 밑줄 친 <u>It</u>이 지칭하는 것을 고르시오.

① Economics
② The crowding-out phenomenon

2. 빈칸 문장으로 보아, 찾아야 할 내용으로 알맞은 것을 고르시오.

① It은 어떤 상황에서 금전적인 장려책의 사용을 정당화하는가
② It은 어떤 상황에서 시장 메커니즘과 시장 논리의 사용을 의문시하는가

Q   **윗글의 빈칸에 들어갈 말로 가장 적절한 것을 고르시오.**

① market incentives and trends dictate behavior
② extrinsic motivations are necessary and relevant
③ intrinsic motivations or moral commitments matter
④ financial benefits and extrinsic rewards are minimal
⑤ individual preferences and incentives are prioritized

Stage 2 한 문장씩 뜯어보기

◆ 주어진 질문에 답하시오.

[1]A growing body of work in social psychology emphasizes the difference between intrinsic motivations (such as moral conviction or interest in the task at hand) and extrinsic ones (such as money or other tangible rewards).

1 문장 1을 간단히 표현할 때 빈칸에 알맞은 것은?

→ Research _______________ between intrinsic and extrinsic motivations.

ⓐ identifies synergy

ⓑ makes a distinction

ⓒ examines interaction

[2]When people are engaged in **an activity they consider intrinsically worthwhile**, offering them money may be weakened their motivation by depreciating or "crowding out" their intrinsic interest or commitment.

an activity (which[that])
they consider (to be)
intrinsically worthwhile

2 문장 2에서 어법상 **틀린** 부분을 찾아 바르게 고치시오.

고치기 전:

→ 고친 후:

[3]Standard economic theory interprets all motivations, **whatever** their character or source, as preferences and assumes they are additive, meaning they can be combined without influencing each other.

whatever
1. ~하는 것은 무엇이든지
   (= anything that)
2. 어떤 것이 ~이라도
   (= no matter what)
*whatever가 be동사의
보어인 경우 be동사는
생략 가능하다.
(← whatever their
character or source
(is[may be]))

3 밑줄 친 부분의 의미로 알맞은 것은?

ⓐ preferable

ⓑ continuous

ⓒ independent

[4]But this misses the corrosive effect of money.

4 문장 4의 의미로 빈칸에 알맞은 것은?

→ The use of money as an incentive can lead to _______________.

ⓐ mutual influences

ⓑ negative consequences

ⓒ impressive performances

⁵The crowding-out phenomenon <u>has big implications for</u> economics.

⁶It calls into question the use of market mechanisms and market reasoning in many aspects of social life, including financial incentives to motivate performance in education, health care, the workplace, voluntary associations, civic life, and other settings in which intrinsic motivations or moral commitments matter.

5 문장 5~6으로 보아, 밑줄 친 부분의 의미로 알맞은 것은?

ⓐ is directly and closely related to
ⓑ poses important considerations in
ⓒ has a consistently negative effect on

⁷According to the economist Reto Jegen, if the crowding-out effect holds, raising monetary incentives could reduce, rather than increase, <u>supply</u>.

6 밑줄 친 <u>supply</u>가 비유하는 것으로 알맞은 것은?

ⓐ profit
ⓑ reward
ⓒ motivation

Stage 3 요약하기

◆ 글의 내용을 아래와 같이 요약할 때, 빈칸 (A)~(C)에 들어갈 가장 적절한 말을 <조건>에 맞게 쓰시오.

Research shows that (A) ____________ rewards can undermine intrinsic motivation, (B) ____________ economic theories and raising concerns about applying market mechanisms in areas where intrinsic motivations are (C) ____________ .

(조건) 1. <보기>의 단어 중에서 골라 쓸 것
2. 필요하면 문맥과 어법에 맞게 변형할 것
3. 가가 한 단어로 작성할 것
(보기) instant / important / financial / accept / trivial / challenge

Clocks 시계

인류는 수천 년 동안 해시계, 물시계, 모래시계 등 다양한 시계로 시간을 측정해 왔습니다.
시간이 지나면서 여러 가지 기술과 아이디어가 합쳐져 오늘날의 현대적인 시계가 탄생했어요.

1656년경 진자(pendulum)시계가 발명된 후,
보다 정확하게 시간을 측정하는 기계식(mechanical) 시계가
널리 보급되었습니다.

이에 따라 시간이 일정한 속도로 흐른다는 개념이
자리 잡기 시작했습니다.

Words & PHRASES

✦표시 다의어는
지문 속 의미를
다의어 Check✔
에서 고르세요.

□ convention✦	협약; (대규모) 회의; 관습, 관례	• convene (회의 등을) 소집하다; 모이다
□ affect	(~에) 영향을 미치다(= influence, impact)	
□ conception	(계획 등의) 구상; 개념, 생각; (난소의) 수정	• conceive 상상하다, 마음에 품다; 임신하다 ▶ conceive of A as B A를 B로 생각하다
□ segment	부분, 구획(= section); (과일의) 조각	
□ consciousness	의식, 자각; 생각	• conscious 의식[자각]하는; 의식적인
□ set out✦	출발하다; 착수하다; 정리하다; (말로) 제시하다	
□ monumental	기념비적인; 기념이 되는; 엄청난, 대단한	• monument 기념물, 기념관; 유물, 유적
□ working	작동[작용] (방식); 노동을 하는; 직장이 있는	
□ mechanism	기계 장치; (목적 달성을 위한) 방법; (특정한 기능을 수행하는) 기구, 구조; 체제	
□ have an impact on	~에 영향을 미치다	
□ shape	(어떤) 모양으로 만들다; (영향을 미쳐) 형성하다; 모양, 형태	
□ It is worth v-ing	v하는 것은 가치가 있다	
□ note	~에 주목하다; 언급하다; 메모; 쪽지	
□ predate	~보다 먼저[앞서] 오다	
□ profound	엄청난; 깊은, 심오한	
□ frame	틀을 잡다; 표현하다; 죄를 뒤집어 씌우다; 틀; 뼈대	
□ struggle with	~와 싸우다; ~로 어려움을 겪다[힘들어 하다]	
□ contemporary	같은 시대의 사람, 동시대인; 동시대의; 현대의, 당대의	
□ underscore✦	밑줄을 긋다; 강조하다, 분명히 보여주다	
□ formulate	공식으로 나타내다; 명확하게 나타내다[말하다]	• formula ((화학, 수학)) 공식, 식; 방법; 비결

정답 및 해설 p. 44

The **conventions**[+] of the clock have deeply affected our conception of time. The idea that a day is divided into 24 equal segments of 60 minutes has become an essential part of daily consciousness. The clock also suggested new ways of thinking about the universe. ① In 1687 Isaac Newton published his *Principia*, in which he **set out**[+] his monumental theories about the workings of nature and our place in the cosmos. ② In doing so, he conceived of the universe as a great clock-like mechanism that operates in a precise and predictable manner by the laws of physics, which is a philosophical idea that had a deep impact on ideas now shaping everyday thinking and behavior. ③ It is worth noting that the invention of the clock predates Newton's theories and had a profound effect on how he framed them. ④ Despite his genius, he struggled with criticism and opposition from some of his contemporaries. ⑤ This **underscores**[+] how scientific progress and technological innovations can shape the way scientists formulate and express their ideas.

다의어 Check

지문 속 ✦표시 어휘의 문맥상 의미는?

1 convention
ⓐ 관습
ⓑ (대규모) 회의

2 set out
ⓐ 출발하다
ⓑ 제시하다

3 underscore
ⓐ 밑줄을 긋다
ⓑ 분명히 보여주다

INTRO

Q 첫 세 문장으로 보아, 앞으로 전개될 내용으로 가장 적절한 것을 고르시오.
① the conception of time
② the impact of the clock

Q 윗글에서 전체 흐름과 관계 <u>없는</u> 문장을 고르시오.
①   ②   ③   ④   ⑤

OUTRO

Q 위 문제에서 선택한 정답 문장의 내용을 고르시오.
① 뉴턴이 천재성에도 불구하고 겪은 어려움
② 과학 발전과 기술 혁신이 과학자들에게 미치는 영향

Stage 2 한 문장씩 뜯어보기

◆ 주어진 질문에 답하시오.

[1] The conventions of the clock have deeply affected our conception of time.

[2] The idea that a day is divided into 24 equal segments of 60 minutes has become an essential part of daily consciousness.

1 문장 1~2를 간단히 표현할 때 알맞은 것은?
ⓐ 시계 발명에 영향을 준 개념
ⓑ 시계로 인해 생겨난 시간 개념
ⓒ 보편적인 시간 개념의 발달 과정

[3] The clock **also** suggested new ways of thinking about the universe.

[4] In 1687 Isaac Newton published his *Principia*, which / in which he set out his monumental theories about the workings of nature and our place in the cosmos.

2 네모 안에 들어갈 말로 어법상 알맞은 것은?

also (또한)
앞 내용에 이은 다른 설명을 추가한다. 시계의 또 다른 영향에 대한 설명이 이어질 것임을 예측할 수 있다.

[5] In doing so, he conceived of the universe as a great clock-like mechanism that operates in a precise and predictable manner by the laws of physics, which is a philosophical idea that had a deep impact on ideas now shaping everyday thinking and behavior.

3 문장 3~5를 한 문장으로 표현할 때 빈칸에 알맞은 것은?
→ Newton's view of the universe, inspired by clock technology, deeply influenced _______________ thought and behavior.
ⓐ chaotic
ⓑ modern
ⓒ predictable

It is worth v-ing
(v하는 것은 가치가 있다)

4 밑줄 친 (a), (b) 중 시간상 앞선 것을 고르시오.

⁷Despite his genius, he struggled with criticism and opposition from some of his contemporaries.

⁸This underscores how scientific progress and technological innovations can shape the way scientists formulate and express their ideas.

5 문장 6, 8을 한 문장으로 표현할 때 빈칸에 알맞은 것은?

→ The clock's influence highlights how technology shapes scientific ____________.

ⓐ theories　　　　　ⓑ discoveries　　　　　ⓒ inventions

Stage 3 　요약하기

◆ 글의 내용을 아래와 같이 요약할 때, 빈칸 (A)~(C)에 들어갈 가장 적절한 말을 <조건>에 맞게 쓰시오.

Not only fixing the consciousness of (A) ____________, clocks influenced Newton to describe the universe as a(n) (B) ____________ mechanism, demonstrating their (C) ____________ on scientific perspectives.

> 조건　<보기>의 단어 중에서 골라 그대로 쓸 것
> 보기　space / impact / time / flexible / precise / theory

Quartz 석영

시계의 QUARTZ라는 문구는 작은 석영 결정을 이용하여 작동하는 쿼츠 시계(quartz clock)라는 의미이다. 석영 결정은 전기가 흐를 때 진동하는데, 이 진동의 주기가 매우 정확하여 시간을 계산하는 데 이용된다. 쿼츠 시계는 오늘날 대부분의 벽시계와 손목시계에 사용된다.

Social Transition 사회 변천

고대 수렵 채집 사회를 거쳐 농경 사회와 현대 사회에 이르기까지, 다양한 변화의 원인과 결과가 출제됩니다.
시대별 특징을 알아두면 관련 글을 이해하는 데 도움이 될 거예요.

석기시대(stone age)는 수렵 채집 사회(hunting-gathering society)로, 그 당시 사람들은 유목(nomadic)
생활을 했습니다. 그 뒤 청동기, 철기시대(bronze, iron age)는 주로 농경 사회(agricultural society)로
가축(livestock)을 기르고 정착(settlement, sedentary) 생활을 했어요. 사이사이에 과도기가 존재하여,
농경 사회에서도 일부는 수렵 채집을 했습니다.

Words & PHRASES

✦표시 다의어는
지문 속 의미를
다의어 Check✔
에서 고르세요.

□ **agricultural**	농업의, 농경의	• agriculture 농업
□ **production**	생산; 생산량	
□ **dominate**	지배[군림]하다; 우위를 차지하다	• domination 지배, 통치; 우세
□ **range**	범위; (범위에) 이르다	▶ range from A to B (범위가) A에서 B에 이르다
□ **interaction**	상호 작용[영향]	• interact 상호 작용하다; 소통하다
□ **relatively**	상대적으로; 비교적	• relative 상대적인; 친척
□ **introduction**✦	도입, 전래; (책의) 도입부; (사람) 소개	
□ **expenditure**	지출(↔ income 수입); (에너지의) 소비, 소모; 비용	
□ **waterwheel**	수차(水車); 물레방아	
□ **windmill**	풍차	
□ **adjustment**	수정, 조정; 적응	• adjust 조정하다; 적응하다
□ **at one's disposal**	~의 마음대로 이용[사용]할 수 있는	• disposal 처분, 처리
□ **input**	입력(↔ output 생산; 출력); 투입; 조언	
□ **surplus**	과잉의, 잉여의(= excessive); 과잉(= excess); 흑자	
□ **facilitate**	가능하게[용이하게] 하다, 촉진하다	• facilitation 용이하게 함; 촉진
□ **diversification**	다양화, 다양성	• diversify 다양화하다; 다양해지다
[선택지]		
□ **consequence**	결과	
□ **societal**	사회의	
□ **transformation**	변화, 탈바꿈	

In early agricultural societies, food production still dominated human activities, and as a result, the range of social interactions remained relatively narrow. Then, the **introduction**⁺ of draft-animal power into agricultural production decreased human power expenditure and increased free personal time. People gained the freedom to participate in various activities, and social systems became more complex. Over time, water and wind emerged as excellent energy resources. Instead of using draft animals that required energy for feed and care, people used waterwheels and windmills. With this adjustment, humans had more power at their disposal and at a lower cost (calculated as human energy input) than in the past. In this way, the amount of surplus energy available to society was greatly increased, which in turn facilitated various developments in trade, transportation, and technology, as well as the diversification of human activities.

*draft-animal: 농사나 짐수레를 끄는 데 이용되는 가축의

다의어 Check ✔
지문 속 ✦표시 어휘의 문맥상 의미는?

1 introduction
　ⓐ (사람) 소개
　ⓑ 도입

INTRO
Q
윗글의 중심 소재는 무엇인지 고르시오.
① various activities
② energy resources
③ social interactions

Q
윗글의 주제로 가장 적절한 것을 고르시오.
① problems of social interactions becoming limited
② effect of draft-animal power in agricultural societies
③ consequences of increased energy use and solutions
④ historical evolution of energy sources and their impacts
⑤ societal transformation through diversification of human activities

◆ 주어진 질문에 답하시오.

> [1] In early agricultural societies, food production still dominated human activities, and **as a result**, the range of social interactions remained relatively narrow.

1 문장 1을 간단히 표현할 때 빈칸에 알맞은 것은?

→ When farming began, people had limited time for ______________.

ⓐ food production
ⓑ hunting activities
ⓒ social activities

> [2] **Then**, the introduction of draft-animal power into agricultural production decreased human power expenditure and increased free personal time.

> [3] People gained the freedom to participate in various activities, and social systems became more complex.

2 문장 2~3을 한 문장으로 표현할 때 빈칸에 알맞은 것은?

→ Draft-animal power in agriculture brought increased leisure time, ______________ complex social systems.

ⓐ leading to   ⓑ considering   ⓒ free from

> [4] **Over time**, water and wind emerged as excellent energy resources.

> [5] Instead of using draft animals that required energy for feed and care, people used waterwheels and windmills.

> [6] With this adjustment, humans had more power at their disposal and at a lower cost (calculated as human energy input) than in the past.

3 밑줄 친 this adjustment의 의미로 알맞은 것은?

ⓐ requiring feed and care
ⓑ using waterwheels and windmills
ⓒ reusing former energy resources

---

as a result[consequence]
(그 결과, 결과적으로)
= consequently
= therefore
= thus
= hence
= accordingly
앞에 나온 원인, 이유에 따른 결과를 이끈다.

Then (나중에, 그 뒤에)
= afterwards
시간상 이후에 발생하는 일을 서술하므로 선후 관계를 알 수 있다.

Over time
글이 시간 순서대로 전개되고 있음을 알 수 있다.

7 In this way, the amount of surplus energy available to society was greatly increased, which **in turn** facilitated various developments in trade, transportation, and technology, **as well as** the diversification of human activities.

◖ in turn
1. 차례차례
2. 결국, 결과적으로
앞에 언급된 일로 인한 결과를 밝힐 때 쓰인다.

4 문장 7을 간단히 표현할 때 빈칸에 알맞은 것은?

→ The surplus energy contributed to our ______________.

ⓐ identity
ⓑ spare time
ⓒ civilization

TIP★ **A as well as B:** B뿐만 아니라 A도

A의 내용을 강조하는 표현으로 'A이다. B는 말할 것도 없고'의 의미로 보면 된다. 정보(B)가 이미 많이 알려진 것일 때 사용하기도 한다. <not only B but (also) A>로도 표현할 수 있는데, 이때는 but (also) 뒤의 A를 강조한다.

Each stage of life is a learning experience **as well as** an opportunity for growth.
(= Each stage of life is **not only** an opportunity for growth **but also** a learning experience.)
인생의 각 단계는 성장의 기회일 뿐만 아니라 학습을 위한 경험이다.

Stage 3   요약하기

◆ 글의 내용을 아래와 같이 요약할 때, 빈칸 (A)~(C)에 들어갈 가장 적절한 말을 <조건>에 맞게 쓰시오.

The (A) ______________ process of technology in agriculture, from human resources to natural and machine-made resources, provided (B) ______________ energy and brought about (C) ______________ societal systems.

(조건) <보기>의 단어 중에서 골라 그대로 쓸 것
(보기) advanced / shortage / affordable
sufficient / brief / innovation

Plasticity 가소성

외부 자극을 받아 형태를 바꾸고 원래의 형태로 돌아오지 않는 물질의 특성을 의미합니다.
생물학에서 말하는 생명체의 가소성은 외부 환경 변화에 적응하고 대처할 수 있는 능력을 의미해요.

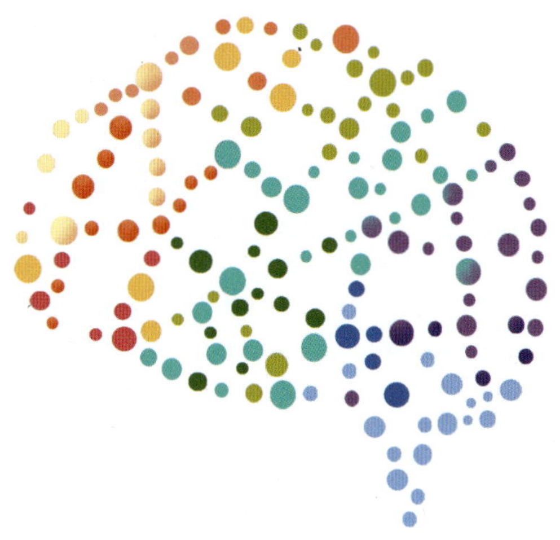

인간의 뇌도 가소성이 있어서 새로운 신경 연결을
형성하여 스스로 재구성하고 변화할 수 있습니다.

인간이 나이에 상관없이 새로운 경험에 적응하고,
새로운 정보를 학습하며, 환경 변화에 대응할 수 있는 이유이지요.

Words & PHRASES

✦표시 다의어는
지문 속 의미를
다의어 Check✔
에서 고르세요.

□ plasticity	가소성	• plastic 가소성이 좋은; 플라스틱으로 된
□ blessing	축복(의 말)(↔ curse 저주; 욕(설), 악담)	
□ ongoing	계속 진행 중인	
□ sensory	감각의, 지각의	
□ savor	~에 맛을 내다; 맛보다; 음미하다	
□ sensation	감각; 느낌; 센세이션, 돌풍	• sensational 선풍적인; 선정적인
□ chronic	(병이) 만성적인; 만성 질환을 앓고 있는	*cf.* acute (병이) 급성의
□ intense	극심한; 치열한	• intensity 강렬함; 강도[세기] • intensify (정도, 강도가) 심해지다; 　심화시키다, 강화하다
□ treat✦	대하다, 다루다; 여기다; 치부하다; 치료하다; 대접하다	
□ manipulate	(기계 등을) 잘 다루다; (교묘하게) 조작하다, 속이다	
□ associate✦	어울리다; 연상하다, 연관 짓다 (↔ dis(as)sociate 분리하다; 분리해서 생각하다)	▸ associate A with B 　A를 B와 연관[관련] 짓다
□ relieve	(고통 등을) 없애주다, 덜어 주다	
□ forbid A from v-ing	A가 v하는 것을 금지하다[못 하게 하다]	(forbade-forbidden-forbidding)
[선택지]		
□ flexibility	구부리기 쉬움, 유연성; 융통성	
□ in response to A	A에 응하여[답하여]	
□ unlearn	(배운 것을 의도적으로) 잊다; (버릇을) 버리다	

Stage 1 정답 찾아가기

Brain plasticity can be a blessing when the ongoing sensory input we receive is pleasurable, for it allows us to develop a brain that is better able to perceive and to savor pleasant sensations. At the same time, the plasticity can be a curse when the sensory system receiving ongoing input is the pain system. Chronic pain can lead to changes in the brain that make the nervous system more sensitive to pain signals over time. This phenomenon means that the pain becomes more intense and harder to **treat**[+], even if the initial injury has healed. Additionally, bad habits may be manipulated by brain plasticity, _______________________ _______________________. Suppose a man has formed a bad habit of eating whenever he is emotionally upset. He **associates**[+] the pleasure of food with the relieving of emotional pain; breaking the habit will require learning to disassociate the two. He might have to actively forbid himself from going to the kitchen when he is emotionally upset until he finds a better way to handle his emotions.

다의어 Check 

지문 속 ✦표시 어휘의 문맥상 의미는?

1 treat
ⓐ 여기다
ⓑ 치료하다

2 associate
ⓐ 어울리다
ⓑ 연관 짓다

INTRO Q  빈칸 문장과 선택지들의 구조로 보아, 찾아야 할 내용으로 알맞은 것을 고르시오.

① 뇌 가소성이 습관 형성에 미치는 영향
② 뇌 가소성으로 나쁜 습관을 조작한 결과
③ 뇌 가소성이 유발하는 나쁜 습관의 종류

Q  윗글의 빈칸에 들어갈 말로 가장 적절한 것을 고르시오.

① resulting in better emotional awareness
② promoting increased cognitive flexibility
③ evolving in response to life experiences
④ helping one to reduce anxiety and stress
⑤ allowing one to unlearn their own behavior

Stage 2 한 문장씩 뜯어보기

◆ 주어진 질문에 답하시오.

> [1]Brain plasticity can be a blessing when the ongoing sensory input we receive is pleasurable, **for** it allows us to develop a brain that is better able to perceive and to savor pleasant sensations.

1　밑줄 친 부분을 우리말로 해석하시오.

TIP★　**등위접속사 for**

<S´ + V´> 앞에 있는 for는 이유를 나타내는 등위접속사이다. 이때 for가 이끄는 절은 반드시 다른 절의 뒤에 위치하며, 앞서 말한 내용의 간접적, 부가적인 이유를 덧붙인다.

> [2]**At the same time**, the plasticity can be a curse when the sensory system receiving ongoing input is the pain system.

◖ At the same time이 문장 1과 대조되는 내용을 이끈다.
(a blessing vs. a curse)

> [3]Chronic pain can lead to changes in the brain that make the nervous system more sensitive to pain signals over time.

> [4]This phenomenon means that the pain becomes more intense and harder to treat, even if the initial injury has healed.

2　문장 3~4가 구체적으로 설명하는 것은?
　　ⓐ ongoing input　　　ⓑ plasticity's curse　　　ⓒ the sensory system

3　문장 1~4를 간단히 표현할 때 빈칸에 알맞은 것은?
　　→ the _______________ of brain plasticity
　　ⓐ duality　　　ⓑ causes　　　ⓒ application

> [5]**Additionally**, bad habits may be manipulated by brain plasticity, **allowing one to unlearn** their own behavior.

◖ Additionally(게다가)
앞선 내용에 대해 첨언하는 문장을 이끈다.

◖ allow+O+to-v
(O가 v하도록 두다[허락하다])

4　문장 5를 간단히 표현할 때 빈칸에 알맞은 것은?
　　→ Brain plasticity can contribute to _______________ bad habits.
　　ⓐ creating　　　ⓑ removing　　　ⓒ maintaining

[6] **Suppose** a man has formed a bad habit **of** eating whenever he is emotionally upset.

[7] He 음식의 즐거움을 감정적 고통을 덜어 주는 것과 연관 짓는다; breaking the habit will require learning to disassociate the two.

5 밑줄 친 우리말과 일치하도록 괄호 안의 어구를 모두 활용하여 영작하시오. (필요시 어형 변화 가능)

(the pleasure / the relieving / associate / of emotional pain / of food / with)

→ ____

[8] He might have to actively forbid himself from going to the kitchen when he is emotionally upset until he finds a better way to handle his emotions.

6 문장 6~8을 한 문장으로 표현할 때 빈칸에 알맞은 것은?

→ Quitting emotional eating requires ______________ food's pleasure from emotional relief.

ⓐ receiving

ⓑ intensifying

ⓒ separating

Stage 3   요약하기

◆ 글의 내용을 아래와 같이 요약할 때, 빈칸 (A), (B)에 들어갈 가장 적절한 말을 <조건>에 맞게 쓰시오.

Brain plasticity (A) ______________ our ability to enjoy pleasure but can increase chronic pain sensitivity. It enables us to unlearn bad habits by (B) ______________ pleasure from harmful actions and finding healthier ways to manage emotions.

조건 1. <보기>의 단어 중에서 골라 쓸 것
2. 필요하면 문맥과 어법에 맞게 변형할 것
3. 각각 한 단어로 작성할 것

보기 maintain / enhance / suppose / connect

Thought Experiments 사고 실험

원리나 이론을 검증하기 위해 머릿속으로 생각하며 수행하는 실험을 말해요.
생각 실험이나 사유 실험이라고도 하며, 관찰이나 실험을 통한 경험적(empirical) 실험 방법과 대비됩니다.

사고 실험을 하는 이유는 무엇일까요?
그것은 바로 실제 실험을 하기 어려운 상황이 있기 때문입니다.
특히 과거의 혁명적 이론들 중에는 실제 실험을 할 수 있는 여건이
되지 않아 사고 실험으로 이론(theory, hypothesis, principle)을
증명(prove)하거나 어떤 이론이 틀렸음을 입증(disprove)한
경우가 있습니다.

현대의 물리학자들도 사고 실험을 즐겨 사용합니다.
예를 들어, 블랙홀과 관련된 논의들은 실제 블랙홀을 대상으로
실험할 수 없어서 많은 부분이 사고 실험으로 진행됩니다.

Words & PHRASES

✛표시 다의어는
지문 속 의미를
다의어 Check ✔
에서 고르세요.

☐ theoretical	이론적인, 이론의	**cf.** theoretical physics 이론 물리학
☐ discipline✛	규율; 학과, 학문 분야; 훈련(하다)	
☐ existence	존재, 실재; 생존	▸ come into existence 생기다, 나타나다
☐ conduct	안내하다; (특정한 활동을) 수행하다; 지휘하다; (특정한) 행동	
☐ hypothesis	가설; 추정(= assumption)	
☐ string	끈, 줄; 묶다, 매달다	
☐ overall	종합[전반]적인, 전체의	
☐ set up	세우다; 설치하다; 준비하다; 설정하다	
☐ apparatus	장치, 기구(= equipment); (신체) 기관; (정부) 조직체[기구]	
☐ prove	증명하다, 입증하다(↔ disprove 틀렸음을 입증하다)	• proof 증명, 입증(↔ disproof 반증, 반박); (손상 등에) 견딜 수 있는
☐ contrary to A	A와는 반대로(= as opposed to A)	
☐ mass✛	(형체가 없는) 덩어리; ((물리)) 질량; (제멋대로 모여 있는) 무리; 대량의	
☐ vacuum	진공; 진공청소기(로 청소하다)	
☐ acceleration	가속(도)	• accelerate 가속화하다, 속도를 높이다
☐ combine	결합하다, 결합되다	▸ combine A with[and] B A와 B를 결합하다
☐ flaw	결함(=defect, fault); (사물의) 흠, 갈라진 틈	
☐ reasoning	추론, 추리	• reason 이유, 근거; 이성, 사고력; 추리[추론]하다

정답 및 해설 p. 50

> The notion of a thought experiment has been useful to the methods of theoretical physics ever since the **discipline**[+] came into existence.

(A) One might think that a real experiment needs to be conducted to test that hypothesis, but Galileo simply asked us to consider a large and a small stone tied together by a very light string. If Aristotle were right, the large stone should speed up the smaller one, and the smaller one should slow down the larger one, making the overall speed slower than that of the large stone.

(B) It involves setting up an imagined piece of apparatus and running a simple experiment with it in your mind, for the purpose of proving or disproving a hypothesis. One example is Galileo's proof that, contrary to Aristotle's view, objects of different **mass**[+] fall in a vacuum with the same acceleration.

(C) However, according to Aristotle's view, that combined object (small and large stone together) should actually fall faster than either stone alone because of its greater total mass. This reveals the flaw in Aristotle's reasoning. The conclusion is that all objects fall in a vacuum at the same rate.

다의어 Check

지문 속 ✦표시 어휘의 문맥상 의미는?

1 discipline
ⓐ 훈련
ⓑ 학문 분야

2 mass
ⓐ 질량
ⓑ 덩어리

INTRO

1. 네모 안에 주어진 글의 핵심 내용으로 적절한 것을 고르시오.
① 이론 물리학에서 사고 실험의 유용성
② 사고 실험을 통한 이론 물리학의 탄생

2. (A)~(C)의 내용으로 알맞은 것끼리 짝지으시오.
(1) 아리스토텔레스의 추론 오류와 결론　·　　　　　·　(A)
(2) 사고 실험에 대한 보충 설명과 예　·　　　　　·　(B)
(3) 갈릴레오 사고 실험의 내용　·　　　　　·　(C)

주어진 글 다음에 이어질 글의 순서로 가장 적절한 것을 고르시오.
① (A) – (C) – (B)　　② (B) – (A) – (C)
③ (B) – (C) – (A)　　④ (C) – (A) – (B)
⑤ (C) – (B) – (A)

Stage 2 한 문장씩 뜯어보기

◆ 주어진 질문에 답하시오.

¹The notion of a thought experiment has been useful to the methods of theoretical physics ever since the discipline came into existence.

²<u>It</u> involves setting up an imagined piece of apparatus **and** (run) a simple experiment with it in your mind, for the purpose of proving or disproving a hypothesis.

▌ and, but, or 다음의 동사 형태는 병렬 관계를 묻는 것이다.

1 밑줄 친 <u>It</u>이 가리키는 것을 문장 1에서 찾아 쓰시오.

2 괄호 안의 (run)을 어법상 알맞은 형태로 쓰시오. (한 단어)

3 문장 1~2를 간단히 표현할 때 빈칸에 알맞은 것은?
→ the ______________ of a thought experiment

ⓐ results ⓑ definition ⓒ limitation

³One example is Galileo's proof **that**, contrary to <u>Aristotle's view</u>, objects of different mass fall in a vacuum with the same acceleration.

▌ that절 이하는 Galileo's proof와 동격이다.

4 밑줄 친 <u>that</u>이 이끄는 절의 주어와 동사를 각각 찾아 쓰시오. (한 단어)
주어:
동사:

5 밑줄 친 <u>Aristotle's view</u>의 의미로 알맞은 것은?
ⓐ 질량이 다른 물체는 진공에서 다른 가속도로 떨어진다.
ⓑ 질량이 다른 물체는 진공에서 같은 가속도로 떨어진다.

⁴One might think that a real experiment needs (a) <u>to conduct</u> to test **that hypothesis**, but Galileo simply asked us (b) <u>to consider</u> a large and a small stone tied together by a very light string.

▌ that hypothesis는 문장 3에 언급된 Galileo가 증명한 가설을 지칭한다.

6 밑줄 친 (a), (b)가 어법상 옳으면 O, 틀리면 X로 표시하고 바르게 고치시오.
(a):
(b):

5If Aristotle were right, the large stone should speed up the smaller one, and the smaller one should slow down the larger one, making the overall speed slower than that of the large stone.

6However, according to Aristotle's view, that combined object (small and large stone together) should actually fall faster than either stone alone because of its greater total mass.

7This reveals the flaw in Aristotle's reasoning.

7 문장 5~7을 한 문장으로 표현할 때 빈칸에 알맞은 것은?

→ The thought experiment of combining stones of different sizes ______________ Aristotle's theory.

ⓐ confirms   ⓑ rediscovers   ⓒ contradicts

8**The conclusion** is that all objects fall in a vacuum at the same rate.

The conclusion (결론) ~
실험 결과가 가설을 입증하면 가설이 결론이 되고, 반대의 경우는 가설이 부정된다.

Stage 3 요약하기

◆ 글의 내용을 아래와 같이 요약할 때, 빈칸 (A)~(C)에 들어갈 가장 적절한 말을 <조건>에 맞게 쓰시오.

Galileo's (A) ____________ of Aristotle using (B) __________ falling objects demonstrates how hypothetical scenarios can validate theories without (C) ____________ experimentation.

조건 <보기>의 단어 중에서 골라 그대로 쓸 것
보기 imagined / vacuum / disproof / physical / advocacy / thought

갈릴레오 사고 실험의 시연

글에 등장한 갈릴레오 사고 실험의 가장 중요한 조건은 진공 상태이므로 우주는 실험을 위한 최적의 장소이다. 1971년 아폴로 15호의 마지막 달 탐사 활동이 끝날 무렵, 사령관 데이비드 스콧이 갈릴레오 사고 실험을 시연했다. 그는 깃털과 망치를 1.6미터 높이에서 동시에 떨어뜨렸고, 두 물체는 달 표면에 정확히 동시에 도달했다.

Ethnicity in Archaeology 고고학에 나타난 민족성

고고학은 물질적 유적(material remains)을 바탕으로 민족성(ethnicity) 및
민족 정체성(ethnic identities)을 이해하려고 연구합니다.

고고학자들(archaeologists)은 현장(site)에서 발굴(excavation)한 유물(artifacts), 유적(ruins) 또는
구조물(structures)과 같은 물리적 증거를 바탕으로 민족 집단과 문화를 연구하고 해석합니다.

Words & PHRASES

✦표시 다의어는
지문 속 의미를
다의어 Check✔
에서 고르세요.

☐ take advantage of	~을 이용하다; ~을 악용하다(= exploit)	
☐ archaeology	고고학	• archaeological 고고학의; 고고학적인 • archaeologist 고고학자
☐ promote✦	승진시키다(= upgrade); 촉진하다; 홍보하다	• promotion 승진; 촉진; 홍보
☐ distorted	비뚤어진; 왜곡된; 기형의	• distort 비틀다, 일그러뜨리다; 왜곡하다 • distortion 비틀림, 찌그러짐; 왜곡
☐ interpretation	해석; 이해, 설명	• interpret 해석하다; 이해하다; 통역하다
☐ advance	나아가게 하다, 나아가다; 진보(하다); ~을 조장[촉진]하다	
☐ shed light on	~을 밝히다; ~을 해명하다	• shed 없애다; 떨어뜨리다; (빛을) 비추다
☐ reconstruction	(건물 등의) 재건; (원 상태를 위한) 복원; 재현	
☐ ethnic	민족[종족]의, 인종의; 민족 전통의	• ethnicity 민족성 **cf.** ethnic group 민족
☐ migration	이동, 이주	• migrate 이동하다, 이주하다
☐ geographic(al)	지리적인; 지리학의	
☐ prehistoric	선사 시대의, 역사 기록 이전의	• prehistory 선사 시대
☐ magnificence	훌륭함, 장엄함	• magnificent 훌륭한, 장엄한
☐ ancestor	조상, 선조	**cf.** ancient 고대의
☐ resistance	저항, 반대; (물리적) 저항(력)	• resist 저항하다, 반대하다; 참다, 견디다 • resistant 저항력 있는; 저항[반대]하는
☐ conquest	정복; 점령지	• conquer 정복하다; 이기다
☐ Israeli	이스라엘 사람	
☐ look to A	A를 돌보다; A에 주의를 기울이다, A를 생각[검토]하다; A에 기대를 걸다	
☐ claim	(사실이라고) 주장(하다); 요구(하다); 권리	
☐ recover✦	(건강이) 회복되다; 찾아내다, 되찾다	
☐ civil war	내전	
☐ inhabitant	주민, 거주자(= resident, dweller)	• inhabit ~에 살다[서식하다, 거주하다]

> However, this has not stopped politicians from taking advantage of archaeology as a tool to **promote**⁺ distorted interpretations of the past to advance specific political viewpoints.

In addition to shedding light on the human past, archaeology has aided the reconstruction of cultural groups, ethnic origins, and the migration of groups across geographic space. (①) In some countries, archaeology has been a source of national pride—in Greece, Egypt, and Italy, for example, where the historical record and prehistoric remnants suggest the glory and magnificence of ancient civilizations. (②) The French are proud of their ancestors' resistance to Roman conquest, the Italians look proudly to their Roman ancestors, and the Israelis look to Iron Age archaeology to support their historical claims. (③) Many European archaeologists still work under the assumption that the material culture they **recover**⁺ relates to specific ethnic groups, although it is difficult to put a clear ethnic label on archaeological cultures due to the shared, adapted nature of material culture. (④) In Sri Lanka, both of the parties that fought a long civil war claimed to be the original inhabitants of the island. (⑤) Neither side would allow any archaeological work for fear it may have provided support for the other.

*remnant: 유물

다의어 Check

지문 속 ✦표시 어휘의 문맥상 의미는?

1 promote
ⓐ encourage
ⓑ upgrade

2 recover
ⓐ (건강이) 회복되다
ⓑ 찾아내다

INTRO

 네모 안에 주어진 문장으로 보아, 앞 내용으로 가장 적절한 것을 고르시오.

① 고고학의 한계
② 고고학의 유용함

 글의 흐름으로 보아, 주어진 문장이 들어가기에 가장 적절한 곳을 고르시오.

①   ②   ③   ④   ⑤

Stage 2 한 문장씩 뜯어보기

◆ 주어진 질문에 답하시오.

---

[1]In addition to shedding light on the human past, archaeology has aided the reconstruction of cultural groups, ethnic origins, and the migration of groups across geographic space.

---

1 문장 1을 간단히 표현할 때 빈칸에 알맞은 것은?

→ Archaeology _______________ human history and tracks cultural, ethnic, and migratory patterns.

ⓐ migrates　　　　　　ⓑ uncovers　　　　　　ⓒ obscures

---

[2]In some countries, archaeology has been a source of national pride—in Greece, Egypt, and Italy, for example, **where** the historical record and prehistoric remnants suggest the glory and magnificence of ancient civilizations.

콤마(,) 뒤의 관계부사(where)가 이끄는 절은 앞에 있는 선행사(Greece, Egypt, and Italy)를 보충 설명한다.

---

[3]The French are proud of their ancestors' resistance to Roman conquest, the Italians look proudly to their Roman ancestors, and the Israelis look to Iron Age archaeology to support their historical claims.

문장 3은 문장 2의 예에 이어서 또 다른 예들을 나열한다.

---

2 문장 2~3을 한 문장으로 표현할 때 빈칸에 알맞은 것은?

→ Archaeology _______________ pride in some countries with ancient history.

ⓐ fosters　　　　　　ⓑ defines　　　　　　ⓒ excludes

---

[4]Many European archaeologists still work under the assumption that the material culture **they recover** relates to specific ethnic groups, although it is difficult to put a clear ethnic label on archaeological cultures due to the shared, adapted nature of material culture.

they recover 앞에 목적격 관계대명사 which[that]가 생략되었다.

---

3 문장 4를 간단히 표현할 때 빈칸에 알맞은 것은?

→ The nature of material culture prevents _______________ a particular material culture with a specific ethnic group.

ⓐ rewarding　　　　　　ⓑ replacing　　　　　　ⓒ associating

---

⁵However, <u>this</u> has not stopped politicians from taking advantage of archaeology as a tool to promote distorted interpretations of the past to advance specific political viewpoints.

4 밑줄 친 <u>this</u>가 지칭하는 것을 표현할 때 빈칸에 알맞은 것은?

= the difficulties in _______________ distinct ethnic groups in the archaeological record

ⓐ defining
ⓑ motivating
ⓒ challenging

⁶In Sri Lanka, both of the parties that fought a long civil war claimed to be the original inhabitants of the island.

⁷Neither side would allow any archaeological work **for fear** it **may have provided** support for the other.

◖ for fear (that) ~
(~할까봐 두려워서;
~하지 않도록(= lest))

◖ may have p.p.
(~했을지도 모른다)
과거에 대한 가능성, 추측
을 나타낸다.

5 문장 5~7을 한 문장으로 표현할 때 빈칸에 알맞은 것은?

→ Politicians use archaeology to encourage _______________ views.

ⓐ objective
ⓑ biased
ⓒ advanced

Stage 3 요약하기

◆ 글의 내용을 아래와 같이 요약할 때, 빈칸 (A)~(C)에 들어갈 가장 적절한 밀을 <조건>에 맞게 쓰시오.

Archaeology (A) _____________ in understanding human history and origins, but it struggles to accurately (B) _____________ ethnicities, and it's been misused (C) _____________.

(조건) 1. <보기>의 단어 중에서 골라 쓸 것
2. 필요하면 문맥과 어법에 맞게 변형할 것
3. 각각 한 단어로 작성할 것
(보기) disturb / identify / economic / aid / political

Legacy of Colonialism 식민주의 유산

식민주의는 다른 국가나 사람들을 통제하기 위해
권력과 영향력을 행사하는 제국주의(imperialism)와 밀접하게 연관됩니다.
다른 국가를 점령하고(occupy) 지배하며(dominate),
언어와 문화를 강요하는 형태로 나타납니다.

1880년대부터 유럽 국가들은 아프리카 국가들을 점령하기 시작했으며,
귀중한 천연자원(natural resources)을 갖기 위해 서로 경쟁했습니다.

식민주의는 환경 파괴, 질병 확산, 경제 불안정, 민족 갈등, 인권 침해 등을 초래했고,
이는 식민 지배가 끝난 후에도 식민지에 오랜 기간 고통을 남겼습니다.

Words & PHRASES

✦표시 다의어는
지문 속 의미를
다의어 Check✔
에서 고르세요.

□ **territory**	영토; 영역	• territorial 영토의; 영역의
□ **border on**	~의 옆[인근]에 있다, ~에 접하다; 거의 ~와 같다	• border 국경 (지역) cf. border dispute 국경 분쟁
□ **continent**	육지; 본토; 대륙	• continental 대륙의
□ **legacy**	유산(= inheritance), 유물; 물려받은 것	
□ **era**	시대; (지질시대의 한 부분인) 대(代)	
□ **colonialism**	식민주의, 식민지 건설	• colony 식민지; (동일 지역에 사는 동식물의) 집단 • colonize 식민지로 만들다; (동식물이) 대량 서식하다 • colonist 식민지 주민 • colonial 식민(지)의; 식민지 시대의; 식민지 주민
□ **primary**	초기의, 최초의; 주된, 주요한	• prime 주된, 주요한; 최고의, 뛰어난; 전성기
□ **occupier**	점령군, 점령자; 사용자[거주자]	• occupy 차지하다; 점령하다; 거주하다
□ **extract**	추출하다, 발췌하다; 추출물, 발췌	• extraction 추출, 뽑아냄
□ **commodity**	유용한 것; 상품, 물품; 원자재	
□ **interior**	내부; 내륙; 내부의(↔ exterior 외부; 외부의)	
□ **coast**	해안 (지방)	• coastal 해안의, 연안의
□ **shipment**	운송, 수송; 선적(량)	• shipping ((집합)) 선박, 배; 해상 운송
□ **leave A with B**	A에게 B를 남기다[맡기다]	
□ **infrastructure**	사회[공공] 기반 시설	
□ **as such**	((부사)) 그렇게, 그런 식으로(= in that way[manner]); ((접속사)) 그러므로, 그 결과(= therefore, as a result)	
□ **realize**✦	실현하다, 달성하다; 깨닫다, 알아차리다	• realization 실현, 달성; 깨달음
□ **prospect**✦	경치; (성공할) 전망; 가능성(= likelihood)	• prospective 장래의; 곧 있을
[선택지]		
□ **conflict zone**	분쟁 지역	

정답 및 해설 p. 54

More than 40 of the world's countries do not have at least some territory bordering on an ocean. Fourteen of these countries are on the African continent, a legacy of the era of colonialism. During the period of European domination in Africa, which began in the late 1800s, the primary motive of the occupiers was to extract and export minerals and commodities from the interior of Africa to the coasts for shipment to Europe. Roads and railroad lines were installed to facilitate the movement of goods to the coastal cities. When the era of colonialism ended, the newly independent countries were left with the economic infrastructure installed by the Europeans. However, they didn't maintain the infrastructure due to a lack of financial resources and border disputes. As such, none of the former colonies **realized**[+] full regional development, and the interior lands of the continent received the least attention, leading to them being among the poorest in Africa. Furthermore, their **prospects**[+] for future development are hindered by ____. They must rely on neighboring countries for port access, limiting their ability to fully participate in global trade.

다의어 Check ✔

지문 속 ✦표시 어휘의 문맥상 의미는?

1 realize
ⓐ 깨닫다
ⓑ 실현하다

2 prospect
ⓐ 경치
ⓑ 가능성

 **INTRO**

 **Q**

빈칸 문장으로 보아, 찾아야 할 내용으로 알맞은 것을 고르시오.

① 발전을 저해하는 것
② 발전하는 데 필요한 것

Q 윗글의 빈칸에 들어갈 말로 가장 적절한 것을 고르시오.

① being located in conflict zones
② their lack of easy access to the sea
③ their low-quality education systems
④ not being left any minerals to extract
⑤ not having been colonized by the Europeans

Stage 2 한 문장씩 뜯어보기

◆ 주어진 질문에 답하시오.

¹More than 40 of the world's countries do not have at least some territory **bordering on an ocean**.

현재분사구 bordering on an ocean이 앞의 some territory를 수식한다.

²Fourteen of these countries are on the African continent, **a legacy** of the era of colonialism.

~ , (which is) a legacy ~
콤마(,) 뒤의 which is는 없어도 의미가 명확할 때 생략될 수 있으며, 이때 which는 앞의 절 전체를 선행사로 한다.

³During the period of European domination in Africa, **which** began in the late 1800s, the primary motive of the occupiers was to extract and export minerals and commodities from the interior of Africa to the coasts for shipment to Europe.

문장 3에서 which의 선행사는 the period ~ in Africa이다.

⁴Roads and railroad lines were installed to facilitate the movement of goods to the coastal cities.

1 문장 3~4를 한 문장으로 표현할 때 빈칸에 알맞은 것은?

→ Colonialism in inland Africa involved ______________ resources from the continent.

ⓐ protecting　　　　　ⓑ exploiting　　　　　ⓒ developing

⁵When the era of colonialism ended, <u>the newly independent countries **were left with** the economic infrastructure **installed** by the Europeans</u>.

leave A with B (A에게 B를 남기다[맡기다])
문장 5에서는 A를 주어로 하는 수동태로 쓰였다.

2 밑줄 친 부분을 우리말로 해석하시오.

3 문장 5의 the economic infrastructure에 해당하는 두 가지를 문장 4에서 찾아 쓰시오.

과거분사구 installed by the Europeans가 앞의 명사구 the economic infrastructure를 수식한다.

⁶However, <u>they</u> didn't maintain the infrastructure due to a lack of financial resources and border disputes.

4 밑줄 친 <u>they</u>가 지칭하는 것을 문장 5에서 찾아 쓰시오.

⁷As such, **none** of the former colonies realized full regional development, and the interior lands of the continent received the least <u>attention</u>, leading to them being among the poorest in Africa.

5 밑줄 친 <u>attention</u>의 의미로 알맞은 것은?
ⓐ extraction of resources
ⓑ support for development
ⓒ damage from colonialism

⁸Furthermore, their prospects for future development are hindered by their lack of easy access to the sea.

⁹<u>They</u> must rely on neighboring countries for port access, limiting their ability to fully participate in global trade.

6 밑줄 친 <u>They</u>가 지칭하는 것은?
ⓐ The coastal cities
ⓑ The European powers
ⓒ The interior lands of Africa

7 위 내용으로 보아 아프리카 내륙국이 낙후된 이유에 해당하지 <u>않는</u> 것은?
ⓐ waste of resources
ⓑ lack of infrastructure
ⓒ unfavorable geographic location

Stage 3 요약하기

◆ 글의 내용을 아래와 같이 요약할 때, 빈칸 (A)~(C)에 들어갈 가장 적절한 말을 <조건>에 맞게 쓰시오.

Post-colonial African countries suffer from (A) ______________ sea access and the inability to (B) ____________ infrastructure for trade, resulting in persistent (C) ____________ .

(조건) <보기>의 단어 중에서 골라 그대로 쓸 것
(보기) sustain / poverty / loss / limited / colonization / balanced

Animal Communication 동물의 의사소통

사람과 같이, 동물도 여러 가지 방식으로 의사소통합니다. 새가 지저귀고(음성 신호),
꿀벌이 8자 춤을 추고(몸짓 언어), 개미가 페로몬(화학적 신호)을 방출하는 것이 대표적인 예입니다.

독립생활을 하는 자이언트 판다는 시간이 지나도 소통할 수 있도록
후각적 신호를 남깁니다.

판다의 마킹은 단순히 영역 표시일 뿐만 아니라 자신의 성별,
건강 상태, 나이, 가임기 여부 등 다양한 정보를 담고 있어요.
평소에는 다른 판다와의 접촉을 피하지만, 번식기에는
냄새를 통해 서로 소통하며 만날 수 있게 되는 것이죠.

이처럼 다양한 종(species)은 각자 환경과 습성에 맞게
의사소통 방법을 진화시켰어요.

Words & PHRASES

✚ 표시 다의어는
지문 속 의미를
다의어 Check✔
에서 고르세요.

□ vocal	목소리의, 음성의, 발성의	
□ imitation	모방; 모조품	• imitate 모방하다; 흉내 내다
□ indication	표시; (사정, 생각을 보여주는) 말, 암시, 조짐	• indicate 가리키다; 나타내다, 보여주다
□ flexible	유연한; 구부리기 쉬운; 융통성 있는 (↔ inflexible 잘 구부러지지 않는; 융통성 없는)	• flexibility 유연성; 융통성
□ sophisticated✚	정교한, 복잡한; 교양 있는, 세련된; 지적인	
□ signature	서명; (대표적인, 고유한) 특징[상징]	
□ obvious	분명한, 명백한(↔ vague 모호한, 애매한; 희미한)	
□ parallel	유사점; ~에 평행하다; ~와 유사하다; 평행한	
□ apparently	보아하니, 듣자 하니; 명백하게	• apparent 눈에 보이는; 분명한, 명백한
□ raise	(들어) 올리다; (문제 등을) 제기하다; 기르다; 모금하다	
□ whistle	휘파람(을 불다); 호루라기 소리(를 내다)	
□ captive	사로잡힌, 포획된; 포로	• captivity 감금, 억류
□ favo(u)red	선호하는; 특혜를 받는; (조건 등이) 좋은	• favo(u)r 호의(를 보이다); 지지(하다)
□ secondary	이차적인, 부수적인(= subordinate); 중등교육[학교]의	
□ catch	잡기; (숨은) 문제점; 뜻밖에 얻은 것	
□ vice versa	그 역[반대]도 마찬가지이다	

> Dolphin vocal learning and imitation skills are probably not unrelated abilities, but rather indications of a generally flexible and **sophisticated**[+] communication system.

다의어 Check ✔

지문 속 ✚표시 어휘의 문맥상 의미는?

1 sophisticated
ⓐ 교양 있는
ⓑ 정교한

(A) The use of signatures in this way has obvious parallels with human use of names. And because it requires a dolphin both to develop a unique signature and to be capable of imitating other signatures, it could at least partly explain the need for vocal learning and imitation in dolphins.

(B) Apparently each dolphin frequently imitated the other's signature. He reasoned that the dolphins were doing this to establish contact, essentially saying, "Hey, Scotty, are you there?" instead of just, "Spray here, Spray here, Spray here."

(C) One possible reason for such flexibility was raised by Peter Tyack. He recorded whistles from two captive dolphins named Scotty and Spray, who lived together in the same tank. He discovered that each dolphin had a favored whistle (its signature whistle) and a secondary whistle. The catch was that Scotty's secondary whistle was Spray's signature, and vice versa.

INTRO

1. 네모 안에 주어진 글의 핵심 내용으로 적절한 것을 고르시오.

① 돌고래 의사소통 체계의 융통성과 정교함
② 돌고래의 음성 학습과 모방 기술의 무관함

2. (A)~(C)의 내용으로 알맞은 것끼리 짝지으시오.

(1) 돌고래 의사소통에 관한 연구 방식과 얻은 것 •   • (A)
(2) 돌고래 의사소통의 시사점   •   • (B)
(3) 연구 내용에 대한 연구자의 추론   •   • (C)

주어진 글 다음에 이어질 글의 순서로 가장 적절한 것을 고르시오.

① (A) – (C) – (B)   ② (B) – (A) – (C)
③ (B) – (C) – (A)   ④ (C) – (A) – (B)
⑤ (C) – (B) – (A)

Stage 2 한 문장씩 뜯어보기

◆ 주어진 질문에 답하시오.

> [1]Dolphin vocal learning and imitation skills are probably not unrelated abilities, but rather indications of a generally flexible and sophisticated communication system.

도입부 (연구 주제)

> [2]One possible reason for such flexibility was ⬚ risen / raised ⬚ by Peter Tyack.

연구자 소개

1 네모 안에 들어갈 말로 어법상 알맞은 것은?

> [3]He recorded whistles from two captive dolphins named Scotty and Spray, who lived together in the same tank.

연구 내용 (대상 및 방법)

> [4]He discovered that each dolphin had a favored whistle (its signature whistle) and a secondary whistle.

연구 결과 (발견한 것)

> [5]The catch was that Scotty's secondary whistle was Spray's signature, and vice versa.

2 밑줄 친 vice versa의 의미로 알맞은 것은?
ⓐ 스프레이는 스코티의 휘파람을 모방하지 않았다.
ⓑ 스코티와 스프레이는 똑같은 휘파람을 사용했다.
ⓒ 스프레이의 부수적 휘파람이 스코티의 고유한 휘파람이었다.

> [6]Apparently each dolphin frequently imitated the other's signature.

> [7]He reasoned that the dolphins were doing this to establish contact, essentially saying, "Hey, Scotty, are you there?" instead of just, "Spray here, Spray here, Spray here."

연구 결과에 대한 연구자의 추론

3 문장 6~7을 한 문장으로 표현할 때 빈칸에 알맞은 것은?
→ Dolphins use each other's whistles to ____________, not just to identify themselves.
ⓐ signal a danger
ⓑ seek responses
ⓒ announce a location

[8]The use of signatures in this way has obvious parallels with <u>human use of names</u>.

4 밑줄 친 <u>human use of names</u>의 의미로 알맞은 것은?

ⓐ 상대에게 자신의 이름을 소개하는 것
ⓑ 우리가 이름으로 서로를 구별하는 것
ⓒ 우리가 다른 사람의 이름을 불러 소통하는 것

[9]And because <u>it</u> requires a dolphin both to develop a unique signature and to be capable of imitating other signatures, <u>it</u> could at least partly explain the need for vocal learning and imitation in dolphins.

5 밑줄 친 <u>it</u>이 공통으로 가리키는 것은?

ⓐ dolphins' whistling to signal to humans
ⓑ dolphins' use of whistles for communication
ⓒ the intelligence of a dolphin imitating humans

Stage 3 요약하기

◆ 글의 내용을 아래와 같이 요약할 때, 빈칸 (A)~(C)에 들어갈 가장 적절한 말을 <조건>에 맞게 쓰시오.

Dolphin communication shows (A) ___________ and sophistication: They (B) ___________ each other's unique whistles to make contact, (C) ___________ to how humans use names, indicating the importance of vocal learning and imitation.

> (조건) <보기>의 단어 중에서 골라 그대로 쓸 것
> (보기) unrelated / flexibility / similar
> mimic / interpret / simplicity

Business Globalization 기업의 세계화

기업이 국제 시장에서 영향력을 확대하여 사업을 확장하는 과정을 의미합니다.
세계화는 제품, 기술, 정보, 그리고 일자리를 국경을 넘어 해외로 배분하는 것을 포함합니다.

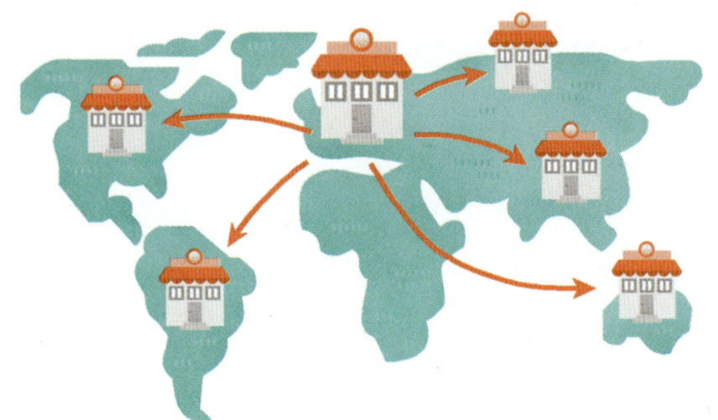

기업이 세계로 뻗어나가는 데에는 아래와 같은 방법이 있습니다.
1. 국내에서 상품을 생산하고 국내외에서 판매하기
2. 다른 나라에서 상품을 생산하고 국내외에서 판매하기

세계화는 사회, 경제, 문화, 정치, 기술 등 다양한 분야에서
나타나고 있습니다.

Words & PHRASES

✦표시 다의어는
지문 속 의미를
다의어 Check✔
에서 고르세요.

□ globalization	세계화	• global 세계적인, 전 세계의; 전반적인
□ conform to A	A에 따르다	
□ tempting	솔깃한, 구미가 당기는	• tempt 유혹하다 • temptation 유혹
□ management	(사업체, 조직의) 관리; 경영	• manage 관리[경영]하다; (간신히) 해내다 • manager 관리자, 경영자
□ local	지역의, 현지의; 주민, 현지인	
□ multinational	다국적의	
□ launch✦	시작(하다); 출시(하다); (우주선 등을) 발사(하다)	
□ promotional	홍보의, 판촉의	
□ feature	특징으로 하다; 특징(= quality); 용모	
□ offensive	불쾌한	• offense[offence] 범죄; 범법; 불쾌하게 하는 것
□ significant	중대한, 중요한; 상당한 (↔ insignificant 사소한, 하찮은; 얼마 안 되는)	
□ centralize	중심에 모으다, 중앙(집권)화하다	
□ advocate	지지자, 옹호자; 지지[옹호]하다	• advocacy 지지, 옹호; 변호
□ invariably	변함없이, 언제나	
□ urge	강력히 권고하다; (강한) 욕구, 충동	▶ urge O to-v O가 v하도록 권고[설득]하다
□ recruit	채용하다, 뽑다(= employ, hire); 신입사원	• recruitment 신규 모집, 채용
□ figure✦	숫자; 수치; 모습, 형상; 인물; 생각하다; 계산하다	cf. senior figure 고위층 인사, 고위직 인물
□ crash to A	A에 쾅 하고 떨어지다	
□ board	판자; (숙박업소의) 식사(비); 이사회, 위원회	
□ complete with	~이 완비된	
□ proceedings	행사; 일련의 행위들; 회의록; 소송[법적] 절차	
□ commonplace	아주 흔한; 흔히 있는 일, 다반사	

정답 및 해설 p. 58

Globalization does not conform to hard and fast rules. For every general principle there are so many obvious exceptions that it is tempting to forget about management theory and just do what feels right. For example, marketing appears to be exactly the sort of task that should be left to local managers of multinational brands. However, when a branch of a global brand **launched** a local promotional campaign featuring images that many locals found offensive, it led to significant negative reactions. The embarrassed company had to centralize control to prevent similar issues from arising. Similarly, advocates of globalization invariably urge companies to recruit their senior **figures** from as wide a range of countries and backgrounds as possible. But Iridium, the satellite-phone company, came crashing to the ground because its multi-cultural board was impossible to manage. The board's twenty-eight members spoke multiple languages, turning meetings into mini-UN conferences, complete with headsets translating the proceedings into five languages. Cultural conflicts and misunderstandings were commonplace.

*hard and fast: 어떤 경우에도 변치 않는, 불변의

다의어 Check

지문 속 ✦표시 어휘의 문맥상 의미는?

1 launch
ⓐ 시작하다
ⓑ 발사하다

2 figure
ⓐ 숫자
ⓑ 인물

INTRO

Q 윗글의 중심 소재는 무엇인지 고르시오.
① globalization opportunities
② globalization advantages
③ globalization challenges

Q 윗글의 요지로 가장 적절한 것을 고르시오.
① 다국적 기업은 현지 산업을 위축시켜 경제에 악영향을 미친다.
② 세계화는 동질적인 문화를 확산시켜 문화적 다양성을 저해한다.
③ 마케팅의 성공은 이론보다 현지 관리자의 상황 판단이 중요하다.
④ 다국적 기업은 사회 공헌을 통해 자사의 이미지를 증진시킬 수 있다.
⑤ 다국적 기업의 세계화는 예기치 않은 경영상의 문제를 동반할 수 있다.

Stage 2 한 문장씩 뜯어보기

◆ 주어진 질문에 답하시오.

[1]Globalization does not conform to hard and fast rules.

[2]For every general principle there are **so** many obvious exceptions **that** it is tempting to forget about management theory and just do what feels right.

> so ~ that ...
> (아주 ~해서 …하다)
> 원인과 결과를 나타내는 표현이다.

1 문장 1~2를 한 문장으로 표현할 때 빈칸에 알맞은 것은?

→ Globalization varies widely, making standard management practices less

______________.

ⓐ disregarded　　　　ⓑ applicable　　　　ⓒ restrictive

[3]For example, marketing **appears to be** exactly the sort of task that should be left to local managers of multinational brands.

> appear to-v
> (v인 것 같다)
> 단언하는 표현이 아니라 '~인 것 같다, ~처럼 보인다'라는 의미이다. 이후에 역접(However) 표현이 이어지면 '(보기와 달리) 사실은 그렇지 않다'는 문맥이 된다.

[4]**However**, when a branch of a global brand launched a local promotional campaign featuring images that many locals found offensive, it led to significant ____________ reactions.

2 문맥상 빈칸에 들어갈 말로 가장 적절한 것은?

ⓐ neutral　　　　ⓑ positive　　　　ⓒ negative

[5]The embarrassed company had to <u>centralize control</u> to prevent similar issues from arising.

3 밑줄 친 <u>centralize control</u>과 반대되는 개념의 어구는?

ⓐ disrespect local traditions
ⓑ understand brand identity
ⓒ rely on local management

[6]**Similarly**, ________________ of globalization invariably urge companies to recruit their senior figures from as wide a range of countries and backgrounds as possible.

> Similarly는 앞 내용과 유사한 내용의 다른 예가 이어질 것임을 나타낸다.

4 문맥상 빈칸에 들어갈 말로 가장 적절한 것은?

ⓐ advocates　　　　ⓑ opponents　　　　ⓒ bystanders

[7]But Iridium, the satellite-phone company, came crashing to the ground because its multi-cultural board was impossible to manage.

[8]The board's twenty-eight members spoke multiple languages, turning meetings into mini-UN conferences, complete with headsets translating the proceedings into five languages.

[9]Cultural conflicts and misunderstandings were commonplace.

5 문장 6~9를 한 문장으로 표현할 때 빈칸에 알맞은 것은?

→ Diverse recruitment of a globalized company could fail due to its _______________ multi-culture.

ⓐ innovative
ⓑ authoritative
ⓒ uncontrollable

6 글의 주제문에 해당하는 문장의 번호를 쓰시오. (하나만 쓸 것)

Stage 3 요약하기

◆ 글의 내용을 아래와 같이 요약할 때, 빈칸 (A)~(C)에 들어갈 가장 적절한 말을 <조건>에 맞게 쓰시오.

Globalization presents management challenges, such as culturally (A) _____________ marketing by local teams and misunderstandings within overly (B) _____________ leadership, highlighting the need for (C) _____________ control and culturally aware strategies.

조건 <보기>의 단어 중에서 골라 그대로 쓸 것
보기 diverse / supportive / centralized / insensitive / discriminated

Self-Disclosure 자기 공개

상대방에게 있는 그대로의 자신을 말이나 글로 나타내는 것을 의미하는 심리학 용어로,
'자신만 알고 있는 자신에 대한 정보(hidden self)'를 공개하는 것입니다.

자기 공개를 하면 상대방이 호의를 갖게 된다는
실험 결과가 있습니다.

그러니 친해지고 싶은 친구가 있다면 자신의 생각, 감정,
고민, 꿈 등을 솔직하게 표현하는 자기 공개 시간을 가져보세요!

덧붙여, disclosure라는 단어는 기업이 소비자들에게 제품에 대한
세세한 정보 공개(information provision)를 한다는
맥락에서도 출제되었습니다.

Words & PHRASES

✦표시 다의어는
지문 속 의미를
다의어 Check✔
에서 고르세요.

☐ self	자아, 자신; 모습, 본모습	**cf.** hidden self (자신은 알지만 타인은 알지 못하는) 숨겨진 자아 self-knowledge 자기 인식[이해]
☐ disclosure	(정보의) 공개; 폭로(= revelation); 밝혀진[드러난] 사실	• disclose (안 보이던 것을) 드러내다; (비밀 등을) 밝히다, 공개하다
☐ family circle	집안 (사람들), 일가	
☐ rejection	거부, 거절(= refusal)	• reject 거부하다, 거절하다
☐ reveal	드러내다, 밝히다(= disclose)(↔ conceal 감추다)	• revelation 폭로, 드러냄
☐ negative✦	부정적인; (검사 결과가) 음성의(↔ positive 긍정적인; 양성의)	
☐ trait	특성, 특징(= characteristic)	
☐ accuse✦	고발하다, 혐의를 제기하다; 비난하다, 책망하다	▸ accuse A of B A를 B의 이유로 비난하다[고발하다]
☐ brag	(심하게) 자랑하다(= boast)	
☐ express	표현하다, 나타내다; 급행(의); 신속한	▸ express oneself 자신의 의사[감정]를 표현하다
☐ contribute	기부하다, 기증하다; 기여하다	• contribution 기부(금); 기여
☐ volunteer	(힘든 일을) 자원해서 하다; 자원봉사자	• voluntary 자발적인; 자원봉사의
☐ instinctively	본능적으로, 직감적으로	• instinct 본능; 직감
☐ suspect	(~이 아닌가 하고) 생각하다, 의심하다; 용의자	
[선택지]		
☐ reluctant	꺼리는, 마지못한, 주저하는	

정답 및 해설 p. 60

There are some powerful sources of resistance to self-disclosure that often keep you hiding in your hidden self, despite its rewards. ① It isn't considered "nice" to talk about yourself too much or to discuss your feelings or needs outside a family circle. ② You often don't disclose yourself out of fear: fear of rejection, fear of being talked about behind your back, or fear that someone will take advantage of you. ③ If you reveal one **negative**[+] trait, they will imagine you're all bad; if you reveal something positive, you might be **accused**[+] of bragging, and if you express an opinion, you might have to do something about it—vote, contribute, or volunteer. ④ Although we cannot control how others respond to our self-disclosures, we can control how we respond to theirs, and our thoughtful responses can affect their self-esteem and connection to us, just as their responses can affect us. ⑤ Finally, you may be afraid of self-knowledge itself, because you instinctively know that by disclosing it you will come to know yourself better, but you suspect that there are some unpleasant truths about yourself that you would rather not be aware of.

다의어 Check ✔

지문 속 ✦표시 어휘의 문맥상 의미는?

1 negative
ⓐ 음성의
ⓑ 부정적인

2 accuse
ⓐ 비난하다
ⓑ 고발하다

INTRO

 첫 문장으로 보아, 앞으로 전개될 내용으로 가장 적절한 것을 고르시오.

① critical factors to consider for self-disclosure
② reasons why you are reluctant to disclose yourself

 윗글에서 전체 흐름과 관계 **없는** 문장을 고르시오.

①　　　　②　　　　③　　　　④　　　　⑤

OUTRO

 위 문제에서 선택한 정답 문장의 내용을 고르시오.

① fear of self-knowledge and unpleasant truths
② controlling our responses to others' self-disclosures

◆ 주어진 질문에 답하시오.

---

[1] There are **some powerful sources** of resistance to self-disclosure what often **keep you hiding** in your hidden self, despite its rewards.

> 첫 문장에 쓰인 일반적 어구(some powerful sources)는 뒤에서 구체적으로 설명된다.

> keep+O+C(v-ing) (O가 계속 v하게 하다 [해두다])

1 문장 1에서 어법상 **틀린** 단어 하나를 찾아 바르게 고치시오.

고치기 전:

→ 고친 후:

---

[2] **It** isn't considered "nice" **to talk about yourself too much** or **to discuss your feelings or needs outside a family circle.**

> 가주어 it의 to-v 진주어 두 개(to talk ~ too much, to discuss ~ family circle)가 or로 병렬 연결되었다.

2 문장 2를 간단히 표현할 때 빈칸에 알맞은 것은?

→ Discussing personal matters can be considered ______________.

ⓐ social   ⓑ positive   ⓒ inappropriate

---

[3] You often don't disclose yourself out of fear: **fear of** rejection, **fear of** being talked about behind your back, or **fear that** someone will take advantage of you.

> 동격의 of/that
> • A + of + 명사(구) (~인 A)
> • A+that[whether]절 (~라는 A)

---

[4] If you reveal one negative trait, they will imagine you're all bad; if you reveal something positive, you might **be accused of** bragging, and if you express an opinion, you might have to do something about it—vote, contribute, or volunteer.

> accuse A of B(A를 B라는 이유로 비난하다)의 수동형

3 문장 3~4를 한 문장으로 표현할 때 빈칸에 알맞은 것은?

→ Fear of rejection, exploitation, and judgment ______________ self-disclosure.

ⓐ causes   ⓑ prevents   ⓒ welcomes

---

[5] Although we cannot control how others respond to our self-disclosures, we can control how we respond to theirs, and our thoughtful responses can affect their self-esteem and connection to us, just as their responses can affect us.

> 다른 사람의 자기 공개에 대해 우리가 반응하는 방식이 미치는 영향을 설명한다.

[6]**Finally**, you may be afraid of self-knowledge itself, because you instinctively know that / what by disclosing it you will come to know yourself better, but you suspect that there are some unpleasant truths about yourself that you would rather not be aware of.

4　네모 안에 들어갈 말로 어법상 알맞은 것은?

5　밑줄 친 suspect의 의미로 알맞은 것은?
ⓐ reveal
ⓑ believe
ⓒ guarantee

6　지금까지 내용으로 보아, resistance to self-disclosure에 해당하지 <u>않는</u> 것은?
ⓐ 자신을 드러내는 것에 대한 부정적 인식
ⓑ 자기 자신을 잘 모르는 것에 대한 두려움
ⓒ 의견 표현과 관련해 행동을 취해야 한다는 염려

7　글의 주제문에 해당하는 문장의 번호를 쓰시오. (하나만 쓸 것)

Stage 3 　요약하기

◆ 글의 내용을 아래와 같이 요약할 때, 빈칸 (A)~(C)에 들어갈 가장 적절한 말을 <조건>에 맞게 쓰시오.

(A) F____________ like refusal, potential duties, and discovering (B) n____________ self-awareness keep you from (C) d____________ your true self.

조건　1. 본문에서 찾아 쓸 것
　　　2. 필요하면 문맥과 어법에 맞게 변형할 것
　　　3. 각각 한 단어로 작성할 것

Be informed about specific subjects
and interesting facts!

91~120

함께 풀면 좋은
기출문제

91 Animal Behavior

1

글의 흐름으로 보아, 주어진 문장이 들어가기에 가장 적절한 곳은? <고2>

> It does this by making your taste buds perceive these flavors as bad and even disgusting.

In the natural world, if an animal consumes a plant with enough anti-nutrients to make it feel unwell, it won't eat that plant again. Intuitively, animals also know to stay away from these plants. Years of evolution and information being passed down created this innate intelligence. (①) This "intuition," though, is not just seen in animals. (②) Have you ever wondered why most children hate vegetables? (③) Dr. Steven Gundry justifies this as part of our genetic programming, our inner intelligence. (④) Since many vegetables are full of anti-nutrients, your body tries to keep you away from them while you are still fragile and in development. (⑤) As you grow and your body becomes stronger enough to tolerate these anti-nutrients, suddenly they no longer taste as bad as before.

*taste bud: 미뢰(味蕾)

2

다음 빈칸에 들어갈 말로 가장 적절한 것은? <고2 응용>

We are now _______________________________, instead of the other way around. Perhaps the clearest way to see this is to look at changes in the biomass — the total worldwide weight — of mammals. A long time ago, all of us humans together probably weighed only about two-thirds as much as all the bison in North America, and less than one-eighth as much as all the elephants in Africa. But in the Industrial Era our population exploded and we killed bison and elephants at industrial scale and in terrible numbers. The balance shifted greatly as a result. At present, we humans weigh more than 350 times as much as all bison and elephants put together. We weigh over ten times more than all the Earth's wild mammals combined. And if we add in all the mammals we've domesticated — cattle, sheep, pigs, horses, and so on — the comparison becomes truly ridiculous: we and our tamed animals now represent 97 percent of the Earth's mammalian biomass. This comparison illustrates a fundamental point: instead of being limited by the environment, we learned to shape it to our own ends.

*bison: 들소

① imposing ourselves on nature
② limiting our ecological impact
③ yielding our land to mammals
④ encouraging biological diversity
⑤ doing useful work for the environment

92 Digital Technology

1

다음 글의 제목으로 가장 적절한 것은?　　　　　　　<고2>

The most prevalent problem kids report is that they feel like they need to be accessible at all times. Because technology allows for it, they feel an obligation. It's easy for most of us to relate — you probably feel the same pressure in your own life! It is really challenging to deal with the fact that we're human and can't always respond instantly. For a teen or tween who's still learning the ins and outs of social interactions, it's even worse. Here's how this behavior plays out sometimes: Your child texts one of his friends, and the friend doesn't text back right away. Now it's easy for your child to think, "This person doesn't want to be my friend anymore!" So he texts again, and again, and again — "blowing up their phone." This can be stress-inducing and even read as aggressive. But you can see how easily this could happen.

*tween: (10~12세 사이의) 십 대 초반의 아동

① From Symbols to Bytes: History of Communication
② Parents' Desire to Keep Their Children Within Reach
③ Building Trust: The Key to Ideal Human Relationships
④ The Positive Role of Digital Technology in Teen Friendships
⑤ Connected but Stressed: Challenges for Kids in the Digital Era

2

다음 글의 주제로 가장 적절한 것은?　　　　　　　<고2>

Although we don't know the full neurological effects of digital technologies on young children's development, we do know that all screen time is not created equal. For example, reading an ebook, videoconferencing with grandma, or showing your child a picture you just took of them is not the same as the passive, television-watching screen time that concerns many parents and educators. So, rather than focusing on *how much* children are interacting with screens, parents and educators are turning their focus instead to *what* children are interacting with and *who* is talking with them about their experiences. Though parents may be tempted to hand a child a screen and walk away, guiding children's media experiences helps them build important 21st Century skills, such as critical thinking and media literacy.

① the predictors of children's screen media addiction
② reasons for children's preference for screen media
③ importance of what experiences kids have with screens
④ effects of the amount of screen time on kids' social skills
⑤ necessity of parental control on children's physical activities

93 Classical Music

1

다음 빈칸에 들어갈 말로 가장 적절한 것은? <고2>

Even the most respectable of all musical institutions, the symphony orchestra, carries inside its DNA the legacy of the ________________. The various instruments in the orchestra can be traced back to these primitive origins — their earliest forms were made either from the animal (horn, hide, gut, bone) or the weapons employed in bringing the animal under control (stick, bow). Are we wrong to hear this history in the music itself, in the formidable aggression and awe-inspiring assertiveness of those monumental symphonies that remain the core repertoire of the world's leading orchestras? Listening to Beethoven, Brahms, Mahler, Bruckner, Berlioz, Tchaikovsky, Shostakovich, and other great composers, I can easily summon up images of bands of men starting to chase animals, using sound as a source and symbol of dominance, an expression of the will to predatory power.

*legacy: 유산 **formidable: 강력한

① hunt
② law
③ charity
④ remedy
⑤ dance

2

글의 흐름으로 보아, 주어진 문장이 들어가기에 가장 적절한 곳은? <고2>

> But this is a short-lived effect, and in the long run, people find such sounds too bright.

Brightness of sounds means much energy in higher frequencies, which can be calculated from the sounds easily. A violin has many more overtones compared to a flute, and sounds brighter. (①) An oboe is brighter than a classical guitar, and a crash cymbal brighter than a double bass. (②) This is obvious, and indeed people like brightness. (③) One reason is that it makes sound subjectively louder, which is part of the loudness war in modern electronic music, and in the classical music of the 19th century. (④) All sound engineers know that if they play back a track to a musician that just has recorded this track and add some higher frequencies, the musician will immediately like the track much better. (⑤) So it is wise not to play back such a track with too much brightness, as it normally takes quite some time to convince the musician that less brightness serves his music better in the end.

94 FOMO (Fear of Missing Out)

정답 및 해설 p. 9

1

다음 글에서 필자가 주장하는 바로 가장 적절한 것은? <고2 응용>

In 2003, British Airways made an announcement that they would no longer be able to operate the London to New York Concorde flight twice a day because it was starting to prove uneconomical. Well, the sales for the flight on this route increased the very next day. There was nothing that changed about the route or the service offered by the airlines. Merely because it became a scarce resource, the demand for it increased. If you are interested in persuading people, then the principle of scarcity can be effectively used. If you are a salesperson trying to increase the sales of a certain product, then you must not merely point out the benefits the customer can derive from said product, but also point out its uniqueness and what they will miss out on if they don't purchase the product soon. In selling, you should keep in mind that the more limited something is, the more desirable it becomes.

① 상품 판매 시 실현 가능한 판매 목표를 설정해야 한다.
② 판매를 촉진하기 위해서는 가격 경쟁력을 갖추어야 한다.
③ 효과적인 판매를 위해서는 상품의 희소성을 강조해야 한다.
④ 고객의 신뢰를 얻기 위해서는 일관된 태도를 유지해야 한다.
⑤ 고객의 특성에 맞춰 다양한 판매 전략을 수립하고 적용해야 한다.

2

밑줄 친 (a)~(e) 중에서 문맥상 낱말의 쓰임이 적절하지 않은 것은? <고2 응용>

The driver of FOMO (the fear of missing out) is the social pressure to be at the right place with the right people, whether it's from a sense of duty or just trying to get ahead, we feel (a) obligated to attend certain events for work, for family and for friends. This pressure from society combined with FOMO can wear us down. According to a recent survey, 70 percent of employees admit that when they take a vacation, they still don't (b) disconnect from work.

JOMO (the joy of missing out) is the emotionally intelligent antidote to FOMO and is essentially about being present and being (c) content with where you are at in life. JOMO allows us to live life in the slow lane, to appreciate human connections, to be (d) intentional with our time, to practice saying "no," to give ourselves "tech-free breaks," and to give ourselves permission to acknowledge where we are and to feel emotions. Instead of constantly trying to keep up with the rest of society, JOMO allows us to be who we are in the present moment. When you (e) activate that competitive and anxious space in your brain, you have so much more time, energy, and emotion to conquer your true priorities.

*antidote: 해독제

① (a)　　② (b)　　③ (c)　　④ (d)　　⑤ (e)

1

소재 연계

글의 흐름으로 보아, 주어진 문장이 들어가기에 가장 적절한 곳은?   <고2>

> This temperature is of the surface of the star, the part of the star which is emitting the light that can be seen.

One way of measuring temperature occurs if an object is hot enough to visibly glow, such as a metal poker that has been left in a fire. (①) The color of a glowing object is related to its temperature: as the temperature rises, the object is first red and then orange, and finally it gets white, the "hottest" color. (②) The relation between temperature and the color of a glowing object is useful to astronomers. (③) The color of stars is related to their temperature, and since people cannot as yet travel the great distances to the stars and measure their temperature in a more precise way, astronomers rely on their color. (④) The interior of the star is at a much higher temperature, though it is concealed. (⑤) But the information obtained from the color of the star is still useful.

2

글 구조 연계

다음 글의 주제로 가장 적절한 것은?   <고2>

How can we access the nutrients we need with less impact on the environment? The most significant component of agriculture that contributes to climate change is livestock. Globally, beef cattle and milk cattle have the most significant impact in terms of greenhouse gas emissions(GHGEs), and are responsible for 41% of the world's CO_2 emissions and 20% of the total global GHGEs. The atmospheric increases in GHGEs caused by the transport, land clearance, methane emissions, and grain cultivation associated with the livestock industry are the main drivers behind increases in global temperatures. In contrast to conventional livestock, insects as "minilivestock" are low-GHGE emitters, use minimal land, can be fed on food waste rather than cultivated grain, and can be farmed anywhere thus potentially also avoiding GHGEs caused by long distance transportation. If we increased insect consumption and decreased meat consumption worldwide, the global warming potential of the food system would be significantly reduced.

① necessity of a dietary shift toward eating insects
② effects of supply and demand on farming insects
③ importance of reducing greenhouse gas emissions
④ technological advances to prevent global warming
⑤ ways of productivity enhancement in agriculture

96 Exploring Prehistory

1

다음 글의 제목으로 가장 적절한 것은?　　　　　<고2>

Anxiety has been around for thousands of years. According to evolutionary psychologists, it is adaptive to the extent that it helped our ancestors avoid situations in which the margin of error between life and death was slim. Anxiety warned people when their lives were in danger: not only from wild tigers, cave bears, hungry hyenas, and other animals stalking the landscape, but also from hostile, competing tribes. Being on alert helped ancient people fight predators, flee from enemies, or "freeze," blending in, as if camouflaged, so they wouldn't be noticed. It mobilized them to react to real threats to their survival. It pushed them into keeping their children out of harm's way. Anxiety thus persisted through evolution in a majority of the population because it was (and can be) an advantageous, lifesaving trait.

*camouflaged: 위장한

① Don't Be Anxious, Just Be Ready!
② How Anxiety Helped Us to Survive
③ Living Simply in an Anxious World
④ Humans and Animals: Friends or Enemies?
⑤ Various Emotions: the Products of Evolution

2

다음 빈칸에 들어갈 말로 가장 적절한 것은?　　　　　<고2>

Dancers often push themselves to the limits of their physical capabilities. But that push is misguided if it is directed toward accomplishing something physically impossible. For instance, a tall dancer with long feet may wish to perform repetitive vertical jumps to fast music, pointing his feet while in the air and lowering his heels to the floor between jumps. That may be impossible no matter how strong the dancer is. But a short-footed dancer may have no trouble! Another dancer may be struggling to complete a half-turn in the air. Understanding the connection between a rapid turn rate and the alignment of the body close to the rotation axis tells her how to accomplish her turn successfully. In both of these cases, understanding and working within the _________ imposed by nature and described by physical laws allows dancers to work efficiently, minimizing potential risk of injury.

*alignment: 정렬 **rotation axis: 회전축

① habits　　　　　　② cultures
③ constraints　　　　④ hostilities
⑤ moralities

97 Plants' Stomata

1

소재 연계

글의 흐름으로 보아, 주어진 문장이 들어가기에 가장 적절한 곳은?

<고2>

> In full light, seedlings reduce the amount of energy they allocate to stem elongation.

Scientists who have observed plants growing in the dark have found that they are vastly different in appearance, form, and function from those grown in the light. (①) This is true even when the plants in the different light conditions are genetically identical and are grown under identical conditions of temperature, water, and nutrient level. (②) Seedlings grown in the dark limit the amount of energy going to organs that do not function at full capacity in the dark, like cotyledons and roots, and instead initiate elongation of the seedling stem to propel the plant out of darkness. (③) The energy is directed to expanding their leaves and developing extensive root systems. (④) This is a good example of phenotypic plasticity. (⑤) The seedling adapts to distinct environmental conditions by modifying its form and the underlying metabolic and biochemical processes.

*elongation: 연장 **cotyledon: 떡잎
***phenotypic plasticity: 표현형 적응성

2

글 구조 연계

다음 글에서 전체 흐름과 관계 없는 문장은?

<고2>

The body has an effective system of natural defense against parasites, called the immune system. The immune system is so complicated that it would take a whole book to explain it. ① Briefly, when it senses a dangerous parasite, the body is mobilized to produce special cells, which are carried by the blood into battle like a kind of army. ② Usually the immune system wins, and the person recovers. ③ After that, the immune system remembers the molecular equipment that it developed for that particular battle, and any following infection by the same kind of parasite is beaten off so quickly that we don't notice it. ④ As a result, the weakened immune system leads to infection, and the infection causes damage to the immune system, which further weakens resistance. ⑤ That is why, once you have had a disease like the measles or chicken pox, you're unlikely to get it again.

*parasite: 기생충, 균 **molecular: 분자의

98 Time Perception

1

다음 글의 내용을 한 문장으로 요약하고자 한다. 빈칸 (A), (B)에 들어갈 말로 가장 적절한 것은?　　　　　<고2>

The wife of American physiologist Hudson Hoagland became sick with a severe flu. Dr. Hoagland was curious enough to notice that whenever he left his wife's room for a short while, she complained that he had been gone for a long time. In the interest of scientific investigation, he asked his wife to count to 60, with each count corresponding to what she felt was one second, while he kept a record of her temperature. His wife reluctantly accepted and he quickly noticed that the hotter she was, the faster she counted. When her temperature was 38 degrees Celsius, for instance, she counted to 60 in 45 seconds. He repeated the experiment a few more times, and found that when her temperature reached 39.5 degrees Celsius, she counted one minute in just 37 seconds. The doctor thought that his wife must have some kind of 'internal clock' inside her brain that ran faster as the fever went up.

↓

> The results of Dr. Hoagland's investigation showed that his wife felt ______(A)______ time had passed than actually had as her body temperature ______(B)______.

	(A)		(B)
①	more	……	increased
②	more	……	decreased
③	less	……	increased
④	less	……	decreased
⑤	less	……	changed

2

다음 글의 제목으로 가장 적절한 것은?　　　　　<수능 응용>

Theoretically, a person who mentally stretches the duration of time should experience a slower tempo. Imagine, for example, that baseballs are pitched to two different batters. The balls are thrown every 5 seconds for 50 seconds, so a total of 10 balls are thrown. We now ask both batters how much time has passed. Let's say that batter number one (who loves hitting) feels the duration to be 40 seconds. Batter number two (bored by baseball) believes it to be 60 seconds. Psychologically, then, the first person has experienced baseballs approaching every four seconds while the second sees it as every six seconds. The perceived tempo, in other words, is faster for batter number one.

① What Timepieces Bring to Our Lives
② Research into Time: Precision vs. Duration
③ Flight from Time: A New Direction for Physics
④ The Peaceful Coexistence of Science and Baseball
⑤ How Long, How Fast: A Matter of Time Perception

99 Paradigm Shift

1

다음 글의 밑줄 친 부분 중, 문맥상 낱말의 쓰임이 적절하지 **않은** 것은? 〈고2 응용〉

What exactly does normal science involve? According to Thomas Kuhn it is primarily a matter of *puzzle-solving*. However successful a paradigm is, it will always ① encounter certain problems — phenomena which it cannot easily accommodate, or mismatches between the theory's predictions and the experimental facts. The job of the normal scientist is to try to ② eliminate these minor puzzles while making as few changes as possible to the paradigm. So normal science is a ③ conservative activity — its practitioners are not trying to make any earth-shattering discoveries, but rather just to develop and extend the existing paradigm. In Kuhn's words, "normal science does not aim at novelties of fact or theory, and when successful finds none." Above all, Kuhn stressed that normal scientists are not trying to *test* the paradigm. On the contrary, they accept the paradigm ④ unquestioningly, and conduct their research within the limits it sets. If a normal scientist gets an experimental result which ⑤ corresponds with the paradigm, they will usually assume that their experimental technique is faulty, not that the paradigm is wrong.

* practitioner: (어떤 일을) 실행하는 사람

2

다음 글의 주제로 가장 적절한 것은? 〈수능〉

Scientists *use* paradigms rather than believing them. The use of a paradigm in research typically addresses related problems by employing shared concepts, symbolic expressions, experimental and mathematical tools and procedures, and even some of the same theoretical statements. Scientists need only understand *how* to use these various elements in ways that others would accept. These elements of shared practice thus need not presuppose any comparable unity in scientists' beliefs about what they are doing when they use them. Indeed, one role of a paradigm is to enable scientists to work successfully without having to provide a detailed account of what they are doing or what they believe about it. Thomas Kuhn noted that scientists "can agree in their *identification* of a paradigm without agreeing on, or even attempting to produce, a full *interpretation* or *rationalization* of it. Lack of a standard interpretation or of an agreed reduction to rules will not prevent a paradigm from guiding research."

① difficulty in drawing novel theories from existing paradigms
② significant influence of personal beliefs in scientific fields
③ key factors that promote the rise of innovative paradigms
④ roles of a paradigm in grouping like-minded researchers
⑤ functional aspects of a paradigm in scientific research

100 Cognitive Sharing

1

다음 빈칸에 들어갈 말로 가장 적절한 것은? <고2>

Psychological research has shown that people naturally ________________, often without thinking about it. Imagine you're cooking up a special dinner with a friend. You're a great cook, but your friend is the wine expert, an amateur sommelier. A neighbor drops by and starts telling you both about the terrific new wines being sold at the liquor store just down the street. There are many new wines, so there's a lot to remember. How hard are you going to try to remember what the neighbor has to say about which wines to buy? Why bother when the information would be better retained by the wine expert sitting next to you? If your friend wasn't around, you might try harder. After all, it would be good to know what a good wine would be for the evening's festivities. But your friend, the wine expert, is likely to remember the information without even trying.

① divide up cognitive labor
② try to avoid disagreements
③ seek people with similar tastes
④ like to share old wisdom
⑤ balance work and leisure

2

다음 글의 제목으로 가장 적절한 것은? <고3 응용>

The approach, *joint cognitive systems*, treats a robot as part of a human-machine team where the intelligence is synergistic, arising from the contributions of each agent. The team consists of at least one robot and one human and is often called a *mixed team* because it is a mixture of human and robot agents. Self-driving cars, where a person turns on and off the driving, is an example of a joint cognitive system. Entertainment robots are examples of mixed teams as are robots for telecommuting. The design process concentrates on how the agents will cooperate and coordinate with each other to accomplish the team goals. Rather than treating robots as peer agents with their own completely independent agenda, joint cognitive systems approaches treat robots as helpers such as service animals or sheep dogs. In joint cognitive system designs, artificial intelligence is used along with human-robot interaction principles to create robots that can be intelligent enough to be good team members.

① Better Together: Human and Machine Collaboration
② Can Robots Join Forces to Outperform Human Teams?
③ Loss of Humanity in the Human and Machine Conflict
④ Power Off: When and How to Say No to Robot Partners
⑤ Shifting from Service Animals to Robot Assistants for Humans

101 Aesthetic Sense

1

다음 글에서 필자가 주장하는 바로 가장 적절한 것은? <고2>

Children sometimes see and say things to please adults; teachers must realize this and the power it implies. Teachers who prefer that children see beauty as they themselves do are not encouraging a sense of aesthetics in children. They are fostering uniformity and obedience. Only children who choose and evaluate for themselves can truly develop their own aesthetic taste. Just as becoming literate is a basic goal of education, one of the key goals of all creative early childhood programs is to help young children develop the ability to speak freely about their own attitudes, feelings, and ideas about art. Each child has a right to a personal choice of beauty, joy, and wonder. Aesthetic development takes place in secure settings free of competition and adult judgment.

*aesthetics: 미학(美學)

① 아동의 정서 발달을 위해 미술 교육 시간을 늘려야 한다.
② 아동이 스스로 미적 감각을 기를 수 있게 해 주어야 한다.
③ 아동 미술 교육은 다른 과목과 통합적으로 실시해야 한다.
④ 아동의 창의성을 평가할 때 미적인 감각도 포함해야 한다.
⑤ 아동 미술 교육은 감상보다 창작에 더 비중을 두어야 한다.

2

다음 빈칸에 들어갈 말로 가장 적절한 것은? <고2 응용>

Scientific knowledge cannot ＿＿＿＿＿＿＿＿ ＿＿＿＿＿＿＿＿ because science represents natural objects as members of a specific class, rather than as individual entities. The science-based approach claims that aesthetically relevant properties are only those properties that all members of a natural kind share with each other. But this is not true. When we experience nature, we do not experience it as species, but as individual objects. And as separated into individual objects, nature can have aesthetic properties that are not entailed by its scientific description. Natural science can explain, for instance, the formation of the waterfall, but it has nothing to say about our experience of the majestic Victoria Falls when viewed at sunset, its reds and oranges countless and captivating; geology can explain the formation of the Ngorongoro Crater in Tanzania, but not its painful and breathtaking beauty at sunrise, the fog slowly lifting above the crater, and a lone hippopotamus dark and heavy in the lake.

*entity: 독립체

① devalue the true beauty of mother nature
② rely on the perspectives of artistic professionals
③ explain the evolutionary process of every species
④ give up its trust in the usefulness of classification
⑤ account for correct aesthetic appreciation of nature

정답 및 해설 p. 25

1

주어진 글 다음에 이어질 글의 순서로 가장 적절한 것은?　<고1>

> Trade will not occur unless both parties want what the other party has to offer.

(A) However, if the farmer is enterprising and utilizes his network of village friends, he might discover that the baker is in need of some new cast-iron trivets for cooling his bread, and it just so happens that the blacksmith needs a new lamb's wool sweater.

(B) This is referred to as the double coincidence of wants. Suppose a farmer wants to trade eggs with a baker for a loaf of bread. If the baker has no need or desire for eggs, then the farmer is out of luck and does not get any bread.

(C) Upon further investigation, the farmer discovers that the weaver has been wanting an omelet for the past week. The farmer will then trade the eggs for the sweater, the sweater for the trivets, and the trivets for his fresh-baked loaf of bread.

*trivet: 삼각 거치대

① (A) – (C) – (B)　　② (B) – (A) – (C)
③ (B) – (C) – (A)　　④ (C) – (A) – (B)
⑤ (C) – (B) – (A)

2

주어진 글 다음에 이어질 글의 순서로 가장 적절한 것은?　<고2>

> Without money, people could only barter. Many of us barter to a small extent, when we return favors.

(A) There is no need to find someone who wants what you have to trade; you simply pay for your goods with money. The seller can then take the money and buy from someone else. Money is transferable and deferrable—the seller can hold on to it and buy when the time is right.

(B) What would happen if you wanted a loaf of bread and all you had to trade was your new car? Barter depends on the double coincidence of wants, where not only does the other person happen to have what I want, but I also have what he wants. Money solves all these problems.

(C) A man might offer to mend his neighbor's broken door in return for a few hours of babysitting, for instance. Yet it is hard to imagine these personal exchanges working on a larger scale.

*barter: 물물교환(하다)

① (A) – (C) – (B)　　② (B) – (A) – (C)
③ (B) – (C)　(A)　　④ (C) – (A) – (B)
⑤ (C) – (B) – (A)

103 Multiculturalism

1

소재 연계

다음 글의 주제로 가장 적절한 것은?　　　　　　　　〈고1〉

The interaction of workers from different cultural backgrounds with the host population might increase productivity due to positive externalities like knowledge spillovers. This is only an advantage up to a certain degree. When the variety of backgrounds is too large, fractionalization may cause excessive transaction costs for communication, which may lower productivity. Diversity not only impacts the labour market, but may also affect the quality of life in a location. A tolerant native population may value a multicultural city or region because of an increase in the range of available goods and services. On the other hand, diversity could be perceived as an unattractive feature if natives perceive it as a distortion of what they consider to be their national identity. They might even discriminate against other ethnic groups and they might fear that social conflicts between different foreign nationalities are imported into their own neighbourhood.

*externality: 외부 효과 **fractionalization: 분열

① roles of culture in ethnic groups
② contrastive aspects of cultural diversity
③ negative perspectives of national identity
④ factors of productivity differences across countries
⑤ policies to protect minorities and prevent discrimination

2

글 구조 연계

다음 글의 주제로 가장 적절한 것은?　　　　　　　　〈고2〉

What consequences of eating too many grapes and other sweet fruit could there possibly be for our brains? A few large studies have helped to shed some light. In one, higher fruit intake in older, cognitively healthy adults was linked with less volume in the hippocampus. This finding was unusual, since people who eat more fruit usually display the benefits associated with a healthy diet. In this study, however, the researchers isolated various components of the subjects' diets and found that fruit didn't seem to be doing their memory centers any favors. Another study from the Mayo Clinic saw a similar inverse relationship between fruit intake and volume of the cortex, the large outer layer of the brain. Researchers in the latter study noted that excessive consumption of high-sugar fruit (such as mangoes, bananas, and pineapples) may cause metabolic and cognitive problems as much as processed carbs do.

*hippocampus: (대뇌 측두엽의) 해마 **carb: 탄수화물 식품

① benefits of eating whole fruit on the brain health
② universal preference for sweet fruit among children
③ types of brain exercises enhancing long-term memory
④ nutritional differences between fruit and processed carbs
⑤ negative effect of fruit overconsumption on the cognitive brain

104 Conventional Wisdom

1

소재 연계

다음 글의 요지로 가장 적절한 것은? <고2>

The vast majority of companies, schools, and organizations measure and reward "high performance" in terms of individual metrics such as sales numbers, résumé accolades, and test scores. The problem with this approach is that it is based on a belief we thought science had fully confirmed: that we live in a world of "survival of the fittest." It teaches us that those with the *best* grades, or the *most* impressive résumé, or the *highest* point score, will be the ONLY ones to succeed. The formula is simple: be better and smarter and more creative than everyone else, and you will be successful. But this formula is inaccurate. Thanks to new research, we now know that achieving our highest potential is not about survival of the fittest but survival of the best fit. In other words, success is not just about how creative or smart or driven you are, but how well you are able to connect with, contribute to, and benefit from the ecosystem of people around you.

*accolade: 수상, 표창

① 효율적인 업무 배분은 조직의 생산성을 향상시킨다.
② 유연한 사고방식은 원활한 의사소통에 도움이 된다.
③ 사람들과 잘 어울려 일하는 능력이 성공을 가능하게 한다.
④ 비판적 사고 능력은 정확성을 추구하는 태도에서 출발한다.
⑤ 치열한 경쟁 사회에서 최고의 실력을 갖추는 것이 필수적이다.

2

소재 연계

다음 글의 제목으로 가장 적절한 것은? <고2>

There has been a general belief that sport is a way of reducing violence. Anthropologist Richard Sipes tests this notion in a classic study of the relationship between sport and violence. Focusing on what he calls "combative sports," those sports including actual body contact between opponents or simulated warfare, he hypothesizes that if sport is an alternative to violence, then one would expect to find an inverse correlation between the popularity of combative sports and the frequency and intensity of warfare. In other words, the more combative sports (e.g., football, boxing) the less likely warfare. Using the Human Relations Area Files and a sample of 20 societies, Sipes tests the hypothesis and discovers a significant relationship between combative sports and violence, but a direct one, not the inverse correlation of his hypothesis. According to Sipes' analysis, the more pervasive and popular combative sports are in a society, the more likely that society is to engage in war. So, Sipes draws the obvious conclusion that combative sports are not alternatives to war but rather are reflections of the same aggressive impulses in human society.

① Is There a Distinction among Combative Sports?
② Combative Sports Mirror Human Aggressiveness
③ Never Let Your Aggressive Impulses Consume You!
④ International Conflicts: Creating New Military Alliances
⑤ Combative Sports Are More Common among the Oppressed

105 Paradox in Immunology

정답 및 해설 p. 31

1

소재 연계

밑줄 친 bringing together contradictory characteristics 가 다음 글에서 의미하는 바로 가장 적절한 것은? <고2>

The creative team exhibits paradoxical characteristics. It shows tendencies of thought and action that we'd assume to be mutually exclusive or contradictory. For example, to do its best work, a team needs deep knowledge of subjects relevant to the problem it's trying to solve, and a mastery of the processes involved. But at the same time, the team needs fresh perspectives that are unencumbered by the prevailing wisdom or established ways of doing things. Often called a "beginner's mind," this is the newcomers' perspective: people who are curious, even playful, and willing to ask anything—no matter how naive the question may seem—because they don't know what they don't know. Thus, bringing together contradictory characteristics can accelerate the process of new ideas.

*unencumbered: 방해 없는

① establishing short-term and long-term goals
② performing both challenging and easy tasks
③ adopting temporary and permanent solutions
④ utilizing aspects of both experts and rookies
⑤ considering processes and results simultaneously

2

글 구조 연계

다음 글에서 전체 흐름과 관계 없는 문장은? <고2>

People often assume erroneously that if a Hadza adult of Tanzania does not know how to solve an algebraic equation, then he must be less intelligent than we are. ① Yet there is no evidence to suggest that people from some cultures are fast learners and people from others are slow learners. ② The study of comparative cultures has taught us that people in different cultures learn different cultural content (attitudes, values, ideas, and behavioral patterns) and that they accomplish this with similar efficiency. ③ The traditional Hadza hunter has not learned algebra because such knowledge would not particularly enhance his adaptation to life in the East African grasslands. ④ Consequently, he failed to adapt to the environment of the grasslands because he lacked survival skills. ⑤ However, he would know how to track a wounded bush buck that he has not seen for three days and where to find groundwater.

*algebraic equation: 대수 방정식 **bush buck: 부시벅 (아프리카 영양)

106 Adam Smith

1

다음 글의 제목으로 가장 적절한 것은?　　〈고2〉

The free market has liberated people in a way that Marxism never could. What is more, as A. O. Hirschman, the Harvard economic historian, showed in his classic study *The Passions and the Interests*, the market was seen by Enlightenment thinkers Adam Smith, David Hume, and Montesquieu as a powerful solution to one of humanity's greatest traditional weaknesses: violence. When two nations meet, said Montesquieu, they can do one of two things: they can wage war or they can trade. If they wage war, both are likely to lose in the long run. If they trade, both will gain. That, of course, was the logic behind the establishment of the European Union: to lock together the destinies of its nations, especially France and Germany, in such a way that they would have an overwhelming interest not to wage war again as they had done to such devastating cost in the first half of the twentieth century.

*Marxism: 마르크스주의

① Trade War: A Reflection of Human's Innate Violence
② Free Market: Winning Together over Losing Together
③ New Economic Framework Stabilizes the Free Market
④ Violence Is the Invisible Hand That Disrupts Capitalism!
⑤ How Are Governments Involved in Controlling the Market?

2

다음 글의 밑줄 친 부분 중, 문맥상 낱말의 쓰임이 적절하지 <u>않은</u> 것은?　　〈고2〉

Adam Smith pointed out that specialization, where each of us focuses on one specific skill, leads to a general improvement of everybody's well-being. The idea is simple and powerful. By specializing in just one activity—such as food raising, clothing production, or home construction—each worker gains ① mastery over the particular activity. Specialization makes sense, however, only if the specialist can subsequently ② trade his or her output with the output of specialists in other lines of activity. It would make no sense to produce more food than a household needs unless there is a market outlet to exchange that ③ scarce food for clothing, shelter, and so forth. At the same time, without the ability to buy food on the market, it would not be possible to be a specialist home builder or clothing maker, since it would be ④ necessary to farm for one's own survival. Thus Smith realized that the division of labor is ⑤ limited by the extent of the market, whereas the extent of the market is determined by the degree of specialization.

107 Copyright

1

다음 글의 주제로 가장 적절한 것은? <고2>

The original idea of a patent, remember, was not to reward inventors with monopoly profits, but to encourage them to share their inventions. A certain amount of intellectual property law is plainly necessary to achieve this. But it has gone too far. Most patents are now as much about defending monopoly and discouraging rivals as about sharing ideas. And that disrupts innovation. Many firms use patents as barriers to entry, suing upstart innovators who trespass on their intellectual property even on the way to some other goal. In the years before World War I, aircraft makers tied each other up in patent lawsuits and slowed down innovation until the US government stepped in. Much the same has happened with smartphones and biotechnology today. New entrants have to fight their way through "patent thickets" if they are to build on existing technologies to make new ones.

*trespass: 침해하다

① side effects of anti-monopoly laws
② ways to protect intellectual property
③ requirements for applying for a patent
④ patent law abuse that hinders innovation
⑤ resources needed for technological innovation

2

글의 흐름으로 보아, 주어진 문장이 들어가기에 가장 적절한 곳은? <수능>

> Note that copyright covers the expression of an idea and not the idea itself.

Designers draw on their experience of design when approaching a new project. This includes the use of previous designs that they know work—both designs that they have created themselves and those that others have created. (①) Others' creations often spark inspiration that also leads to new ideas and innovation. (②) This is well known and understood. (③) However, the expression of an idea is protected by copyright, and people who infringe on that copyright can be taken to court and prosecuted. (④) This means, for example, that while there are numerous smartphones all with similar functionality, this does not represent an infringement of copyright as the idea has been expressed in different ways and it is the expression that has been copyrighted. (⑤) Copyright is free and is automatically invested in the author, for instance, the writer of a book or a programmer who develops a program, unless they sign the copyright over to someone else.

*infringe: 침해하다 **prosecute: 기소하다

1

다음 글에서 전체 흐름과 관계 없는 문장은?　　　〈고2 응용〉

Academics, politicians, marketers, and others have in the past debated whether or not it is ethically correct to market products and services directly to young consumers. ① This is also a dilemma for psychologists who have questioned whether they ought to help advertisers manipulate children into purchasing products they have seen advertised. ② Advertisers have admitted to taking advantage of the fact that it is easy to make children feel that they are losers if they do not own the 'right' products. ③ When products become more popular, more competitors enter the marketplace and marketers lower their marketing costs to remain competitive. ④ Clever advertising informs children that they will be viewed by their peers in an unfavorable way if they do not have the products that are advertised, thereby playing on their emotional vulnerabilities. ⑤ The constant feelings of inadequateness created by advertising have been suggested to contribute to children becoming fixated with instant gratification and beliefs that material possessions are important.

*fixated: 집착하는 **gratification: 만족(감)

2

다음 빈칸에 들어갈 말로 가장 적절한 것은?　　　〈고2 응용〉

Are the two different types of mobile devices, smartphones and tablets, substitutes or complements? Let's explore this question by considering the case of Madeleine and Alexandra, two users of these devices. Madeleine uses her tablet to take notes in class. These notes are synced to her smartphone wirelessly, via a cloud computing service, allowing Madeleine to review her notes on her phone during the bus trip home. Alexandra uses both her phone and tablet to surf the Internet, write emails and check social media. Both of these devices allow Alexandra to access online services when she is away from her desktop computer. For Madeleine, smartphones and tablets are *complements*. She gets greater functionality out of her two devices when they are used together. For Alexandra, they are *substitutes*. Both smartphones and tablets fulfil more or less the same function in Alexandra's life. This case illustrates the role that an _____________ _____________ plays in determining the nature of the relationship between two goods or services.

① interaction with other people
② individual consumer's behavior
③ obvious change in social status
④ innovative technological advancement
⑤ objective assessment of current conditions

109 Cultural Orientation

1

다음 글의 내용을 한 문장으로 요약하고자 한다. 빈칸 (A), (B)에 들어갈 말로 가장 적절한 것은? <고1>

Many of the first models of cultural evolution drew noticeable connections between culture and genes by using concepts from theoretical population genetics and applying them to culture. Cultural patterns of transmission, innovation, and selection are conceptually likened to genetic processes of transmission, mutation, and selection. However, these approaches had to be modified to account for the differences between genetic and cultural transmission. For example, we do not expect the cultural transmission to follow the rules of genetic transmission strictly. If two biological parents have different forms of a cultural trait, their child is not necessarily equally likely to acquire the mother's or father's form of that trait. Further, a child can acquire cultural traits not only from its parents but also from nonparental adults and peers; thus, the frequency of a cultural trait in the population is relevant beyond just the probability that an individual's parents had that trait.

*mutation: 돌연변이 **relevant: 유의미한

Early cultural evolution models used the ______(A)______ between culture and genes but had to be revised since cultural transmission allows for more ______(B)______ factors than genetic transmission.

	(A)		(B)
①	similarity	……	diverse
②	similarity	……	limited
③	difference	……	flexible
④	difference	……	complicated
⑤	interaction	……	credible

2

다음 글에서 전체 흐름과 관계 <u>없는</u> 문장은? <고2>

We are the only species that seasons its food, deliberately altering it with the highly flavored plant parts we call herbs and spices. It's quite possible that our taste for spices has an evolutionary root. ① Many spices have antibacterial properties — in fact, common seasonings such as garlic, onion, and oregano inhibit the growth of almost every bacterium tested. ② And the cultures that make the heaviest use of spices — think of the garlic and black pepper of Thai food, the ginger and coriander of India, the chili peppers of Mexico — come from warmer climates, where bacterial spoilage is a bigger issue. ③ The changing climate can have a significant impact on the production and availability of spices, influencing their growth patterns and ultimately affecting global spice markets. ④ In contrast, the most lightly spiced cuisines — those of Scandinavia and northern Europe — are from cooler climates. ⑤ Our uniquely human attention to flavor, in this case the flavor of spices, turns out to have arisen as a matter of life and death.

*cuisine: 요리(법)

110 Natural Selection

1

다음 빈칸에 들어갈 말로 가장 적절한 것은?　　　　〈고2〉

When Charles Darwin developed his theory of natural selection, he created a picture of the evolutionary process in which organismic adaptation was ultimately caused by competition for survival and reproduction. This biological "struggle for existence" bears considerable resemblance to the human struggle between businessmen who are striving for economic success in competitive markets. Long before Darwin published his work, social scientist Adam Smith had already considered that in business life, competition is the driving force behind economic efficiency and adaptation. It is indeed very striking how _____________ the ideas are on which the founders of modern theory in evolutionary biology and economics based their main thoughts.

*organismic: 유기체의

① similar
② confusing
③ unrealistic
④ conventional
⑤ complex

2

다음 빈칸에 들어갈 말로 가장 적절한 것은?　　　　〈고2〉

As always happens with natural selection, bats and their prey have ________________________________ for millions of years. It's believed that hearing in moths arose specifically in response to the threat of being eaten by bats. (Not all insects can hear.) Over millions of years, moths have evolved the ability to detect sounds at ever higher frequencies, and, as they have, the frequencies of bats' vocalizations have risen, too. Some moth species have also evolved scales on their wings and a fur-like coat on their bodies; both act as "acoustic camouflage," by absorbing sound waves in the frequencies emitted by bats, thereby preventing those sound waves from bouncing back. The B-2 bomber and other "stealth" aircraft have fuselages made of materials that do something similar with radar beams.

*frequency: 주파수 **camouflage: 위장
***fuselage: (비행기의) 기체

① been in a fierce war over scarce food sources
② been engaged in a life-or-death sensory arms race
③ invented weapons that are not part of their bodies
④ evolved to cope with other noise-producing wildlife
⑤ adapted to flying in night skies absent of any lights

111 Motivations

1

소재 연계

다음 글의 제목으로 가장 적절한 것은? <고2>

In 1947, when the Dead Sea Scrolls were discovered, archaeologists set a finder's fee for each new document. Instead of lots of extra scrolls being found, they were simply torn apart to increase the reward. Similarly, in China in the nineteenth century, an incentive was offered for finding dinosaur bones. Farmers located a few on their land, broke them into pieces, and made a lot of money. Modern incentives are no better: Company boards promise bonuses for achieved targets. And what happens? Managers invest more energy in trying to lower the targets than in growing the business. People respond to incentives by doing what is in their best interests. What is noteworthy is, first, how quickly and radically people's behavior changes when incentives come into play, and second, the fact that people respond to the incentives themselves, and not the higher intentions behind them.

*scroll: 두루마리

① Relive the Glory of the Golden Past
② How Selfishness Weakens Teamwork
③ Rewards Work Against Original Purposes
④ Non-material Incentives: Superior Motivators
⑤ Cultural Heritage Becomes Tourism Booster!

2

소재 연계

다음 빈칸에 들어갈 말로 가장 적절한 것은? <고2>

For several years much research in psychology was based on the assumption that human beings are driven by base motivations such as aggression, egoistic self-interest, and the pursuit of simple pleasures. Since many psychologists began with that assumption, they inadvertently designed research studies that supported their own presuppositions. Consequently, the view of humanity that prevailed in psychology was that of a species barely keeping its aggressive tendencies in check and managing to live in social groups more out of motivated self-interest than out of a genuine affinity for others or a true sense of community. Both Sigmund Freud and the early behaviorists led by John B. Watson believed that humans were motivated primarily by __________ __________. From that perspective, social interaction is possible only by exerting control over those baser emotions and, therefore, it is always vulnerable to eruptions of violence, greed, and selfishness. The fact that humans actually live together in social groups has traditionally been seen as a tenuous arrangement that is always just one step away from violence.

*inadvertently: 무심코 **affinity: 친밀감
***tenuous: 미약한

① ethical ideas
② selfish drives
③ rational thoughts
④ extrinsic rewards
⑤ social punishments

112 Clocks

1

다음 글에서 전체 흐름과 관계 <u>없는</u> 문장은? <고2>

The first commercial train service began operating between Liverpool and Manchester in 1830. Ten years later, the first train timetable was issued. The trains were much faster than the old carriages, so the peculiar differences in local hours became a severe nuisance. ① In 1847, British train companies put their heads together and agreed that henceforth all train timetables would be adjusted to Greenwich Observatory time, rather than the local times of Liverpool, Manchester, or Glasgow. ② More and more institutions followed the lead of the train companies. ③ Railways faced infrastructure-related challenges such as those related to stations, tracks, and other facilities. ④ Finally, in 1880, the British government took the unprecedented step of legislating that all timetables in Britain must follow Greenwich. ⑤ For the first time in history, a country adopted a national time and obliged its population to live according to an artificial clock rather than local ones or sunrise-to-sunset cycles.

*nuisance: 골칫거리

2

주어진 글 다음에 이어질 글의 순서로 가장 적절한 것은? <고2>

> The invention of the mechanical clock was influenced by monks who lived in monasteries that were the examples of order and routine.

(A) Time was determined by watching the length of the weighted rope. The discovery of the pendulum in the seventeenth century led to the widespread use of clocks and enormous public clocks. Eventually, keeping time turned into serving time.

(B) They had to keep accurate time so that monastery bells could be rung at regular intervals to announce the seven hours of the day reserved for prayer. Early clocks were nothing more than a weight tied to a rope wrapped around a revolving drum.

(C) People started to follow the mechanical time of clocks rather than their natural body time. They ate at meal time, rather than when they were hungry, and went to bed when it was time, rather than when they were sleepy. Even periodicals and fashions became "yearly." The world had become orderly.

*monastery: 수도원 **pendulum: 흔들리는 주

① (A) – (C) – (B)　　② (B) – (A) – (C)
③ (B) – (C) – (A)　　④ (C) – (A) – (B)
⑤ (C) – (B) – (A)

113 Social Transition

1

주어진 글 다음에 이어질 글의 순서로 가장 적절한 것은? <고2>

> When we think of culture, we first think of human cultures, of *our* culture. We think of computers, airplanes, fashions, teams, and pop stars. For most of human cultural history, none of those things existed.

(A) Sadly, this remains true as the final tribal peoples get overwhelmed by those who value money above humanity. We are living in their end times and, to varying extents, we're all contributing to those endings. Ultimately our values may even prove self-defeating.

(B) They held extensive knowledge, knew deep secrets of their lands and creatures. And they experienced rich and rewarding lives; we know so because when their ways were threatened, they fought to hold on to them, to the death.

(C) For hundreds of thousands of years, no human culture had a tool with moving parts. Well into the twentieth century, various human foraging cultures retained tools of stone, wood, and bone. We might pity human hunter-gatherers for their stuck simplicity, but we would be making a mistake.

*forage: 수렵 채집하다

① (A) – (C) – (B) ② (B) – (A) – (C)
③ (B) – (C) – (A) ④ (C) – (A) – (B)
⑤ (C) – (B) – (A)

2

다음 글의 제목으로 가장 적절한 것은? <고2 응용>

In England in the 1680s, it was unusual to live to the age of fifty. This was a period when knowledge was not spread widely, there were few books and most people could not read. As a consequence, knowledge passed down through the oral traditions of stories and shared experiences. And since older people had accumulated more knowledge, the social norm was that to be over fifty was to be wise. This social perception of age began to shift with the advent of new technologies such as the printing press. Over time, as more books were printed, literacy increased, and the oral traditions of knowledge transfer began to fade. With the fading of oral traditions, the wisdom of the old became less important and as a consequence being over fifty was no longer seen as signifying wisdom. We are living in a period when the gap between chronological and biological age is changing fast and where social norms are struggling to adapt. It is clear that in today's world our social norms need to be updated quickly.

① Our Social Norms on Aging: An Ongoing Evolution
② The Power of Oral Tradition in the Modern World
③ Generational Differences: Not As Big As You Think
④ There's More to Aging than What the Media Shows
⑤ How Well You Age Depends on Your Views of Aging

114 Plasticity

1

다음 글의 빈칸 (A), (B)에 들어갈 말로 가장 적절한 것은?

<고2 응용>

Although the property of brain plasticity is most obvious during development, the brain remains changeable throughout its life span. It is evident that we can learn and remember information long after maturation. Furthermore, although it is not as obvious, the adult brain retains its capacity to be influenced by "general" experience. _________(A)_________, being exposed to fine wine or Pavarotti changes one's later appreciation of wine and music, even if encountered in late adulthood. The adult brain is plastic in other ways, too. For instance, one of the characteristics of normal aging is that neurons die and are not replaced. This process begins in adolescence, yet most of us will not suffer any significant cognitive loss for decades because the brain compensates for the slow neuron loss by changing its structure. ________(B)________, although complete restoration of function is not possible, the brain has the capacity to change in response to injury in order to at least partly compensate for the damage.

	(A)		(B)
①	For example	······	Similarly
②	For example	······	Nevertheless
③	Moreover	······	Similarly
④	In contrast	······	Nevertheless
⑤	In contrast	······	Therefore

2

주어진 글 다음에 이어질 글의 순서로 가장 적절한 것은?　　<고3>

> A fascinating species of water flea exhibits a kind of flexibility that evolutionary biologists call *adaptive plasticity*.

(A) That's a clever trick, because producing spines and a helmet is costly, in terms of energy, and conserving energy is essential for an organism's ability to survive and reproduce. The water flea only expends the energy needed to produce spines and a helmet when it needs to.

(B) If the baby water flea is developing into an adult in water that includes the chemical signatures of creatures that prey on water fleas, it develops a helmet and spines to defend itself against predators. If the water around it doesn't include the chemical signatures of predators, the water flea doesn't develop these protective devices.

(C) So it may well be that this plasticity is an adaptation: a trait that came to exist in a species because it contributed to reproductive fitness. There are many cases, across many species, of adaptive plasticity. Plasticity is conducive to fitness if there is sufficient variation in the environment.

*spine: 가시 돌기 **conducive: 도움 되는

① (A) – (C) – (B)　　② (B) – (A) – (C)
③ (B) – (C) – (A)　　④ (C) – (A) – (B)
⑤ (C) – (B) – (A)

115 Thought Experiments

1

소재 연계

글의 흐름으로 보아, 주어진 문장이 들어가기에 가장 적절한 곳은? <고2 응용>

> Rather, we have to create a situation that doesn't actually occur in the real world.

The fundamental nature of the experimental method is manipulation and control. Scientists manipulate a variable of interest, and see if there's a difference. At the same time, they attempt to control for the potential effects of all other variables. The importance of controlled experiments in identifying the underlying causes of events cannot be overstated. (①) In the real, uncontrolled world, variables are often correlated. (②) For example, people who take vitamin supplements may have different eating and exercise habits than people who don't take vitamins. (③) As a result, if we want to study the health effects of vitamins, we can't merely observe the real world, since any of these factors (the vitamins, diet, or exercise) may affect health. (④) That's just what scientific experiments do. (⑤) They try to separate the naturally occurring relationship in the world by manipulating one specific variable at a time, while holding everything else constant.

2

글 구조 연계

다음 빈칸에 들어갈 말로 가장 적절한 것은? <고2>

A recent study shows that dogs appear to ________ __________________. Scientists placed 28 dogs in front of a computer monitor blocked by an opaque screen, then played a recording of the dog's human guardian or a stranger saying the dog's name five times through speakers in the monitor. Finally, the screen was removed to reveal either the face of the dog's human companion or a stranger's face. The dogs' reactions were videotaped. Naturally, the dogs were attentive to the sound of their name, and they typically stared about six seconds at the face after the screen was removed. But they spent significantly more time gazing at a strange face after they had heard the familiar voice of their guardian. That they paused for an extra second or two suggests that they realized something was wrong. The conclusion drawn is that dogs form a picture in their mind, and that they can think about it and make predictions based on that picture. And, like us, they are puzzled when what they see or hear doesn't match what they were expecting.

*opaque: 불투명한

① form mental images of people's faces
② sense people's moods from their voices
③ detect possible danger and prepare for it
④ imitate their guardians' habitual behaviors
⑤ selectively obey commands from strangers

116 Ethnicity in Archaeology

1

다음 글의 제목으로 가장 적절한 것은? <고2>

Many inventions were invented thousands of years ago, so it can be difficult to know their exact origins. Sometimes scientists discover a model of an early invention, and from this model they can accurately tell us how old it is and where it came from. However, there is always the possibility that in the future other scientists will discover an even older model of the same invention in a different part of the world. In fact, we are forever discovering the history of ancient inventions. An example of this is the invention of pottery. For many years archaeologists believed that pottery was first invented in the Near East (around modern Iran) where they had found pots dating back to 9,000 B.C. In the 1960s, however, older pots from 10,000 B.C. were found on Honshu Island, Japan. There is always a possibility that in the future archaeologists will find even older pots somewhere else.

① How Can You Tell Original from Fake?
② Exploring the Materials of Ancient Pottery
③ Origin of Inventions: Never-Ending Journey
④ Learn from the Past, Change for the Better
⑤ Science as a Driving Force for Human Civilization

2

글의 흐름으로 보아, 주어진 문장이 들어가기에 가장 적절한 곳은? <고2>

> But it was more than just a centre for physical improvement.

In 1996, as construction workers cleared a site in downtown Athens for the foundations of a new Museum of Modern Art, they found traces of a large structure sitting on the bedrock. (①) A building had occupied this same spot some two-and-a-half thousand years earlier, when it was part of a wooded sanctuary outside the original city walls, on the banks of the River Ilissos. (②) The excavation uncovered the remains of a gymnasium, a wrestling arena, changing rooms and baths. (③) This had been a place for athletics and exercise, where the young men of Athens had trained to become soldiers and citizens. (④) The archaeologists soon realised that they had found one of the most significant sites in all of western European intellectual culture, a site referred to continually by history's greatest philosophers: the Lyceum of Aristotle. (⑤) It was the world's first university.

*sanctuary: 신전

117 Legacy of Colonialism

1

다음 빈칸에 들어갈 말로 가장 적절한 것은?　　　　<고1>

Why doesn't the modern American accent sound similar to a British accent? After all, didn't the British colonize the U.S.? Experts believe that British residents and the colonists who settled America all sounded the same back in the 18th century, and they probably all sounded more like modern Americans than modern Brits. The accent that we identify as British today was developed around the time of the American Revolution by people of low birth rank who had become wealthy during the Industrial Revolution. To distinguish themselves from other commoners, these people developed new ways of speaking to set themselves apart and demonstrate their new, elevated _________ _____________________. In the 19th century, this distinctive accent was standardized as Received Pronunciation and taught widely by pronunciation tutors to people who wanted to learn to speak fashionably.

*Received Pronunciation: 영국 표준 발음

① social status
② fashion sense
③ political pressures
④ colonial involvement
⑤ intellectual achievements

2

다음 빈칸에 들어갈 말로 가장 적절한 것은?　　　　<수능>

The success of human beings depends crucially on numbers and connections. A few hundred people cannot sustain a sophisticated technology. Recall that Australia was colonized 45,000 years ago by pioneers spreading east from Africa along the shore of Asia. The vanguard of such a migration must have been small in number and must have traveled comparatively light. The chances are they had only a sample of the technology available to their relatives back at the Red Sea crossing. This may explain why Australian aboriginal technology, although it developed and elaborated steadily over the ensuing millennia, was lacking in so many features of the Old World — elastic weapons, for example, such as bows and catapults, were unknown, as were ovens. It was not that they were 'primitive' or that they had mentally regressed; it was that they ___________________________ and did not have a dense enough population and therefore a large enough collective brain to develop them much further.

*catapult: 투석기

① were too tightly connected to develop new technologies
② focused on developing and elaborating elastic weapons
③ had arrived with only a subset of technologies
④ inherited none of their relatives' technologies in Africa
⑤ failed to transfer their technical insights to the Old World

118 Animal Communication

1

소재 연계

다음 빈칸에 들어갈 말로 가장 적절한 것은? <고2 응용>

Honeybees have evolved what we call "swarm intelligence," with up to 50,000 workers in a single colony coming together to make democratic decisions. When a hive gets too crowded in springtime, colonies send scouts to look for a new home. If any scouts disagree on where the colony should build its next hive, they argue their case the civilized way: through a dance-off. Each scout performs a "waggle dance" for other scouts in an attempt to convince them of their spot's merit. The more enthusiastic the dance is, the happier the scout is with his spot. The remainder of the colony ______________________________, flying to the spot they prefer and joining in the dance until one potential hive overcomes all other dances of the neighborhood. It would be great if Congress settled their disagreements the same way.

*colony: (개미, 벌 등의) 집단, 군집

① votes with their bodies
② invades other bees' hives
③ searches for more flowers
④ shows more concern for mates
⑤ improves their communication skills

2

소재 연계

글의 흐름으로 보아, 주어진 문장이 들어가기에 가장 적절한 곳은? <고2 응용>

> In the electric organ the muscle cells are connected in larger chunks, which makes the total current intensity larger than in ordinary muscles.

Electric communication is mainly known in fish. The electric signals are produced in special electric organs. When the signal is discharged the electric organ will be negatively loaded compared to the head and an electric field is created around the fish. (①) A weak electric current is also created in ordinary muscle cells when they contract. (②) The fish varies the signals by changing the form of the electric field or the frequency of discharging. (③) The system is only working over small distances, about one to two meters. (④) This is an advantage since the species using the signal system often live in large groups with several other species. (⑤) If many fish send out signals at the same time, the short range decreases the risk of interference.

119 Business Globalization

1

다음 글에서 전체 흐름과 관계 <u>없는</u> 문장은?　　　<고2 응용>

Cultural globalization has multiple centers in Asia, like Bollywood movies made in India and Kung Fu movies made in Hong Kong. ① They are subtitled in as many as 17 languages and distributed to specific diasporas. ② These cultural spaces, which are dominated by languages like Hindi and Mandarin, ignore and challenge the spread of English. ③ Professor Vaish has shown how Chinese and Indian children in Singapore are networked into the pan-Chinese and pan-Indian culture through their engagement with Chinese pop music and Indian movies respectively. ④ As the world's two most populous nations, China is India's largest trading partner, with the size of trade between them valuing $71.5 billion. ⑤ She thus empirically challenges the idea that Asian youth are passive victims of cultural globalization, or "world culture" that comes out of the West.

*diaspora: 디아스포라 (이주하여 해외에 사는 사람들 또는 그 집단)

2

글의 흐름으로 보아, 주어진 문장이 들어가기에 가장 적절한 곳은?　　　<고2>

> It is possible to argue, for example, that, today, the influence of books is vastly overshadowed by that of television.

Interest in ideology in children's literature arises from a belief that children's literary texts are culturally formative, and of massive importance educationally, intellectually, and socially. (①) Perhaps more than any other texts, they reflect society as it wishes to be, as it wishes to be seen, and as it unconsciously reveals itself to be, at least to writers. (②) Clearly, literature is not the only socialising agent in the life of children, even among the media. (③) There is, however, a considerable degree of interaction between the two media. (④) Many so-called children's literary classics are televised, and the resultant new book editions strongly suggest that viewing can encourage subsequent reading. (⑤) Similarly, some television series for children are published in book form.

*resultant: 그 결과로 생긴

120 Self-Disclosure

1

소재 연계

다음 글의 밑줄 친 부분 중, 문맥상 낱말의 쓰임이 적절하지 **않은** 것은?

<고2>

Although instances occur in which partners start their relationship by telling everything about themselves to each other, such instances are ① rare. In most cases, the amount of disclosure ② increases over time. We begin relationships by revealing relatively little about ourselves; then if our first bits of self-disclosure are well received and bring on similar responses from the other person, we're ③ reluctant to reveal more. This principle is important to remember. It would usually be a ④ mistake to assume that the way to build a strong relationship would be to reveal the most private details about yourself when first making contact with another person. Unless the circumstances are unique, such baring of your soul would be ⑤ likely to scare potential partners away rather than bring them closer.

*bare: 드러내다

2

글 구조 연계

다음 글에서 전체 흐름과 관계 **없는** 문장은?

<고2 응용>

There are many superstitions surrounding the world of the theater. ① Superstitions can be anything from not wanting to say the last line of a play before the first audience comes, to not wanting to rehearse the curtain call before the final rehearsal. ② Shakespeare's famous tragedy, *Macbeth* is said to be cursed, and to avoid problems, actors never say the title of the play out loud when inside a theater or a theatrical space (like a rehearsal room or costume shop). ③ The interaction between the audience and the actors in the play influences the actors' performance. ④ Since the play is set in Scotland, the secret code you say when you need to say the title of the play is "the Scottish play." ⑤ If you do say the title by accident, legend has it that you have to go outside, turn around three times, and come back into the theater.

천일문을 앞서가는
천일문 E-BOOK 출시

＊○□ 천일문 × SCONN

온라인서점 구매가에서 추가 10% 할인

1 본책 ↔ 천일비급 원클릭 이동
서책보다 빠른 정답확인

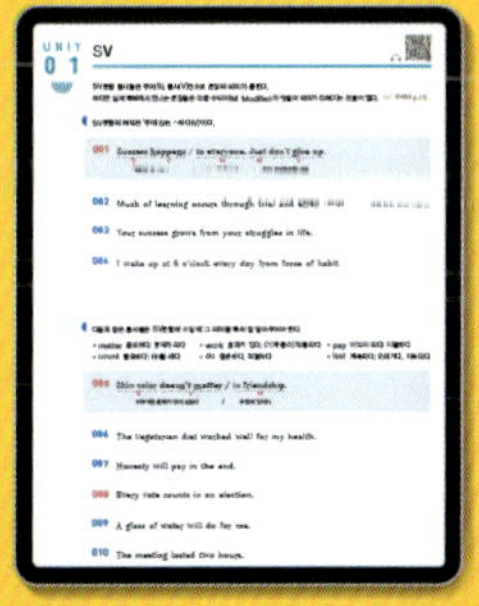

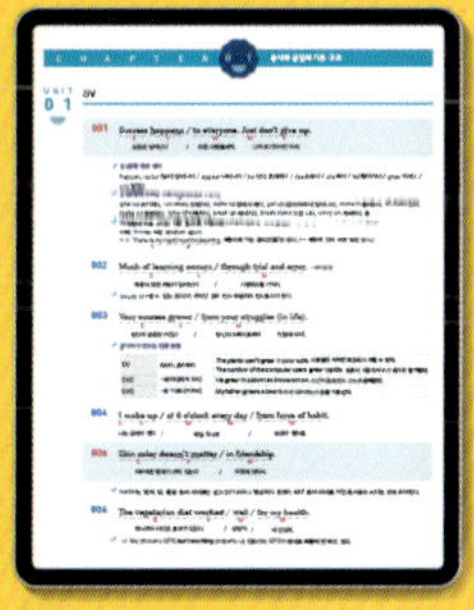

2 필기까지 지원되는 스마트한 학습
시간·장소에 구애없이 언제든 학습가능

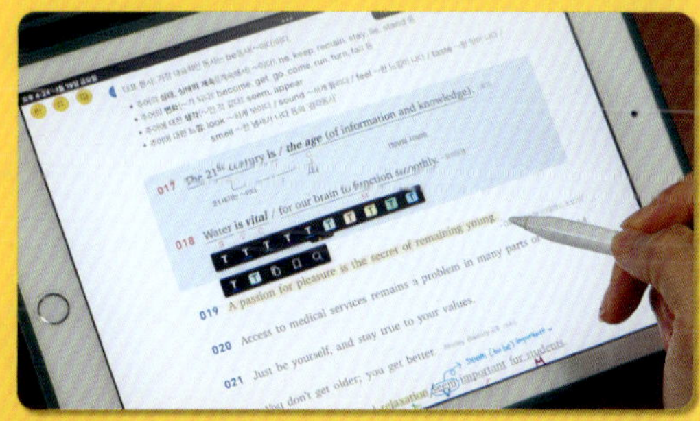

3 예문 MP3 재생기능
음성과 문장학습을 한 번에

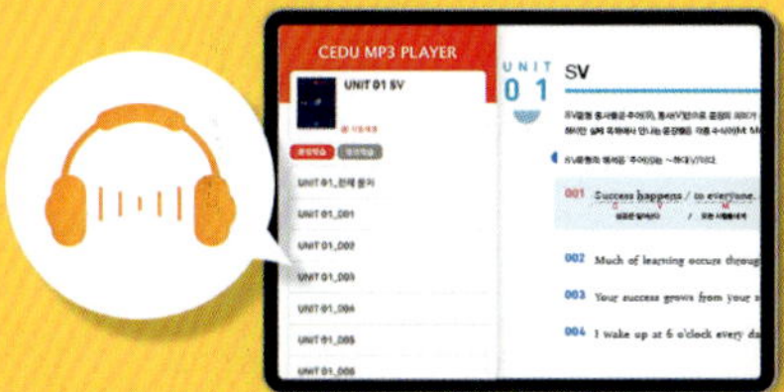

천일문 시리즈 E-BOOK 무료체험
(일부 UNIT에 한해 무료체험 가능)

* 서비스의 자세한 사용 방법은 쎄듀북 홈페이지(www.cedubook.com)를 확인해 주시기 바랍니다.
* 본 서비스는 제휴사와의 서비스 계약에 따라 예고없이 종료될 수 있습니다.

쎄듀

① 구문

판매 1위 '천일문' 콘텐츠를 활용하여 정확하고 다양한 구문 학습

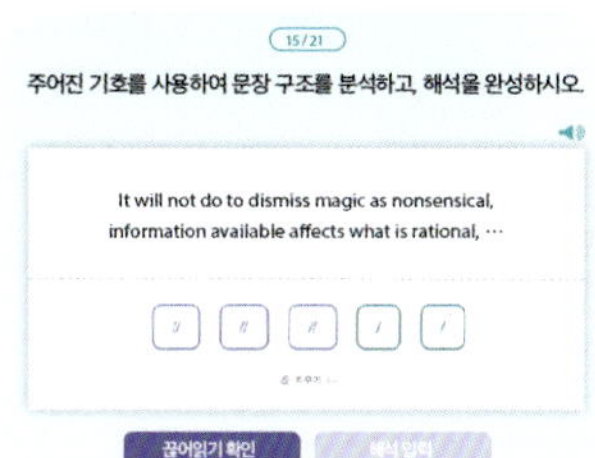 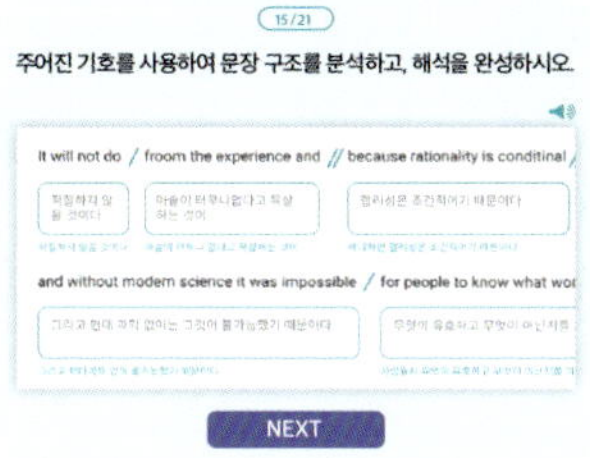 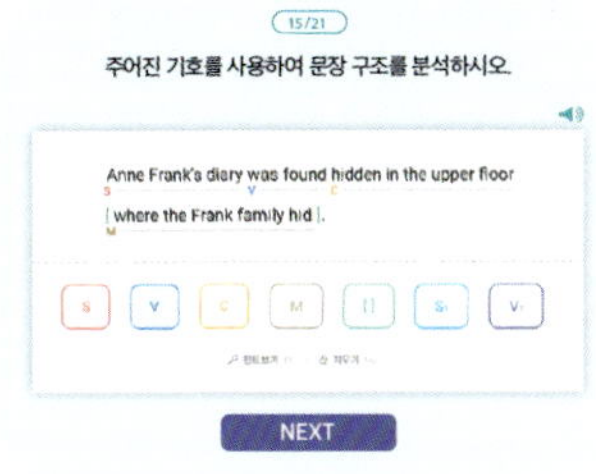 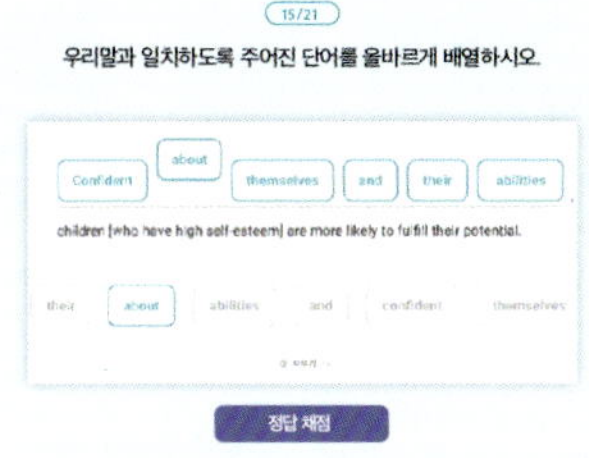

끊어읽기 해석하기 문장 구조 분석 해설·해석 제공 단어 스크램블링 영작하기

② 문법·서술형

쎄듀의 모든 문법 문항을 활용하여 내신까지 해결하는 정교한 문법 유형 제공

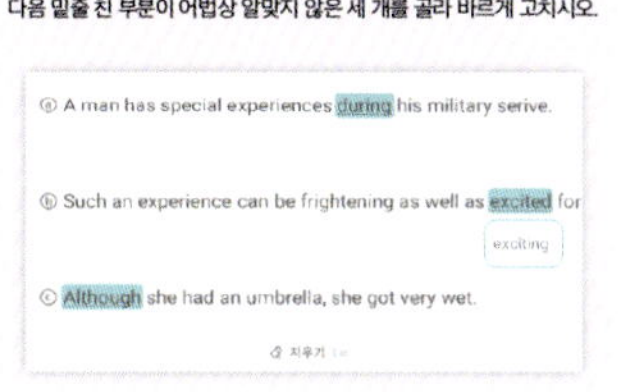 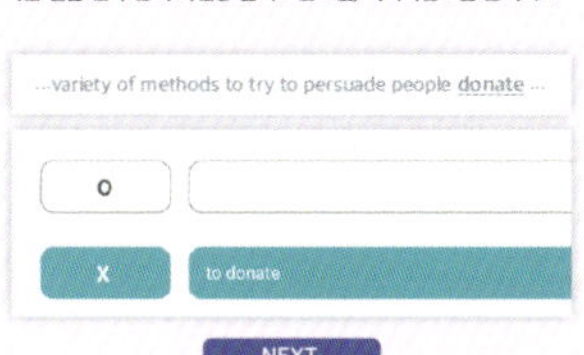 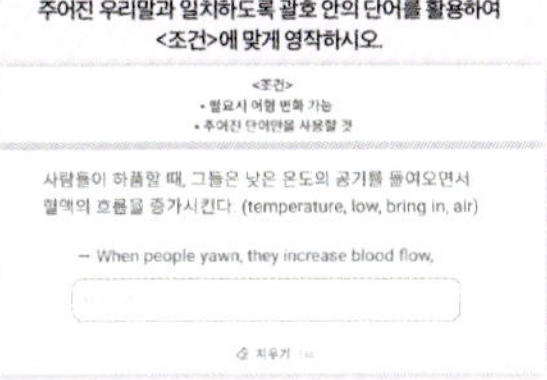 

객관식과 주관식의 결합 문법 포인트별 학습 보기를 활용한 집합 문항 내신대비 서술형 어법+서술형 문제

③ 어휘

초·중·고·공무원까지 방대한 어휘량을 제공하며 오프라인 TEST 인쇄도 가능

  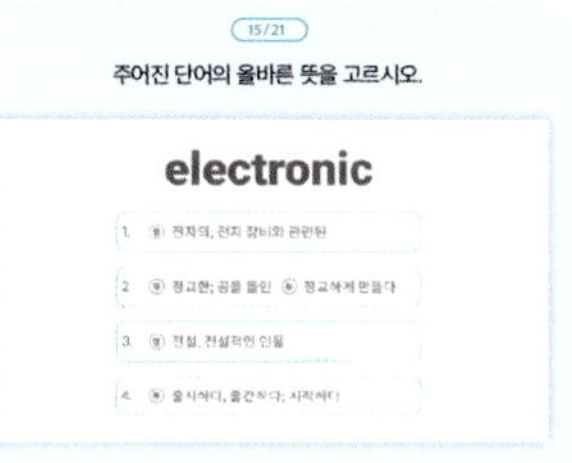 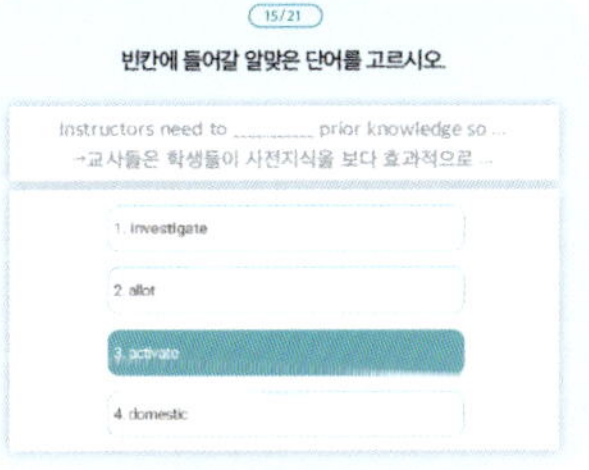 

영단어 카드 학습 단어 ↔ 뜻 유형 예문 활용 유형 단어 매칭 게임

④ 선생님 보유 문항 이용

  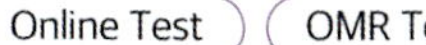

Online Test OMR Test

쎄듀 고등 영어 서술형 시리즈

서술형, 가볍게 해결해 목표를 향해 도약하자

1 영작 기본서를 찾는다면
올씀 1권 **기본 문장 PATTERN**

- 패턴별 빈출 동사 학습 → 동사로 짧은 구 완성
  → 동사로 문장 완성
- 필수 문·어법 학습하여 문장에 응용
- LEVEL ★★ (중3~예비고1)

2 감점은 DOWN! 점수는 UP!
올씀 2권 **그래머 KNOWHOW**

- 서술형 감점 막는 5가지 노하우와 빈출 포인트별
  유형 적용 훈련
- 영작 → 개념 설명 역순 학습으로 우리말과 영어의 차이
  능동적으로 터득
- LEVEL ★★☆ (예비고1~고2)

3 어법=영작, 고등 내신의 핵심
어법끝 서술형

- 어법 포인트별 빈출 유형 단계별 학습
- 출제자의 시각에서 출제/감점 포인트 바라보기 훈련
- LEVEL ★★★ (고1~고2)

4 전략적으로 학습하는 서술형
올씀 3권 **RANK 77 고등 영어 서술형**

- 전국 253개 고교 기출을 분석하여 구성된 시험 출제 빈도순 목차
- 모평, 수능, 교과서, EBS 출처의 예문 수록을 통한 실전 감각 향상
- LEVEL ★★★☆ (예비고2~고3)

5 서술형 집중 훈련이 필요하다면
올씀 3권 **RANK 77 고등 영어 서술형 실전문제 700제**

- <RANK 77 고등 영어 서술형>과 병행 가능한 서술형 집중 훈련 문제집
- 누적식 실전 모의고사로 실력 점검
- LEVEL ★★★☆ (예비고2~고3)

Explanation

정답 및 해설

천일문 **독해**

ESSENTIAL Explanation 설명글

쎄듀

천일문 독해

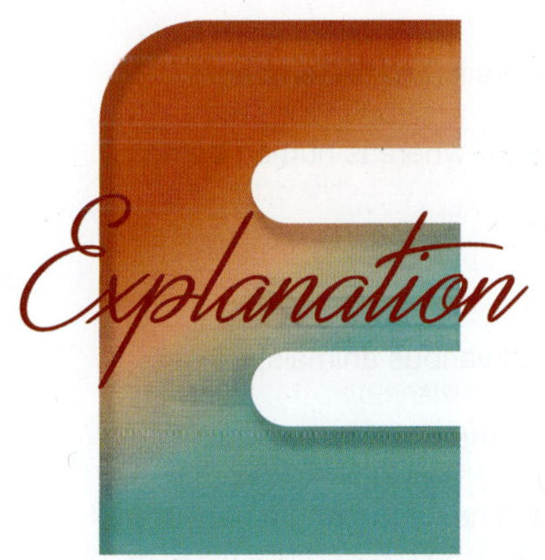

정답 및 해설

91 Animal Behavior

Stage 1　다의어 **Check**　1 ⓑ　2 ⓐ
　　　　　　INTRO Q ①　**Q** ⑤

Stage 2　1 ⓒ　2 ⓒ　3 which cues it should attend to　4 ⓐ　5 ⓑ
　　　　　　6 인간이 씨앗 십여 개를 숨긴 후 잊어버리기 시작하는 것

Stage 3　(A) inherent　(B) limitations

---

¹The emerging picture (of learning in animals) /
최근 생겨난 상황은　　　　　동물 학습에 대한

represents a fundamental shift (from the early days of behaviorism), //
근본적인 변화를 나타낸다　　　　　행동주의 초기 시절로부터의

when animals were supposed to be limited / to learning through
그리고 그때 동물은 제한되어야 했다　　　　조건화를 통한 학습으로

conditioning / and were expected to be able to learn / any association
그리고 학습할 수 있는 것으로 기대되었다　　어떤 연관성이나 행동도

or behavior / through this process.
이 (조건화) 과정을 통해

²It is now understood // that much learning, / even though it is based on
현재 이해된다　　　　많은 학습이　비록 그것(많은 학습)이 조건화에 기반을 두고 있긴 하지만

conditioning, / is specialized for tasks [the animal is likely to encounter].
일에 특화되어 있다고　　　　동물이 직면할 가능성이 있는

³The animal is innately equipped to recognize // when it should learn, /
동물은 인식할 준비가 선천적으로 갖춰져 있다　　　그것(동물)이 언제 학습해야 하는지

which cues it should attend to, / how to store the new information, /
그것(동물)이 어떤 신호에 주의를 기울여야 하는지　　새로운 정보를 어떻게 저장하는지

and how to recall it / in the future.
그리고 그것을 어떻게 기억해 낼지를　나중에

⁴Even the abilities (available to the higher invertebrates) /
심지어 능력까지도　　　고등 무척추동물이 사용할 수 있는

may depend on innate guidance and species-specific needs.
타고난 지침과 종 특유의 필요성에 달려 있을지도 모른다

⁵This enables the chickadee, / with its tiny brain, / to remember
이는 박새가 ~할 수 있게 한다　　　작은 뇌를 가진　위치를 기억할 (수 있게)

the locations (of hundreds of hidden seeds), // whereas human beings
숨겨진 씨앗 수백 개의　　　　반면 인간은

begin to forget / after hiding about a dozen.
잊어버리기 시작한다　　(씨앗) 십여 개를 숨긴 후

⁶Such a perspective allows one to see / that various animals, /
그런 관점은 사람들이 알 수 있게 한다　　　다양한 동물이

as well as the human species, / are smart in the ways [natural selection
인간뿐만 아니라　　　(~한) 방식으로 똑똑하다는 것을　자연 선택이

has favored] / and limited in others, // which helps to bring a new unity /
선호해 온　그리고 다른 방식으로는 제한된다는 것을　그래서 이는 새로운 통합을 가져오는 것을 돕는다

to the study of animal behavior / and offers new promise
동물 행동 연구에　　　그리고 새로운 가능성을 제공한다

(for understanding human origins).
인류 기원을 이해하는 데

Stage 1 정답 찾아가기

다의어 **Check** 2 ⓐ 가능성 ⓑ 약속

Q 빈칸 문장으로 보아, 많은 동물의 학습에 대해 현재 이해되는 바가 '무엇인지'를 찾아야 한다. 빈칸 뒤의 문장에서 동물은 선천적으로 학습 능력이 있고 이 능력들은 타고난 지침과 종 특유의 필요성에 달려 있다고 언급한 뒤, 박새(chickadee)를 예로 들어 동물은 자신이 직면하는 일에 특화된다는 것을 보여준다. 따라서 빈칸에 들어갈 말로 가장 적절한 것은 ⑤ 'specialized for tasks the animal is likely to encounter(동물이 직면할 가능성이 있는 일에 특화되어 있다)'이다.

① 반복과 연습을 통해 향상된
　최근에는 반복과 연습(조건화)을 통한 학습에서 벗어났다고 했음
② 특정 종과의 상호 작용에 영향받는 언급 없음
③ 다양한 서식지와 종에 걸쳐 일반화된
　일반화되는 것이 아니라 종 특유성에 따라 특화되는 것임
④ 인간 생존의 가능성을 높이기 위해 적응된 언급 없음

Stage 2 한 문장씩 뜯어보기

1 ⓒ | 동물 학습에 대한 현재 이론은 조건화를 넘어선다.
ⓐ ~에 의존하다 ⓑ 중점으로 두다
해설 동물 학습이 조건화로 제한되었던 행동주의 초기 시절로부터 변화한 것이므로 조건화를 넘어선 것이다.

2 ⓒ
해설 동물 학습은 그 동물이 직면할 가능성이 있는 일에 특화되는 것으로 이해된다고 했으므로, 앞으로 동물별로 특화되는 학습의 특성에 관한 내용이 이어질 것을 예상할 수 있다.

3 which cues it should attend to
해설 의문사가 이끄는 명사절은 <의문사+주어+동사>의 어순이며, 의문형용사인 which의 수식을 받는 명사(cues)가 있으므로 <which+명사(cues)+주어+동사>의 어순이 된다.

4 ⓐ | 동물은 학습 능력을 가지고 태어난다.
ⓑ 만족한 ⓒ 협력하는
해설 동물들은 학습할 것을 인식할 준비가 선천적으로 되어 있다고 했다.

5 ⓑ | 다른 종들은 자신들의 특정 필요에 맞는 서로 다른 능력을 진화시켰다. ⓐ 시험했다 ⓒ 부족했다

전문해석 [1]동물 학습에 대한 최근 상황은 행동주의 초기 시절로부터의 근본적인 변화를 나타내는데, 이때 동물은 조건화를 통한 학습으로 제한되어야 했고 이 (조건화) 과정을 통해 어떤 연관성이나 행동도 학습할 수 있는 것으로 기대되었다. [2]현재 많은 학습이 조건화에 기반을 두고 있긴 하지만, 동물이 직면할 가능성이 있는 일에 특화되어 있다고 이해된다. [3]동물은 언제 학습해야 하는지, 어떤 신호에 주의를 기울여야 하는지, 새로운 정보를 어떻게 저장해야 하는지, 그리고 나중에 그것을 어떻게 기억해 낼지를 인식할 준비가 선천적으로 되어 있다. [4]심지어 고등 무척추동물이 사용할 수 있는 능력까지도 타고난 지침과 종 특유의 필요성에 달려 있을지도 모른다. [5]이는 작은 뇌를 가진 박새가 숨겨진 씨앗 수백 개의 위치를 기억할 수 있게 하는 반면, 인간은 씨앗 십여 개를 숨긴 후 잊어버리기 시작한다. [6]그런 관점은 인간뿐만 아니라 다양한 동물이 자연 선택이 선호해 온 방식으로 똑똑하고 다른 방식으로는 제한된다는 것을 알 수 있게 해서, 동물 행동 연구에 새로운 통합을 가져오는 것을 돕고 인류 기원을 이해하는 데 새로운 가능성을 제공한다.

해설 박새와 인간의 대조를 통해 각각 종 특유의 필요성에 따라 능력을 발달시켰음을 설명한다.

6 인간이 씨앗 십여 개를 숨긴 후 잊어버리기 시작하는 것

해설 다양한 동물이 다른 방식으로는 제한된다는 것은 똑똑해지지 않고 능력에 한계가 생긴다는 것을 의미한다. 이에 대한 예는 문장 5에 나타난 '인간이 씨앗 십여 개를 숨긴 후 잊어버리기 시작하는 것'이다.

Stage 3 요약하기

(A) 타고난 능력과 진화적 필요에 의해 일어난 동물의 특화된 학습은 고유한 장점과 (B) 한계를 드러내어 동물 행동과 인류 기원에 대한 새로운 통찰력을 제공한다.

함께 풀면 좋은 기출문제

p. 138

1 ⑤

해석 자연계에서, 동물이 상태를 안 좋게 할 만큼의 항영양소가 있는 식물을 섭취하면 다시는 그 식물을 먹지 않을 것이다. 직관적으로 동물은 이러한 식물을 피해야 한다는 것도 알고 있다. 오랜 세월에 걸친 진화와 전해 내려오는 정보는 이러한 타고난 지능을 만들어 냈다. 그러나 이 '직관'은 동물에게서만 보이는 것이 아니다. 대부분의 아이들이 왜 채소를 싫어하는지 궁금해 한 적이 있는가? 스티븐 건드리 박사는 이것을 우리의 유전적 프로그래밍, 즉 우리 내면의 지능의 일부로 정당화한다. 많은 채소들이 항영양소로 가득 차 있기 때문에, 우리가 아직 연약하고 발달 중일 때는 우리 몸은 그것들로부터 멀리하게 하려고 노력한다. 미뢰가 이러한 맛을 나쁘고 심지어는 역겨운 것으로 인식하게 만듦으로써 우리 몸은 이를 수행한다. 성장하고 몸이 이러한 항영양소를 견딜 만큼 더 강해지면, 갑자기 그것들은 더 이상 이전만큼 맛이 나쁘게 느껴지지 않는다.

어휘 disgusting 역겨운; 혐오스러운   anti-nutrient 항영양소 ((다른 영양소의 흡수를 방해하는 성분))   intuitively 직관적으로, 직감적으로 *cf.* intuition 직관, 직감   fragile 연약한, 취약한, 허술한; 부서지기 쉬운   tolerate 견디다; 용인하다; 참다

해설 주어진 문장을 보면 미뢰가 맛을 나쁘고 역겹게 만듦으로써 '이것(this)'을 한다고 했으므로, 주어진 문장 앞에는 this가 지칭하는 것이 먼저 언급되어야 한다. ⑤ 앞은 채소가 항영양소로 가득 차 있기 때문에 몸이 아직 연약하고 발달 중일 때는 채소를 멀리하게 된다는 내용이고, ⑤ 뒤는 이전만큼 채소 맛이 나쁘게 느껴지지 않는다는 내용이므로 흐름이 바뀐다. ⑤에 주어진 문장을 넣어보면, this는 앞 문장의 '몸이 채소를 멀리하게 하는 것'을 가리키며, 맛이 나아지는 ⑤ 뒤의 상황과도 자연스럽게 이어짐을 알 수 있다. 따라서 주어진 문장의 위치로 가장 적절한 곳은 ⑤이다.

2 ①

해석 우리는 지금 우리 자신을 자연에 강요하고 있으며, 그 반대 상황은 아니다. 아마도 이를 알 수 있는 가장 분명한 방법은 포유류의 생물량, 즉 전 세계 포유류 무게의 총합의 변화를 보는 것이다. 오래전, 우리 인간은 모두 합쳐서 북미에 있는 모든 들소 무게의 약 3분의 2 정도 무게밖에 되지 않았을 것이며, 아프리카의 모든 코끼리 무게의 8분의 1보다 적었을 것이다. 그러나 산업 시대에 인구가 폭발적으로 증가했고 우리는 산업적 규모로 끔찍한 수의 들소와 코끼리를 죽였다. 그 결과 균형은 크게 바뀌었다. 현재 우리 인간의 무게는 모든 들소와 코끼리를 합친 무게의 350배가 넘는다. 우리는 지구의 모든 야생 포유류를 합친 것보다 10배 이상 무게가 나간다. 그리고 우리가 사육해 온 소, 양, 돼지, 말 등의 모든 포유류를 더한다면 그 비교는 정말 터무니없어지는데, 우리와 우리가 길들인 동물이 현재 지구 포유류 생물량의 97%에 해당한다. 이러한 비교는 중요한 사실을 보여주는데, 우리는 환경에 의해 제한되는 게 아니라 우리 자신의 목적에 맞게 환경을 만드는 법을 배웠다는 것이다.

어휘 the other way around 반대 (상황); 반대로   biomass 생물량   mammal 포유류 *cf.* mammalian 포유류의 (동물)   scale 규모, 범위; 등급   put together 합치다(= combine)   domesticate (동물을) 사육하다, 길들이다; (작물을) 재배하다   ridiculous 터무니없는, 말도 안 되는   tame 길들이다, 다스리다; 길들여진   illustrate 보여주다; 삽화를 쓰다[넣다]   end 목적, 목표; 끝   [선택지] impose 강요하다; 도입[시행]하다   yield 넘겨주다, 양도하다; 산출하다

해설 빈칸 문장으로 보아, 현재 우리 상황에 관한 서술을 추론해야 한다. 과거에 비해 인간의 생물량이 증가하면서 자연의 균형이 크게 바뀌었으며, 현재 인간과 인간이 사육하는 동물의 생물량이 크게 증가했다고 설명한다. 마지막 문장에서 이러한 비교는 인간이 자신의 목적에 맞게 환경을 만드는 법을 배운 것을 보여준다고 했으므로, 빈칸에 들어갈 말로 가장 적절한 것은 ① 'imposing ourselves on nature(우리 자신을 자연에 강요하고 있으며)'이다.

② 우리의 생태적 영향을 제한하며
　인간의 생태적 영향은 증가해 왔으므로 글의 내용과 반대됨
③ 포유류에게 우리의 땅을 넘겨주며
　포유류에게 땅을 넘겨주는 것은 언급되지 않음
④ 생물 다양성을 권장하며 생물 다양성은 언급되지 않음
⑤ 환경에 유익한 일을 하며
　환경을 인간의 목적에 맞게 바꾸고 있음

92 Digital Technology

난이도 ★★☆　p. 20

Stage 1　다의어 Check 1 ⓐ
INTRO Q ① Q ③ OUTRO Q ①

Stage 2　1 ⓒ　2 ⓐ　3 ⓒ　4 ⓐ　5 ⓒ　6 them → which　7 ⓒ

Stage 3　(A) transforming　(B) interconnected

---

¹We're seeing a shift (from mass culture / to increasingly parallel culture
　　우리는 전환을 목격하고 있다　　대중문화에서　　　점점 더 병렬적인 문화로의
(driven by digital technologies and online platforms)).
　　디지털 기술과 온라인 플랫폼에 의한

²Whether we realize it or not, // each of us simultaneously belongs to /
　　우리가 인식하든 안 하든　　　　　우리 각자는 동시에 ~에 속한다
many different "tribes," / sharing some interests with our colleagues /
　　수많은 다양한 '부족'　　　　어떤 관심사를 동료들과 공유하면서
and others with our families.
그리고 다른 관심사는 가족들과 (공유하면서)

³We even share some / with people [we have never met / or even
우리는 심지어 일부(관심사)를 공유한다　사람들과　우리가 한 번도 만난 적이 없는　혹은 심지어
think of as individuals], / such as blog authors or social media influencers.
　개인으로 생각하지도 않는　　　블로그 작성자나 소셜 미디어 인플루언서와 같이

⁴In short, / these technologies, / leading to an explosion of choice
　요컨대　　　이러한 기술들은　　　　선택권의 폭발적 증가를 이끌면서
(in the content [we consume]), / are also creating new social structures.
　콘텐츠의　우리가 소비하는　　　　또한 새로운 사회 구조를 만들어 내고 있다

(⁵Analog technologies, / on the other hand, / take quite a long time /
　아날로그 기술은　　　　반면에　　　　시간이 꽤 오래 걸린다
to spread across cultures // and sociocultural impacts take a long time /
　문화 여기저기에 퍼지는 데　　그리고 사회 문화적 영향은 오랜 시간이 걸린다
to unfold.)
　펼쳐지는 데

⁶When mass culture **breaks off**, // it turns into / millions of microcultures
　대중문화가 **분리되면**　　그것(대중문화)은 ~로 변한다　수백만 개의 소집단 문화
[that coexist and interact / in surprising ways], / rather than re-forming /
　공존하고 상호 작용하는　　　놀라운 방식으로　　　　재형성되기보다는
into a different mass.
　하나의 다른 대중문화로

⁷As a result, / we can now treat culture / not as one big blanket, /
　그 결과　　우리는 이제 문화를 간주할 수 있다　하나의 큰 담요가 아니라
but as the overlapping of many interwoven threads, // each of which
　섞여 짜여진 여러 실이 겹치는 것으로　　　그리고 그 각각은
is individually accessible / and connects different groups of people
　개별적으로 접근할 수 있다　　그리고 동시에 여러 집단의 사람들과 연결된다
at once.

전문해석 ¹우리는 대중문화에서, 디지털 기술과 온라인 플랫폼이 이끄는 점점 더 병렬적으로 존재하는 문화로의 전환을 목격하고 있다. ²우리가 인식하든 안 하든 간에, 우리 각자는 동료들과 어떤 관심사를 공유하고 가족들과는 다른 관심사를 공유하면서 동시에 수많은 각양각색의 '부족'에 속한다. ³우리는 심지어 블로그 작성자나 소셜 미디어의 인플루언서와 같이, 한 번도 만난 적이 없

Stage 1 **정답 찾아가기**

다의어 Check 1 ⓐ 분리되다 ⓑ 중단하다
INTRO Q ① 더 다양한 문화로의 전환
② 디지털 기술과 온라인 플랫폼
Q 디지털 기술로 우리가 다른 사람들과 관심사를 공유하면서 대중문화가 수많은 다양한 소집단 문화로 전환된다고 설명하는 글이다. 그런데 ③은 아날로그 기술과 그 사회 문화적 영향이 퍼지는 데 오랜 시간이 걸린다는 내용으로 글의 흐름과 무관하다.
OUTRO Q ① 아날로그 기술이 천천히 사회에 퍼지고 영향을 미친다. ② 대중문화는 상호 작용하는 여러 소집단 문화로 분리된다.

Stage 2 **한 문장씩 뜯어보기**

1 ⓒ | 사회 집단 ⓐ 소셜 미디어 ⓑ 사회적 지위
해설 밑줄 친 tribes는 우리가 관심사를 서로 공유하는 특정 사회 집단을 의미한다.

2 ⓐ | 우리는 심지어 낯선 사람들과도 관심사를 공유한다.
ⓑ 이웃 ⓒ 가상의 사람들 •imaginary 가상의, 상상에만 존재하는
해설 블로그 작성자나 인플루언서처럼 한 번도 만난 적이 없는 사람들과도 관심사를 공유한다고 했다.

3 ⓒ | 이 기술들은 콘텐츠 선택권의 증가를 통해 사회 구조를 형성하고 있다. ⓐ 거부하는 ⓑ 균형을 맞추는
해설 이러한 기술들이 콘텐츠 선택권의 증가를 이끌며 새로운 사회 구조를 만들어 내고 있다고 했다.

4 ⓐ | 전개하다 ⓑ 분리되다 ⓒ 사라지다
해설 사회 문화적 영향이 '펼쳐진다'는 것은 '전개하다, 발전하다'라는 develop의 의미와 같다.

5 ⓒ | 대중문화는 또 다른 대규모 문화 대신 상호 작용하는 여러 소집단 문화로 분리된다. ⓐ 하나의 하위문화 ⓑ 전통 문화 •subculture 소(小)문화, 하위문화
해설 대중문화가 분리되면 하나의 다른 대중문화로 재형성되기보다 수백만 개의 소집단 문화로 변한다고 했다.

6 them → which
해설 콤마(,) 뒤의 절 each of ~ 이하는 접속사 없이 연결될 수 없다. 두 개의 절을 연결할 접속사 역할과 앞에 나온 명사 many interwoven threads를 대신 받을 대명사 역할을 겸할 수 있어야 하므로, 대명사 them을 관계대명사 which로 고쳐야 한다.

7 ⓒ | 대중문화 - 소집단 문화 ⓐ 집단 - 개인 ⓑ 기술 - 문화
해설 대중문화가 더 다양한 소집단 문화로 전환되는 것을

거나 심지어 개인으로 생각하지도 않는 사람들과 일부 관심사를 공유한다. ⁴요컨대, 이러한 기술들은 우리가 소비하는 콘텐츠의 선택권을 폭발적으로 증가시키면서 새로운 사회 구조 또한 만들어 내고 있다. (⁵반면에, 아날로그 기술은 문화 여기저기에 퍼지는 데 시간이 꽤 오래 걸리고 사회 문화적 영향이 퍼지는 데도 오랜 시간이 걸린다.) ⁶대중문화가 분열되면, 하나의 다른 대중문화로 재형성되기보다는 놀라운 방식으로 공존하고 상호 작용하는 수백만 개의 소집단 문화로 변한다. ⁷그 결과, 우리는 이제 문화를 하나의 큰 담요가 아니라 섞여 짜여진 여러 실이 겹치는 것으로 간주할 수 있으며, 이것은 각각 개별적으로 접근할 수 있고 동시에 여러 집단의 사람들과 연결된다.

하나의 큰 담요와 여러 실이 섞여 겹친 것에 비유해 설명하고 있다.

Stage 3 요약하기

디지털 기술과 온라인 플랫폼은 문화 소비와 사회 구조를 (A) 변화시키고 있는데, 이는 하나의 대중문화가 아닌 다양하고 (B) 서로 연결된 소집단 문화 망으로 이어진다.

해설 (A) 문맥상 앞의 be동사 are와 함께 현재 진행형으로 써야 하므로 transforming으로 변형한다.
(B) 수식받는 명사 web of microcultures와 interconnect(서로 연결하다)는 수동 관계이므로 과거분사 interconnected로 변형한다.

1 ⑤

해석 아이들이 이야기하는 가장 일반적인 문제는 그들이 항상 연락될 수 있어야 한다고 느낀다는 것이다. 기술이 그것을 가능하게 하기 때문에, 아이들은 의무감을 느낀다. 우리 대부분은 공감하기 쉬운데, 아마 여러분도 삶에서 같은 압박을 느낄 것이다! 우리는 인간이고 항상 즉각적으로 응답할 수 없다는 사실에 대처하는 것은 매우 힘들다. 아직 사회적 상호 작용의 세부적인 것들을 배우고 있는 십 대나 십 대 초반의 아동은 상황이 훨씬 더 심각하다. 때때로 이 행동이 나타나는 방식은 다음과 같다. 예를 들어, 여러분의 자녀가 친구 중 한 명에게 문자 메시지를 보내고, 그 친구가 즉시 답장을 보내지 않는다면, 이제 여러분의 자녀는 "얘는 더 이상 내 친구가 되기를 원하지 않아!"라고 생각하기 쉽다. 그래서 문자 메시지를 보내고 또 보내고 또 보내다가, 결국 '자신의 전화기를 폭파하는(과부하 상태로 만드는) 것'이다. 이것은 스트레스를 유발하고 심지어 공격적으로 이해될 수 있다. 하지만 여러분은 이것이 얼마나 쉽게 일어날 수 있는지 알 수 있다.

어휘 prevalent 일반적인, 널리 퍼져 있는   accessible 연락될 수 있는; 접근하기 쉬운   obligation 의무(감)   relate 공감하다; 관련시키다   deal with ~에 대처하다; ~을 다루다   instantly 즉각적으로, 즉시   ins and outs 세부적인 것들, 자초지종   play out 나타나다, 발생하다; 경기를 끝마치다   blow up 폭파하다; 고조되다   induce 유발하다; 유도하다   [선택지] within reach 손 닿는 곳에

해설 도입부에서 기술이 항상 연락되는 것을 가능하게 해서 그래야 한다고 의무감을 느끼는 아이들의 문제점을 언급한 뒤, 십 대 아동은 항상 즉각적으로 응답할 수 없다는 사실에 대처하는 것이 더 힘들다고 했다. 그런 다음 즉시 답장이 오지 않으면 전화기가 과부하 상태가 될 때까지 계속해서 메시지를 보내는 아이를 예로 들고 있으므로, 글의 제목으로 가장 적절한 것은 ⑤ 'Connected but Stressed: Challenges for Kids in the Digital Era(연결되어 있지만 스트레스받는 디지털 시대 아이들의 문제)'이다.

① 기호에서 바이트까지 의사소통의 역사
② 자녀를 손 닿는 곳에 두려는 부모의 욕구
③ 이상적인 인간관계의 열쇠인 신뢰 구축
   ①, ②, ③ 언급 없음
④ 십 대의 우정에서 디지털 기술의 긍정적인 역할 디지털 기술이 관계에서 스트레스를 유발할 수 있다는 글의 내용과 반대됨

2 ③

해석 비록 우리가 아이들의 발달에 미치는 디지털 기술의 모든 신경학적 영향을 알지는 못하지만, 모든 스크린 타임이 동등하게 만들어지지는 않는다는 사실은 분명히 알고 있다. 예를 들어, 전자책을 읽는 것, 할머니와 화상 통화를 하는 것, 혹은 당신이 방금 찍은 아이의 사진을 아이에게 보여주는 것은 많은 부모와 교육자를 걱정시키는 수동적으로 TV를 시청하는 스크린 타임과는 다르다. 따라서 아이들이 '얼마나 많이' 스크린과 상호 작용하는지에 집중하기보다는, 부모와 교육자는 아이들이 '무엇'과 상호 작용하고 있는지, '누가' 아이들과 아이들의 경험에 대해 이야기하고 있는지로 초점을 돌리고 있다. 비록 부모가 아이에게 스크린을 건네주고 떠나고 싶은 유혹을 느낄 수 있지만, 아이들에게 미디어에 대한 경험을 지도하는 것은 그들이 비판적 사고력과 미디어 정보 독해력 같은 중요한 21세기 핵심 역량을 발달시키는 데 도움을 준다.

어휘 neurological 신경학적인, 신경(학)의   screen time 스크린 타임 ((컴퓨터, TV 또는 게임기와 같은 장치를 사용하는 시간))   videoconferencing 화상 통화, 화상 회의   be tempted to-v v하고 싶은 유혹을 느끼다   hand 건네주다; 손, 도움   media literacy 미디어 정보 독해력   [선택지] predictor 예측 변수   addiction 중독   parental 부모의

해설 모든 스크린 타임이 동등하게 만들어지지는 않으며, 단순히 스크린 타임 양보다는 아이들이 스크린으로 '무엇'과 상호 작용하는지, '누구'와 이야기하는지에 집중하는 것이 중요하다는 내용의 글이다. 따라서 글의 주제로 가장 적절한 것은 ③ 'importance of what experiences kids have with screens(아이들이 스크린으로 어떤 경험을 하는지의 중요성)'이다.

① 어린이 스크린 미디어 중독의 예측 변수
② 아이들이 스크린 미디어를 선호하는 이유
   ①, ② 언급 없음
④ 스크린 타임 양이 아이들의 사회적 역량에 미치는 영향
스크린 타임 양이 아니라 '무엇'과 상호 작용하는지에 집중해야 함
⑤ 아이들의 신체 활동에 대한 부모의 통제 필요성 아이들의 신체 활동이 아닌 미디어 경험에 대한 부모의 지도가 필요하다고 했음

93 Classical Music

Stage 1　　다의어 Check　**1** ⓑ　**2** ⓑ
　　　　　　　INTRO Q ②　Q ④

Stage 2　**1** the venues　**2** was, thought, they, were　**3** [that ~ for all], 문장 3 해석 참고
　　　　　4 Composers knew that every detail would be heard　**5** ⓐ　**6** ⓑ

Stage 3　(A) Restriction　(B) compositions　(C) shaping

---

[1]Around 1900, / classical audiences were no longer allowed /
　　1900년 무렵　　　　　　클래식 음악 청중들은 더 이상 허용되지 않았다
to shout, eat, and chat / during a **performance**, //
소리 지르고, 음식을 먹고, 이야기하도록　　　**공연** 중에
as the venues for classical music changed.
클래식 음악을 위한 장소가 바뀌면서

[2]This was / a way (of keeping the lower classes /
이것은 ~이었다　　방법　　하층 계급 사람들의 출입을 통제하는
out of the new symphony halls and opera houses) //
새로운 교향곡 홀과 오페라 하우스에
(They were thought to be inherently noisy).
(그들(하층 계급 사람들)은 본래부터 시끄럽다고 여겨졌다)

[3]Music [that in many instances used to be for all] / was now
음악은　　　　많은 경우에 모두를 위한 것이었던　　　　이제
exclusively for the elite.
독점적으로 엘리트 계층만을 위한 것이 되었다

[4]This exclusionary policy affected / the music (being written), too—
이 (계급) 배제 정책은 영향을 미쳤다　　음악에도　　작곡되는
// since no one was talking, eating, or dancing anymore, /
더 이상 아무도 말하고, 먹고, 춤추지 않았기 때문에
the music could have extreme dynamics.
음악은 극도의 강약을 가질 수 있었다

[5]Composers knew / that every detail would be heard, // so very
작곡가들은 알았다　　모든 세부적인 부분이 들리리라는 것을　　그래서 매우
quiet passages could now be written, / and harmonically complex
조용한 악절들이 이제 작곡될 수 있었다　　그리고 화성적으로 복잡한
passages could be **appreciated** as well.
악절들 또한 **감상될** 수 있었다

[6]Much of twentieth-century classical music could only work in /
20세기의 많은 클래식 음악은 ~안에서만 효과가 있을 수 있었다
(and was written for) / the socially and acoustically restrictive spaces.
(그리고 ~을 위해 작곡되었다)　　사회적으로, 음향적으로 제한된 공간

[7]A new kind of music came into existence [that didn't exist previously]—
새로운 종류의 음악이 생겼다　　　　이전에 존재하지 않았던
// and the future emergence and refining (of recording technology) /
그리고 향후 출현과 개선은　　　　녹음 기술의
would make this music more available and ubiquitous.
이 음악을 더 많이 이용 가능하고 어디에나 있게 만들게 된다

Stage 1 정답 찾아가기

INTRO Q ① 엘리트 계층의 음악적 취향 ② 클래식 음악의 변화
③ 클래식 음악의 미래

Q 글의 도입부에서 1900년 무렵 클래식 음악을 위한 장소가 바뀌면서 공연 중에 청중이 내는 소음이 금지된 사회적 상황을 제시하고, 그에 따른 결과(청중, 음악 작곡)를 차례대로 언급하며 글이 마무리된다. 따라서 글의 주제로 가장 적절한 것은 ④ 'shifts in twentieth-century classical music due to social influence(사회적 영향으로 인한 20세기 클래식 음악의 변화)'이다.

① 클래식 음악에서 다양한 강약을 사용하는 것의 중요성
　다양한 강약 사용은 소음 금지로 인한 결과 중 하나임
② 기술을 통한 클래식 음악의 높아지는 인기
　녹음 기술이 음악을 더 보편적으로 만들었다고 언급했지만 세부 사항에 불과함
③ 클래식 음악에 대한 접근 제한을 둘러싼 계층 간의 갈등
　접근이 제한된 계층은 있었지만 이에 대한 계층 간 갈등은 언급되지 않음
⑤ 클래식 음악이 독점적으로 엘리트 계층에 의해서만 감상된 이유
　엘리트 계층의 독점적인 감상은 소음 금지로 인한 결과 중 하나임

Stage 2 한 문장씩 뜯어보기

1 the venues
　해설 공연 중 소음을 금지해 하층 계급 사람들의 출입을 통제한 곳이므로 클래식 음악을 위한 장소(the venues)의 예시이다.

2 was, thought, they, were
　해설 밑줄 친 수동태 문장 (b)는 가주어 it을 사용한 <It + be p.p. + that S´ V´ ~> 형태로도 쓸 수 있다.

3 [that ~ for all], 문장 3 해석 참고
　해설 주격 관계대명사절 that ~ for all이 주어 Music을 수식하고 있는 구조이다. 관계사절 내의 used to는 과거의 상태를 나타내므로 '~였다'로 해석한다.

4 Composers knew that every detail would be heard
　해설 우리말 해석이 과거형이므로 동사 know를 과거시제 knew로 변형한다. knew의 목적어인 that절에서 every detail(모든 세부적인 부분)과 hear(듣다)는 수동 관계이므로 hear를 수동태 be heard로 써야 한다.

5 ⓐ | 클래식 음악 공연 중 **침묵** 정책이 세부적이고 복잡한 소리를 **창작**하게 했다. ⓑ 포용적인 ⓒ 작곡가 • inclusive 포용적인, 포괄적인; 일체의 경비가 포함된
　해설 공연 중 소음을 금지한 정책이 음악에도 영향을 끼쳐 매

전문해석 [1] 1900년 무렵, 클래식 음악을 위한 장소가 바뀌면서 클래식 음악 청중들은 더 이상 공연 중에 소리 지르고, 음식을 먹고, 이야기하도록 허용되지 않았다. [2] 이것은 새로운 교향곡 홀과 오페라 하우스에 하층 계급 사람들의 출입을 통제하는 방법이었다. (하층 계급 사람들은 본래부터 시끄럽다고 여겨졌기 때문이다.) [3] 많은 경우에 모두를 위한 것이었던 음악은 이제 독점적으로 엘리트 계층만을 위한 것이 되었다. [4] 이 (계급) 배제 정책은 작곡되는 음악에도 영향을 미쳤는데, 더 이상 아무도 말하고, 먹고, 춤추지 않았기 때문에 음악은 극도의 강약을 가질 수 있었다. [5] 작곡가들은 모든 세부적인 부분이 들리리라는 것을 알았기에 이제 매우 조용한 악절들이 작곡될 수 있었고 화성적으로 복잡한 악절들 또한 감상될 수 있었다. [6] 20세기의 많은 클래식 음악은 이러한 사회적, 음향적으로 제한된 공간에서만 효과를 발휘할 수 있었다. (그리고 이곳을 위해 작곡되었다.) [7] 이전에 존재하지 않았던 새로운 종류의 음악이 생겨났고, 향후 녹음 기술의 출현과 개선으로 이 음악은 (사람들이) 더 많이 접할 수 있고 보편화된다.

우 조용한 악절이 작곡되고, 화성적으로 복잡한 악절도 감상될 수 있었다.

6 ⓑ

해설 극도의 강약, 복잡한 화성이 있는 새로운 종류의 클래식 음악이 생겨났고, 녹음 기술의 발달로 더 많은 사람들이 이를 접할 수 있게 되어 청중의 폭이 확장되었음을 의미한다.

 요약하기

클래식 음악 공연에서 청중의 행동에 대한 (A) 제약은 극도의 강약과 복잡한 화성을 갖춘 (B) 작품으로 이어져 20세기 클래식 음악의 발전을 (C) 형성했다.

해설 (C) 문장의 동사(led)가 있으므로 준동사 자리이다. 의미상 주어가 앞 절 전체이고 콤마(,) 이하는 그로 인한 '결과'를 의미하므로 현재분사 shaping으로 변형하여 분사구문을 완성한다.

1   ①

해석 심지어 모든 음악 단체 중 가장 존경할 만한 단체인 교향악단조차도 그 DNA 안에 사냥의 유산을 가지고 있다. 교향악단의 다양한 악기들은 이러한 원시적인 기원으로 거슬러 올라갈 수 있는데, 그 악기들의 초기 형태는 동물(뿔, 가죽, 내장, 뼈)이나 동물을 제압하는 데 사용된 무기(막대, 활)로 만들어졌다. 우리가 이 역사를 음악 그 자체에서, 즉 세계 일류 교향악단의 핵심 연주곡목으로 남아 있는 기념비적인 교향곡들의 강력한 공격성과 경외감을 불러일으키는 당당함 속에서 듣는다면 잘못된 것인가? 베토벤, 브람스, 말러, 브루크너, 베를리오즈, 차이코프스키, 쇼스타코비치 등 다른 위대한 작곡가들의 음악을 들을 때, 나는 소리를 지배의 원천이자 상징으로, 공격적인 힘에 대한 의지의 표현으로 사용하면서 동물을 쫓기 시작하는 사람들 무리의 이미지를 쉽게 떠올릴 수 있다.

어휘 trace back to A A로 거슬러 올라가다   primitive 원시적인; 초기의   horn 뿔   hide 가죽; 숨기다   gut 내장   awe-inspiring 경외심을 불러일으키는   assertiveness 당당함   repertoire 연주곡목[목록]   leading 일류의   summon up ~을 떠올리다   predatory 공격적인; 포식 동물 같은

해설 빈칸 문장으로 보아, 교향악단의 DNA 안에 '어떤' 유산이 있는지를 찾아야 한다. 빈칸 뒤의 상술 문장에서 교향악단의 다양한 악기들의 초기 형태는 동물의 뿔, 가죽이나 동물을 제압하는 무기로 만들어졌으며, 교향곡을 들을 때 소리를 지배의 원천과 상징으로 사용하며 동물을 쫓는 사람들의 무리를 쉽게 떠올릴 수 있다고 했으므로, 빈칸에 들어갈 말로 가장 적절한 것은 ① 'hunt(사냥)'이다.

② 법   ③ 자선
④ 치료법   ⑤ 춤
②~⑤ 모두 언급되지 않음

2   ⑤

해석 소리의 밝기는 더 높은 주파수에 더 큰 에너지가 있음을 의미하며, 이는 소리에서 쉽게 계산될 수 있다. 바이올린은 플루트와 비교해 더 많은 상음(上音)이 있고 더 밝게 들린다. 오보에는 클래식 기타보다 더 밝고, 크래시 심벌은 더블 베이스보다 더 밝다. 이것은 명백하며 실제로 사람들은 밝음을 좋아한다. 한 가지 이유는 밝음이 소리를 주관적으로 더 크게 만들기 때문인데, 이는 현대 전자 음악과 19세기 클래식 음악에 나타난 소리 세기 전쟁의 일환이다. 모든 음향 엔지니어가 만약 방금 이 곡을 녹음한 음악가에게 곡을 틀어 주고 더 높은 주파수를 약간 추가하면, 그 음악가는 즉시 그 곡을 훨씬 더 좋아하게 될 것을 안다. 그러나 이것은 일시적인 효과이며 장기적으로는 사람들이 그런 소리가 너무 밝다는 것을 알게 된다. 따라서 그런 곡을 너무 밝게 틀어 주지 않는 것이 현명한데, 밝음이 적으면 결국 음악에 더 도움이 된다고 그 음악가를 납득시키는 데 보통 꽤 오랜 시간이 걸리기 때문이다.

어휘 short-lived 일시적인, 오래가지 못하는   brightness 밝기, 밝음; 선명함   frequency 주파수, 진동수; 빈도   overtone 상음(上音)   indeed 실제로; 정말   track (한) 곡; 길; 추적하다

해설 역접 연결어 But(그러나)으로 시작하는 주어진 문장은 이것(this)은 일시적인 효과이며 장기적으로는 사람들이 그런 소리(such sounds)가 너무 밝다는 것을 알게 된다는 내용이므로, 그 앞에는 '그런 소리가 일시적으로 가져오는 효과'에 대한 내용이 나올 것임을 예상할 수 있다. ⑤ 앞 문장에서 곡에 더 높은 주파수를 약간 추가하면 곡을 녹음한 음악가는 즉시 그 곡을 훨씬 더 좋아하게 될 것이라고 했고, 이는 주어진 문장의 this가 지칭하는 일시적인 효과(short-lived effect)에 해당한다. 따라서 주어진 문장은 ⑤에 들어가는 것이 적절하며, 그렇게 하면 주어진 문장의 문제점에 대한 권장 사항이 ⑤ 뒤에 이어지는 자연스러운 글의 흐름이 완성된다.

94 FOMO (Fear of Missing Out)

Stage 1　다의어 Check　1 ⓐ　2 ⓑ　3 ⓑ
　　　　　　INTRO Q　1 ②　2 (1) (A) (2) (B) (3) (C)　Q ⑤

Stage 2　1 ⓒ　2 ⓒ　3 ⓑ　4 ⓑ　5 ⓒ　6 (a) 원인 (b) 결과

Stage 3　(A) irrational　(B) seize

---

[1] The Fear of Missing Out (FOMO) / is a trending psychological
　　　놓치는 것에 대한 두려움(FOMO)은　　　　유행하는 심리적 현상이다
phenomenon (of our time), / intensified by perceived scarcity.
　　　우리 시대의　　　　인지된 희소성으로 인해 강화된

[2] In fact, / the scarcity error is a **common** occurrence.
　　사실　　　　희소성 오류는 **흔한** 일이다

(C) **[3]** Whenever my friend, / a real estate agent, / has an interested buyer
　　내 친구는 (~할 때마다)　　부동산 중개인인　　관심 있어 하는 구매자가 있을 때마다
[who cannot decide], / she calls and says: // "A doctor (from London) /
　결정하지 못하는　　그녀는 전화를 걸어 이렇게 말한다　　"의사가　　런던에서 온
saw the land yesterday. He liked it a lot. What about you?"
　어제 이 땅을 봤습니다　　그는 이 땅을 매우 좋아했어요　　손님은 어떠세요?"

[4] The doctor (from London)— / sometimes it's a professor or a banker— /
　　그 의사는　　런던에서 온　　　　때로는 교수나 은행원이 되기도 하는
is, of course, fictitious.
　당연히 지어낸 것이다

(B) **[5]** The effect is very real, though: // the prospect closes the deal.
　　그렇지만 그 효과는 정말 실재한다　　　즉, 잠재 고객이 거래를 성사시킨다

[6] From an objective perspective, / it doesn't make sense.
　　객관적인 관점에서 보면　　　그것은 말이 안 된다

[7] The logical approach (to deciding / whether to buy the land) /
　　논리적 접근 방식은　　결정하는 것에 대한　　땅을 살지를
should be based on / the individual's genuine interest and the set price, /
　(~에) 기반해야 한다　　　개인의 진정한 관심과 정가에
independent of any fabricated stories (about other interested **parties**).
　꾸며낸 이야기와는 별개로　　　다른 이해**관계자**에 대한

(A) **[8]** Nevertheless, / human behavior often deviates from / pure rationality.
　　그럼에도 불구하고　　인간의 행동은 (~에서) 종종 벗어난다　　순수한 합리성에서

[9] The **prospect**'s decision is influenced / by the psychological concept
　　잠재 고객의 결정은 영향받는다　　　희소성이라는 심리적 개념에 의해
of scarcity, // which makes them feel / that the opportunity is limited
　　　그리고 이는 그들(잠재 고객)이 느끼게 만든다　　기회가 한정되어 있다거나
or slipping away, / prompting them to take action and close the deal, /
　사라지고 있다고　　그래서 그들(잠재 고객)이 행동을 취하고 거래를 성사시키도록 촉발한다
even though this may not be entirely rational.
　비록 이것이 완전히 합리적이지는 않을지라도

전문해석 **[1]** 희소성에 대한 인지로 인해 강화되는 놓치는 것에 대한 두려움(FOMO)은 우리 시대에 유행하는 심리적 현상이다. **[2]** 사실 희소성 오류는 흔한 일이다. (C) **[3]** 부동산 중개인인 내 친구는 관심은 있으

Stage 1 정답 찾아가기

Q 주어진 글은 FOMO가 유행하는 심리적 현상이라고 언급하며 희소성 오류가 흔한 일이라고 설명한다. 그 뒤에는 희소성 오류에 대해 부동산 중개인의 경우를 예로 들어 설명하는 (C)가 오는 것이 적절하다. 땅을 마음에 들어 한 의사 이야기는 당연히 지어낸 것이라는 (C)의 마지막 내용 다음에는 부사 though(그렇지만)를 포함하여 그래도 효과는 있어서 거래가 성사된다는 내용의 (B)가 이어져야 한다. (B)는 논리적 접근 방식이 무엇에 기반을 두어야 하는지를 설명하는데, (A)에서 Nevertheless(그럼에도 불구하고)로 인간의 행동은 종종 순수한 합리성을 벗어난다고 내용을 전환한 뒤, 그 원인인 희소성의 개념을 설명하며 글을 맺으므로 (A)가 마지막에 와야 한다. 따라서 글의 순서로 가장 적절한 것은 ⑤ (C)-(B)-(A)이다.

Stage 2 한 문장씩 뜯어보기

1 ⓒ
해설 관심 있어 하는 구매자 앞에서 런던에서 온 의사가 땅을 좋아했다고 언급하며, 그 사람이 땅을 구매할 수도 있음을 암시하는 것이다.

2 ⓒ | 관심 있어 하던 구매자가 땅을 산다. ⓐ 의사가 가격을 흥정한다. ⓑ 부동산 중개인이 위험을 감수한다.
해설 잠재 고객(the prospect), 즉 관심은 있으나 결정을 내리지 못하던 구매자가 거래를 성사시킨다 (closes the deal)는 것은 땅을 산다는 뜻이다.

3 ⓑ | 인지된 희소성은 망설이는 구매자가 거래를 성사시키도록 촉발한다. ⓐ 미래 가치 ⓒ 흔한 일
해설 의사가 땅을 구매하면 자신은 그럴 수 없다는 생각으로 잠재 고객이 거래를 성사시킨 것이므로 인지된 희소성이 거래를 촉발한 것이다.

4 ⓑ | 구매 결정은 지어낸 이야기에 근거하면 안 된다. ⓐ 개인의 행운 ⓒ 남들의 조언
해설 구매 결정은 다른 이해관계자에 대한 꾸며낸 이야기와는 별개인 것이 논리적이라고 했다.

5 ⓒ | ~에서 벗어나다 ⓐ 형성하다 ⓑ ~와 일치하다
해설 Nevertheless(그럼에도 불구하고)로 보아, 문장 7의 논리적인 접근 방식과 상반되는 내용이 이어져야 하므로 인간은 종종 순수한 합리성에서 '벗어난다' 라는 의미가 적절하다.

6 (a) 원인 (b) 결과

나 결정을 내리지 못하는 구매자가 있을 때마다 전화를 걸어 "런던에서 온 의사가 어제 이 땅을 봤는데, 정말 좋아했습니다. 손님은 어떠세요?"라고 말한다. ⁴때로는 교수나 은행원이 되기도 하는 런던에서 온 그 의사는 당연히 지어낸 것이다. (B) ⁵그렇지만 그 효과는 정말 실재한다. 즉, 잠재 고객이 거래를 성사시킨다는 것이다. ⁶객관적인 관점에서 보면, 그것은 말이 안 된다. ⁷땅을 살지를 결정하는 논리적 접근 방식은 다른 이해관계자에 대한 꾸며낸 이야기와는 별개로 개인의 진정한 관심과 정가에 기반해야 한다. (A) ⁸그럼에도 불구하고 인간의 행동은 종종 순수한 합리성에서 벗어난다. ⁹잠재 고객의 결정은 희소성이라는 심리적 개념에 영향받으며, 이는 기회가 한정되어 있다거나 사라지고 있다고 느끼게 만들어서 완전히 합리적이지는 않을지라도 잠재 고객들이 행동을 취하고 거래를 성사시키도록 촉발한다.

해설 '(a) 기회가 한정되어 있다거나 사라지고 있다고 느끼도록 만드는 것'은 잠재 고객들이 '(b) 행동을 취하고 거래를 성사시키는 것'을 촉발한다고 했으므로, 원인 (a)로 인해 결과 (b)가 생기는 것이다.

 요약하기
희소성과 FOMO의 심리적 영향은 구매자들이 (A) 비합리적 결정을 내리게 하는데, 이는 진정한 관심과 논리적 평가보다는 인지된 기회를 (B) 잡아야 한다는 절박함에 의해 이뤄진다. • assessment 평가 seize (기회 등을) 잡다; 체포하다

1 ③

해석 2003년, 영국 항공은 런던에서 뉴욕으로 가는 콩코드 항공편을 더 이상 하루에 두 번 운항할 수 없을 것이라고 발표했는데, 그것이 경제적이지 않은 것으로 드러나기 시작하고 있었기 때문이었다. 그런데 바로 다음 날 이 노선의 항공편 판매가 증가했다. 노선이나 항공사에서 제공하는 서비스에서 달라진 것은 아무것도 없었다. 단지 그것이 부족한 자원이 되었기 때문에 수요가 증가했다. 만약 당신이 사람들을 설득하는 데 관심이 있다면, 희소성의 원리가 효과적으로 사용될 수 있다. 만약 당신이 특정 제품의 판매를 증가시키려 노력하는 판매원이라면, 단지 언급된 상품으로부터 고객이 얻을 수 있는 혜택을 강조할 뿐만 아니라 그것의 유일함과 그 상품을 빨리 구매하지 않는다면 무엇을 놓치게 될 것인지를 또한 강조해야만 한다. 판매에 있어 무언가가 더 한정적일수록 그것이 더 가치 있게 된다는 것을 명심해야 한다.

어휘 announcement 발표 (내용), 소식 operate 운항하다; 작동[가동]되다 prove 드러나다, 판명되다; 입증하다 uneconomical 비경제적인 merely 단지, 그저 point out 강조하다; 지적하다 derive from ~로부터 얻다; ~에서 유래하다 keep in mind ~을 명심하다 desirable 가치 있는, 바람직한

해설 항공편 감축 발표가 판매 증가로 이어진 사례를 언급하며, 판매에 있어 희소성의 원리가 효과적으로 사용될 수 있음을 보여주는 글이다. 제품 판매를 증가시키려면 상품의 유일함과 그것을 빨리 구매하지 않으면 놓치게 될 것을 강조해야 한다고 했으므로, 필자가 주장하는 바로 가장 적절한 것은 ③ '효과적인 판매를 위해서는 상품의 희소성을 강조해야 한다.'이다.

① 판매 목표 설정은 언급되지 않음
② 가격은 언급되지 않음
④ 고객의 신뢰를 얻는 내용이 아님
⑤ 고객 맞춤 판매 전략은 언급되지 않음

2 ⑤

해석 FOMO(놓치는 것에 대한 두려움)의 동인은 적재적소에 있어야 한다는 사회적 압박인데, 그것이 의무감에서 오는 것이든 앞서나가려는 것에서 오는 것이든, 우리는 직장, 가족, 친구를 위해서 어떤 행사에 참석해야 할 (a) 의무가 있다고 느낀다. FOMO와 결합한 이러한 사회적 압박은 우리를 지치게 할 수 있다. 최근 한 조사에 따르면 직원 중 70%는 휴가를 가서도 여전히 직장과 (b) 분리되지는 않는다고 인정한다.
JOMO(놓치는 것에 대한 즐거움)는 FOMO에 대한 정서적으로 현명한 해독제이고, 본질적으로 현재에 있으면서(충실하면서) 당신이 현재의 삶 속에서 (c) 만족하는 것에 관한 것이다. JOMO는 우리가 느리게 가는 삶을 살게 해주고, 인간관계를 이해하며, 우리의 시간에 대해서 (d) 의도를 갖고, '아니오'라고 말하는 연습을 하고, 자신에게 '기기에서 벗어나는 휴식'을 주며, 당신이 현재 있는 곳을 인정하고 감정을 느낄 수 있도록 스스로에게 허락해 준다. 사회의 다른 사람들을 따라잡으려고 끊임없이 애쓰는 대신에, JOMO는 현재 이 순간에 우리 자신이 될 수 있도록 해준다. 당신이 뇌 속의 경쟁적이고 걱정스러운 영역을 (e) 활성화할(→ 비활성화할) 때, 더욱더 많은 시간, 에너지, 감정을 갖고 당신의 진정한 우선순위를 얻을 수 있다.

어휘 driver 동인, 추진 요인; 운전자 duty 의무; 직무 obligated 의무가 있는 wear down 지치게 하다; 마모되다[시키다] content 만족하는; 내용, 주제 appreciate 이해하다; 진가를 알아보다[인정하다] intentional 의도적인, 고의로 한 acknowledge 인정하다 keep up with ~을 따라잡다 conquer 얻다, 획득하다; 정복하다; 억누르다 priority 우선순위; 우선(권)

해설 FOMO(놓치는 것에 대한 두려움)로 인한 불안과 압박에 대한 해독제로 JOMO(놓치는 것에 대한 즐거움)를 제시하는 글이다. JOMO는 자신의 현재 상황에 만족감을 느끼는 것이므로 경쟁적이고 걱정스러운 감정과는 거리가 멀다. 따라서 뇌의 경쟁적이고 걱정스러운 공간을 비활성화한다는 맥락이 되어야 하므로 ⑤ 'activate(활성화하다)'를 'deactivate(비활성화하다)'와 같은 단어로 바꿔야 한다.

① 의무가 있는 적재적소에 있어야 한다는 사회적 압박을 받는다고 했으므로 어떤 행사에 참석해야 할 '의무가 있다고' 느낄 것임
② 분리되다 FOMO와 결합한 사회적 압박하에서는 휴가를 가서도 직장과 '분리되지' 않을 것임
③ 만족하는 JOMO는 FOMO에 대한 해독제로, 현재에 충실하면서 현재의 삶에 '만족하는' 것에 관한 것임
④ 의도적인 시간에 대해 '의도를 갖는' 것은 자신의 시간과 에너지를 어떻게 사용할 것인지 스스로 선택을 한다는 의미이므로 사회를 따라잡으려고 애쓰지 않는 JOMO의 개념과 일치함

95 Astronomical Event

난이도 ★★☆

Stage 1 다의어 Check 1 ⓑ 2 ⓑ
 INTRO Q ① Q ④

Stage 2 1 ⓑ 2 ⓑ 3 ⓒ 4 achieved 5 radio waves 6 ⓑ

Stage 3 (A) enlarging (B) corrected

[1] What use is the **transit** of Venus, / the unique astronomical event
금성의 **통과**는 어떤 소용이 있을까   독특한 천문 현상인
[where Venus passes directly / between the Earth and the Sun]?
금성이 일직선으로 통과하는   지구와 태양 사이를

[2] During a transit, / Venus can be seen from Earth / as a small black dot
통과하는 동안   금성은 지구에서 볼 수 있다   작은 검은색 점으로
(moving / across the face of the Sun).
움직이는   태양의 표면을 가로질러

[3] But / historically / the transit of Venus has been much more /
그러나   역사적으로   금성의 통과는 훨씬 이상이었다
than a mere movement (of heavenly bodies).
단순한 이동보다   천체의

[4] In 1639, / astronomer Jeremiah Horrocks unintentionally increased /
1639년   천문학자 제러마이아 호록스는 의도치 않게 늘렸다
the size (of the universe) / by using the transit.
크기를   우주의   그 (금성의) 통과를 이용해서

[5] He measured the astronomical unit (AU)— / the distance (from the Earth
그는 천문단위(AU)를 측정했다   거리인   지구에서
to the Sun)— / by **timing** // how long Venus took to move across the Sun /
태양까지의   **시간을 측정해서**   금성이 태양을 가로질러 이동하는 데 얼마나 걸리는지
from two different positions, / and then using trigonometry / to determine /
서로 다른 두 위치에서   그런 다음에 삼각법을 이용해서   측정하는 데
how far away the Sun must be.
태양이 얼마나 멀리 있어야 하는지를

[6] The answer [he arrived at / by that calculation], / 56 million miles, /
답은   그가 도달한   그 계산으로   5,600만 마일로
was almost 10 times greater // than scientists had thought.
거의 열 배나 더 컸다   과학자들이 생각했던 것보다

[7] Robert Walsh, / an astrophysicist at the University of Central
로버트 월시는   센트럴 랭커셔 대학의 천체 물리학자인
Lancashire, / said // that / with that one value, / Horrocks
말했다   ~라고   그 하나의 값으로   호록스가
expanded the solar system.
태양계를 확장시켰다(고)

[8] More recent measurements, / achieved / by bouncing radio waves
더 최근의 크기(측정값)는   얻어진   태양에 전파를 반사시켜서
off the Sun / and timing / how long it takes them to return, /
그리고 시간을 측정해서   그것(전파)이 돌아오는 데 얼마나 걸리는지
have yielded greater accuracy than Horrocks's method: //
호록스 방식보다 더 큰 정확성을 내놓았다
AU is now known to be around 93 million miles.
AU는 현재 약 9,300만 마일로 알려져 있다

Stage 1 정답 찾아가기

Q 주어진 문장은 그가 계산으로 도달한 5,600만 마일이라는 답이 과학자들이 생각했던 것보다 거의 열 배나 더 컸다는 내용이므로, 그 앞에는 그가 그 답에 도달하기까지의 계산 과정이 오는 것이 가장 적절하다. ④ 앞 문장은 그가 천문단위(AU)를 측정한 과정을 설명하고 있으며, ④ 뒤에서는 주어진 문장의 The answer를 that one value로 받아 그에 대한 로버트 월시의 평가를 언급하므로 주어진 문장이 들어가기에 가장 적절한 곳은 ④이다.

Stage 2 한 문장씩 뜯어보기

1 ⓑ | 태양을 통과하는 금성은 **중요한** 역사적 의미가 있다. ⓐ 사소한 ⓒ 의심스러운
해설 역사적으로 금성의 통과가 단순한 천체의 이동 훨씬 이상이었다는 것은 '중요한' 역사적 의미를 지닌다는 의미와 같다.

2 ⓑ | 지구에서 태양까지의 거리를 측정하는 것
ⓐ 우주 전체의 크기를 계산하는 것 ⓒ 금성이 태양을 가로질러 이동하는 데 걸리는 시간을 측정하는 것
해설 한 천문학자가 금성의 통과를 이용해 지구에서 태양까지의 거리(AU)를 측정했다고 했으므로 이것이 금성 통과의 소용이다.

3 ⓒ | 제러마이아 호록스는 금성의 통과를 이용해 태양계의 알려진 크기를 **넓혔다**. ⓐ 의심했다 ⓑ 축소했다
해설 금성의 통과를 이용해 측정한 천문단위 측정값은 과학자들이 생각했던 것보다 거의 열 배나 더 컸다고 했다.

4 achieved
해설 콤마( ) 사이에 삽입된 어구가 앞의 명사 More recent measurements를 부연 설명한다. 의미상 주어 More recent measurements(더 최근의 측정값)와 achieve(얻는다)는 수동 관계이므로 과거분사 achieved가 알맞다.

5 radio waves
해설 태양에 전파를 반사시켜 '그 전파'가 되돌아오는 데 걸리는 시간을 측정하는 것이므로, them이 지칭하는 것은 radio waves(전파)이다.

6 ⓑ | 지구에서 태양까지의 실제 거리는 호록스가 계산했던 값의 거의 **두 배**로 밝혀졌다. ⓐ 절반 ⓒ ~에 가까운
해설 현재 알려진 천문단위는 9,300만 마일이므로 호록스가 계산한 5,600만 마일의 두 배에 가깝다.

Stage 3 요약하기

금성의 통과는 천문학자 제러마이아 호록스가 천문단위를 추정하게 하고 태양계에 대한 우리의 이해를 (A) <u>넓혔</u>지만, 5,600만 마일이라는 그의 계산은 나중에 약 9,300만 마일로 (B) <u>수정되었다</u>.

함께 풀면 좋은 기출문제

p. 142

1 ④

해석 온도를 측정하는 한 가지 방법은 불 속에 놓아둔 금속 부지깽이처럼 눈에 띄게 빛날 정도로 물체가 뜨거울 때 발생한다. 빛나는 물체의 색은 물체의 온도와 관련이 있는데, 온도가 상승함에 따라 물체는 먼저 빨간색, 그다음 주황색으로 변하고, 마지막으로 '가장 뜨거운' 색인 흰색이 된다. 온도와 빛나는 물체의 색 사이의 관련성은 천문학자들에게 유용하다. 별의 색은 별의 온도와 관련이 있고, 아직은 사람들이 별까지 먼 거리를 이동해서 더 정확한 방법으로 별의 온도를 측정할 수 없기 때문에, 천문학자들은 별의 색에 의존한다. 이 온도는 별의 표면, 즉 눈에 보이는 빛을 방출하는 부분의 온도이다. 별의 내부는 숨겨져 있지만, 온도는 훨씬 더 높다. 하지만 별의 색에서 얻은 정보는 여전히 유용하다.

어휘 emit 방출하다, 내뿜다; 내다 *cf.* emission 배출(물)   occur 발생하다, 일어나다; 존재하다   visibly 눈에 띄게, 분명히   glow 빛나다; 상기되다, 발갛다; 불빛   poker 부지깽이 ((불을 땔 때 쓰는 막대기)); 포커   relation 관련[관계](성)   precise 정확한; 엄밀한   rely on ~에 의존[의지]하다; ~을 믿다   interior 내부; 내륙; 내부의   conceal 숨기다, 감추다

해설 주어진 문장은 이 온도는 별의 표면에서 우리가 볼 수 있는 빛을 방출하는 부분의 온도라는 내용이므로, 이 온도(This temperature)가 '무엇'을 지칭하는지를 찾아야 한다. 별의 색은 별의 온도(their temperature)와 관련 있다는 ④ 앞의 내용에서 주어진 문장의 This temperature가 '별의 온도'임을 알 수 있다. 별의 표면 온도에 대해 언급하는 주어진 문장을 ④에 넣어보면 별의 내부 온도에 관해 말하는 다음 문장과도 자연스럽게 연결된다. 따라서 주어진 문장이 들어가기에 가장 적절한 곳은 ④이다.

2 ①

해석 환경에 미치는 영향을 줄이면서, 우리는 어떻게 필요한 영양분에 접근할 수 있을까? 기후 변화의 한 원인이 되는 농업의 가장 큰 요소는 가축이다. 세계적으로, 육우와 젖소는 온실가스 배출(GHGEs) 면에서 가장 큰 영향을 미치고, 세계 이산화탄소 배출의 41%와 전 세계 온실가스 배출의 20%에 책임이 있다. 축산업과 관련된 운송, 토지 개간, 메탄 배출, 곡물 경작으로 야기된 대기의 온실가스 배출 증가는 지구 온도 상승 이면에 있는 주요 요인이나. 전통적인 가축과는 대조적으로, '소규모 가축'으로서의 곤충들은 온실가스를 적게 배출하고 최소한의 땅을 사용하며 재배된 곡물이 아닌 음식물 쓰레기를 사료로 먹을 수 있고 어느 곳에서나 사육될 수 있어서, 장거리 운송으로 인한 온실가스 배출도 잠재적으로 막을 수 있다. 만약 우리가 세계적으로 곤충 섭취를 늘리고 육류 섭취를 줄인다면, 식량 체계로 인한 지구 온난화 가능성은 현저히 줄어들 것이다.

어휘 livestock 가축   beef cattle 육우   milk cattle 젖소   in terms of ~ 면에서, ~에 관하여   responsible for ~에 책임이 있는; ~의 원인이 되는   atmospheric 대기의; 분위기 있는   land clearance 토지 개간   methane 메탄, 메테인   cultivation 경작, 재배; 함양   associated with ~와 관련된   conventional 전통적인; 관습적인, 극히 평범한   farm (동물을) 사육하다[기르다]; 농사를 짓다; 농장   consumption 섭취, 먹는 것; 소비[소모](량)   [선택지] necessity 필요(성); 필수품   dietary 식단의, 식이 요법의; 규정식   enhancement 향상, 개선

해설 도입부에서 질문을 던지고 이에 대해 답하는 구조의 글이다. 환경에 미치는 영향을 줄이면서 필요한 영양분에 접근하는 방식에 대해 질문을 한 뒤, 온실 가스를 배출해 기후 변화를 야기하는 전통적인 가축 사육 대신, 지구 온난화 가능성을 줄일 수 있는 곤충 섭취를 해답으로 제시한다. 따라서 글의 주제로 가장 적절한 것은 ① 'necessity of a dietary shift toward eating insects(곤충 섭취로의 식단 변화 필요성)'이다.

② 곤충 사육에 대한 수요와 공급의 영향
   곤충 사육의 수요와 공급은 언급되지 않음
③ 온실가스 배출 감소의 중요성
   온실가스 배출을 감소시키는 방안으로 곤충 섭취를 제안하는 글임
④ 지구 온난화를 방지하기 위한 기술 발전
   지구 온난화를 방지하는 기술 발전은 언급되지 않음
⑤ 농업 생산성 향상 방법 농업 생산성 향상은 언급되지 않음

96 Exploring Prehistory

난이도 ★★★   p. 36

Stage 1   다의어 Check **1** ⓑ **2** ⓐ **3** ⓑ
            INTRO Q ① **Q** ④

Stage 2   **1** as messy as   **2** ⓑ   **3** X, establish → established   **4** died (off)   **5** ⓐ

Stage 3   (A) disorder   (B) survival   (C) weaker   (D) extinction

---

¹There was once a time [when the world was full of mess and disorder].
언젠가 (~인) 때가 있었다   세상이 엉망과 무질서로 가득 찬

²Then mankind came along.
그러다가 인류가 나타났다

³Prehistoric men wouldn't at first have been significantly less messy /
선사 시대의 인류는 처음에는 크게 덜 지저분하지는 않았을 것이다

than most other animals.
대부분의 다른 동물들보다

⁴Then, gradually, / they developed a skill (for categorizing mushrooms /
그러다 점점   그들(선사 시대의 인류)은 능력을 발달시켰다   버섯을 분류하는

into poisonous and nonpoisonous **varieties**, / for keeping hunting
독이 있는 **종류**와 독이 없는 **종류**로   사냥터를 유지하는

grounds / free of human signs [that would alert prey], /
인간의 흔적이 없게   사냥감을 경계시키는

and for scheduling shifts (for guard **duty**)).
그리고 교대 근무 시간표를 만드는   경비 **근무**를 위한

⁵Archaeological sites (dating as far back as 1.5 million years) /
고고학적 유적지들은   150만 년 전까지 거슬러 올라가는

suggest // that early humans established storage areas (for tools), /
시사한다   초기 인류가 보관 구역을 설정했음을   도구를 위한

and that by 20,000 BC some hunter-gatherers had / separate areas
그리고 기원전 2만 년쯤 일부 수렵 채집인들이 가졌음을   별개의 공간을

(for eating, cooking, tossing garbage, / and even for leisure activities
먹고, 요리하고, 쓰레기를 버리기 위한   그리고 심지어 여가 활동을 위한

(such as carving stones)).
돌을 조각하는 것과 같은

⁶Anthropologists have argued // that the Neanderthals, / a species of man
인류학자들은 주장했다   네안데르탈인이   인류의 한 종인

[that branched off from our own ancestor Homo sapiens / half a million
우리의 조상인 호모 사피엔스에서 갈라진   50만 년 전에

years ago / and thrived in Europe / for a hundred thousand years], /
그리고 유럽에서 번성한   10만 년 동안

died off / because they seemed to be less organized /
멸종했다고   그들(네안데르탈인)이 덜 체계적인 것 같았기 때문에

than our own primitive ancestors, / judging by the excavated **remains**
우리의 원시 조상들보다   발굴된 **유적**으로 판단할 때

(of the messier Neanderthal sites).
더 어질러진 네안데르탈인 유적지들의

⁷Clearly, / a preference (for certain types of order) /
분명히   선호는   특정 유형의 질서에 대한

must have resulted in advantages (in primitive men's fight for survival).
이점으로 이어졌음이 틀림없다   원시인의 생존을 위한 싸움에서

Stage 1 정답 찾아가기

다의어 Check 1 ⓐ 다양성 ⓑ 종류

Q 빈칸 문장으로 보아, '무엇'이 원시인들의 생존 싸움에서 이점이 되었는지를 찾아야 한다. 선사 시대 인류가 처음에는 무질서했지만 점점 체계를 만들고 특정 목적을 위해 공간을 분리하는 등 질서를 확립했다고 했으며, 네안데르탈인은 우리 조상보다 덜 체계적이었기 때문에 멸종했다고 했다. 이를 통해 질서와 체계화가 원시인의 생존에 중요한 요소였음을 알 수 있으므로, 빈칸에 들어갈 말로 가장 알맞은 것은 ④ 'a preference for certain types of order (특정 유형의 질서에 대한 선호)'이다.

① 방어 전문화 방어는 언급되지 않음
② 사냥 시 협력하는 경향 협력은 언급되지 않음
③ 지능적인 도구 사용의 발전
도구 사용을 지능적으로 했다는 것에 관한 내용이 아님
⑤ 위생 개념의 발달 식사, 요리, 쓰레기 각각을 위한 공간을 가졌다는 것에서 위생 개념이 있었음을 유추할 수 있지만 질서와 체계화의 한 예에 불과함

Stage 2 한 문장씩 뜯어보기

1 as messy as | 선사 시대 인류는 처음에 거의 다른 대부분의 동물만큼 지저분했을 것이다.
해설 'A가 B보다 크게 덜 ~하지는 않다(A가 B보다 덜 ~하지만 그 차이가 크지는 않다)'라는 의미의 <A not significantly less 원급 than B>를 'A가 거의 B만큼 ~하다(A가 B만큼은 아니지만 비슷하게 ~하다)'라는 의미의 <A nearly as 원급 as B>로 바꿔 표현한다.

2 ⓑ | 더 **질서 정연한** 생활 방식으로의 진전 ⓐ 최소의 ⓒ 독립적인 • progression 진전, 진행; ((수학)) 수열
해설 버섯을 분류하고, 사냥터를 정비하고, 교대 근무를 계획하는 행동은 '질서 정연한' 생활을 보여준다.

3 X, establish → established
해설 문장의 동사 suggest는 '~을 시사하다'라는 의미로 쓰였으므로 that절의 동사는 주어의 인칭과 수, 시제에 맞게 써야 한다. 과거에 초기 인류가 보관 구역을 설정했다는 맥락이므로 과거시제 established로 고쳐야 한다.

4 died (off)
해설 a species ~ thousand years는 that절의 주어 the Neanderthals를 부연 설명하는 삽입구이고, 동사는 그 뒤의 died (off)이다.

전문해석 ¹언젠가 세상이 엉망과 무질서로 가득 찬 때가 있었다. ²그러다 인류가 나타났다. ³선사 시대의 인류는 처음에는 다른 대부분의 동물들보다 크게 덜 지저분하지는 않았을 것이다. ⁴그러다 점점 선사 시대 인류는 버섯을 독이 있는 종류와 독이 없는 종류로 분류하고, 사냥감을 경계시키는 인간의 흔적이 없도록 사냥터를 유지하고, 경비 근무를 위한 교대 근무 시간표를 만드는 능력을 발달시켰다. ⁵150만 년 전까지 거슬러 올라가는 고고학적 유적지들은 초기 인류가 도구를 위한 보관 구역을 설정했으며 기원전 2만 년쯤 일부 수렵 채집인들이 먹고, 요리하고, 쓰레기를 버리고, 심지어 돌을 조각하는 것과 같은 여가 활동을 위한 별도의 공간을 가졌음을 시사한다. ⁶인류학자들은 더 어질러진 네안데르탈인 유적지에서 발굴된 유적들로 판단할 때, 우리 조상인 호모 사피엔스에서 50만 년 전에 갈라져 10만 년 동안 유럽에서 번성했던 인류의 한 종인 네안데르탈인이 우리의 원시 조상들보다 덜 체계적인 것 같았기 때문에 멸종했다고 주장했다. ⁷분명히, 특정 유형의 질서에 대한 선호는 결과적으로 원시인이 생존을 위해 싸우는 데 이점이 되었음이 틀림없다.

5 ⓐ | 네안데르탈인의 멸종은 그들의 **부족한** 체계화 기술과 관련이 있는 것으로 보인다. ⓑ 독특한 ⓒ 불필요한
• deficient 부족한, 결핍된

해설 네안데르탈인이 우리의 원시 조상보다 덜 체계화되어서 멸종했다는 인류학자들의 주장을 간단히 표현한 것이다.

Stage 3 요약하기

초기 인류는 초기의 (A) 무질서에서 진화하여 (B) 생존을 위한 다양한 체계화 기술을 발전시켰지만, 네안데르탈인은 질서를 지키려는 (C) 더 약한 성향 때문에 (D) 멸종에 이르렀을지도 모른다. • inclination 성향; 경향

함께 풀면 좋은 기출문제

p. 143

1 ②

해석 불안은 수천 년 동안 존재해 왔다. 진화 심리학자들에 따르면, 그것은 우리 조상들이 생사의 오차 범위가 매우 좁은 상황을 피하도록 도와줬을 정도로 적응력이 있다. 불안은 사람들의 삶이 위험에 처할 때 경고해 주었는데, 야생 호랑이, 동굴곰, 배고픈 하이에나, 들판을 돌아다니는 다른 동물들뿐만 아니라, 적대적이고 경쟁적인 부족들로부터의 위험에도 그랬다. 경계하는 것은 고대 사람들이 포식 동물들과 싸우거나, 적으로부터 도망치거나, '그 자리에 얼어붙어 있으면서' 마치 위장한 것처럼 주위 환경에 섞여서 눈에 띄지 않도록 도와주었다. 그것은 고대 사람들이 생존에 대한 실제 위협에 반응하도록 동원되었다. 그것은 고대 사람들이 계속해서 자신의 자손을 위험이 없는 안전한 곳에 있게 했다. 따라서 불안은 이롭고 목숨을 구하는 특성이었기 (그리고 특성일 수 있기) 때문에 진화를 통해 인구 대다수에서 지속되었다.

어휘 anxiety 불안(감), 염려; 열망 evolutionary 진화의, 점진적인 adaptive 적응력이 있는, 적응할 수 있는 margin of error 오차 범위 stalk 돌아다니다, 걷다; 몰래 접근하다 landscape 들판; 풍경 hostile 적대적인; 강력히 반대[거부]하는 predator 포식 동물, 포식자 flee from ~에서 도망치다, 달아나다 blend in (주위 환경에) 섞여 들다, 조화를 이루다 mobilize 동원되다[하다] out of harm's way 위험이 없는 안전한 곳에 persist 지속[계속]되다 advantageous 이로운, 유리한

해설 도입부에서 불안은 사람들의 삶이 위험에 처할 때 경고해 주었다고 한 뒤, 이어지는 세부 사항에서 우리 조상들이 위험을 피해 생존하고 자손을 보호하도록 도왔다고 설명한다. 마지막으로 진화의 역사 동안 불안은 인간의 생존에 이로웠다고 결론짓고 있으므로 글의 제목으로 가장 적절한 것은 ② 'How Anxiety Helped Us to Survive (불안은 어떻게 우리가 생존하도록 도왔는가)'이다.

① 불안해하지 말고 준비하라! 불안에 대처하라는 내용이 아님
③ 불안한 세상에서 단순하게 살기
　불안한 세상을 살아가는 방법을 설명하는 글이 아님
④ 인간과 동물, 친구인가 적인가?
　인간의 생존을 위협하는 동물들이 언급되긴 했으나 세부 사항임
⑤ 진화의 산물인 다양한 감정 불안 외 다른 감정은 언급되지 않음

2 ③

해석 무용수는 종종 자기 신체 능력의 한계까지 스스로를 밀어붙인다. 그러나 그렇게 밀어붙이는 것이 물리적으로 불가능한 것을 달성하는 쪽으로 향한다면, 잘못 이해한 것이다. 예를 들어, 키가 크고 발이 긴 무용수가 공중에서 발을 뾰족하게 하고 점프 사이에 발뒤꿈치를 바닥에 내리면서 빠른 음악에 맞춰 반복적인 수직 점프를 하고 싶을 수 있다. 그것은 무용수가 아무리 힘이 좋아도 불가능할 수 있다. 하지만 발이 짧은 무용수는 전혀 문제가 없을 수도 있다! 또 다른 무용수는 공중에서 반 바퀴 회전을 완성하려고 애쓰고 있을 수도 있다. 빠른 회전 속도와 회전축에 가까운 몸 정렬 사이의 관계를 이해하는 것은 그 무용수에게 성공적으로 회전을 해내는 방법을 알려 준다. 이 두 경우 모두에서, 선천적으로 주어지고 물리 법칙에 의해 설명되는 제약을 이해하고 그 안에서 움직이는 것은 무용수가 잠재적인 부상 위험을 최소화하면서 효율적으로 움직일 수 있게 한다.

어휘 physical 신체의; 물리적인 cf. physically 물리적으로; 신체적으로 misguided 잘못 이해[판단]한 accomplish 달성하다, 해내다 vertical 수직의, 세로의; 수직 heel 발뒤꿈치; 한쪽으로 기울다 struggle 애쓰다; 투쟁하다 complete 완성하다; 완벽한; 완전한 rate 속도; 비율; 평가하다 impose 주다, 부여하다; 도입[시행]하다; 강요하다 by nature 선천적으로 efficiently 효율적으로 potential 잠재적인 injury 부상 [선택지] constraint 제약; 제한, 통제 hostility 적대감, 적의; 강한 반대 morality 도덕(성)

해설 빈칸 문장으로 보아, 무용수가 부상 위험을 최소화하면서 효율적으로 움직이게 하려면 '무엇'을 이해해야 하는지 찾아야 한다. 발이 긴 무용수와 발이 짧은 무용수를 예로 들어 신체적 한계로 인해 특정 동작이 물리적으로 불가능할 수 있음을 설명하고, 공중에서 반 바퀴 회전하고 싶어 하는 무용수의 예에서는 회전을 성공하게 하는 물리 법칙을 이해하는 것이 중요하다고 했다. 이는 선천적으로 주어지는 신체의 한계와 물리 법칙의 제한 조건에 해당하므로 빈칸에 들어갈 말로 가장 알맞은 것은 ③ 'constraints (제약)'이다. 지문에서 열거한 내용들을 constraints로 일반화한 미괄식 구조의 글이다.

① 습관　　　　② 문화
④ 적대감　　　⑤ 도덕성
①, ②, ④, ⑤ 모두 언급 없음

97 Plants' Stomata

Stage 1　다의어 Check　1 ⓐ　2 ⓑ
　　　　　　INTRO Q ①　**Q** ③　**OUTRO Q** ①

Stage 2　1 ⓒ　2 ⓐ　3 ⓓ-ⓑ-ⓐ-ⓒ　4 ⓑ　5 ⓐ
　　　　　　6 너무 많은 수분을 잃을 정도로 아주 오래는 아닌

Stage 3　(A) regulate　(B) photosynthesis　(C) loss

---

¹Many plants don't live / in environments [where the soil is constantly
　많은 식물이 살지 않는다　　　환경에서　　　　　토양이 항상 촉촉한
moist], // which would allow them / to leave their stomata open /
　그런데 그것(환경)은 그들(식물)이 (~하게) 한다　자신들의 기공을 열어두게
all the time.
　늘

²If they keep their stomata open, //
　만약 그들(토양이 항상 촉촉하지는 않은 환경에서 사는 식물)이 기공을 계속 열어두면
the stomata will continuously **release** water.
　기공은 계속해서 수분을 **방출한다**

³Their roots would then pull all the available water / from the soil, /
　그런 다음 그들(식물)의 뿌리는 사용할 수 있는 모든 수분을 끌어당긴다　　토양으로부터
drying it out / and leading to a water deficit.
　그 결과 그것(토양)을 메마르게 한다　그래서 수분 부족으로 이어진다

⁴If the water deficit becomes too severe, // the continuous **streams**
　수분 부족이 너무 극심해지면　　　　　지속적인 물의 **흐름**이
of water (inside the plant's hydration system) / will break apart, /
　　　　식물의 수화 체계 내부의　　　　　　부서진다
causing the plant to experience dehydration.
　　　그 결과 식물이 탈수를 겪게 한다

(⁵When plants suffer from broken leaves, // they channel energy into
　식물이 손상된 잎으로 병들면　　　　　그들(식물)은 에너지를 회복에 쏟는다
recovery, / healing the damage / and strengthening defenses
　　　　　손상을 치료하면서　　　　그리고 방어를 강화하면서
(against pests (drawn to the area)).)
　해충에 대한　　　그 부분으로 끌리는

⁶Bubbles will form inside the cells, / and the leaves will no longer
　세포 내부에 기포가 생긴다　　　　　그리고 잎은 더 이상
be able to pull water upward; // It will be like sucking / on a straw
　물을 위로 끌어 올릴 수 없게 된다　　이는 마치 빨아들이는 것과 같다　빨대를
(with a hole in the side), / and the plant will die.
　옆면에 구멍이 있는　　　그래서 식물은 시들어버린다

⁷Because plants can't photosynthesize / without losing water to the air, //
　식물은 광합성을 할 수 없기 때문에　　　공기 중으로 수분을 잃지 않고
they must perform a balancing act, / opening their stomata /
　그들(식물)은 균형 잡힌 행동을 수행해야 한다　기공을 열어두면서
for as long as possible / to maximize photosynthesis, /
　가능한 한 오랫동안　　　광합성을 최대화하려고
but not so long / that they lose too much water.
　그러나 아주 오래는 아닌　그들(식물)이 너무 많은 수분을 잃을 정도로

Stage 1　정답 찾아가기

INTRO Q ① 식물이 열린 기공을 유지하는 것의 결과
② 습한 환경에 있는 식물의 진화 과정
Q 땅이 항상 촉촉하지는 않은 환경에서 사는 식물이 기공을 계속 열어두면 발생하는 결과를 설명하는 글이다. 식물이 기공을 계속 열어두면 계속해서 수분을 방출해 결국 수분 부족이 심해져 탈수를 겪고 시들 수 있기 때문에 균형을 잘 맞추어 기공을 열어야 한다고 했다. 그런데 ③은 잎이 손상됐을 때 식물이 대처하는 방법을 설명하므로 글의 흐름과 무관하다.
OUTRO Q ① 식물이 상처에 대처하는 방법
② 세포 내 기포 형성의 결과

Stage 2　한 문장씩 뜯어보기

1 ⓒ | 기공으로부터의 지나친 수분 손실은 식물의 수분 부족을 초래할 수 있다. ⓐ 불충분한 토양 양분
ⓑ 촉촉한 토양에서 메마른 뿌리
해설 항상 촉촉한 환경에서 살지 않는 식물이 기공을 계속 열어두면, 계속해서 수분을 방출해 결국 수분 부족으로 이어진다는 내용을 간단히 표현한 것이다.

2 ⓐ | 지속적인 물의 흐름을 유지하는 것은 식물의 수화에 필수적이다. ⓑ 세포 성장 ⓒ 햇빛 노출
해설 식물의 수분 부족이 너무 극심해지면 수화 체계 내의 지속적인 물의 흐름이 깨져 결국 시들어버리는 과정을 설명하므로, 지속적인 '물의 흐름'을 유지하는 것이 식물의 수화에 필수적이라는 것을 알 수 있다.

3 ⓓ-ⓑ-ⓐ-ⓒ
해설 기공이 계속해서 수분을 방출하면(ⓓ, 문장 2) 식물의 뿌리가 토양에서 사용 가능한 모든 수분을 끌어당겨 토양과 식물의 수분 부족으로 이어지고(ⓑ, 문장 3), 그로 인해 식물 내 수화 체계의 물의 흐름이 부서져 탈수를 겪고(ⓐ, 문장 4) 세포 내에 기공이 발생해 잎이 더 이상 물을 끌어 올릴 수 없게 되어(ⓒ, 문장6) 시들게 된다고 했다.

4 ⓑ | 식물은 광합성을 할 때마다 수분을 **방출하기** 때문에 ⓐ 억제하다 ⓒ 흡수하다
해설 <부정어 A without B>는 이중부정 표현으로 'A하려면 반드시 B한다'는 의미이다. 즉, 수분을 잃지 않고 광합성을 할 수 없다는 것은 광합성을 할 때마다 수분을 '방출한다'는 것과 같다.

전문해석 [1]많은 식물이 토양이 항상 촉촉한 환경에서 살지는 않는데, 그러한 환경은 식물이 기공을 늘 열어두게 한다. [2]만약 토양이 항상 촉촉하지는 않은 환경에서 사는 식물이 기공을 계속 열어두면, 기공은 계속해서 수분을 방출한다. [3]그런 다음 식물의 뿌리가 사용할 수 있는 모든 수분을 토양으로부터 끌어당겨 그 결과 토양을 메마르게 하여 수분 부족으로 이어진다. [4]수분 부족이 너무 극심해지면 식물의 수화 체계 내부의 지속적인 물의 흐름이 깨져 식물이 탈수를 겪게 된다. ([5]식물의 잎이 손상되면 식물은 손상을 치료하고 그 부분에 몰리는 해충에 대한 방어를 강화하며 회복에 에너지를 쏟는다.) [6]세포 내부에 기포가 생기고 잎은 더 이상 물을 위로 끌어 올릴 수 없게 되며, 이는 마치 옆면에 구멍이 있는 빨대를 빨아들이는 것과 같아서 식물은 시들어버린다. [7]식물은 광합성을 하려면 반드시 공기 중으로 수분을 잃기 때문에 광합성을 최대화하려고 가능한 한 오랫동안 기공을 열어두되, 너무 많은 수분을 잃을 정도로 아주 오랫동안은 열어두지 않으면서 균형 잡힌 행동을 수행해야 한다.

5 ⓐ l 균형을 맞추는 ⓑ 약화시키는 ⓒ 치유하는

해설 광합성을 최대화하려면 기공을 오래 열어야 하지만, 지나친 수분 손실을 피하려면 너무 오래는 열지 말아야 하므로 '균형 잡힌' 행동을 수행해야 한다.

6 너무 많은 수분을 잃을 정도로 아주 오래는 아닌

해설 '…할 정도로 ~하다; 아주 ~해서 …하다'를 의미하는 <so+형용사(+that) …> 구조이다. so 앞의 부정어 not에 주의하여 해석한다.

탈수와 시듦을 피하려면 식물은 (B) 광합성 동안에 기공의 열림을 신중하게 (A) 조절해야 하는데, 과도한 수분 (C) 손실이 토양 건조와 세포의 기포를 유발하기 때문이다.

함께 풀면 좋은 기출문제

p. 144

1 ③

해석 어둠 속에서 식물이 자라는 것을 관찰해 온 과학자들은 그러한 식물이 빛 속에서 길러진 식물과 외관, 형태 그리고 기능이 엄청나게 다르다는 것을 발견해 왔다. 이것은 서로 다른 빛 조건에 있는 식물들이 유전적으로 동일하고 온도, 수분, 그리고 영양 수준이 동일한 조건에서 길러질 때도 적용된다. 어둠 속에서 길러진 묘목은 떡잎이나 뿌리처럼 어둠 속에서 완전한 능력으로 기능하지 않는 기관으로 가는 에너지의 양을 제한하고, 대신 그 식물을 어둠에서 벗어나 나아가게 하려고 묘목 줄기의 연장을 시작한다. 충분한 빛 속에서, 묘목은 줄기 연장에 할당하는 에너지의 양을 줄인다. 그 에너지는 묘목들의 잎을 확장하고 광범위한 뿌리 체계를 발달시키는 데로 향한다. 이것이 표현형 적응성의 좋은 예이다. 묘목은 그 형태와 근원적인 신진대사 및 생화학적 과정을 조정함으로써 뚜렷이 다른 환경 조건에 적응한다.

어휘 seedling 묘목 allocate 할당하다 stem 줄기; (흐름을) 막다 vastly 엄청나게 appearance 외관, (겉)모습; 출현 identical 동일한 nutrient 영양(소) function 기능(하다); 행사, 의식 initiate 시작하다, 개시하다 propel 나아가게 하다; 몰고 가다 direct ~로 향하다; 총괄하다; 직접적인 extensive 광범위한; 대규모의 adapt to A A에 적응하다 distinct 뚜렷이 다른, 별개의; 뚜렷한 modify 조정하다; 변경[수정]하다 underlying 근원적인; 밑에 있는 metabolic 신진[물질]대사의 biochemical 생화학적인

해설 서로 다른 빛 조건이 식물의 성장에 미치는 영향을 설명하는 글이다. 주어진 문장은 빛이 충분할 때 묘목의 반응에 대해 설명하므로, 그 앞에는 빛이 충분하지 않을 때에 대한 서술이 올 것임을 예측할 수 있다. ③ 앞 문장은 어둠 속에서 길러진 묘목은 떡잎이나 뿌리 같은 기관으로 가는 에너지의 양을 제한하고 줄기를 연장한다는 내용이고, ③ 뒤 문장은 묘목이 잎을 확장하고 뿌리 체계를 발달시키는 데 에너지를 사용한다는 내용이므로 상반된다. 따라서 빛이 충분하면 묘목이 줄기 연장에 할당하는 에너지의 양을 줄인다는 내용의 주어진 문장은 그 사이인 ③에 들어가는 것이 가장 적절하다.

2 ④

해석 신체에는 면역 체계라고 하는, 균에 대항하는 효과적인 자연적 방어 체계가 있다. 면역 체계는 너무 복잡해서 그것을 설명하려면 책 한 권이 있어야 할 것이다. 간단히 말해, 면역 체계가 위험한 균을 감지하면 신체는 특별한 세포를 만들어내도록 동원되며, 그 세포는 일종의 군대처럼 혈액을 타고 전쟁터로 운반된다. 보통은 면역 체계가 승리하고, 그 사람은 회복된다. 그 후, 면역 체계는 그 특정한 전투를 위해 발달시켰던 분자로 된 장비를 기억해서, 같은 종류의 균에 대한 이후의 감염은 아주 빨리 퇴치되어 우리는 그것을 알아차리지도 못한다. (그 결과, 약해진 면역 체계는 감염을 일으키고 그 감염은 면역 체계에 손상을 일으켜, 더 나아가 저항력을 약화시킨다.) 그것이 바로 당신이 홍역이나 수두 같은 질병에 한 번 걸리면, 그것에 다시 걸릴 가능성이 거의 없는 이유이다.

어휘 defense 방어, 수비; 변호 immune system 면역 체계 briefly 간단히 (말해서); 잠시 mobilize 동원하다[되다] recover 회복되다; 되찾다 equipment 장비; 설비 particular 특정한; 까다로운 infection 감염; 전염병 beat off 퇴치하다, 물리치다 weaken 약해지다, 약화시키다[되다] further 더 나아가; 더 멀리 resistance 저항력; 저항, 반대 measles 홍역 chicken pox 수두

해설 균으로부터 몸을 보호하기 위해 면역 체계가 작동하는 과정을 설명하는 글이다. 면역 체계는 균에 대항하여 이전에 싸웠던 분자를 기억하기 때문에 같은 종류의 균에 의한 이후의 감염은 알아차리지 못할 정도로 빠르게 퇴치되어 홍역 같은 질병에 두 번 다시 걸리지 않는다고 설명한다. 그런데 ④는 약해진 면역 체계는 감염과 저항력 약화를 초래한다는 내용으로 균에 대항하는 면역 체계의 내용과 반대되므로 글의 흐름과 무관하다.

Stage 1	다의어 Check 1 ⓐ INTRO Q ② Q ④
Stage 2	1 ⓒ　2 ⓐ　3 문장 3 해석 참고　4 ⓐ　5 ⓒ　6 ⓒ
Stage 3	(A) awareness　(B) gravity　(C) pace

1 A major component (of the flow of time) / lies in / our own perception
주요한 구성요소는　　시간 흐름의　　(~에) 있다　그것(시간)에 대한 우리 자신의 지각에

of it: // when we're younger, / time seems to go slower— /
예를 들어 우리가 더 어릴 때　　시간은 더 느리게 가는 것 같다

progressing from age one to two / exactly doubles your total days lived.
한 살에서 두 살로 (시간이) 지나는 것은　　당신의 살아온 총일수를 정확히 두 배로 만든다

2 In contrast, / when we're older, // time appears to pass more quickly— /
이와 반대로　　우리가 나이가 더 들면　　시간은 더 빨리 가는 것 같다

it's just another year.
그것은 단지 또 다른 1년일 뿐이다

3 And when we are consciously aware of time //
그리고 우리가 의식적으로 시간을 자각할 때는

it can barely seem to pass at all.
그것(시간)이 거의 조금도 지나가지 않는 것 같을 수 있다

4 This psychological fact explains the saying / "A watched pot never boils,"
이러한 심리적인 사실은 속담을 설명한다　　'지켜보는 냄비는 결코 끓지 않는다'라는

// because the watcher gives up / since it simply takes too long.
관찰자가 포기하기 때문이다　　그저 너무 오래 걸려서

5 When we are unaware— / such as when we are sleeping, /
우리가 알지 못할 때　　잠잘 때같이

or in the more enriching moments of being human, /
또는 인간으로서 더 풍요로운 순간에

such as when in a state of intense focus / as an athlete, musician, or
강렬한 집중 상태인 때와 같이　　운동선수, 음악가, 혹은 작가로서

writer— // time ceases to be a factor.
시간은 더 이상 요인이 아니게 된다

6 To further illustrate the complexity of time, / consider Einstein's Theory
시간의 복잡성을 더 설명하려면　　아인슈타인의 상대성 이론을 고려하라

of Relativity, // which shows / that time is not even absolute or **fixed**.
그러면 그것은 보여준다　　시간이 절대적이지도 **고정되어** 있지도 않다는 것을

7 Instead, / it is relative / to where one stands.
대신　그것(시간)은 상대적이다　사람이 서 있는 곳에 따라

8 The closer to the Earth, / where gravitational forces are stronger, //
지구에 더 가까울수록　　중력이 더 세다

the slower it goes.
그것(시간)은 더 느리게 간다

9 (Over time, / your feet age slightly more slowly / than your head /
시간이 흐르면서　　당신의 발은 약간 더 천천히 늙는다　　당신의 머리보다

due to the difference in gravitational pull!)
중력 차이 때문에!

Stage 1 정답 찾아가기

INTRO Q ① 시간 흐름에 따른 변화

② 시간 흐름에 대한 지각과 물리적 특성

Q 시간 흐름을 인지 심리와 물리학의 관점에서 설명하는 글이다. 나이와 자각에 따라 시간 지각이 달라지며, 아인슈타인의 상대성 이론에 따르면 우리가 서 있는 곳에 따라서도 시간이 다르게 흐른다고 설명한다. 따라서 글의 제목으로 가장 적절한 것은 ④ 'What Aspects Influence Our Experience of Time(어떤 측면이 시간에 대한 우리의 경험에 영향을 미치는가)'이다.

① 시간은 우리 우주의 고정된 값이다
시간은 고정되지 않고 조건에 따라 다를 수 있음

② 시간을 늦추기 위해 뇌를 속이는 방법 시간이 느리게 가는 경우는 언급되었지만, 늦추는 것에 관한 내용은 아님

③ 시간은 현실에 대한 우리의 인식을 바꾸는가?
시간의 흐름이 우리 자각에 따라 달라진다고 했음

⑤ 문화에 따라 다른 시간 지각인 시간 지향
시간 지각이 문화에 따라 다르다는 언급은 없음

Stage 2 한 문장씩 뜯어보기

1 ⓒ | 두 살에게 1년은 인생의 **상당한 부분**에 해당한다.
ⓐ 작은 부분 ⓑ 다양한 측면 • fraction 부분; 파편
해설 한 살에서 두 살이 되면 (살아온 날의) 총일수가 두 배가 된다는 것은 두 살에게 1년은 인생의 절반인 상당 부분을 차지한다는 것을 의미한다.

2 ⓐ | 시간에 대한 우리의 지각은 우리가 <u>나이 들면서</u> 바뀐다. ⓑ 배우다 ⓒ 즐기다
해설 어릴 때는 시간이 더 느리게 가고, 나이가 들면 시간이 더 빠르게 가는 것 같다는 말을 표현한 것이다.

3 문장 3 해석 참고
해설 주절의 주어 it은 앞의 time을 지칭한다. barely는 '거의 ~ 않는'을 의미하는 부정어로 at all(조금도)이 그 의미를 강조한다.

4 ⓐ | 시간에 대한 우리의 지각은 <u>의식적인</u> 자각에 따라 바뀐다. ⓑ 일시적인 ⓒ 정보에 근거한
해설 우리가 시간을 의식적으로 자각할 때 시간은 거의 지나가지 않는 것 같고, 자각하지 않을 때 시간은 더 이상 중요한 요인이 아니라고 했다.

5 ⓒ
해설 시간이 더 이상 중요한 요인이 아니라는 것은 잠

[10]**This highlights / that time itself can vary / based on different**
이것은 강조한다   시간 자체가 다를 수 있음을   각기 다른 조건에 따라
conditions, // much like how our perception of time can vary /
                      마치 우리의 시간 지각이 다를 수 있듯이
based on our age and awareness.
           우리의 나이와 자각에 따라

전문해석 [1]시간 흐름의 주요한 구성요소는 우리의 시간 지각에 있다. 예를 들어, 우리가 더 어릴 때 시간은 더 느리게 가는 것 같은데, 한 살에서 두 살로 시간이 지나는 것은 당신이 살아온 총일수를 정확히 두 배로 만든다. [2]이와 반대로, 우리가 나이가 더 들면 시간은 더 빨리 가는 것 같고 그것은 단지 또 다른 1년일 뿐이다. [3]그리고 우리가 의식적으로 시간을 자각할 때는, 시간이 전혀 지나가지 않는 것 같을 수 있다. [4]이러한 심리적 사실은 '지켜보는 냄비는 결코 끓지 않는다'라는 속담을 설명하는데, 그저 너무 오래 걸려서 관찰자가 포기하기 때문이다. [5]우리가 자각하지 못할 때, 예를 들어 잠잘 때 혹은 운동선수, 음악가, 작가로서 강렬하게 집중하는 상태와 같이 인간으로서 더 풍요로운 순간에 시간은 더 이상 중요한 요인이 되지 않는다. [6]시간의 복잡성을 더 설명하려면 아인슈타인의 상대성 이론을 고려해 보라. 그 이론은 시간이 절대적이지도 고정되어 있지도 않다는 것을 보여준다. [7]대신, 시간은 사람이 서 있는 곳에 따라 상대적이다. [8]지구에 더 가까울수록 중력이 더 센데, 시간은 더 느리게 간다. [9](시간이 흐르면서 중력 차이 때문에 당신의 발은 머리보다 약간 더 천천히 늙는다!) [10]이것은 우리의 시간 지각이 나이와 자각에 따라 다를 수 있듯, 시간 자체가 각기 다른 조건에 따라 다를 수 있음을 강조한다.

을 자거나 다른 활동에 몰입할 때처럼 시간을 지각하지 못하는 경우를 의미한다.

6 ⓒ | 아인슈타인은 시간이 중력에 따라 다르다는 것을 증명했다. 즉, 지구의 강한 중력에 더 가까울수록, 시간은 더욱 느리게 흐른다. ⓐ 더 고정적인 ⓑ 더 먼
해설 아인슈타인의 상대성 이론은 지구에 더 가까울수록, 시간은 더 느리게 간다고 설명한다.

 요약하기
시간에 대한 우리의 관점은 나이와 (A) 자각에 따라 변화하고, 아인슈타인의 상대성 이론이 설명하듯이 (B) 중력 또한 시간의 (C) 속도에 영향을 미친다.
해설 (A) 전치사 with의 목적어 자리이므로 형용사 aware는 명사형인 awareness로 변형해야 한다.

---

1 ①

해석 미국 생리학자 허드슨 호글랜드의 아내가 심한 독감에 걸려 아프게 되었다. 호글랜드 박사는 자신이 잠시 아내의 방을 떠날 때마다, 자리를 오래 떠나 있었다고 아내가 불평하는 것에 주목할 만큼 호기심이 많았다. 과학적 연구에 대한 흥미로 인해, 그는 아내가 느끼기에 1초에 해당할 때마다 숫자를 하나씩 세어서 60까지 세어보라고 했고, 그동안 그는 아내의 체온을 기록했다. 아내는 마지못해 받아들였고, 그는 아내가 열이 많이 날수록, 숫자를 더 빨리 센다는 것을 재빨리 알아차렸다. 예를 들어, 체온이 섭씨 38도였을 때, 아내는 45초에 60까지 세었다. 그는 그 실험을 몇 번 더 반복했고, 아내의 체온이 섭씨 39.5도에 달했을 때, 37초 만에 1분을 세었다는 것을 알게 되었다. 그 박사는 열이 오를수록 더 빨라지는 일종의 '생체 시계'가 아내의 머릿속에 있음이 분명하다고 생각했다.

↓

호글랜드 박사의 연구 결과는 자기 아내가 체온이 (B) 오를수록, 실제보다 (A) 더 많은 시간이 흘렀다고 느꼈다는 것을 보여주었다.

어휘 physiologist 생리학자 investigation 연구, 조사; 수사 correspond to A A에 해당하다, A에 상응하다, A와 일치하다 reluctantly 마지못해 Celsius 섭씨의 internal 생체의, 체내의; 내부이; 국내의

해설 요약문과 선택지로 보아, 호글랜드 박사의 연구 결과로 아내의 체온이 '어떤지'에 따라 시간이 '얼마만큼' 흘렀다고 느꼈는지를 찾아야 한다. 아내는 체온이 38도였을 때는 45초 만에, 39.5도였을 때는 37초 만에 60까지 세었다는 연구에서 아내는 체온이 '오를수록', '더 많은' 시간이 흘렀다고 느꼈음을 알 수 있다. 따라서 요약문의 빈칸 (A)와 (B)에 들어갈 말로 가장 적절한 것은 ① 'more(더 많은) - increased(올라갔다)'이다.

(A)   (B)
② 더 많은 – 내려갔다 (A)는 맞지만 (B)는 반대됨
③ 더 적은 – 올라갔다 (B)는 맞지만 (A)는 반대됨
④ 더 적은 – 내려갔다 (A)와 (B) 모두 반대됨
⑤ 더 적은 – 바뀌었다 (B)는 가능하지만 (A)는 반대됨

2 ⑤

해석 이론상, 시간의 지속 시간을 정신적으로 늘리는 사람은 더 느린 속도를 경험할 것이다. 예를 들어, 야구공을 다른 타자 두 명에게 던진다고 상상해 보자. 공은 50초 동안 5초마다 던져지고, 따라서 총 10개의 공이 던져진다. 우리는 이제 타자 두 명 모두에게 시간이 얼마나 지나갔는지를 묻는다. (공을 치는 것을 좋아하는) 1번 타자는 그 지속 시간을 40초로 느낀다. (야구를 지루해하는) 2번 타자는 지속 시간이 60초라고 생각한다. 그렇다면, 심리적으로 첫 번째 사람은 야구공이 4초마다 다가오는 것을 경험한 반면, 두 번째 사람은 6초마다 다가온 것으로 여긴다. 다시 말해서, 지각된 속도는 1번 타자에게 더 빠르다.

어휘 theoretically 이론상, 이론적으로 stretch 늘리다; 늘어나다; 당기다 duration 지속 (시간) tempo 속도, 템포; (음악 작품의) 박자 pitch 던지다; 정도, 강도 batter (야구) 타자; 때리다 see A as B A를 B로 여기다[간주하다] [선택지] timepiece 시계 precision 정확(성); 정밀(성) coexistence 공존

해설 야구를 좋아하는 타자는 50초를 40초로, 야구를 지루해하는 타자는 50초를 60초로 인식하는 예를 통해, 같은 시간의 길이를 심리에 따라 다르게 지각한다고 설명한다. 따라서 글의 제목으로 가장 적절한 것은 ⑤ 'How Long, How Fast: A Matter of Time Perception (얼마나 길고, 얼마나 빠른가인 시간 지각의 문제)'이다.

① 시계는 우리의 삶에 무엇을 가져다주는가
② 시간에 대한 연구, 정확성 대 지속 시간
③ 물리학의 새로운 방향인 시간으로부터의 도피
①, ②, ③ 언급되지 않음
④ 과학과 야구의 평화로운 공존
야구는 시간 지각의 차이를 보여주는 예에 불과함

99 Paradigm Shift

Stage 1　다의어 **Check**　1 ⓑ　2 ⓐ
　　　　　　INTRO Q 1 ②　2 (1) (B) (2) (A) (3) (C)　**Q** ④

Stage 2　**1** ⓒ　**2** X, indicates　**3** ⓐ　**4** (a): a paradigm supplies, (b): it defines　**5** ⓒ　**6** ⓒ

Stage 3　(A) alternative　(B) fails

---

[1]Philosophers of science have repeatedly **demonstrated** //
과학 철학자들은 거듭 **증명해** 왔다

that more than one theoretical construction can always be placed /
항상 한 개보다 많은 이론 구성을 둘 수 있다는 것을

upon a given collection of data.
주어진 정보 모음에 대해

[2]History of science indicates // that, / particularly in the early
과학의 역사는 보여준다　　(~을)　특히 초기 발전 단계에서

developmental stages (of a new paradigm), /
새로운 패러다임의

it is not even very difficult / to invent such alternatives.
(~이) 그렇게 어렵지도 않다는 것을　그런 대안들을 고안하는 것이

(C) [3]Despite this, / coming up with alternatives is just // what scientists
이것에도 불구하고　대안을 제시하는 것은 그저 ~이다　과학자들이

seldom undertake / except during the pre-paradigm stage
좀처럼 착수하지 않는 것　패러다임 이전 단계 동안은 제외하고

(of their science's development) / and on very special occasions
과학 발전의　그리고 아주 특수한 경우를 (제외하고)

(during its subsequent evolution).
그다음 발전 중

(A) [4]So long as the tools [a paradigm supplies] / continue to prove /
도구들이 ~하는 한　한 패러다임이 제공하는　계속해서 드러나는 (한)

capable of solving / the problems [it defines], // science moves fastest
해결할 수 있다고　문제를 그것(패러다임)이 정의하는　과학은 가장 빠르게 나아가며

and penetrates most deeply / through confident **employment**
가장 깊이 간파한다　확신 있는 **사용**을 통해

(of those tools).
그런 도구들의

[5]The reason is clear.
그 이유는 명백하다

(B) [6]As in manufacture so in science— // retooling is a luxury
제조업에서와 마찬가지로 과학에서도　(패러다임을) 교체하는 것은 사치이다

(reserved for / when it's absolutely necessary).
(~을) 위해 따로 남겨두는　그것(교체)이 절대적으로 필요한 때를

[7]The significance of crises (in science) / is the indication [they provide] //
위기의 의미는　과학에서　암시이다　그것들(위기)이 제공하는

that an occasion for retooling has arrived.
교체할 때가 도래했다는

전문해석 [1]과학 철학자들은 주어진 정보 모음에 대해 항상 한 개보다 많은 이론 구성을 적용할 수 있다는 것을 거듭 증명해 왔다. [2]과학의 역사는 특히 새로운 패러다임의 초기 발전 단계에서 그런 대안들을 고안하는 것이 그렇게 어렵지도 않다는 것을 보여준다. (C) [3]이것에도 불구하고 대

Stage 1　정답 찾아가기

Q 주어진 글은 패러다임 초기에는 여러 이론 구성이 가능해서 대안을 고안하는 것이 어렵지 않다는 내용이다. (C)에는 Despite this(이것에도 불구하고)로 과학자들이 좀처럼 대안을 찾으려 하지 않는다고 설명하는데, 이는 주어진 글과 상반된 과학자들의 양상을 설명하므로 주어진 글 뒤에 오는 것이 적절하다. (A)는 한 패러다임의 도구를 계속 사용해 과학이 발전되는 것을 보여주며 (C)의 과학자들의 양상을 부가 설명한다. (B)는 과학에서도 교체(retooling)는 사치라고 말하며, (A)에서 언급한 패러다임이 쉽게 교체되지 않는 이유(The reason)를 설명하므로 마지막에 와야 한다. 따라서 글의 순서로 가장 적절한 것은 ④ (C)-(A)-(B)이다.

Stage 2　한 문장씩 뜯어보기

1 ⓒ | 여러 이론으로 동일한 정보를 설명할 수 있다.
　ⓐ 거의 없는 ⓑ 대부분의
　해설 주어진 정보에 대해 한 개보다 많은 이론 구성을 둘 수 있다고 했다.

2 X, indicates
　해설 주어는 History of science이고 that 이하는 주어(it), 동사(is), 보어(difficult)를 갖춘 완전한 구조의 명사절이다. 문장에 동사가 빠져 있으므로 indicating을 History of science를 주어로 하고 that이 이끄는 명사절을 목적어로 취하는 동사 indicates로 고쳐야 한다.

3 ⓐ | 과학자는 패러다임의 이전과 특수한 단계 중에 주로 대안을 만든다. ⓑ 수동적으로 ⓒ 우연히
　해설 패러다임 이전 단계와 그다음 발전 단계 중 아주 특수한 경우를 제외하고는 대안을 좀처럼 제시하지 않는다는 것은 '주로' 그때 대안을 만든다는 의미이다.

4 (a): a paradigm supplies, (b): it defines
　해설 선행사(the tools, the problems)와 관계대명사절 (a paradigm supplies, it defines) 사이에 목적격 관계대명사 which[that]가 생략된 구조이다.

5 ⓒ | 과학자는 문제 해결 시 확립된 도구를 선호한다.
　ⓐ 희귀한 ⓑ 대체의
　해설 도구들이 문제를 해결할 수 있다고 드러나는 한 그 도구를 확신 있게 사용하여 과학이 빠르게 나아간다는 것은 과학자들이 신뢰할 수 있는 '확립된' 도구를 선호한다는 것이다.

6 ⓒ
　해설 과학에서 위기는 패러다임을 교체할 때가 도래했다는 암시로, 기존 패러다임으로 문제를 더 이상 해결할 수 없는

안을 제시하는 것은 과학 발전의 패러다임 이전 단계 중일 때와 그다음 발전 중 아주 특수한 경우를 제외하고는 과학자들이 좀처럼 착수하지 않는 일이다. (A) **4**한 패러다임이 제공하는 도구들이 그 패러다임이 정의하는 문제를 해결할 수 있다고 계속해서 드러나는 한, 과학은 그런 도구들의 확신 있는 사용을 통해 가장 빠르게 발전하며 가장 깊이 간파한다. **5**그 이유는 명백하다. (B) **6**제조업에서와 마찬가지로 과학에서도 (패러다임의) 교체는 교체가 절대적으로 필요한 때를 위해 따로 남겨두는 사치이다. **7**과학에서 위기의 의미는 (패러다임을) 교체할 때가 도래했다는 위기가 제공하는 암시이다.

경우를 의미한다.

 요약하기
여러 이론이 특정 정보를 설명할 수 있지만, 과학자는 보통 (A) 대체 패러다임을 피하며, 기존의 패러다임이 정의된 문제를 해결하지 (B) 못할 때 교체가 일어난다.
해설 (B) 단수명사인 the existing paradigm이 주어이므로 단수동사 fails로 변형한다.

함께 풀면 좋은 기출문제

p. 146

1　⑤

해석 정상 과학은 정확히 무엇을 포함하는가? 토마스 쿤에 따르면, 그것은 주로 '문제 해결하기'의 문제이다. 아무리 성공적인 패러다임이라도 항상 특정한 문제, 즉 쉽게 수용할 수 없는 현상이나, 이론의 예측과 실험적 사실 간의 불일치에 ① 부딪힐 것이다. 정상 과학자의 책무는 가능한 한 패러다임에 변화를 거의 주지 않으면서 이러한 사소한 문제를 ② 제거하려고 노력하는 것이다. 그래서 정상 과학은 ③ 보수적인 활동이고, 그것을 실행하는 사람(정상 과학자)은 세상이 깜짝 놀랄 발견을 하려 노력하고 있지 않고, 오히려 단지 기존 패러다임을 발전시키고 확장하려고 한다. 쿤의 말에 따르면, '정상 과학은 사실이나 이론의 참신함을 목표로 하지 않으며, 성공할 때는 찾아내는 것이 없다.' 무엇보다도, 쿤은 정상 과학자들이 패러다임을 '시험'하려 노력하지 않는다고 강조했다. 반대로 정상 과학자들은 패러다임을 ④ 아무 의심 없이 받아들이고, 그것이 설정하는 한계 내에서 자신의 연구를 수행한다. 만약 정상 과학자가 패러다임과 ⑤ 일치하는(→ 상충하는) 실험 결과를 얻으면, 보통 자신의 실험 기법에 결함이 있다고 추정하지, 패러다임이 틀렸다고 생각하지 않는다.

어휘 normal science 정상 과학 ((과거의 성취에 큰 기반을 둔 연구 활동))　accommodate 수용하다, 공간을 제공하다　mismatch 불일치; 부조화　conservative 보수적인; 영국 보수당의　earth-shattering 세상이 깜짝 놀랄　novelty 참신함, 신기함　unquestioningly 아무 의심 없이, 무조건　conduct 수행하다, (특정한 활동을) 하다; 지휘하다　correspond 일치하다, 부합하다; 해당하다　faulty 결함이 있는, 불완전한; 잘못된

해설 정상 과학은 패러다임에 변화를 거의 주지 않으려는 보수적인 활동으로, 정상 과학자는 패러다임을 시험하려 하지 않고 기존 패러다임을 의심 없이 받아들인다는 내용의 글이다. 이러한 맥락에서 정상 과학자가 자신의 실험 기법에 결함이 있다고 추정하는 경우는 패러다임과 실험 결과가 '일치하는' 경우가 아닌 '상충하는' 경우일 것이다. 따라서 ⑤ 'corresponds (일치하다)'를 'conflicts(상충하다)'와 같은 단어로 바꿔야 한다.

① 부딪히다 아무리 성공적인 패러다임이라도 이론과 사실 간의 불일치라는 문제에 '부딪힌다'는 문맥으로 알맞게 쓰임
② 제거하다 정상 과학자들은 패러다임에 변화를 거의 주지 않으므로 사소한 문제들은 '제거하려'할 것임
③ 보수적인 패러다임에 변화를 주지 않으려고 하므로 정상 과학은 '보수적인' 활동임
④ 아무 의심 없이 정상 과학자들이 패러다임을 '시험'하려 노력하지 않는다는 것은 패러다임을 '아무 의심 없이' 받아들이는 것임

2　⑤

해석 과학자들은 패러다임을 믿기보다는 '사용한다'. 연구 중 패러다임을 사용할 때 공유된 개념, 상징적 표현, 실험 및 수학적 도구와 절차, 그리고 심지어는 동일한 이론적 진술의 일부를 사용함으로써 관련된 문제들을 일반적으로 다룬다. 과학자들은 다른 사람들이 받아들일 방식으로 이러한 다양한 요소들을 사용하는 '방법'을 이해하기만 하면 된다. 따라서 이러한 공유된 실행 요소들은 과학자들이 이를 사용할 때 하고 있는 것에 관한 그들의 믿음과 그 어떤 유사한 통일성을 전제로 할 필요가 없다. 실제로, 패러다임의 한 가지 역할은 과학자들이 자신이 무엇을 하고 있는지 또는 그것에 대해 무엇을 믿고 있는지에 대한 상세한 설명을 제공할 필요 없이 성공적으로 일할 수 있도록 하는 것이다. 토마스 쿤은 과학자들이 "패러다임에 대한 완전한 '해석'이나 '이론적 설명'에 동의하지 않거나 그런 것을 만들어 내려는 시도조차 하지 않으면서 패러다임 '검증'에 동의할 수 있다. 표준화된 해석이나 규칙 축소에 대한 합의가 없어도 패러다임이 연구를 이끄는 것을 막지 못할 것이다."라고 언급했다.

어휘 typically 일반적으로, 보통　address 다루다; 연설하다; 주소(를 쓰다)　symbolic 상징적인　statement 진술(서), 성명(서)　presuppose 전제로 하다; 예상하다　comparable 유사한; 비교할 만한　unity 통일(성); 일치　account 설명; 계좌; 계정　identification 식별; 인지, 발견　interpretation 해석, 이해, 설명　rationalization 이론적 설명; 합리화

해설 첫 문장에서 과학자들이 패러다임을 믿지 않고 '사용한다'고 한 뒤, 패러다임의 어떤 요소들이 연구 문제를 '다루는지'와 과학자들이 패러다임에 대한 통일된 믿음이 없어도 패러다임이 연구에 성공할 수 있게 하는 '역할'을 한다고 서술하고 있다. 즉, 과학 연구에서 패러다임에 대한 과학자들의 통일된 믿음보다는 패러다임의 사용과 역할을 강조하는 글이므로, 글의 주제로 가장 적절한 것은 ⑤ 'functional aspects of a paradigm in scientific research(과학 연구에서 패러다임의 기능적 측면)'이다.

① 기존 패러다임에서 새로운 이론을 도출하는 어려움 언급 없음
② 과학 분야에서 개인적 믿음의 상당한 영향
　패러다임 사용에서 개인적 믿음은 필요하지 않음
③ 혁신적 패러다임의 등장을 촉진하는 핵심 요인 언급 없음
④ 생각이 비슷한 연구원들을 분류하는 데 있어서 패러다임의
　역할 패러다임으로 연구원들을 분류하는 내용이 아니며, 패러다임 사용에 있어서 과학자들의 생각은 통일될 필요가 없다고 했음

 100 Cognitive Sharing

Stage 1   다의어 **Check** 1 ⓐ   2 ⓑ
          INTRO Q ① **Q** ②

Stage 2   **1** that → what   **2** ○   **3** ⓑ   **4** ⓑ

Stage 3   (A) collectively   (B) limitations   (C) collaboration

---

1 The brain's way (of forming representations) / means //
뇌의 방식은   표상을 형성하는   (결과를) 뜻한다

that two, or five, or fifty people can roughly share the same **perspective**.
두 명, 다섯 명, 혹은 오십 명의 사람들이 거의 같은 **관점**을 공유할 수 있다는 것을

2 This cognitive sharing is // what lends extra excitement /
이러한 인지 공유는 ~이다   추가적인 흥분을 주는 것

to listening to jazz, / to watching improvisational comedy, /
재즈를 듣는 것에   즉흥 코미디를 보는 것에

or to seeing teammates (on the field) / passing the ball, / anticipating /
또는 동료들이 (~하는 것을) 보는 것에 경기장의   공을 패스하는 것을   예상하면서

what each needs to do / to get the ball into scoring position.
각자가 무엇을 해야 할지   공을 득점 위치에 두려면

3 To some degree / we experience / what all the other spectators
어느 정도까지   우리는 경험한다   다른 모든 관중들이 경험하는 것을

experience; // depending on our level of skill and **engagement**, /
              그리고 우리의 기술 수준과 **참여** 수준에 따라

we also experience / to some degree / what the participants experience.
우리는 또한 경험한다   어느 정도까지   참여자들이 경험하는 것을

4 This sharing also allows / members (of cardiac surgery teams and
이 공유는 또한 (~하게) 한다   구성원들이   심장 수술 팀과 월드컵 축구팀의

World Cup soccer teams) / to anticipate one another's wishes and needs,
                          서로의 바람과 필요를 예상하게

/ solve problems, / and respond / at a speed [that would be impossible /
문제를 해결하게   그리고 반응하게   속도로   불가능할

for a single individual].
한 명의 개인에게는

5 We are transported / into intense coordination and synchronization
우리는 옮겨진다   강렬한 조화와 동기화 속으로

[that moves at a pace [that can be quicker / than conscious thought]].
속도로 움직이는   더 빠를 수 있는   의식적인 생각보다

6 Through "cognitive sharing" / we briefly feel ourselves transcending
'인지 공유'를 통해   우리는 자신이 자아의 경계를 초월하는 것을 잠시 느낀다

the boundaries of the self.

전문해석 **1** 뇌가 표상을 형성하는 방식으로 두 명, 다섯 명, 혹은 오십 명이 거의 같은 관점을 공유할 수 있게 된다. **2** 이러한 인지 공유는 재즈를 듣거나, 즉흥 코미디를 보거나, 경기장에서 동료들이 공을 득점 위치에 두려면 각자 무엇을 해야 할지 예상하면서 공을 패스하는 것을 보는 것에 흥분을 더하는 것이다. **3** 우리는 다른 모든 관중들이 경험하는 것을 어느 정도까지 경험하고, 우리의 기술 수준과 참여도에 따라 참여자들이 경험하는 것을 어느 정도까지 경험하기도 한다. **4** 이 공유는 심장 수술 팀과 월드컵 축구팀의 구성원들이 한 개인에게는 불가능할 속도로 서로의 바람과 필요를 예상하고, 문제를 해결하고, 반응할 수 있게도 한다. **5** 우리는 의식적인 생각보다 더 빠를 수 있는 속도로 움직이는 강렬한 조화와 동기화 속으로 빠져든다. **6** '인지 공유'를 통해 우리는 자신이 자아의 경계를 초월하는 것을 잠시 느낀다.

Stage 1 정답 찾아가기

Q 빈칸 문장으로 보아, 인지 공유로 인해 우리가 잠시 '무엇'을 느끼는지를 찾아야 한다. 여러 사람이 거의 같은 관점을 공유하는 인지 공유를 통해 우리는 다른 사람들이 경험하는 것을 어느 정도까지 경험할 수 있게 되며, 의식적인 생각보다 더 빠른 속도로 강렬한 조화와 동기화 속으로 빠져든다고 했다. 이는 개인의 의식을 넘어 집단의 생각과 경험을 공유하는 것을 의미하므로, 빈칸에 들어갈 말로 가장 알맞은 것은 ② 'transcending the boundaries of the self(자아의 경계를 초월하는 것)'이다.

① 더 큰 창의성으로 일을 수행하는 것
③ 더 높은 수준의 의사소통에 도달하는 것
④ 다른 사람의 건강 상태를 더 잘 이해하는 것
⑤ 완전한 집중력을 달성하지만 결국 집중력을 잃는 것
①, ③, ④, ⑤ 모두 언급 및 추론 근거 없음

Stage 2 한 문장씩 뜯어보기

1 that → what
해설 anticipating 뒤에 to do의 목적어가 없는 불완전한 절이 왔고 앞에 선행사가 없으므로, that은 선행사를 포함하는 관계대명사 what으로 고쳐야 한다.

2 ○
해설 뒤에 동사 experience의 목적어가 없는 불완전한 절이 오고 what 앞에 선행사가 없으므로, 관계대명사 what이 알맞게 쓰였다. 이때 what은 문장의 동사 experience의 목적어 역할을 하는 명사절을 이끈다.

3 ⓑ | <u>상호간의 인지적 이해</u>는 활동의 즐거움을 <u>증진시킨다</u>. ⓐ 대략적인 ⓒ 독점적인
해설 여러 사람이 거의 같은 관점을 공유하는 인지 공유는 추가적인 흥분을 주고, 우리가 다른 관중, 참여자들이 경험하는 것을 어느 정도까지 경험하게 한다고 했다.

4 ⓑ | <u>인지 공유는 팀 구성원들이 조화와 효율성을 높이게</u> 해준다. ⓐ 복잡하게 하다 ⓒ 평가하다
해설 인지 공유로 심장 수술 팀과 월드컵 축구팀의 구성원들이 한 개인에게는 불가능할 속도로 서로의 바람, 필요를 예상하고 문제를 해결하게 하는 것은 조화와 효율성을 '높이는' 것이다.

인지 공유는 우리가 개인의 (B) 한계를 초월하고 다양한
활동에서 집단 (C) 협동과 즐거움을 향상시키면서, (A) 집
단적으로 경험하고 반응할 수 있게 한다.

함께 풀면 좋은 기출문제

p. 147

1 ①

해석 심리학 연구에 따르면 사람들은 자연스럽게 인지 노동을 나누는데, 종종 그것에 대해서 생각하지
않고도 그렇게 한다. 친구와 함께 특별한 저녁 식사를 요리하고 있다고 상상해 보라. 당신은 요리를 잘
하지만, 친구는 아마추어 소믈리에인 와인 전문가이다. 한 이웃이 잠깐 들르더니 여러분 두 사람에게
길을 따라 내려가면 있는 주류 가게에서 파는 아주 좋은 새 와인에 대해 말하기 시작한다. 새로운 와인
이 많아서 기억해야 할 것이 많다. 이웃이 어떤 와인을 사야 하는지에 대해 말하는 것을 기억하려고 얼
마나 열심히 노력할 것인가? 옆에 앉아 있는 와인 전문가가 그 정보를 더 잘 기억할 텐데 굳이 왜 그러
겠는가? 만약 친구가 곁에 없다면 당신은 더 열심히 애쓸지도 모른다. 어쨌든 저녁 만찬을 위해서는 무
엇이 좋은 와인이 될지 아는 것이 좋을 것이다. 하지만, 와인 전문가인 당신의 친구는 노력하지 않고도
그 정보를 기억하기가 쉽다.

어휘 naturally 자연스럽게, 물론, 당연히 amateur 아마추어, 비전문가; 취미로 하는 sommelier 소믈
리에 drop by 잠깐 들르다 terrific 아주 좋은, 훌륭한 liquor 주류, 술; 독한 술, 독주 retain 기억하다;
보유[유지]하다 festivity 만찬, 축제 행사 [선택지] labor 노동, 작업; 업무 (기간); 애를 쓰다 taste 취향;
입맛; 맛이 나다

해설 빈칸 문장으로 보아, 사람들이 생각하지 않고도 자
연스럽게 '무엇'을 하는지를 추론해야 한다. 와인 전문가
인 친구와 저녁 식사를 준비하는 상황에서, 이웃이 말하는
새로운 와인에 대한 정보를 와인 전문가인 친구가 있으므
로 굳이 기억하려고 노력하지 않는다고 했다. 이는 정보를
기억하는 인지 노동을 친구에게 분배한 것이므로, 빈칸에
들어갈 말로 가장 적절한 것은 ① 'divide up cognitive
labor(인지 노동을 나눈다)'이다.

② 의견 불일치를 피하고자 노력하다
③ 비슷한 취향을 가진 사람을 찾다
④ 옛 지혜를 공유하는 것을 좋아하다
⑤ 일과 여가의 균형을 맞추다
②~⑤ 모두 언급되지 않은 내용임

2 ①

해석 '합동 인지 시스템' 접근법은 로봇을 각 행위자의 기여로부터 생겨난, 지력이 상승 작용을 하는
인간-기계 팀의 일부로 다룬다. 그 팀은 적어도 로봇 하나와 인간 한 명으로 구성되고, 인간 행위자와
로봇 행위자의 혼합체이기 때문에 흔히 '혼합 팀'으로 불린다. 사람이 주행을 켜고 끄는 자율주행 자동
차는 합동 인지 시스템의 한 예이다. 오락용 로봇은 재택근무용 로봇처럼 혼합 팀의 예다. 그 설계 과정
은 행위자들이 팀의 목표를 달성하고자 서로 어떻게 협력하고 조정하는지에 집중한다. 합동 인지 시스
템 접근법은 로봇을 그것들 자체의 완전히 독립된 행동 지침을 지닌 동료 행위자로 여기기보다는, 도
우미 동물이나 양치기 개와 같은 조력자로 여긴다. 합동 인지 시스템 설계에서, 훌륭한 팀 구성원이 될
만큼 충분히 지능적인 로봇을 만들기 위해 인공 지능이 인간-로봇 상호 작용 원리와 함께 사용된다.

어휘 joint 합동[공동]의; 관절 intelligence 지력, 지능; 기밀, 정보 *cf.* artificial intelligence 인공
지능 synergistic (반응·효과 등이) 상승 작용을 하는, 서로 도움을 주는 arise from ~에서 생기다, 발생하다
contribution 기여, 이바지 agent 행위자; 대리인; 동인 consist of ~로 구성되다 telecommuting
재택근무 concentrate on ~에 집중하다 cooperate 협력하다, 합동하다 coordinate 조정하다; 조직
화[편성]하다 agenda 행동 지침 계획; 안건 service animal 도우미 동물 ((장애인을 돕도록 훈련받은 동
물)) sheep dog 양치기 개 principle 원리, 원칙 [선택지] outperform 능가하다, 더 나은 결과를 내다
humanity 인간성; 인류, 인간 assistant 조수, 보조원

해설 '합동 인지 시스템' 접근법을 소개하는 글이다. 이는
로봇이 조력자가 되어 인간과 하나의 팀으로 목표를 달
성하고자 서로 협력하고 조정하는 것이라고 설명하므로,
글의 제목으로 가장 적절한 것은 ① 'Better Together:
Human and Machine Collaboration(함께 하면 더
나은 인간과 기계의 공동 작업)'이다.

② 로봇은 인간 팀을 능가하기 위해 힘을 합칠 수 있을까?
로봇과 인간이 한 팀이 되는 것을 다루는 글임
③ 인간과 기계의 갈등에서의 인간성 상실
갈등과 인간성 상실은 언급되지 않음
④ 로봇 파트너에게 아니라고 말할 시기와 방법인 전원 끄기
로봇을 조력자로 여긴다고 했으므로 저지하는 것과는 관련이 없음
⑤ 도우미 동물에서 인간을 돕는 로봇 조수로의 전환
로봇을 도우미 동물과 같은 조력자로 여기는 것으로 두 대상의 전환을
다루지 않음

 101 Aesthetic Sense

난이도 ★★☆

Stage 1 다의어 Check 1 ⓑ 2 ⓑ 3 ⓑ
INTRO Q ② Q ③ OUTRO Q ②

Stage 2 1 ⓑ 2 a building 3 ⓒ 4 ⓐ 5 ⓑ 6 1

Stage 3 (A) preferences (B) attracted

---

[1]A significant benefit [we may derive from drawing] / is a conscious
중요한 이점은　　우리가 그림 그리기에서 얻을 수 있는　　의식적인
understanding (of the reasons (behind our attraction / to certain
이해이다　　이유에 대한　　우리의 끌림 이면에 있는
landscapes and buildings)).
특정 풍경과 건축물에 대한

[2]We find explanations (for our **tastes**) // and we develop an "aesthetic," /
우리는 설명을 찾는다　　우리의 **취향**에 대한　　그리고 우리는 '미의식'을 발달시킨다
a **capacity** (to assert judgments (about beauty and ugliness)).
능력인　　판단을 주장하는　　아름다움과 추함에 대한

[3]With increased precision, / we identify // what is lacking in a building
더 높아진 정확성으로　　우리는 발견한다　　건축물에 무엇이 부족한지를
[we don't like] / and what contributes to the beauty (of one [we do]).
우리가 마음에 들지 않는　　그리고 무엇이 아름다움에 기여하는지를　　건축물의 우리가 마음에 드는

[4]Upon encountering an impressive scene, / we swiftly analyze it /
인상적인 풍경을 마주하자마자　　우리는 재빨리 그것을 분석한다
and pin down the nature (of its power).
그리고 본질을 정확히 밝힌다　　그 힘의

([5]Exploring the beauty of nature / heightens our perception and
자연의 아름다움을 탐구하는 것은　　우리의 인식과 이해를 높인다
understanding (of architectural design).)
건축 디자인에 대한

[6]We move / from a numb "I like this" / to "I like this because ...," /
우리는 움직인다　　무감각한 '나는 이게 마음에 들어'에서　　'내가 이게 마음에 드는 이유는 …'으로
and then in turn towards a generalization (about the likeable).
그리고 결국 일반화를 향해 (움직인다)　　마음에 드는 것에 대한

[7]Even if they are only held / in exploratory, uncertain ways, /
비록 그것들이 ~으로만 얻어진다고 해도　　시험적이고 불분명한 방식으로
laws of beauty come to mind: // it is better / for light to **strike** objects /
아름다움의 법칙들이 떠오른다　　예를 들어, (~이) 더 좋다　　빛이 물체에 **부딪치는** 것이
from a street / to convey a sense of space, / or the buildings must
거리에서　　공간감을 전달하려면　　또는 건축물은
only be as high / as the street is wide.
(~만큼만) 높아야 한다　　도로가 넓은 만큼만

전문해석 [1]우리가 그림 그리기에서 얻을 수 있는 중요한 이점은 특정 풍경과 건축물에 대한 우리의 끌림 이면에 있는 이유에 대한 의식적인 이해이다. [2]우리는 자신의 취향에 대한 설명을 찾고, 아름다움과 추함에 대한 판단을 주장하는 능력인 '미의식'을 발달시킨다. [3]우리는 마음에 들지 않는 건축물에 무엇이 부족하고, 마음에 드는 건축물의 아름다움에 무엇이 기여하는지를 더 정확하게 발견한다. [4]인상적인 풍경을 마주하자마자 우리는 재빨리 그것을 분석하고, 그 힘의 본질을 정확히 밝혀낸다. ([5]자연의 아름다움을 탐구하면 건축 디자인에 대한 우리의 인식과 이해가 높아진다.) [6]우리는 무감각하게 '나는 이게

Stage 1 정답 찾아가기

다의어 Check 2 ⓐ 용량 ⓑ 능력
INTRO Q ① 우리가 풍경과 건축물을 감상하는 방법
② 그림 그리기가 우리의 미적 판단을 형성하는 방법
Q 그림 그리기가 우리의 미적 선호를 이해하는 데 도움을 줘서 우리가 좋아하는 아름다움에 대해 일반화하게 된다는 내용의 글이다. ① 이후로는 건축물과 풍경에 대한 취향을 바탕으로 미의식을 발달시키는 과정에 대한 부연 설명이 이어지는데, ③은 자연의 아름다움을 탐구하는 것이 건축 디자인에 대한 인식과 이해를 높인다는 내용이므로 글의 흐름과 무관하다.

Stage 2 한 문장씩 뜯어보기

1 ⓑ | 그림 그리기는 우리가 건축물에서 마음에 들거나 마음에 들지 않는 특정 요소를 더 정확하게 발견하도록 돕는다. ⓐ 빠르게 ⓒ 자주
해설 정확성을 더 높여서(with increased precision) 건축물에 대한 좋고 싫은 점을 발견한다고 했다.

2 a building
해설 밑줄 친 one은 앞에서 언급된 a building을 지칭하는 부정대명사로 쓰였다.

3 ⓒ | 그 풍경이 왜 마음을 끄는지 ⓐ 누가 그 풍경을 만들었는지 ⓑ 그 풍경이 얼마나 오래 지속되는지
해설 인상적인 풍경이 갖는 힘의 본질을 밝히는 것은 '그 풍경이 왜 마음을 끄는지'를 이해하는 것이다.

4 ⓐ | 우리는 무엇이 마음을 사로잡는지 발견하고 나서 그것으로부터 일반적인 규칙을 끌어낸다. ⓑ 임의의 ⓒ 모순되는 • captivate ~의 마음을 사로잡다
해설 인상적인 풍경을 마주할 때 그것을 분석하고 우리가 그것을 마음에 들어 하는 이유를 이해하여 '일반화한다'는 것을 간단히 표현한 것이다.

5 ⓑ | 천연 재료의 사용 ⓐ 공간 지각에 미치는 빛의 영향 ⓒ 비례에 따른 건축물 높이 • spatial 공간의, 공간적인 proportional (~에) 비례하는; 균형 잡힌
해설 ⓐ는 '공간감을 전달하려면 빛이 거리에서 물체를 비추는 것이 좋다'라는 예를, ⓒ는 '건축물은 도로의 폭만큼 높아야 한다'라는 예를 의미한다.

6 1
해설 문장 1은 그림 그리기를 통해 우리가 특정 풍경과 건축물에 끌리는 이유를 이해할 수 있다는 내용이다. 이를 뒷받침하는 부연 설명이 글의 마지막까지 이

마음에 들어'라고 하는 것에서 '내가 이게 마음에 드는 이유는 …'라고 하게 되고, 결국 마음에 드는 것에 대한 일반화를 향해 나아간다. [7]비록 시험적이고 불분명한 방식으로만 얻어진다고 해도 다음과 같은 아름다움의 법칙들이 떠오른다. 공간감을 전달하려면 빛이 거리에서 물체를 비추는 것이 더 좋다. 또는 건축물은 도로의 폭만큼만 높아야 한다.

어지므로 주제문은 문장 1이다.

Stage 3 요약하기

그림 그리기는 우리의 미적 (A) 선호를 이해하도록 돕고, 우리가 특정 풍경과 건축물에 (B) 끌리는 이유를 설명하고 아름다움의 일반적인 원칙을 형성할 수 있게 해준다.

해설 (B) we(우리)와 attract(마음을 끌다)는 수동 관계이므로 attract를 과거분사 attracted로 변형한다.

p. 148

1 ②

해석 때때로 아이들은 어른들을 기쁘게 하려고 무언가를 보고 말한다. 교사들은 이 점과 그것이 암시하는 힘을 인식해야 한다. 아이들이 아름다움을 자신들이 보는 대로 보기를 선호하는 교사들은 아이들의 미적 감각을 장려하지 못하고 있다. 그들은 획일성과 순종을 조장하고 있다. 스스로 선택하고 평가하는 아이들만이 진정으로 자신들만의 미적 취향을 발달시킬 수 있다. 글을 읽고 쓸 줄 알게 되는 것이 교육의 기본 목표인 것처럼, 모든 창의적인 유아 프로그램들의 핵심 목표 중 하나는 어린아이들이 예술에 관한 자신의 태도, 감정, 그리고 생각을 자유롭게 말할 수 있는 능력을 발달시키도록 돕는 것이다. 아이는 각자 아름다움, 기쁨, 그리고 경이로움에 대해 개인적으로 선택할 권리가 있다. 미적 발달은 경쟁과 어른의 평가가 없는 안전한 환경에서 일어난다.

어휘 please 기쁘게 하다, 기분을 맞추다 imply 암시하다, 시사하다 see A as B A를 B로 보다[여기다] foster 조장하다, 육성하다; 아이를 맡아 기르다 uniformity 획일성, 통일성 obedience 순종, 복종 literate 글을 읽고 쓸 줄 아는 right 권리; 옳은, 올바른; 정확한; 오른쪽의 wonder 경이로움, 경탄; 궁금해하다 take place 일어나다[개최되다], 발생하다 secure 안전한; 안심하는; 획득하다 free of ~이 없는; ~을 떠나서

해설 교사의 견해를 강요하지 않는 안전한 환경에서 아이들이 스스로 미적 감각을 발달시키도록 장려해야 한다는 내용의 글이다. 따라서 필자의 주장으로 가장 적절한 것은 ② '아동이 스스로 미적 감각을 기를 수 있게 해 주어야 한다.'이다.

① 미술 교육 시간을 늘리는 것은 언급되지 않음
③ 미술 이외의 과목은 언급되지 않음
④ 창의성 평가가 아닌 아이들의 미적 발달에 관한 내용임
⑤ 창작은 언급되지 않음

2 ⑤

해석 과학은 자연물을 개별적인 독립체보다는 특정한 부류에 속하는 구성 요소로 나타내기 때문에 과학적 지식은 자연에 대한 적절한 미적 감상을 설명할 수 없다. 과학에 기초한 접근법은 미적으로 관련된 특성이 한 자연종의 모든 요소가 서로 공유하는 특성일 뿐이라고 주장한다. 그러나 이는 사실이 아니다. 자연을 경험할 때 우리는 그것을 종으로서가 아니라 개별적인 대상으로서 경험한다. 그리고 개별적인 대상으로 분리될 때, 자연은 과학적 설명으로는 수반되지 않는 미적 특성을 가질 수 있다. 예를 들어, 자연 과학은 폭포의 형성을 설명할 수 있지만, 일몰에 본 장엄한 빅토리아 폭포에 대한 우리의 경험, 즉 폭포의 무수히 많고 매혹적인 붉은색과 주황색의 경험에 대해서는 할 말이 없다. 또, 지질학은 탄자니아의 응고롱고로 분화구의 형성을 설명할 수 있지만, 동이 틀 때 가슴 아프고 숨 막히는 그 아름다움, 분화구 위로 천천히 떠오르는 안개, 그리고 호수 안의 어둡고 육중한 단 하나의 하마를 설명할 수는 없다.

어휘 represent 나타내다; 대표[대신]하다; 해당하다 relevant 관련된, 적절한; 의의가 있는, 유의미한 property 특성, 속성; 재산, 소유물; 부동산 separate 분리하다; 분리되다; 갈라지다; 분리된 entail 수반하다 description 설명, 서술, 표현 formation 형성 (과정); 형성물; 대형[편대] majestic 장엄한, 위풍당당한 captivating 매혹적인, 마음을 사로잡는 geology 지질학 crater 분화구; 큰 구멍 breathtaking 숨이 (턱) 막히는[막는 듯한] lone 단 하나의; 혼자인, 단독의 [선택지] devalue 평가절하하다; 가치를 낮춰 보다 classification 분류; 유형, 범주 account for 설명하다; 해명하다; (부분을) 차지하다 appreciation 감상, 감탄; 공감; 감사

해설 빈칸 문장으로 보아, 과학적 지식이 할 수 없는 것이 '무엇'인지 찾아야 한다. 빈칸 다음 문장에서 과학에 기초한 접근법은 미적으로 관련된 특성을 자연종의 모든 요소가 공유하는 특성일 뿐이라고 주장한다고 했는데, 역접 연결어 But 이후부터 지연은 과학적으로 설명되지 않는 미적 특성을 가질 수 있다는 내용으로 전환된다. 이어지는 폭포와 분화구의 예에서도 과학이 자연물의 형성은 설명할 수 있지만 그에 대한 우리의 경험에 관해서는 설명할 수 없음을 보여주므로, 빈칸에 들어갈 말로 가장 적절한 것은 ⑤ 'account for correct aesthetic appreciation of nature(자연에 대한 적절한 미적 감상을 설명하다)'이다.

① 대자연의 진정한 아름다움을 평가절하하다
과학은 자연의 아름다움을 설명할 수 없다고 했음
② 예술 전문가의 관점에 의존하다 예술 전문가는 언급되지 않음
③ 모든 종의 진화 과정을 설명하다
과학적 지식이 설명할 수 있는 것에 해당함
④ 분류의 유용성에 대한 신뢰를 포기하다
과학이 자연물을 특정 부류로 분류해서 할 수 없는 것에 관한 글임

Notable Journey of Money

난이도 ★★☆   p. 60

Stage 1   다의어 Check **1** ⓐ **2** ⓑ **3** ⓑ
　　　　　　INTRO Q ① Q ④ OUTRO Q ③

Stage 2   **1** ⓑ **2** (a): challenging, (b): desired **3** indirect exchange **4** ⓑ **5** ⓑ **6** ⓑ

Stage 3   (A) Money   (B) common

---

¹The creation of money / is a gradual process, /
　　돈의 창조는　　　　　　점진적인 과정이다
resulting from a series of self-interested decisions
　　그리고 사리를 추구하는 일련의 결정에서 비롯된다
(made by individual traders (with limited knowledge)).
　　개별 거래자들에 의해 내려진　　　제한된 지식을 가진

²Initially, / traders recognize // that / when direct exchange (barter)
　처음에　　거래자들은 인식한다　　~라고　　직접 교환(물물 교환)이 어려울 때
is challenging, / they can achieve their desired outcome /
　　　　　　　그들이 원하는 결과를 얻을 수 있다(고)
through indirect exchange.
　　간접 교환을 통해

³Rather than finding someone [who both possesses / what they
　어떤 사람을 찾는 대신　　　　　　　가지고 있는　　그들(거래자들)이 원하는 것을
want / and wants / what they have], / they only need to locate
　그리고 원하기도 하는　　그들이 가진 것을　그들(거래자들)은 단지 사람의 **위치를 찾아내면** 된다
someone [who wants / what they have].
　　　　원하는　　　　그들이 가진 것을

⁴They can then trade / what they have / for the other person's good,
　그러면 그들은 교환할 수 있다　　자신이 가진 것을　　다른 사람의 **물품**과
/ even if they do not want to use it themselves, // and subsequently
　비록 자신이 그것을 직접 사용하고 싶지 않더라도　　　그리고 그 후에 그것을
trade that / for something [they do want to use].
　교환할 수 있다　　어떤 것으로　　그들이 정말 사용하고 싶은

⁵In this case, / the intermediate good serves as a medium
　이 경우　　　　　중간 물품은 매개체 역할을 한다
(of exchange).
　교환의

⁶Unfortunately, / not all goods are equally easy to trade, /
　유감스럽게도　　　모든 물품이 교환하기에 똑같이 쉬운 것은 아니다
some being more marketable than others.
　　그리고 일부는 다른 것들보다 시장성이 더 높다

⁷As a result, / a trader has an incentive (to accumulate highly
　그 결과　　　　거래자는 동기를 가진다　　시장성이 매우 높은 물건을 축적할
marketable items / to use them as media of exchange).
　　　　　　그것들을 교환의 매개체로 사용하기 위해

⁸Over time, / traders in the market [who understand the advantages
　시간이 지남에 따라　　　시장의 거래자들은　　　　　이점을 이해하는
(of using a common medium of exchange)] / eventually agree on
　　공통의 교환 매개체를 사용하는 것의　　　　결국 특정한 하나의 물건에 합의한다
one particular item, // and this is / how money emerges.
　　　　　　　그리고 이것이 ~이다　　돈이 생겨나는 방식

 정답 찾아가기

Q 모든 물품이 교환하기에 똑같이 쉬운 것이 아니라는 주어진 문장으로 보아, 주어진 문장은 물품으로 교환하는 내용 뒤에 와야 함을 예측할 수 있다. ④ 앞까지는 직접 교환이 어려울 때 간접 교환의 매개체인 중간 물품으로 거래한다는 내용이다. 또한, As a result(그 결과)가 이끄는 ④ 뒤의 내용은 거래자가 시장성이 높은 물건을 축적하고 싶어 한다는 것으로, '모든 물품이 교환하기 쉬운 것이 아니다'라는 주어진 문장의 결과에 해당한다. 따라서 주어진 문장이 들어가기에 가장 적절한 곳은 ④이다.

OUTRO Q ① 시장성이 더 적은 물품을 인기 있게 만드는 방법
② 시장성이 높은 물품에 관심을 두는 것에 대한 인식
③ 교환의 매개체로서 시장성이 높은 상품에 대한 추구

Stage 2 **한 문장씩 뜯어보기**

1 ⓑ | 사리 추구에서 비롯된 돈의 발달 ⓐ 거래와 경제 성장에 미친 돈의 영향 ⓒ 돈이 개별 거래자들을 더 사리를 추구하도록 만든 방법
해설 개별 거래자들의 사리를 추구하는 결정에서 돈이 점진적으로 만들어졌다고 했으므로 뒤에는 그 발달 과정이 구체적으로 이어질 것임을 예상할 수 있다.

2 (a): challenging, (b): desired
해설 (a) be동사 뒤의 보어 자리이며, 교환이 어렵고 힘들다는 맥락이므로 그 의미를 갖는 형용사 challenging으로 쓴다.
(b) 명사 outcome을 수식하는 분사 자리이며, outcome(결과)과 desire(원하다)가 수동 관계이므로 과거분사 desired로 쓴다.

3 indirect exchange
해설 직접 교환 대신, 원하는 물건이 아니라도 먼저 교환해 두고 그것을 다시 원하는 물건과 바꾸는 '간접 교환' 과정을 설명한다.

4 ⓑ | 매개체 ⓐ 목표 ⓒ 장애물
해설 내가 가진 물건을 중간 물품으로 교환하고, 그 중간 물품을 내가 원하는 물건과 다시 교환하는 것이므로 중간 물품은 교환의 '매개체'이다.

5 ⓑ | 일부 물품은 교환하기 쉽다.
ⓐ 모든 물품은 교환하기 쉽다. ⓒ 어떤 물품도 교환하기 쉽지 않다.
해설 부분부정 not all을 사용해 일부는 긍정한다. 즉, 일부 물품은 시장성이 높아서 교환하기 쉽다는 의미이다.

6 ⓑ | 축적할 동기 ⓐ 시장성이 매우 높은 물건 ⓒ 공통의 교환 매개체
해설 '축적할 동기'는 거래자들이 갖게 되는 것으로 돈이 의미하는 것이 아니다.

전문해석 [1]돈의 창조는 점진적인 과정이며, 제한된 지식을 가진 개별 거래자들이 사리를 추구하여 내리는 일련의 결정에서 비롯된다. [2]처음에 거래자들은 직접 교환(물물 교환)이 어려울 때 간접 교환을 통해 자신이 원하는 결과를 얻을 수 있다는 것을 인식한다. [3]자신이 원하는 것을 가지고 있으면서 자신이 가진 것을 원하기도 하는 사람을 찾는 대신, 자신이 가진 것을 원하는 사람만 찾으면 된다. [4]그러면 비록 그것을 직접 사용하고 싶지 않더라도 다른 사람의 물품과 자신이 가진 것을 교환할 수 있고, 그 후에 그것을 정말 사용하고 싶은 어떤 것으로 교환할 수 있다. [5]이 경우 중간 물품은 교환의 매개체 역할을 한다. [6]유감스럽게도 모든 물품이 교환하기에 똑같이 쉬운 것은 아니며, 일부는 다른 것들보다 시장성이 더 높다. [7]그 결과, 거래자는 교환의 매개체로 사용하기 위해 시장성이 매우 높은 물건을 축적할 동기를 갖게 된다. [8]시간이 지남에 따라 공통의 교환 매개체를 사용하는 것의 이점을 이해하는 시장의 거래자들은 결국 특정한 하나의 물건에 합의하게 되고, 이것이 바로 돈이 생겨나는 방식이다.

(A) 돈은 교환에서 간접 거래의 효율성이 증가하고 시장성이 높은 물품을 (B) 공통의 수단으로 합의하면서 등장했다.

• transaction 거래, 매매

함께 풀면 좋은 기출문제

p. 149

1 ②

해석 거래는 양쪽 모두가 상대방이 제공하는 것을 원하지 않으면 일어나지 않는다. (B) 이것은 욕망의 이중적 일치라고 불린다. 농부가 빵 한 덩어리를 위해 제빵사와 달걀을 거래하기를 원한다고 가정해 보자. 만약 제빵사가 달걀에 대한 필요나 욕망이 없다면, 농부는 운이 없어 아무 빵도 얻지 못한다. (A) 그러나 만약 농부가 적극적이고 마을 친구들이라는 네트워크를 활용한다면, 그는 제빵사가 빵을 식히기 위한 새 무쇠 삼각 거치대가 필요하다는 것과 때마침 대장장이는 새로운 양털 스웨터가 필요하다는 것을 발견할 것이다. (C) 조금 더 조사해보면, 농부는 직조공이 지난주 내내 오믈렛을 원하고 있었다는 것을 알게 된다. 그렇다면 그 농부는 달걀을 스웨터로, 그 스웨터를 삼각 거치대로, 그 삼각 거치대를 제빵사가 갓 구운 빵 한 덩어리로 거래할 것이다.

어휘 party 당사자; 정당, 당; 단체   enterprising 적극적인, 진취적인; 사업성이 좋은   utilize 활용하다, 이용하다   in need of ~을 필요로 하는   cast-iron 무쇠, 주철   it just so happens 때마침; 어쩌다 보니   blacksmith 대장장이   be referred to as ~라고 불리다   coincidence (의견 등의) 일치; 우연의 일치; 동시 발생   out of luck 운이 없는   weaver 직조공, 베 짜는[길쌈하는] 사람

해설 주어진 글은 양쪽 모두가 상대방이 제공하는 것을 원하지 않으면 거래가 일어나지 않는다는 내용이다. (B)의 This는 주어진 문장을 받아, 이를 일컫는 용어인 욕망의 이중적 일치를 농부가 달걀을 빵 한 덩어리와 거래하길 원하는 상황을 가정하여 설명하므로 주어진 글 뒤에 와야 한다. (B)에서 농부는 제빵사와의 필요가 일치하지 않아 거래에 실패하는데, 역접 연결어 However가 이끄는 (A)에서 농부가 네트워크를 활용해서 대안을 마련하는 상황으로 내용이 전환되고, 뒤이어 추가 조사를 통해 결국 거래를 성사시키는 (C)가 마지막에 이어지는 게 자연스럽다. 따라서 글의 순서로 가장 적절한 것은 ② (B)-(A)-(C)이다.

2 ⑤

해석 돈이 없으면 사람들은 물물 교환만 할 수 있을 것이다. 우리 중 다수는 호의에 보답할 때, 작은 규모로 물물 교환한다. (C) 예를 들어, 어떤 사람은 몇 시간 동안 아기를 돌봐준 것에 대한 보답으로 이웃의 고장 난 문을 고쳐줄 것을 제안할지도 모른다. 그러나 이러한 개인적인 교환이 더 큰 규모로 작용한다고 상상하는 것은 어렵다. (B) 만약 당신이 빵 한 덩어리를 원하는데 교환하기 위해서 가지고 있는 것이 새 자동차뿐이라면 무슨 일이 일어날까? 물물 교환은 욕망의 이중적 일치에 달려있는데, 이는 상대방이 내가 원하는 것을 우연히 가지고 있을 뿐만 아니라 나 또한 그가 원하는 것을 가지고 있는 경우이다. 돈은 이러한 모든 문제를 해결한다. (A) 교환을 하려고 위해 당신이 가지고 있는 것을 원하는 사람을 찾을 필요가 없는데, 즉 단순히 돈으로 물품값을 지불하면 된다. 그러면 판매자는 돈을 받고 다른 누군가에게서 구매할 수 있다. 돈은 이농할 수 있고 (지불을) 연기할 수 있어서, 판매자는 돈을 계속 가지고 있다가 시기가 적절한 때에 구매할 수 있다.

어휘 extent 규모, 정도; 크기   return a favor 호의에 보답하다   transferable 이동할 수 있는   deferrable 연기[유예]할 수 있는   hold on to A A를 계속 가지고 있다[보유하다]; A를 고수하다[지키다]   happen to-v 우연히 v하다; v하게 되다   mend 고치다, 수리하다; 꿰매다, 수선하다   in return for ~에 대한 보답으로   babysit 아기를 돌봐주다

해설 주어진 글은 돈이 없으면 물물 교환만 할 수 있고, 우리가 호의에 보답할 때 작은 규모로 물물 교환한다는 내용이다. 그 뒤에는 주어진 글의 작은 규모의 물물 교환을 구체적인 예를 들어 설명하는 (C)가 와야 한다. 개인적인 교환이 더 큰 규모로 작용하는 것은 어렵다는 (C)의 마지막 문장을 (B)에서 빵과 새 자동차의 교환을 예로 들어 설명하므로 (B)는 (C) 뒤에 이어지는 것이 알맞다. (B)에서 돈은 모든 문제를 해결한다고 했고, (A)는 그 해결 방식을 부연 설명하므로 마지막에 오는 것이 자연스럽다. 따라서 글의 순서로 가장 적절한 것은 ⑤ (C)-(B)-(A)이다.

103 Multiculturalism

Stage 1　단어 Check　1 ⓐ　2 ⓑ
　　　　　　INTRO Q (1) (a)　(2) (b)　Q ⑤

Stage 2　1 (a): O, (b): X, to adapt　2 ⓑ　3 ⓒ　4 ⓒ　5 salad bowl　6 discrimination　7 ⓐ

Stage 3　(A) competitiveness　(B) assimilation

---

¹The traditional approach (to handling multiculturalism) /
전통적인 접근법은　　　　　　다문화주의를 다루는 것에 대한
has been to expect / members (of the minority culture) /
기대하는 것이었다　　　구성원들이　　　소수 문화의
to adapt to the cultural requirements (of the majority group).
문화적 요구사항에 적응하기를　　　　　다수 집단의

²Efforts (to protect and improve the rights of minorities) /
노력은　　　　소수 집단의 권리를 보호하고 개선하려는
over the past two decades / have changed the workplace /
지난 20년 동안　　　　　업무 현장을 변화시켰다
from the "melting pot" to the "salad bowl."
　　'멜팅팟'에서 '샐러드 그릇'으로

³What factors have driven this significant shift (in perspective)?
어떤 요인이 이러한 중요한 변화를 이끌었을까　　　관점의

⁴A quest (for social justice) / has been largely unsuccessful /
추구는　　사회 정의에 대한　　　　대부분 실패했다
under assimilation.
동화하에서

⁵This provided the impetus (for a search for new and better
이것은 동력을 제공했다　　　새롭고 더 나은 패러다임에 대한 모색의
paradigms).

⁶Additionally, / legal obligations (arising from civil rights laws) /
게다가　　　법적 의무는　　　　시민권법에서 비롯된
have made it necessary / for organizations / to find alternative
(~을) 필수적으로 만들었다　　조직들이　　　대안적 방법을 찾는 것을
ways (to eliminate racial and gender discrimination /
　　　　인종 및 성차별을 없앨
in education and employment).
교육과 고용에서

⁷Lastly, / the strategic demands (imposed on businesses /
마지막으로　　　전략적 요구는　　　　기업에 부과된
for competitive advantage) / have created more pressures
경쟁우위를 위해　　　　더 많은 압력을 만들었다
(to deal with cultural diversity / in a way [that recognizes and
문화 다양성을 다뤄야 한다는　　(~한) 방식으로　　(~을) 인정하고
works with / differences in cultures]).
(~와) 함께하는　　　문화 차이

⁸Globalization, / with its multicultural implications, /
세계화는　　　　　다문화적 함축을 지닌
has become an indispensable factor / in strategic competitiveness.
없어서는 안 될 요소가 되었다　　　전략적 경쟁력에서

Stage 1　정답 찾아가기

단어 Check 1 ⓐ 단체, 조직 ⓑ 준비　2 ⓐ 공연 ⓑ 성과
INTRO Q (a) 문화들을 하나로 융합하는 것 (b) 공존하지만 개성을 유지하는 것
Q 밑줄 문장으로 보아, 업무 현장이 어떻게 변화했는지를 찾아야 한다. 소수 문화의 구성원들이 다수의 문화에 적응하기를 기대했던 전통적인 접근법에서, 문화 차이를 인정하고 함께하는 방식으로 관점이 변화되었다는 내용의 글이다. 이를 통해 밑줄 친 어구의 melting pot은 전통적인 접근법을, salad bowl은 변화된 관점을 의미함을 알 수 있다. 따라서 밑줄 친 어구가 의미하는 바로 가장 적절한 것은 ⑤ 'embracing cultural diversity rather than valuing cultural uniformity (문화 동일성을 가치 있게 여기기보다 문화 다양성을 포용하는 것)'이다.

① 업무 효율보다 개인의 권리를 우선시하기 개인의 권리와 업무 효율 사이의 균형이 아니라 문화 다양성이 핵심임
② 문화 차이를 존중하여 팀 단합력 증진하기 팀 단합력은 언급되지 않음
③ 다양한 문화를 혼합하여 독특한 문화 만들기 멜팅팟에 가까운 설명임
④ 개인의 성과를 향상시키기 위해 다양한 전략 사용하기
개인 성과가 아닌 문화 다양성을 다루는 글임

Stage 2　한 문장씩 뜯어보기

1 (a): O, (b): X, to adapt
　해설 (a) handling 앞의 to는 전치사이므로 동명사가 알맞다. (b) 문장의 보어로 쓰인 to expect의 목적격보어로는 to부정사가 적절하므로 to adapt로 고쳐야 한다.

2 ⓑ | 소수 집단은 다수 문화에 순응하도록 장려되었다.
　ⓐ 돌아가다 ⓒ 기여하다
　해설 소수 문화 구성원이 다수 집단의 문화에 적응하기를 기대하는 것은 다수에 순응하도록 장려하는 것이다.

3 ⓒ | 한편 ⓐ 그러므로 ⓑ 게다가
　해설 소수 집단이 다수 집단에 적응해야 했다는 앞 문장과 그들의 권리 개선 노력이 변화를 이끌었다는 문장 2는 역접 관계이다.

4 ⓒ | 다문화주의에 대한 관점을 바꾼 요소
　ⓐ 전통적 관점의 이점 ⓑ 다문화주의를 이루기 어려운 이유
　해설 일반적 의미의 어구 factors를 사용해 '어떤 요인'이 다문화주의에 대한 관점의 중요한 변화를 이끌었는지 질문을 던졌으므로, 그 요인을 구체적으로 설명하는 세부 사항이 나열될 것이다.

5 salad bowl
　해설 '새롭고 더 나은 패러다임'을 찾는 것은 melting pot에서 salad bowl로의 변화를 의미한다.

[9]The subgroups possess / different work attitudes, perceptions,
하위 집단은 가지고 있다   서로 다른 업무 태도, 인식,
values, and norms [which, / in turn, / affect individual and group
가치관과 규범을   결과적으로   개인과 집단의 **성과**에 영향을 미치는
performance].

전문해석 [1]다문화주의를 다루는 것에 대한 전통적인 접근법은 소수 문화의 구성원들이 다수 집단의 문화적 요구사항에 적응하기를 기대하는 것이었다. [2]지난 20년 동안 소수 집단의 권리를 보호하고 개선하려는 노력은 업무 현장을 '멜팅팟'에서 '샐러드 그릇'으로 변화시켰다. [3]어떤 요인이 이러한 관점의 중요한 변화를 이끌었을까? [4]사회 정의에 대한 추구는 동화하에서 대부분 실패했다. [5]이것은 새롭고 더 나은 패러다임을 찾으려는 동력을 제공했다. [6]게다가, 시민권법에서 비롯된 법적 의무는 조직들이 교육과 고용에서 인종 및 성차별을 없앨 대안적 방법을 찾도록 만들었다. [7]마지막으로, 경쟁우위를 위해 기업에 부과된 전략적 요구는 문화 차이를 인정하고 그것(문화 차이)과 함께하는 방식으로 문화 다양성을 다뤄야 한다는 더 많은 압력을 만들었다. [8]다문화적 의미를 지닌 세계화는 전략적 경쟁력에 없어서는 안 될 요소가 되었다. [9]하위 집단은 결과적으로 개인과 집단의 성과에 영향을 미치는 서로 다른 업무 태도, 인식, 가치관과 규범을 가지고 있다.

6 discrimination | 시민권법 때문에 조직들은 **차별**을 다루기 위한 새로운 **방법**을 개발해야 했다.
　해설 시민권법에서 비롯된 법적 의무가 조직들이 인종차별, 성차별을 없애는 대안을 찾게 했다.

7 ⓐ | 문화 다양성 관리는 세계적 기업의 **성공**과 성과를 위해 필수적이다. ⓑ 투자 ⓒ 안정성
　해설 다문화적 의미를 지닌 세계화는 전략적 경쟁에 필수이며, 하위 집단의 다문화적 요소가 집단의 성과에도 영향을 미친다고 했다.

Stage 3 요약하기

사회 정의, 시민권적 요구 사항, 그리고 (A) 경쟁력을 유지할 필요성은 기업들이 (B) 동화를 성과 향상을 위한 문화 다양성 관리로 대체하도록 이끌었다. • replace A with B A를 B로 대체하다

1 ②

해석 다른 문화적 배경을 가진 노동자들과 현지 주민의 상호 작용은 지식 파급과 같은 긍정적인 외부 효과로 인해 생산성을 증가시킬 수 있다. 이것은 어느 정도까지만 장점이다. 배경 다양성이 너무 크면, 분열이 의사소통에 대한 과도한 거래 비용을 초래할 수 있고, 이는 생산성을 낮출 수 있다. 다양성은 노동 시장에만 영향을 미치는 것이 아니라, 한 지역의 삶의 질에도 영향을 미칠 수 있다. 관용적인 원주민은 이용 가능한 상품과 서비스 범위가 넓어지기 때문에 다문화 도시나 지역을 가치 있게 여길 수 있다. 반면 원주민들이 다양성을 자신의 국가 정체성이라고 여기는 것에 대한 왜곡으로 인식할 경우, 다양성은 매력적이지 않은 특징으로 인식될 수 있다. 그들은 심지어 다른 민족 집단을 차별할 수도 있으며, 다른 외국 국적 간의 사회적 갈등이 자신의 근처로 유입되는 것을 두려워할 수도 있다.

어휘 host population 현지 주민 spillover 파급; 넘침, 과잉 up to a certain degree 어느 정도까지 transaction 거래, 매매; 처리 tolerant 관용적인; 내성이 있는 feature 특징, 특징으로 삼다 distortion 왜곡, 뒤틀림 ethnic 민족[종족]의 [선택지] contrastive 대조적인

해설 문화 다양성은 지식 파급과 같은 긍정적 외부 효과로 인해 생산성을 증가시킬 수 있지만 지나치면 의사소통에 대한 과도한 거래 비용, 국가 정체성의 왜곡 등 단점 또한 있음을 설명하는 글이다. 따라서 글의 주제로 가장 적절한 것은 ② 'contrastive aspects of cultural diversity(문화 다양성의 대조적 측면)'이다.

① 민족 집단에서 문화의 역할 문화가 아닌 문화 다양성이 미치는 영향에 관한 글로 민족 집단은 세부 사항으로 언급됨
③ 국가 정체성에 대한 부정적인 관점 국가 정체성은 세부 사항으로 언급됨
④ 국가 간 생산성 차이의 요인
⑤ 소수 집단을 보호하고 차별을 방지하기 위한 정책
　④, ⑤ 언급되지 않음

2 ⑤

해석 포도를 비롯한 달콤한 과일을 너무 많이 먹으면 과연 우리 뇌에 어떤 영향이 있을 수 있을까? 몇 가지 대규모 연구가 이에 대해 밝히는 데 도움이 되었다. 한 연구에서는, 나이가 더 많고 인지적으로 건강한 성인의 더 많은 과일 섭취가 해마의 더 작은 부피와 연관되었다. 이 발견은 특이했는데, 과일을 더 많이 먹는 사람들은 보통 건강한 식단과 관련된 이점을 보여 주기 때문이다. 하지만 이 연구에서 연구원들은 연구 대상 식단의 다양한 구성 요소를 분리했고, 과일이 그들의 기억 중추에 어떤 기여도 하지 않는 것처럼 보인다는 것을 발견했다. 메이요 의료원의 또 다른 연구에서도 과일 섭취와 뇌의 커다란 바깥층인 피질의 부피 사이에 유사한 역관계를 확인했다. 후자의 연구에서 연구원들은 (망고, 바나나, 파인애플 같은) 당도가 높은 과일을 과도하게 섭취하면 가공된 탄수화물 식품만큼이나 신진대사 및 인지 문제를 일으킬 수 있다는 점에 주목했다.

어휘 possibly 과연; 혹시 shed light 밝히다; (빛을) 비추다 associated with ~와 관련된 do A a favor A에 기여하다, A에 호의를 베풀다 inverse 역의, 반대의 cortex (대뇌) 피질 metabolic 신진대사의 processed 가공된

해설 도입부에서 일반적인 의미의 어구 consequences(영향)를 사용해 달콤한 과일의 과다 섭취가 뇌에 미치는 영향에 대해 질문을 던진 뒤, 연구 결과를 인용하여 구체적으로 설명하는 구조의 글이다. 두 연구는 모두 과도한 과일 섭취가 뇌에 미치는 부정적 영향을 해마와 피질의 부피와 관련하여 설명한다. 따라서 글의 주제로 가장 적절한 것은 ⑤ 'negative effect of fruit overconsumption on the cognitive brain(과일 과잉 섭취가 인지와 관련된 뇌에 미치는 부정적 영향)'이다.

① 과일을 통째로 먹는 것이 뇌 건강에 주는 이점
　과일이 뇌에 미치는 부정적 영향에 관한 글임
② 아이들 사이에서 달콤한 과일에 대한 일반적인 선호도
③ 장기 기억을 향상시키는 뇌 운동의 종류 ②, ③ 언급되지 않음
④ 과일과 가공 탄수화물 식품 간의 영양 차이
　가공 탄수화물 식품은 건강에 미치는 부정적 영향을 비교하기 위해 언급된 세부 사항임

Conventional Wisdom

Stage 1　다의어 Check　**1** ⓑ　**2** ⓐ
　　　　　　INTRO Q ②　Q ⑤

Stage 2　**1** ⓐ　**2** ⓑ　**3** ⓒ　**4** all conventional wisdom were mistaken　**5** ⓑ　**6** ⓒ　**7** ⓑ

Stage 3　(A) endure　(B) favor　(C) comfort

---

1 In the mid-1980s, / there was a warning / that America's shift (away from
1980년대 중반에　　　　경고가 있었다　　　　미국의 변화가
an industrial-based economy / to a service-based economy) / would result
산업 기반 경제로부터　　　　서비스 기반 경제로의　　　노동 인구를 낳을 것이라는
in a workforce (dominated by low-wage jobs (like fast food and laundry));
저임금 일자리가 지배하는　　　　패스트푸드와 세탁업 같은
// the notion couldn't survive / the economic boom of the 1990s.
그러나 이 생각은 살아남지 못했다　　　1990년대의 경제 호황에서

2 Nor could the idea // that Japan would **overtake** America economically
생각 역시 ~하지 못했다　　　일본이 미국을 경제적으로 **추월할** 것이라는
/ outlive Japan's stagnation in the 1990s.
1990년대 일본의 침체보다 더 오래 지속되지 (못했다)

3 But other suspect ideas continue to flourish, / apparently unaffected /
그러나 다른 의심스러운 생각이 계속해서 자라난다　　　영향받지 않는 것 같은
by any amount of unfriendly evidence or logic.
수많은 불리한 증거나 논리에도

4 Of course, / not all conventional wisdom is mistaken.
물론　　　　모든 통념이 잘못된 것은 아니다

5 If it were, // society might begin to fall apart.
만약 그렇다면　　　사회가 다 허물어지기 시작할지도 모른다

6 Everyday errors, / based on wrong ideas, / would **multiply** and
일상적인 오류가　　　잘못된 생각에 근거한　　　**크게 증가하고**
spread chaos.
혼란을 퍼뜨릴 것이다

7 Still, / we are fooled / by many suspicious ideas. **8** Why is this?
그럼에도　　우리는 속는다　　　많은 의심스러운 생각에　　　왜 그럴까?

9 John Kenneth Galbraith, / an influential economist and public
존 케네스 갤브레이스는　　　　영향력 있는 경제학자이자 공공 지식인인
intellectual, / provides a clue: / the inertia of beliefs.
단서를 제공한다　　　바로 신념의 관성(때문)이다

10 People cling to // what they know / and what makes them feel
사람들은 (~을) 고수한다　　자신이 알고 있는 것을　　　그리고 자신을 편안하게 해주는 것을
comfortable.

11 He attributed this / to a dislike (of too much originality).
그는 이것을 (~의 탓으로) 봤다　　　반감의 탓으로　　　지나친 독창성에 대한

12 It's a pragmatic concession (to daily living).
그것은 현실적인 양보이다　　　일상생활에 대한

Q 빈칸 문장의 attribute A to B(A를 B의 탓으로 보다)로 보아, 지시대명사 this에 대한 '이유'를 추론해야 한다. this는 사람들이 알고 있는 것과 자신을 편안하게 해주는 것을 고수한다는 앞 문장의 내용을 지칭하며, 빈칸 뒤의 문장에서 그것은 현실적인 양보이며, 모든 신념과 가정을 재검토한다면 우리는 망설임으로 마비될 것이라고 부연 설명한다. 즉, 알고 있는 것과 편안하게 해주는 것을 고수하는 이유는 그것이 검토가 필요 없는 익숙한 것이기 때문이다. 따라서 빈칸에 들어갈 말로 가장 적절한 것은 ⑤ 'a dislike of too much originality(지나친 독창성에 대한 반감)'이다.

① 사회적 압력 사회가 통념을 강요한다는 내용이 아님
② 틀리는 것에 대한 두려움 두려움은 언급되지 않음
③ 합리적 의심 의심은 기존 통념을 유지하는 이유가 될 수 없음
④ 상식의 부족 상식의 부족은 언급되지 않음

1 ⓐ | 그러나 ⓑ 그러므로 ⓒ 게다가
해설 the notion은 앞에서 언급한 미국의 변화에 대한 경고를 의미하는데, 세미콜론(;) 뒤에 이 생각(경고)이 살아남지 못했다는 상반된 내용이 이어지므로 역접을 나타내는 연결어가 와야 한다.

2 ⓑ | 미국과 일본에 대한 경고는 **반증되었다**.
ⓐ 무시되었다 ⓒ 강화되었다
해설 미국과 일본 경제에 대한 예측이 모두 1990년대에 반대의 결과가 나와 뒤집혔으므로 '반증된' 것이다.

3 ⓒ | **상반되는** ⓐ 분명한 ⓑ 긍정의
해설 어떤 생각에 불리한 증거나 논리는 그 생각과 '상반되는' 것을 의미한다.

4 all conventional wisdom were mistaken
해설 it은 문맥상 앞 문장의 all conventional wisdom을 가리키며, were는 is mistaken을 대신한다. 현재 사실과 반대로 가정하는 가정법 과거에서 if절의 be동사는 were를 쓰는 것이 원칙이다.

5 ⓑ | 일부 통념은 **타당하며 사회에 필수적이다**.
ⓐ 현대적이고 적합한 ⓒ 잘못되었지만 만연한
• pervasive 만연하는, (구석구석) 스며드는
해설 부분부정(not all) 표현을 통해 모든 통념이 잘못된 것은 아니라고 하며, 만약 그렇다면 사회가 다 허물어질 것이라고 했으므로 일부 통념은 '타당하고' 사회에

---

¹³If we constantly reexamined / every belief and assumption, //
만약 우리가 끊임없이 재검토한다면　　　모든 신념과 가정을

we'd be paralyzed / by indecision.
우리는 마비될 것이다　　　망설임으로

전문해석 ¹1980년대 중반에, 미국의 산업 기반 경제에서 서비스 기반 경제로의 변화로 인해 패스트푸드와 세탁업 같은 저임금 일자리가 장악하는 노동 인구가 생겨날 것이라는 경고가 있었는데, 이 생각은 1990년대 경제 호황에서 살아남지 못했다. ²일본이 미국을 경제적으로 추월할 것이라는 생각 역시 1990년대 일본의 침체보다 더 오래 지속되지 못했다. ³그러나 수많은 불리한 증거나 논리에도 영향받지 않는 것 같은 다른 의심스러운 생각이 계속해서 자라난다. ⁴물론 모든 통념이 잘못된 것은 아니다. ⁵만약 그렇다면, 사회가 다 허물어지기 시작할지도 모른다. ⁶잘못된 생각에 근거한 일상적인 오류가 크게 증가하고 혼란을 퍼뜨릴 것이다. ⁷그럼에도 우리는 많은 의심스러운 생각에 속는다. ⁸왜 그럴까? ⁹영향력 있는 경제학자이자 공공 지식인인 존 케네스 갤브레이스는 단서를 제공하는데, 바로 신념의 관성 때문이다. ¹⁰사람들은 자신이 알고 있는 것과 자신을 편안하게 해주는 것을 고수한다. ¹¹그는 이것을 지나친 독창성에 대한 반감 탓으로 봤다. ¹²그것은 일상생활에 대한 현실적인 양보이다. ¹³만약 우리가 모든 신념과 가정을 끊임없이 재검토한다면, 우리는 망설임으로 마비될 것이다.

'필수적'이다.

6 ⓒ | 잘못된 통념이 <u>지속된다</u>. ⓐ 실패하다 ⓑ 중요하다
해설 잘못된 통념임에도 불구하고 우리가 그것에 속는다는 내용이므로 잘못된 통념이 지속된다는 의미이다.

7 ⓑ | 사람들은 익숙하고 편안한 신념을 바꾸는 것에 <u>저항한다</u>. ⓐ 위험을 무릅쓰다 ⓒ 즐기다
해설 사람들은 자신이 알고 있고 편안한 것을 고수하므로 이를 바꾸는 것에는 '저항한다'는 의미가 알맞다.

Stage 3 요약하기
사람들은 (C) 편안함과 실용성을 위해 익숙함을 (B) 선호하고 끊임없는 결정의 마비 상태를 피하기 때문에 많은 잘못된 신념이 (A) 지속된다. •practicality 실용성, 실용주의 endure 지속되다; 견디다

함께 풀면 좋은 기출문제

p. 151

1 ③

해석 대다수의 회사, 학교, 조직은 매출, 수상 이력, 시험 점수와 같은 개인의 수치적 관점에서 '높은 성과'를 평가하고 보상한다. 이러한 접근법의 문제는 우리가 생각하기에 과학이 완전히 확인해 준 믿음, 즉 우리가 '적자생존'의 세상에 살고 있다는 믿음에 기반한다는 점이다. 그것은 우리에게 '최고의' 성적, '가장' 인상적인 이력서, 혹은 '가장 높은' 점수를 가진 사람들이 성공할 '유일한' 사람일 것이라고 가르친다. 공식은 간단한데, 다른 누구보다 더 뛰어나고 더 똑똑하고 더 창의적이면 당신은 성공할 것이다. 그러나 이 공식은 부정확하다. 새로운 연구 덕분에, 우리는 이제 우리의 최대 잠재력을 발휘하는 것이 적자생존이 아니라 가장 잘 어울리는 사람의 생존에 관한 것이라는 것을 안다. 다시 말해, 성공은 단지 당신이 얼마나 창의적이거나, 똑똑하거나, 의욕이 있는가에 관한 것이 아니라, 당신 주변 사람들의 생태계와 얼마나 관계를 잘 맺고, 그것에 기여하고, 그로부터 이익을 얻는지에 관한 것이다.

어휘 vast majority of 대다수의, 대부분의　in terms of ~의 관점에서, ~ 면에서　metrics 수치, 계량적 분석　survival of the fittest 적자생존　formula 공식, 식; 화학식　inaccurate 부정확한, 오류가 있는　fit 어울리는, 적합한; 건강한; 맞다　driven 의욕[투지]이 넘치는; ~주도의[중심의]　contribute to A A에 기여하다

해설 도입부에서 개인의 수치적 관점에서 높은 성과를 평가하고 보상하는 접근법의 문제가 다른 누구보다 더 뛰어나면 성공한다는 '적자생존'의 공식에 기반하는 것이라고 지적한다. 글 중반의 But 이하에서 '적자생존'의 공식은 부정확하며 최대 잠재력을 발휘하는 것은 가장 잘 어울리는 사람의 생존에 관한 것이라고 했고, 뒤에 In other words로 이어지는 내용이 이를 상세히 설명한다. 따라서 글의 요지로 가장 적절한 것은 ③ '사람들과 잘 어울려 일하는 능력이 성공을 가능하게 한다.'이다.

① 업무 배분과 생산성의 상관관계는 언급되지 않음
② 유연한 사고방식은 언급되지 않음
④ 비판적 사고는 언급되지 않음
⑤ 적자생존의 공식은 부정확하다고 했으므로 글의 요지와 반대됨

2 ②

해석 스포츠가 폭력을 줄이는 방법이라는 일반적인 믿음이 있어 왔다. 인류학자 리처드 사이프스는 스포츠와 폭력 간의 관계에 대한 고전 연구에서 이 개념을 검증한다. 그는 상대방 간의 실제 신체 접촉과 모의 전투를 포함한 그가 '전투 스포츠'라고 일컫는 스포츠에 초점을 맞추면서, 스포츠가 폭력의 대안이라면, 전투 스포츠의 인기와 전쟁의 빈도 및 강도 사이의 역 상관관계를 찾기를 기대한다고 가설을 세운다. 다시 말해서, 전투 스포츠(예를 들어, 축구와 권투)가 더 많을수록 전쟁은 더 적어진다. 지역별 인간관계 자료와 20개 사회의 표본을 사용하여 사이프스는 그 가설을 검증하고 전투 스포츠와 폭력 사이의 유의미한 관계를 발견하는데, 그의 가설에서의 역 상관관계가 아닌 직접적인 상관관계이다. 사이프스의 분석에 따르면, 전투 스포츠가 사회에서 더 만연하고 인기 있을수록, 그 사회는 전쟁에 참여할 가능성이 더 높다. 따라서 사이프스는 전투 스포츠가 전쟁의 대안이 아니라 오히려 인간 사회의 동일한 공격적 충동의 반영이라는 명백한 결론을 도출해 낸다.

어휘 anthropologist 인류학자　combative 전투적인, 금방이라도 싸울 듯한　opponent (게임, 대회 등의) 상대; 반대자　simulated 모의의, 가장된　warfare 전투, 전쟁　hypothesize 가설을 세우다[제기하다] *cf.* hypothesis 가설; 추정, 추측　inverse correlation 역 상관관계　impulse 충동; 충격, 자극　[선택지] alliance 동맹, 연합　oppress 억압[탄압]하다; 압박감을 주다

해설 스포츠가 폭력을 줄이는 방법이라는 일반적인 믿음에 반하는 연구 결과에 관한 글이다. 전투 스포츠가 더 많을수록 전쟁은 줄어들 것이라 기대한 연구에서 전투 스포츠가 인기 있을수록 그 사회는 전쟁에 참여할 가능성이 더 높다는 분석 결과가 나왔다. 이를 통해 전투 스포츠가 인간 사회의 공격적 충동을 반영한 것이라는 결론을 도출했으므로, 글의 제목으로 가장 적절한 것은 ② 'Combative Sports Mirror Human Aggressiveness(전투 스포츠는 인간의 공격성을 반영한다)'이다.

① 전투 스포츠 간의 차이가 있는가? ①, ④, ⑤ 언급 없음
③ 공격적인 충동이 당신을 삼키지 못하게 하라!
　공격적 충동을 조절하는 것에 관한 글이 아님
④ 새로운 군사 동맹을 형성하는 국제 분쟁
⑤ 전투 스포츠는 억압받는 사람들 사이에서 더 흔하다

105 Paradox in Immunology

Stage 1　　다의어 Check **1** ⓑ
　　　　　　INTRO Q ② **Q** ④ **OUTRO Q** ②

Stage 2　　**1** ⓒ　**2** ⓑ　**3** ⓒ　**4** The ability ~ in a conceptual blend　**5** ⓑ

Stage 3　　(A) coexistence　(B) perspectives　(C) defense

---

¹Most paradoxes make us / feel ambivalent and uncertain //
대부분의 역설은 우리가 (~하게) 만든다　　반대 감정이 공존하고 불확실하게 느끼게

because we're taught to keep opposites, / such as curves and lines, /
우리는 반대되는 것들을 유지하도록 배우기 때문에　　　곡선과 직선 같은

separate and distinct.
서로 다르고 별개인 것으로

²However, / the overlapping of opposites creates / **conditions**
그러나　　　　반대되는 것들이 겹치는 것은 만든다　　　　**상황을**

[that allow a new point of view to emerge / in your mind].
　　　새로운 관점이 나오게 하는　　　　당신의 마음속에서

³Louis Pasteur discovered the principle (of immunology) /
　　　루이 파스퇴르는 원리를 발견했다　　　　　　면역학의

by uncovering a paradox: // some chickens (previously infected with
(~라는) 역설을 알아냄으로써　　　몇몇 닭은　　　　이전에 콜레라에 감염되었던

cholera) / survived a new, stronger infection, / while uninfected
　　　　　새롭고 더 강한 전염병에서 살아남았다　　　반면에 감염되지 않았던

chickens died.
닭은 죽었다

⁴He realized / that the surviving chickens were both diseased and
그는 깨달았다　　　살아남은 닭들이 병에 걸렸으면서 병에 걸리지 않기도 했다는 것을

not-diseased / at the same time; // a previous, undetected infection /
　　　　　동시에　　　　즉, 발견되지 않은 이전의 전염병이

had kept them free from disease / and had protected them /
그들(살아남은 닭들)이 질병을 면하게 했다　　　그리고 그들을 보호했다

from further infection.
추가 감염으로부터

⁵This paradoxical idea— / that disease could function to prevent
이 역설적인 생각은　　　질병이 질병을 예방하는 기능을 할 수 있다는

disease— // was the basis (for the science of immunology).
　　　　　기반이었다　　　　면역학 지식 체계의

(⁶The idea also underscored / the challenges ahead (in infectious
그 생각은 또한 강조했다　　　앞으로의 어려움을　　　전염병 연구에서의

disease research), // but the development of vaccines created hope /
　　　　　　　그러나 백신 개발은 희망을 만들었다

that these diseases could be controlled / or even eliminated.)
이 질병들이 억제될 수 있을 것이라는　　　또는 심지어 없어질 (수 있을) 것이라는

⁷The ability (to imagine / opposite, or contradictory, ideas or images
능력은　　　상상하는　　　반대되는 혹은 모순되는 개념이나 이미지가

existing simultaneously / in a conceptual blend) / transforms thought /
동시에 존재한다고　　　개념적으로 혼합하여　　　사고를 완전히 바꿔 놓는다

and allows an intelligence (beyond thought) / to act and create a new
그리고 지성이 (~하게) 한다　　　사고를 넘어서는　　　작용하고 새로운 형식을 만들게

form.

 정답 찾아가기

다의어 Check 1 ⓐ 질환 ⓑ 상황

Q 반대되는 것들이 겹치면 새로운 관점이 나올 수 있다는 내용의 글로, 콜레라에 걸렸던 닭이 더 강한 전염병에서 살아남고 콜레라에 걸리지 않았던 닭은 죽었다는 역설을 통해 면역학의 원리를 발견했음을 예로 들어 이를 뒷받침하고 있다. 그런데 ④는 전염병 연구에 어려움은 있지만, 백신 개발이 질병을 억제하고 없앨 수 있다는 희망을 만들었다는 내용이므로 역설적인 생각에 관한 글의 전체 흐름과 무관하다.

Stage 2 **한 문장씩 뜯어보기**

1 ⓒ | 우리는 반대되는 것들 사이의 명확한 구분을 유지하도록 길들여져 있다. ⓐ 허용된 ⓑ 전념한
해설 반대되는 것들을 서로 다르고 별개인 것으로 유지하도록 배운다는 것을 간단히 표현한 것이다.

2 ⓑ | 역설 ⓐ 바이러스 ⓒ 다양성
해설 빈칸을 구체적으로 부연 설명하는 콜론(:) 뒤의 내용이 콜레라에 감염되었던 닭이 살아남고 감염되지 않았던 닭이 죽은 모순된 상황을 나타내므로 '역설'을 의미하는 paradox가 알맞다.

3 ⓒ
해설 세미콜론(;) 뒤에서 발견되지 않은 이전의 전염병이 닭들을 질병에 걸리지 않게 했다고 했으므로, 닭들이 병에 걸렸으면서 동시에 병에 걸리지 않기도 했다는 것은 질병에 걸렸던 닭은 (면역이 생겨) 이후 병에 걸리지 않게 되었다는 것을 의미한다.

4 The ability ~ in a conceptual blend
해설 문장의 주어는 The ability이고, to imagine ~ in a conceptual blend는 주어를 수식하는 to부정사구이다. to부정사구 내에서 opposite, or contradictory, ideas or images는 to imagine의 목적어, existing 이하는 목적격보어이다.

5 ⓑ | 모순된 개념을 결합하는 것은 사고를 완전히 바꿔 놓으며 혁신적인 지성을 조성한다.
ⓐ 집단적인 ⓒ 예측 가능한
해설 모순된 개념이 공존하는 것을 상상하는 능력이 사고를 완전히 바꿔 놓고, 사고를 넘어서는 지성이 작용하고 새로운 형식을 만들게 한다는 것을 간단히 표현한 것이다.

Stage 3 요약하기

루이 파스퇴르의 면역학에서의 획기적 발견, 즉 이전의 질병이 미래의 질병에 대한 (C) 방어 수단으로 작용할 수 있다는 발견으로 입증된 것과 같이, 역설에서 종종 발견되는 반대되는 것들의 (A) 공존은 새로운 (B) 관점과 발견을 북돋는다.

• demonstrate 입증[실증]하다; 보여주다, 설명하다 breakthrough 획기적 발견, 돌파구 coexistence 공존 perspective 관점, 시각; 원근법

함께 풀면 좋은 기출문제

p. 152

1 ④

해석 창의적인 팀은 역설적 특징을 보인다. 이는 우리가 상호 배타적이거나 모순적이라고 추정하는 생각과 행동 경향을 보여준다. 예를 들어, 최상의 성과를 내려면 팀이 해결하려는 문제와 관련된 주제에 대한 깊은 지식, 그리고 수반되는 과정의 숙달이 필요하다. 그러나 동시에, 팀은 통념이나 확립된 업무 방식에 방해받지 않는 신선한 관점이 필요하다. 종종 '초심자의 마음'이라고 불리는 이것은 신참의 관점으로, 이 사람들은 호기심 많고, 심지어 장난기가 많으며, 질문이 아무리 순진하게 보일지라도 무엇이든 기꺼이 물어보는데, 자신이 무엇을 모르는지도 모르기 때문이다. 따라서 모순되는 특징들을 한데 모으는 것은 새로운 생각의 과정을 가속화할 수 있다.

어휘 exhibit 보이다, 드러내다; 전시하다 assume 추정하다, 가정하다; (책임을) 맡다 mutually 상호 간에, 서로 exclusive 배타적인; 독점적인, 전용의 subject 주제, 대상; 과목; 연구 대상 relevant to A A와 관련된 mastery 숙달, 통달; 지배(력) prevailing 만연한; 지배적인 established 확립된, 인정받는 newcomer 신참, 새로 온 사람 be willing to-v 기꺼이 v하다 naive 순진한 accelerate 가속화하다 [선택지] challenging 어려운; 도전적인 adopt 채택하다; 입양하다 temporary 일시적인, 임시의 permanent 영구적인 utilize 활용[이용]하다

해설 창의적인 팀은 문제 해결과 관련된 깊은 지식과 과정의 숙달이 필요한 동시에 신참의 신선한 관점도 필요하다는 역설적인 특징을 설명하는 글이다. 밑줄 친 부분의 contradictory characteristics(모순되는 특징들)는 깊은 지식과 과정의 숙달, 그리고 신참의 관점을 의미하므로, 밑줄 친 부분이 의미하는 바로 가장 적절한 것은 ④ 'utilizing aspects of both experts and rookies(전문가와 초심자의 측면 모두 활용하기)'이다.

① 단기 및 장기 목표 수립하기
② 어려운 일과 쉬운 일을 모두 수행하기
③ 일시적, 영구적 해결책 채택하기
　목표 수립, 일의 난이도, 해결책의 종류는 언급되지 않음
⑤ 과정과 결과를 동시에 고려하기 세부 사항으로 언급된
　process를 활용한 오답. 과정과 결과가 모순된다는 내용은 없음

2 ④

해석 사람들은 종종 탄자니아 하드자 부족 성인이 대수 방정식을 푸는 방법을 모르면, 그는 틀림없이 우리보다 덜 똑똑할 것이라고 잘못 추정한다. 그러나 어떤 문화권에 속한 사람은 빠른 학습자이고 다른 문화권에 속한 사람은 느린 학습자라는 것을 보여주는 증거는 없다. 비교 문화 연구는 우리에게 서로 다른 문화권에 속한 사람들이 다른 문화적 내용(태도, 가치, 생각, 그리고 행동 양식)을 배우며, 이를 유사한 효율성으로 성취한다는 것을 가르쳐 왔다. 전통적인 하드자 부족 사냥꾼은 그런 (대수학) 지식이 동아프리카 목초지에서의 삶에 특별히 적응성을 향상시키지 않기 때문에 대수학을 배우지 않았다. (결과적으로, 그는 생존 기술이 부족해서 목초지 환경에 적응하지 못했다.) 그러나, 그는 3일 동안 보지 못한 부상을 입은 부시벅을 어떻게 추적하는지와 어디에서 지하수를 찾을 수 있는지를 알 것이다.

어휘 erroneously 잘못되게, 틀리게 comparative 비교를 통한, 비교의; 비교적, 상대적인; 비교급 behavioral pattern 행동 양식 accomplish 성취하다, 완수하다 efficiency 효율(성), 능률 enhance 향상시키다, 높이다 adaptation 적응(성); 각색 cf. adapt 적응하다; 맞추다, 조정하다; 각색하다 grassland 목초지, 초원 fail to-v v하지 못하다 lack ~이 부족하다[없다]; 부족, 결핍 track 추적하다, 뒤쫓다; 길; 발자국 wounded 부상을 입은[다친]; 부상자(들) groundwater 지하수

해설 하드자 부족은 대수 방정식을 풀 줄 모르므로 덜 똑똑할 것이라는 사람들의 일반적 생각 뒤에, 역접 연결어 Yet으로 문화에 따라 빠른 학습자와 느린 학습자는 없다는 글의 핵심 내용을 설명하는 구조의 글이다. 비교 문화 연구를 통해 사람들은 문화에 따라 각기 다른 문화적 내용을 유사한 효율성으로 성취한다고 뒷받침하며, 목초지에서 하드자 부족 사냥꾼의 적응성을 예로 들었다. 그런데 ④는 하드자 부족 사냥꾼이 생존 기술이 부족해서 목초지의 환경에 적응하지 못했다는 내용으로, 글의 흐름과 무관하다.

Adam Smith

난이도 ★★☆　　p. 76

Stage 1　다의어 Check　1 ⓑ　2 ⓑ
INTRO Q ②　Q ③　OUTRO Q ③

Stage 2　1 a natural price　2 is consisted → consists　3 ⓐ　4 ⓑ　5 ⓑ　6 ⓐ
7 현대 경제학자들은 이것을 균형이라고 부른다.

Stage 3　(A) fluctuate　(B) return

---

[1] Adam Smith believed // that all goods have a natural price
애덤 스미스는 생각했다　　　모든 상품은 자연 가격을 가진다고
[that **reflects** the total efforts [that went into making them]].
노력 전체를 **반영하는**　　　　그것(상품)을 만드는 데 투입된

[2] This consists of / the natural rent (for the land), / the natural profit
이것은 ~로 구성된다　　자연 임대료　　토지에 대한　　자연 이윤
(for the capital), / and the natural wage (for the labor
자본에 대한　　그리고 자연 임금　　노동에 대한
used in production)).
생산에 사용된

[3] Market prices and rates of return / can differ from their natural
시장 가격과 수익률은　　　　자연적인 수준과 다를 수 있다
level / for periods of time, // which might happen /
일정 기간 동안　　　그리고 이는 발생할 수 있다
in times of scarcity.
(상품이) 부족한 시기에

[4] In that case, / opportunities (for gain) / will arise /
그 경우　　기회가　　이익에 대한　　생길 것이다
and prices will increase, // but only until market forces bring new
그리고 가격이 오를 것이다　　　그러나 시장의 힘이 새로운 회사를 끌어들일 때까지만이다
firms / into the market / and prices fall back / to their natural level.
시장에　　그래서 가격이 다시 내려갈 (때까지만)　　자연적인 수준으로

[5] Similarly, / if one **industry** begins to suffer a slump (in demand), /
마찬가지로　　한 **산업**이 급감을 겪기 시작하면　　　수요에서
prices will drop / and wages will fall, // but as a different industry
가격이 내려갈 것이다　　그리고 임금이 하락할 것이다　　그러나 다른 산업이 상승할 때
rises, / it will offer higher wages / to attract workers.
그것(다른 산업)은 더 높은 임금을 제공할 것이다　　노동자를 끌어들이려고

[6] In the long run, / Smith says, // "market" and "natural" prices will be
장기적으로　　스미스는 말한다　　'시장' 가격과 '자연' 가격은 같아질 것이라고
the same.

[7] Modern economists call this equilibrium.
현대 경제학자들은 이것을 균형이라고 부른다

전문해석 [1] 애덤 스미스는 모든 상품이 그 상품을 만드는 데 투입된 노력 전체를 반영하는 자연 가격을 가진다고 생각했다. **[2]** 이는 토지에 대한 자연 임대료, 자본에 대한 자연 이윤, 그리고 생산에 사용된 노동에 대한 자연 임금으로 구성된다. **[3]** 시장 가격과 수익률은 일정 기간 동안 자연적인 수준과 다를 수 있는데, 이는 상품이 부족한 시기에 발생할 수 있다. **[4]** 그 경우, 이익에 대한 기회가 생기고 가격이 오르겠지만, 시장의 힘이 새로운 회사를 시장에 끌어들여서 가

Stage 1　정답 찾아가기

INTRO Q ① 자연 가격의 형성을 이끄는 요인
② 제품 가격 상승을 이끄는 요인

Q 주어진 문장은 그 경우에(In that case) 이익에 대한 기회가 생겨서 가격이 오른다고 언급하므로, 주어진 문장 앞에는 가격 상승을 이끄는 어떤 요인이 올 것으로 예측할 수 있다. ③의 앞 문장은 시장 가격과 수익률은 일정 기간 동안 자연적인 수준과 다를 수 있는데, 상품이 부족한 시기에 그러하다고 했고, 이는 가격 상승을 이끄는 요인에 해당하므로 주어진 문장의 In that case로 자연스럽게 연결된다. 또한 ③ 뒤의 Similarly(마찬가지로)로 덧붙여진 내용은 주어진 문장과 비슷한 방식으로 가격이 하락하는 상황을 추가로 설명하므로 주어진 문장 뒤에 이어지는 것이 알맞다. 따라서 주어진 문장이 들어가기에 가장 적절한 곳은 ③이다.

Stage 2　한 문장씩 뜯어보기

1　a natural price
해설 토지 임대료, 자본 이윤, 노동 임금은 모두 상품을 만드는 데 투입된 노력으로, 상품의 자연 가격(a natural price)을 구성하는 요소이다.

2　is consisted → consists
해설 consist of는 목적어 없이 쓰이는 자동사이므로 수동태로 쓰일 수 없다. 따라서 is consisted를 consists로 고쳐야 한다. consist of는 우리말로는 '~로 구성되다'라는 수동 해석이 자연스러우나 목적어를 갖는 타동사가 아님에 유의한다.

3　ⓐ | **충분한 공급이 없다면** ⓑ 돈 ⓒ 수요
해설 밑줄 친 부분은 상품이 부족한 시기이므로, 공급이 부족한 경우를 의미한다.

4　ⓑ | 공급이 증가하다 ⓐ 가격이 오르다 ⓒ 수요가 증가하다
해설 시장에 새로운 회사를 끌어들이는 것은 상품의 공급자가 증가하는 것을 의미한다.

5　ⓑ | 다른 산업 ⓐ 노동자를 끌어들이는 것 ⓒ 수요 급감
해설 노동자를 끌어들이려고 더 높은 임금을 제공하는 주체는 앞에 언급된 상승하는 '다른 산업(a different industry)'이다.

6　ⓐ | 서로 다른 산업의 수요 동향에 의해 움직이는 가격과 임금의 **동적인 특징** ⓑ 피상적인 ⓒ 모호한
해설 가격과 임금이 수요에 따라 변동한다고 했으므로 동적인 특징이라는 것을 알 수 있다.

7　현대 경제학자들은 이것을 균형이라고 부른다.
해설 <call+O+C> 구문이 쓰였으므로, 'O를 C라고 부르다'로 해석한다.

격이 다시 자연적인 수준으로 내려갈 때까지만이다. **⁵**마찬가지로, 한 산업이 수요에서 급감을 겪기 시작하면 가격이 내려가고 임금이 하락하겠지만, 다른 산업이 상승할 때 그 산업은 노동자를 끌어들이려고 더 높은 임금을 제공할 것이다. **⁶**장기적으로 '시장' 가격과 '자연' 가격이 같아질 것이라고 스미스는 말한다. **⁷**현대 경제학자들은 이것을 균형이라고 부른다.

Stage 3 요약하기

애덤 스미스는 상품에는 임대료, 이윤, 임금에 기초한 자연 가격이 있다고 생각했다. 즉, 시장 가격이 일시적으로 (A) 변동할 수 있지만 장기적으로는 결국 이 자연 가격으로 (B) 돌아간다.

함께 풀면 좋은 기출문제　　　　　　　　　　　p. 153

1 ②

해석 자유 시장은 마르크스주의가 결코 할 수 없었던 방식으로 사람들을 자유롭게 했다. 게다가 하버드 경제 역사학자인 A. O. 허시먼이 자신의 최고 수준의 연구 <정념과 이해관계>에서 보여준 바와 같이, 시장은 계몽주의 사상가들인 애덤 스미스, 데이비드 흄 그리고 몽테스키외에 의해 인류의 가장 큰 전통적 약점 중 하나인 폭력성에 대한 강력한 해결책으로 여겨졌다. 몽테스키외는 두 국가가 만나면 전쟁을 벌이거나 거래를 하는, 둘 중 하나를 할 수 있다고 말했다. 만약 두 국가가 전쟁을 벌이면, 둘 다 장기적으로 손해를 볼 가능성이 있다. 만약 두 국가가 거래한다면, 둘 다 이득을 얻을 것이다. 물론 그것이 바로 유럽 연합의 설립 이면에 있는 논리였다. 즉 유럽 연합의 국가들, 특히 프랑스와 독일의 운명을 한데 묶는 것인데, 그 국가들이 20세기 전반에 그렇게 파괴적인 대가를 치르며 전쟁했던 것처럼 다시는 전쟁을 벌이지 않게 하는 압도적인 이익을 가지게 하는 방식으로 그렇게 한다.

어휘 liberate 자유롭게 해주다; 해방시키다　interest 이해관계; 관심, 흥미; ~의 관심[흥미]을 끌다　enlightenment 계몽주의 (시대); 깨우침, 이해　establishment 설립; 기관, 시설　overwhelming 압도적인, 저항할 수 없는　devastating (대단히) 파괴적인　cost 대가, 값, 비용; 희생; (값, 비용이) 들다　[선택지] innate 타고난, 선천적인　stabilize 안정시키다, 안정되다　invisible 보이지 않는　disrupt 방해하다, 지장을 주다

해설 첫 문장은 자유 시장이 사람들을 자유롭게 했다는 내용이며, 이후 전문가의 연구를 인용하여 시장이 폭력성에 대한 해결책으로 여겨졌음을 시사한다. 그런 다음 두 국가가 전쟁을 벌이면 둘 다 손해지만 거래한다면 둘 다 이득임을 설명하며, 유럽 연합(EU)의 설립 논리를 예로 들어 뒷받침한다. 따라서 글의 제목으로 가장 적절한 것은 ② 'Free Market: Winning Together over Losing Together(함께 지기보다 함께 승리하는 자유 시장)'이다.

① 인간의 타고난 폭력성의 반영인 무역 전쟁
　무역(거래)은 폭력과 반대되는 선택임
③ 새로운 경제 체제가 자유 시장을 안정시키다
　새로운 경제 체제는 언급되지 않음
④ 폭력성은 자본주의를 방해하는 보이지 않는 손이다!
　폭력성은 인류의 약점이고 자본주의의 시장은 폭력성에 대한 해결책이라고만 언급함
⑤ 정부는 시장을 통제하는 데 어떻게 개입하고 있는가
　정부의 시장 개입은 언급되지 않음

2 ③

해석 애덤 스미스는 우리 각자가 하나의 특정한 기술에 집중하는 전문화가 모든 사람의 복지를 전반적으로 향상시킨다고 언급했다. 그 생각은 간단하면서 강력하다. 예를 들어 식량 재배, 의류 생산, 혹은 주택 건설과 같은 단 한 가지 활동만 전문화함으로써 각 노동자는 특정 활동에 대한 ① 숙달을 얻는다. 그러나 전문화는 전문가가 자신의 생산물을 다른 활동 분야 전문가들의 생산물과 후속적으로 ② 거래할 수 있는 경우에만 성립한다. 만약 그 ③ 부족한(→ 넘치는) 식량을 의류, 주거지 등과 교환할 시장 판매처가 없다면, 한 가구가 필요로 하는 것보다 더 많은 식량을 생산하는 것은 타당하지 않을 것이다. 동시에, 시장에서 식량을 구매할 능력이 없다면, 자신의 생존을 위해 농사짓는 것이 ④ 필요하기 때문에 주택 건축 전문가나 전문 의류 제작자가 되는 것은 불가능할 것이다. 따라서 스미스는 노동 분업은 시장의 규모에 의해 ⑤ 제한되는 반면, 시장의 규모는 전문화의 정도에 의해 결정된다는 것을 알았다.

어휘 specialization 전문화 *cf.* specialist 전문가, 전공자　make sense 성립하다, 타당하다; 의미가 통하다　subsequently 후속적으로, 그 뒤에　output 생산물, 생산량; (컴퓨터의) 출력　outlet 판매처; 발산[배출] 수단; 배출구　farm 농사를 짓다; (동물을) 사육하다; 농장　extent 규모, 정도, 크기　degree 정도; (각도, 온도 단위의) 도; 학위

해설 각자 하나의 기술에 집중하는 전문화와 각자의 전문 생산물을 교환하는 시장의 중요성에 관한 글이다. 이 맥락에서 더 많은 식량을 생산하는 게 타당하지 않은 경우는 먹고 남은 잉여 식량을 다른 것으로 교환할 시장이 없는 경우일 것이다. 따라서 ③의 'scarce(부족한)'는 'excess(넘치는)' 등으로 고쳐야 한다.

① 숙달 한 가지 활동만 전문화함으로써 노동자가 얻는 것은 특정 활동에 대한 '숙달'임
② 거래하다 전문화가 성립하는 경우는 전문가가 각자의 생산물을 '거래할' 수 있는 경우임
④ 필요한 시장에서 식량을 구매할 능력이 없다면 생존을 위해 직접 농사짓는 것이 '필요해' 다른 분야에서 전문성을 갖는 것이 불가능함
⑤ 제한된 시장의 규모가 전문화의 정도에 의해 결정되듯 노동 분업은 시장의 규모에 의해 '제한됨'

107 Copyright

Stage 1　다의어 Check　1 ⓑ　2 ⓑ
　　　　　INTRO Q ①　Q ①
Stage 2　1 ⓑ　2 To give　3 ⓑ　4 ⓐ　5 X, is → are
Stage 3　(A) specific　(B) inhibited　(C) available

---

¹The purpose of copyright is / to encourage intellectual and artistic creation.
　저작권의 목적은 ~이다　　　　　　지적, 예술적 창작을 장려하는 것

²But at the same time, / giving authors too much copyright protection /
　그러나 동시에　　　　　저작자에게 과도한 저작권 보호를 부여하는 것은
can inhibit rather than enhance / creative growth.
　촉진하기보다는 저해할 수 있다　　　　창의적인 성장을

³To avoid this, / copyright only **covers** the words [with which a writer
　이를 피하고자　　　　저작권은 말만을 **보호한다**　　　　저자가
expresses facts and ideas], / and does not protect the facts or ideas
　사실과 생각을 표현하는 데 쓰는　　　그리고 사실이나 생각 자체를 보호하지는 않는다
themselves; // they are free for anyone to use.
　　　　즉, 그것들(사실이나 생각)은 누구에게나 사용하는 데 자유롭다

⁴To give an author a monopoly (over the facts and ideas (**contained**
　저자에게 독점권을 주는 것은　　　　　사실과 생각에 대한
in his or her work)) / would hinder intellectual and artistic progress, /
　자신의 작품에 **포함된**　　　지적, 예술적 발전을 저해할 것이다
not encourage it.
　장려하는 게 아니라

⁵Imagine // how scientific progress would have suffered /
　상상해 보라　　　과학 발전이 얼마나 손해를 봤을지
if Charles Darwin could have prevented / anyone else from
　만약 찰스 다윈이 막을 수 있었다면　　　다른 누군가가
writing about evolution / after he published *On the Origin of Species*.
　진화에 대해 글을 쓰는 것을　　　그가 <종의 기원>을 출판한 후에

⁶Works [in which the particular words (used by the author) /
　저작물은　　　　특정한 말들이　　　저자에 의해 사용된
are important and distinctive]— / such as in poems, novels, and plays—
　중요하고도 독특한　　　　시, 소설, 연극과 같은
/ enjoy the most copyright protection.
　가장 많은 저작권 보호를 누린다

⁷Factual works, / such as histories, biographies, how-to books, news
　사실에 입각한 저작물은　　　역사서, 전기, 지침서, 뉴스 기사 등과 같은
stories, and so forth, / receive less protection.
　　　　　　덜 보호받는다

전문해석 ¹저작권의 목적은 지적, 예술적 창작을 장려하는 것이다. ²그러나 동시에, 저작자에게 과도한 저작권 보호를 부여하면 창의적인 성장을 촉진하기보다는 저해할 수 있다. ³이를 피하고자 저작권은 저자가 사실과 생각을 표현하는 데 쓰는 말만을 보호할 뿐이고, 사실이나 생각 자체를 보호하지는 않는다. 즉, 그것들은 누구나 자유롭게 사용할 수 있다. ⁴저자에게 자신의 작품에 포함된 사실과 생각에 대한 독점권을 주는 것은 지적, 예술적 발전을 장려하는 게 아니라 저해할 것이다. ⁵만약 찰스 다윈이 <종의 기원>을 출판한 후에 다른 누군가가 진화에 대해 글을 쓰는 것을 막을 수 있었다면 과학 발전이

 정답 찾아가기

INTRO Q ① 그것들의 정보는 누구나 자유롭게 사용할 수 있다. ② 그것들은 지적, 예술적 발전을 저해한다.
Q 빈칸 문장으로 보아, 사실에 입각한 저작물에 대한 서술을 찾아야 한다. 도입부에서 과도한 저작권 보호가 창의적인 성장을 저해할 수 있다는 문제를 제기한 뒤, 사실과 생각을 표현하는 말은 저작권으로 보호받지만, 사실이나 생각 자체는 저작권이 보호하지 않으며 누구나 자유롭게 사용할 수 있다고 했다. 즉 작가의 언어 표현이 중요한 저작물과는 달리(빈칸 앞 문장 내용), 사실을 중점적으로 다루는 저작물은 저작권 보호를 덜 받을 것임을 알 수 있다. 따라서 빈칸에 들어갈 말로 가장 적절한 것은 ① 'receive less protection(덜 보호받는다)'이다.
② 복제의 증거 역할을 하다 복제에 대한 언급 없음
③ 더 강력한 보호가 필요하다
　사실과 생각은 저작권이 보호하지 않는다는 것과 반대됨
④ 소설보다 더 선호되다 작품 선호도는 언급되지 않음
⑤ 창의적 성장을 촉진하다 저작권의 목적에 관한 서술임

 한 문장씩 뜯어보기

1 ⓑ | 저작권은 균형의 문제이다. ⓐ 선택 ⓒ 관점
해설 저작권은 지적, 예술적 창작을 장려하기 위함이지만 과도하면 오히려 이를 저해할 수 있다고 했으므로, 적절한 '균형'이 중요하다.

2 To give
해설 to부정사구 To give ~ in his or her work는 명사구 주어로 쓰였다.

3 ⓑ
해설 문장 4에서 would는 가정한 상황(To give ~ in his or her work)의 결과를 추측하는 의미로 쓰였다.

4 ⓐ | 과학 발전을 위한 사실과 생각에 대한 **열린 접근**의 **중요성** ⓑ 집중하는 것 ⓒ 저자의 피드백
해설 문장 5는 찰스 다윈이 다른 누군가가 진화에 대해 글을 쓰는 것을 막을 수 있었다면 과학 발전이 손해를 봤을 것이라며 실제와 반대되는 경우를 가정한다. 즉 사실과 생각에 대한 열린 접근의 중요성을 강조한다.

5 X, is → are
해설 관계사절의 주어는 the particular words이고 used by the author는 수식어구이므로 is를 복수동사 are로 고쳐야 한다.

얼마나 손해를 봤을지 상상해 보라. ⁶저자가 사용한 특정한 말들이 중요하고도 독특한 시, 소설, 연극 같은 저작물은 저작권 보호를 가장 많이 누린다. ⁷역사서, 전기, 지침서, 뉴스 기사 등과 같은 사실에 입각한 저작물은 덜 보호받는다.

Stage 3 요약하기

저작권은 지적, 예술적 창작을 촉진하기 위해 사실과 생각의 (A) 특정한 표현을 보호하며, 과도한 권리로 인해 창의적 성장이 (B) 저해되지 않도록 하고 정보를 계속 (C) 사용할 수 있게 한다.
해설 (B) creative growth(창의적 성장)와 inhibit(저해하다)는 수동 관계이므로 inhibit을 과거분사 inhibited로 변형하여 수동태 문장을 완성한다.

함께 풀면 좋은 기출문제

p. 154

1 ④

해석 특허권의 원래 목적은 발명가에게 독점 이익을 보상하는 것이 아니라 그들이 발명품을 공유하도록 장려하는 것임을 기억하라. 어느 정도의 지적재산권법은 이 목적을 이루기 위해 분명히 필요하다. 하지만 그것은 도를 넘어섰다. 대부분의 특허권은 이제 아이디어를 공유하는 것만큼이나 독점을 보호하고 경쟁자들을 단념시키고 있다. 그리고 그것은 혁신을 막는다. 많은 회사들은 특허권을 진입 장벽으로 사용하여, 지적 재산을 침해하는 신흥 혁신가들을 다른 어떤 목표를 향해가는 도중에도 고소한다. 제1차 세계 대전 이전에는 항공기 제조사들이 특허권 소송에 서로를 묶어 놓아 미국 정부가 개입할 때까지 혁신을 늦추었다. 오늘날 스마트폰과 생명공학에서도 거의 동일한 상황이 발생하고 있다. 기존 기술을 바탕으로 새로운 기술을 만들려고 한다면 새로운 업체들은 '특허 덤불'을 헤쳐 나가야 한다.

어휘 patent 특허권[증]; 특허의; 뻔한; 특허를 받다 plainly 분명히; 숨김없이, 솔직히; 소박하게 go too far 도를 넘다 firm 회사; 딱딱한, 단단한; 확고한, 확실한 sue 고소하다; (재판을 통해) 청구하다 upstart 신흥의; 벼락부자 step in 개입하다, 돕고 나서다 entrant 갓 들어온[합류한] 사람; 출전자[참가자] thicket 덤불; 복잡하게 뒤얽힌 것 build on ~을 바탕으로 하다 [선택지] side effect 부작용 apply 신청하다; 지원하다; 적용하다; (페인트 등을) 바르다 abuse 남용[오용](하다); 학대(하다)

해설 글의 도입부는 특허권의 원래 목적이 발명품을 공유하도록 장려하는 것이고, 이를 위해서는 지적재산권법이 어느 정도 필요하다는 내용이다. 그런데 But(하지만)이 이끄는 다음 문장에서 그 정도가 지나치다는 것을 지적하며, 특허권이 오히려 독점을 보호하고 경쟁자들을 단념시킨다는 상반되는 내용이 이어진다. 이후 특허권을 진입 장벽으로 사용하여 혁신을 늦추는 예를 들어 이를 뒷받침하므로, 글의 주제로 가장 적절한 것은 ④ 'patent law abuse that hinders innovation(혁신을 저해하는 특허법 남용)'이다.

① 독점 금지법의 부작용
 독점을 허용하는 특허법의 부작용에 관한 글임
② 지적재산권을 보호하는 방법 지적 재산을 침해하는 신흥 혁신가를 많은 회사들이 고소한다고는 했으나, 이는 혁신을 막는 특허권 남용을 보여주는 세부 사항에 해당함
③ 특허 신청 요건 특허 신청 요건을 설명하는 글이 아님
⑤ 기술 혁신에 필요한 자원 특허권 남용이 혁신을 억제한다는 내용이며, 기술 혁신에 필요한 것을 논하는 글이 아님

2 ④

해석 디자이너는 새로운 프로젝트에 접근할 때 자신의 디자인 경험을 이용한다. 이것은 디자이너가 알기에 효과가 있는 이전의 디자인, 즉 디자이너가 직접 만들었던 디자인과 다른 사람들이 만들었던 디자인을 둘 다 활용하는 것을 포함한다. 다른 사람들의 창작물은 새로운 아이디어와 혁신으로도 이어지는 영감을 흔히 불러일으킨다. 이는 잘 알려져 있고 이해되는 일이다. 그러나 한 아이디어의 표현은 저작권에 의해 보호되며, 그 저작권을 침해하는 사람들은 법정에 소환되어 기소될 수 있다. 저작권은 아이디어의 표현을 보호하며, 아이디어 그 자체를 보호하지는 않는다는 점에 유의하라. 이것은 예를 들어, 모두 유사한 기능을 가진 많은 스마트폰이 있지만, 그 아이디어가 서로 다른 방식으로 표현되었고 저작권 보호를 받은 것은 그 표현이기 때문에 이것이 저작권 침해를 나타내지 않는다는 것을 의미한다. 저작권은 무료이며 저작자, 예를 들어 어떤 책의 저자나 프로그램을 개발하는 프로그래머에게 자동으로 부여되는데, 저작자가 저작권을 다른 누군가에게 양도하지 않는 한 그러하다.

어휘 draw on ~을 이용하다, ~에 의지하다 spark 불러일으키다, 유발하다; 불꽃(을 일으키다) inspiration (특히 예술적 창조를 위함) 영감 court 법정; 대궐, 궁궐; ~의 환심을 사려고 하다 functionality (컴퓨터, 전자 장치의) 기능; 기능성 represent 나타내다; 대표하다, 대신하다; 묘사하다 invest (권한 등을) 부여하다; 투자하다 sign over (~에게) ~을 양도하다

해설 주어진 문장은 저작권이 아이디어 자체가 아닌 아이디어의 표현을 보호한다는 점에 유의하라는 내용이다. ④ 앞은 아이디어 표현이 저작권에 의해 보호되며 침해 시 기소될 수 있다는 내용이고, ④ 뒤에 for example로 이어지는 내용은 스마트폰을 예로 들어 저작권 침해가 아닌 경우를 설명한다. 이는 저작권 침해로 기소될 수 있다는 ④ 앞 문장에 대한 예로 볼 수 없으며, 주어진 문장을 This로 받아 그 의미를 부연 설명하는 예에 해당한다. 따라서 주어진 문장이 들어가기에 가장 적절한 곳은 ④이다.

Competitive Strategy

난이도 ★★☆　　p. 84

Stage 1　　다의어 Check　1 ⓐ　2 ⓑ
　　　　　　　INTRO Q ③　Q ①

Stage 2　　1 ⓐ　2 ○　3 ⓑ　4 ⓑ　5 ⓒ　6 ⓒ　7 is → are

Stage 3　　(A) integrate　(B) enhancing

---

[1]Manufacturing and services industries / are often seen /
제조업과 서비스업은　　　　　　　흔히 여겨진다

as independent.
독립적으로

[2]Yet manufacturers themselves / can base their competitive
그러나 제조업체 자신들은　　　　경쟁 전략의 기반을 둘 수 있다

strategies / on services, // and the process [through which this is
서비스에　　　그리고 그 과정은　　　　이것이 달성되는

achieved] / is widely known / as servitization.
널리 알려져 있다　　　서비스화로

[3]Servitization **refers to** the transformation (of manufacturing firms)
서비스화는 변신**을 나타낸다**　　　　　제조 회사의

(to integrate and deliver / comprehensive service offerings /
통합하고 전달하기 위한　　　　포괄적 서비스 제공을

with their traditional products), / and can be approached /
그들(제조 회사)의 전통적 제품과　　　그리고 (서비스화는) 접근될 수 있다

in various ways.
다양한 방식으로

[4]Some manufacturers simply add / more and more individual
일부 제조업체들은 단순히 추가한다　　　　점점 더 많은 개별 서비스를

services / to complement their product offerings, // while others
제품이 제공하는 것을 보완하기 위해　　　　반면 다른 제조업체들은

develop / bespoke, long-term, and personal offerings /
개발한다　　　개인별 맞춤, 장기적, 그리고 개별적인 제공을

with a few strategic customers.
몇몇 전략상 중요한 소비자를 상대로

[5]Seeing themselves as service providers, /
스스로를 서비스 제공자로 간주하면서

they **exploit** their own design and production competences /
그들(다른 제조업체들)은 자신들의 설계 및 생산 역량을 **잘 활용한다**

to deliver and improve business processes / for their customers.
사업 절차를 제공하고 개선하려고　　　　고객을 위하여

[6]We refer to this latter category / as advanced services.
우리는 이 후자의 범주를 (~라고) 한다　　　고급 서비스라고

[7]These product-service systems demand dramatically different
이러한 제품-서비스 시스템은 극적으로 다른 운영을 요구한다

operations / compared to those of traditional production, //
전통적 생산의 그것(운영)과 비교하여

but / when done well / are highly valuable / to the commercial
그러나　　잘 수행되면　　　매우 가치가 있다　　　상업적 지속 가능성에

sustainability (of the manufacturer).
제조업체의

Stage 1　정답 찾아가기

다의어 Check 1 ⓐ ~을 나타내다 ⓑ ~을 언급하다
2 ⓐ 남용하다 ⓑ 잘 활용하다
INTRO Q ① 중요한 서비스 품질 ② 서비스 중심 산업 ③ 서비스
기반 변화

Q 제조업체들이 경쟁 전략의 기반을 서비스에 두는 서비스화의 의
미와 그 방식을 대조하여 설명하는 글이다. 일부 제조업체들은 제품
보완을 위해 단순히 더 많은 개별 서비스를 추가하는 반면, 다른 제
조업체들은 개인별 맞춤, 장기적, 개별 제공인 고급 서비스를 개발하
는데, 이를 잘 수행하면 제조업체의 지속 가능성에 매우 가치가 있
다고 했다. 후자에 좀 더 초점을 두어 서술하고 있으므로 글의 주제
로 가장 적절한 것은 ① 'sustainable manufacturing through
advanced services(고급 서비스를 통한 지속 가능한 제조업)'이다.

② 서비스를 강화한 제조 산업의 자동화 제조 산업의 자동화는 언급되지 않음
③ 서비스와 제조 제품 결합의 어려움 언급되지 않음
④ 새 제조 공정을 통한 극적인 변화 제조 공정이 아닌 서비스화에 대한 글임
⑤ 제조업에서 경쟁력에 기여하는 요소들
　경쟁력에 기여하는 요소 중 하나인 서비스화에 대해 설명하는 글임

Stage 2　한 문장씩 뜯어보기

1 ⓐ | 우리는 흔히 제조업과 서비스업이 **관련이 있지 않다**고 생각
한다. ⓑ 분리된 ⓒ 호황인 •boom 호황을 맞다; 붐, 호황
해설 제조업과 서비스업은 흔히 독립적으로 여겨진다고 했다.

2 ○
해설 themselves는 복수주어인 manufacturers를 강조하
는 재귀대명사이다. through which ~ achieved는 선행사
the process를 수식하는 <전치사+관계대명사>절이다.

3 ⓑ | 서비스화의 다양한 전략
ⓐ 기업 변화의 어려움 ⓒ 서비스화가 기업에 미치는 영향
해설 서비스화는 다양한 방식으로 접근이 가능하다고 했으므로,
다양한 접근법에 대한 구체적인 설명이 전개될 것이다.

4 ⓑ | 고객 맞춤형 제공에 집중하는 것 ⓐ 고객에게 교육 프로그램
을 제공하는 것 ⓒ 서비스 제공 범위를 확대하는 것
해설 다른 제조업체들은 개인 맞춤형 제공을 개발한다고 했다.
ⓐ는 언급되지 않았으며, ⓒ는 Some manufacturers의 전
략상 특징에 해당한다.

5 ⓒ | 제조업체는 더 나은 서비스를 제공하고자 자신들의 제조 기
술을 활용한다. ⓐ 서비스 정신 ⓑ 고객 네트워크
해설 제조업체들은 사업 절차를 제공하고 개선하기 위해 자신들
의 설계 및 생산 역량과 같은 제조 기술을 잘 활용한다고 했다.

6 ⓒ | 맞춤형 제공 ⓐ 사업 절차 ⓑ 지속 가능한 서비스

전문해석 [1] 제조업과 서비스업은 흔히 독립적으로 여겨진다. [2] 그러나 제조업체 자신들은 경쟁 전략의 기반을 서비스에 둘 수 있고, 이것을 달성하는 그 과정은 서비스화로 널리 알려져 있다. [3] 서비스화는 포괄적 서비스 제공을 제조 회사의 전통적 제품과 통합하고 전달하기 위한 제조 회사의 변신을 나타내며, 다양한 방식으로 접근이 가능하다. [4] 일부 제조업체들은 제품이 제공하는 것을 보완하기 위해 점점 더 많은 개별 서비스를 단순히 추가하는 반면, 다른 제조업체들은 개인별 맞춤, 장기적, 그리고 개별적인 제공을 몇몇 전략적 소비자를 상대로 개발한다. [5] 그 다른 제조업체들은 스스로를 서비스 제공자로 간주하면서, 고객을 위해 사업 절차를 제공하고 개선하려고 자신들의 설계 및 생산 역량을 잘 활용한다. [6] 우리는 이 후자의 범주를 고급 서비스라고 말한다. [7] 이러한 제품-서비스 시스템은 전통적 생산의 운영과 비교하여 극적으로 다른 운영을 요구하지만, 잘 수행되면 제조업체의 상업적 지속 가능성에 매우 가치가 있다.

해설 후자 범주(this latter category)는 문장 4의 개인별 맞춤 제공을 개발하는 '다른 제조업체들'을 가리키므로 advanced services는 맞춤형 제공을 의미한다.

7 is → are

해설 주어는 These product-service systems이며, 등위 접속사 but으로 동사가 병렬 연결된 구조이므로 복수동사 are로 고쳐야 한다. when done well은 주절의 주어와 when절의 주어가 같아서 <주어+be동사>가 생략된 삽입구이다.

Stage 3 요약하기

제조업체는 서비스와 제품을 (A) 통합하는 서비스화를 이용하며, 이는 잘 수행되면 경쟁력과 지속 가능성을 (B) 향상시킨다.

해설 (B) 앞 절에 대한 결과를 나타내는 분사구문 자리이며, 앞 절의 내용과 enhance(향상시키다)가 능동 관계이므로 현재분사 enhancing으로 변형한다.

함께 풀면 좋은 기출문제

p. 155

1 ③

해석 지금까지 학자, 정치인, 마케팅 담당자, 그리고 다른 사람들은 제품과 서비스를 어린 소비자들에게 직접 광고하는 것이 윤리적으로 옳은지 그른지 논쟁을 벌여왔다. 이것은 광고로 본 제품을 아이들이 구매하도록 광고주가 조종하는 것을 도와야 하는지에 의문을 제기해 온 심리학자에게도 딜레마이다. 광고주들은 아이들이 그 '적절한' 제품을 소유하고 있지 않으면 자신이 패배자라고 느끼게 만드는 것이 쉽다는 사실을 이용한 것을 인정했다. (제품의 인기가 높아지면 더 많은 경쟁자가 시장에 진입하며 마케팅 담당자는 경쟁력을 유지하려고 마케팅 비용을 낮춘다.) 영리한 광고는 아이들에게 광고되는 제품을 가지고 있지 않으면 또래 친구들에게 부정적으로 보일 것이라고 알려 주고, 그렇게 함으로써 아이들의 정서적 취약성을 이용한다. 광고가 만들어 내는, 부적절하다고 느끼는 지속적인 감정은 아이들이 즉각적인 만족감과 물질적 소유물이 중요하다는 믿음에 집착하게 되는 데 기여한다고 언급되어 왔다.

어휘 ethically 윤리적으로 take advantage of ~을 이용하다 play on (남의 감정 등을) 이용하다 vulnerability 취약성; ~하기[받기] 쉬운 inadequateness 부적절함, 불충분함

해설 글의 도입부에서 제품과 서비스를 어린 소비자들에게 직접 광고하는 것이 윤리적으로 옳은지 논쟁이 있다고 언급한 뒤, 광고주가 아이들의 정서적 취약성을 이용하여 즉각적인 만족감과 소유물이 중요하다는 믿음에 집착하게 만든다는 문제점을 설명한다. 그런데 ③은 제품의 인기가 높아지면 경쟁력을 유지하기 위해 마케팅 비용을 낮춘다는 내용이므로 글의 흐름과 무관하다.

2 ②

해석 다른 두 유형의 모바일 기기인 스마트폰과 태블릿은 대체재인가 아니면 보완재인가? 이러한 기기들의 두 사용자인 마들렌과 알렉산드라의 사례를 생각하면서 이 질문을 살펴보자. 마들렌은 수업 중에 필기하려고 자신의 태블릿을 사용한다. 이 필기는 클라우드 컴퓨팅 서비스를 통해 무선으로 스마트폰에 동기화되므로, 마들렌이 버스를 타고 집으로 가는 동안 휴대폰으로 자신의 필기를 복습하는 것을 가능하게 한다. 알렉산드라는 인터넷 검색을 하고, 이메일을 쓰고, 소셜 미디어를 확인하기 위해 자신의 전화기와 태블릿을 둘 다 사용한다. 이러한 두 기기 모두 알렉산드라가 데스크톱 컴퓨터와 떨어져 있을 때 온라인 서비스 접근을 가능하게 한다. 마들렌에게 스마트폰과 태블릿은 '보완재'이다. 두 기기가 함께 사용될 때, 그녀는 그것들로부터 더 큰 기능성을 얻는다. 알렉산드라에게 그것들은 '대체재'이다. 스마트폰과 태블릿 둘 다 알렉산드라의 생활에서 거의 같은 기능을 한다. 이 사례는 개별 소비자의 행동이 두 상품 또는 서비스 간 관계의 속성을 결정하는 데 있어서 어떤 역할을 하는지 보여준다.

어휘 substitute 대체재; 대체[대신]하다 wirelessly 무선으로 access 접근(하다); 들어가다; 입구 functionality 기능성; 목적[기능] fulfil(l) (역할, 기능을) 하다; 실현[성취]하다 more or less 거의; 약[대략]

해설 빈칸 문장으로 보아, '무엇'이 두 상품 또는 서비스 간 관계의 속성을 결정하는지 추론해야 한다. 태블릿으로 수업 중에 필기하고 집에 가면서 스마트폰으로 이를 복습하는 마들렌에게는 두 기기가 '보완재', 스마트폰과 태블릿으로 모두 이메일, 소셜 미디어 확인 등 온라인 서비스에 접근하는 알렉산드라에게는 두 기기가 '대체재'라고 했다. 이를 통해 두 상품의 관계는 상품을 사용하는 소비자의 행동에 따라 결정된다는 것을 알 수 있으므로, 빈칸에 들어갈 말로 가장 적절한 것은 ② 'individual consumer's behavior(개별 소비자의 행동)'이다.

① 다른 사람들과의 상호 작용 ③ 사회적 지위의 뚜렷한 변화
④ 혁신적인 기술 발전 ⑤ 현재 상황에 대한 객관적인 평가
①, ③, ④, ⑤ 언급되지 않음

109 Cultural Orientation

난이도 ★☆☆　p. 88

Stage 1　다외어 Check　**1** ⓑ　**2** ⓑ
　　　　　　INTRO Q **1** ②　**2** (1) (A)　(2) (C)　(3) (B)　**Q** ③

Stage 2　**1** ⓒ　**2** ⓑ　**3** encouraging new diseases to infect their groups
　　　　　　4 ⓑ　**5** ⓒ　**6** 1

Stage 3　(A) lower　(B) greater　(C) flourished

---

¹Researchers still debate / the ultimate origins (of individualism and
연구자들은 여전히 논쟁한다　　궁극적인 기원에 대해　　개인주의와
collectivism, / opposing cultural orientations), // but one fascinating
집단주의의　　반대되는 문화적 성향인　　그러나 한 흥미로운
theory suggests / that these tendencies might reflect /
이론은 제시한다　　이러한 경향들이 반영하는 것일지도 모른다고
the **concentration** (of disease-causing microbes).
집결을　　질병을 유발하는 미생물의

(B) ²Collectivist societies are likely to thrive / in disease-prone areas
집단주의 사회는 번성할 가능성이 있다　　질병이 발생하기 쉬운 지역에서
(of the world) // because collectivists tend to fear outsiders more /
세계의　　집단주의자는 외부인을 더 두려워하는 경향이 있기 때문이다
than individualists, / and are less likely to take the sorts of risks
개인주의자보다　　그리고 (~한) 종류의 위험을 감수하려 하지 않기 때문이다
[that might **encourage** disease].
질병을 **조장**할 수 있는

³This fearful attitude (towards outsiders) / shielded them from alien
이런 두려워하는 태도는　　외부인에 대한　　그들(집단주의자)을 외래 질병으로부터
diseases [that their bodies weren't equipped to fight].
보호했다　　그들(집단주의자)의 몸이 싸울 준비가 되어있지 않았던

(C) ⁴In contrast, / individualists were more likely / to separate from
반대로　　개인주의자들은 (~할) 가능성이 더 컸다　　집단에서 분리될
the group / and interact with outsiders, / encouraging new diseases
그리고 외부인과 상호 작용할　　(그 결과) 새로운 질병이 자신들(개인주의자)의
to infect their groups // when they returned from their adventures.
집단을 감염시키도록 조장했다　　그들(개인주의자)이 모험에서 돌아왔을 때

⁵Thus, / individualistic cultures thrived / in areas (with fewer dangerous
따라서　　개인주의 문화는 번성했다　　지역에서　　위험한 질병이 적은
diseases).

(A) ⁶Meanwhile, / they tended to be more industrious and adventurous,
동시에　　그들(개인주의자)은 더 근면하고 모험적인 경향이 있었다
// while their collectivist counterparts prioritized social cohesion
반면에 그들의 집단주의 상대는 사회적 결속과 조화를 우선시했다
and harmony / to face external challenges.
외부 문제에 맞서기 위해

전문해석 ¹연구자들은 반대되는 문화적 성향인 개인주의와 집단주의의 궁극적인 기원에 대해 여전히 논쟁하지만, 한 가지 흥미로운 이론에 따르면 이러한 경향들은 질병을 유발하는 미생물의 집결을 반영하는 것일지도 모른다. (B) ²집단주의 사회는 세계의 질병이 발생하기 쉬운 지역에서 번성할 가능성이 있는데, 집단주의자는 개인주의자보다 외부인을 더 두려워하는 경향이 있고 질병을 조장할 수 있는 종류의 위험을 감수하려 하지 않기 때문이다. ³외부인

Stage 1 정답 찾아가기

다외어 Check 2 ⓐ 누군가에게 용기를 주다
ⓑ 어떤 일이 일어날 가능성을 높이다

Q 개인주의와 집단주의의 기원이 질병을 유발하는 미생물의 집결을 반영한다고 보는 이론을 제시하는 주어진 글 뒤에는 그와 관련한 집단주의의 기원을 설명하는 (B)가 오는 것이 적절하다. (C)는 In contrast(반대로)로 시작하여 (B)와 대조되는 개인주의의 기원을 설명하므로 (B) 뒤에 와야 한다. 순접 연결어 Meanwhile(동시에)로 이어지는 (A)는 (C)의 individualists를 they로 받아 개인주의자의 특성을 집단주의자와 대조해 부연 설명하므로 (C) 뒤에 이어지는 것이 알맞다. 따라서 글의 순서로 가장 적절한 것은 ③ (B)-(C)-(A)이다.

Stage 2 한 문장씩 뜯어보기

1 ⓒ | 한 사회가 개인주의적이 될지 집단주의적이 될지는 질병의 **확산**과 연관될 수 있다. ⓐ 다양성 ⓑ 이론
해설 문화적 성향이 질병을 유발하는 미생물의 집결을 반영할지도 모른다는 이론을 간단히 표현한 것이다.

2 ⓑ | 집단주의자는 외부인에 대한 **조심스러운** 접근으로 질병이 발생하기 쉬운 지역에서 번성하며, 이는 **낯선** 질병에 대한 노출을 줄여준다. ⓐ 무관심한, 외부의 ⓒ 지원하는, 전염성의
해설 외부인을 두려워하는 집단주의자의 태도가 외래 질병에 걸리는 것을 막아주어서 그 사회가 세계의 질병이 발생하기 쉬운 지역에서 번성하기 쉬웠음을 간단히 표현한 것이다.

3 encouraging new diseases to infect their groups
해설 결과를 나타내는 분사구문이므로 encouraging으로 시작하는 분사구문을 써야 한다. encouraging 이하는 'O가 v하도록 조장하다'라는 의미의 <encourage+O+to-v> 구조로 쓴다. 우리말에 맞춰 목적어로 new diseases, 목적격보어로 to infect their groups를 쓴다.

4 ⓑ | 개인주의는 **외부인에의 노출**로 인한 질병의 위험이 낮은 지역에서 번성했다. ⓐ ~을 믿는 것 ⓒ ~에 기여하는 것
해설 개인주의자들은 외부인과의 상호 작용으로 새로운 질병에 감염되기 쉬워서 위험한 질병이 적은 지역에서 번성했다.

5 ⓒ | 동시에 ⓐ 대신 ⓑ 그럼에도 불구하고
해설 개인주의자에 대한 앞 내용에 이어 개인주의의 특성에 대해 부연 설명하는 문장이므로 문맥상 at the same time(동시에)을 의미한다.

6 1

에 대한 이런 두려워하는 태도는 집단주의자의 몸이 싸울 준비가 되어있지 않았던 외래 질병으로부터 그들을 보호했다. (C) ⁴반대로 개인주의자들은 집단에서 분리되어 외부인과 상호 작용할 가능성이 더 컸으며, 그 결과 모험에서 돌아왔을 때 새로운 질병이 자신들의 집단을 감염시키도록 조장했다. ⁵따라서 개인주의 문화는 위험한 질병이 적은 지역에서 번성했다. (A) ⁶동시에, 개인주의자는 더 근면하고, 모험적인 경향이 있는 반면에 집단주의 상대는 외부 문제에 맞서려고 사회적 결속과 조화를 우선시했다.

해설 문장 1은 개인주의와 집단주의의 기원이 미생물의 집결을 반영하는 것일지 모른다는 한 이론을 제시한다. 이 관점에서 집단주의, 개인주의의 기원을 구체적으로 논하므로 주제문은 문장 1이다.

Stage 3 요약하기

집단주의 사회는 외부인에 대한 두려움과 질병에 관한 (A) 더 낮은 위험 감수로 인해 질병 확산이 높은 지역에서 발달했다. 반대로, 개인주의 문화는 (B) 더 큰 개방성과 위험 감수로 질병이 더 적은 지역에서 (C) 번성했다.

• openness (마음이) 열려 있음, 개방성

1　①

해석 문화 진화의 많은 초기 모델은 이론 집단 유전학의 개념을 사용하고 그 개념을 문화에 적용함으로써 문화와 유전자 사이의 주목할 만한 연관성을 끌어냈다. 전파, 혁신, 선택의 문화적 양식은 전달, 돌연변이 그리고 선택의 유전적 과정에 개념적으로 비유된다. 그러나 유전자 전달과 문화 전파 사이의 차이점을 설명하려면 이러한 접근법은 수정되어야 했다. 예를 들어, 우리는 문화 전파가 유전자 전달 규칙을 엄격히 따를 것이라 예상하지 않는다. 만약 생물학적 부모 둘이 서로 다른 문화적 특성의 형태를 가진다면, 그 부모의 자녀는 반드시 엄마 혹은 아빠가 가진 그 특성의 형태를 동일하게 얻지 않을 수도 있다. 게다가 아이는 부모로부터뿐만 아니라 부모가 아닌 어른이나 또래에게서도 문화적 특성을 습득할 수 있다. 따라서 집단 내 문화적 특성의 빈도는 단지 한 개인의 부모가 그 특성을 가졌을 확률을 넘어서 유의미하다.

↓

초기의 문화 진화 모델은 문화와 유전자 사이의 (A) 유사성을 사용했지만, 문화 전파가 유전자 전달보다 더 (B) 다양한 요인들을 허용하기에 수정되어야 했다.

어휘 draw 끌어내다; 그리다　noticeable 주목할 만한; 뚜렷한　gene 유전자 *cf.* genetics 유전학 theoretical 이론의; 이론상으로 (가능한)　population 집단; 인구　transmission 전파, 전달; 전송　be likened to A A에 비유되다　modify 수정하다(= revise); 수식하다　account for 설명하다; 해명하다; 차지하다　not necessarily 꼭 ~은 아닌　probability 확률; 개연성

해설 문화 진화의 초기 모델이 문화와 유전자 사이의 '무엇'을 사용했지만, 문화 전파가 유전자 전달보다 더 '어떠한' 요인을 허용해 수정되어야 했는지를 찾아야 한다. 도입부에서 문화 진화의 초기 모델은 문화와 유전자 사이의 주목할 만한 연관성, 즉 유사성(similarity)을 끌어냈다고 했지만, However 이후에서 문화 전파는 유전자 전달만이 아닌 다양한(diverse) 요인이 작용할 수 있어 초기 모델이 수정되어야 했다고 설명한다. 따라서 요약문의 빈칸 (A)와 (B)에 들어갈 말로 적절한 것은 ① 'similarity(유사성) - diverse(다양한)' 이다.

(A)　　　(B)

② 유사성　- 제한된 (A)는 맞지만 (B)는 반대됨
③ 차이　　- 유연한 (A)는 반대되고 (B)는 틀림
④ 차이　　- 복잡한 (A)는 반대되고 (B)는 맞음
⑤ 상호 작용 - 믿을 수 있는 (A)와 (B) 모두 틀림

2　③

해석 인간은 음식에 양념을 넣는 유일한 종으로, 허브와 향신료라고 부르는 강한 맛의 식물 부분을 이용해 음식을 의도적으로 바꾼다. 향신료에 대한 인간의 미각은 진화적 뿌리를 가지고 있을 가능성이 꽤 크다. 많은 향신료는 항균적인 특성이 있는데, 실제로 마늘, 양파, 오레가노 같은 흔한 조미료들은 시험된 거의 모든 박테리아의 성장을 억제한다. 그리고 태국 음식의 마늘과 후추, 인도의 생강과 고수, 멕시코의 고추를 생각하면, 향신료를 가장 많이 사용하는 문화권들은 더 따뜻한 기후에서 유래하고, 그곳들은 박테리아에 의한 (음식의) 부패가 큰 문제이다 (변화하는 기후는 향신류의 생산과 이용 가능성에 큰 영향을 미칠 수 있으며, 향신료의 성장 패턴에 영향을 주고, 궁극적으로 세계 향신료 시장에 영향을 준다.) 반대로, 스칸디나비아와 북유럽 요리처럼 향신료를 가장 조금 쓰는 요리는 더 시원한 기후에서 유래한다. 맛에 대한 우리 인간 특유의 관심, 이 경우에 향신료의 맛은 삶과 죽음의 문제로서 생겨난 것으로 드러난다.

어휘 season (양념을) 넣다[치다] *cf.* seasoning 양념(= spice)　deliberately 의도적으로; 신중하게　alter 바꾸다　antibacterial 항균적인　property 특성; 재산　inhibit 억제하다 bacterium ((bacteria의 단수형)) 박테리아, 세균　coriander 고수　spoilage 부패, 손상

해설 향신료의 항균적인 특성과 문화권의 기후에 따라 달라지는 향신료 사용에 관해 설명하는 글이다. 문장 ②와 ④가 In contrast(반대로)로 따뜻한 기후와 시원한 기후에서의 향신료 사용을 대조하는 반면, ③은 기후 변화가 향신료 생산과 이용 가능성에 미치는 영향에 관한 내용이므로 글의 흐름과 무관하다.

Natural Selection

난이도 ★☆☆　p. 92

Stage 1　다의어 **Check**　**1** ⓑ　**2** ⓑ
　　　　　　INTRO Q ②　**Q** ⑤

Stage 2　**1** ⓑ　**2** X, accumulated　**3** ⓐ　**4** ⓑ　**5** ⓑ

Stage 3　(A) darkened　(B) visible　(C) greater

---

[1] The peppered moth gets its name / from its peppered appearance; //
회색가지나방은 이름을 얻는다　　　　후추를 뿌린 것 같은 겉모습에서

most individuals are whitish / with black speckles (on their wings).
대부분의 개체는 희끄무레하다　　　작은 검은 반점들로　　　날개에 있는

[2] It was a surprise / to discover a number of completely black moths /
(~은) 놀라웠다　　　　완전히 검은 나방을 다수 발견한 것은

among the peppered moth **population** (in certain areas).
회색가지나방 **개체군** 중에서　　　　특정 지역의

[3] The mystery (of this dramatic change in the population) / was solved /
수수께끼는　　　그 개체군의 이런 극적인 변화에 대한　　　풀렸다

by a British ecologist (named H.B.D. Kettlewell) / in 1955.
영국의 한 생태학자에 의해　　H.B.D. 케틀웰이라고 불리는　　1955년에

[4] He noticed // that / with the coming of the Industrial Revolution, /
그는 알아차렸다　(~을)　　산업혁명의 시작과 함께

soot (from English factories) / accumulated on tree trunks, /
그을음이　영국 공장에서 나온　　나무 몸통에 축적되었다는 것을

making their bark much darker.
그래서 (나무) 껍질을 훨씬 더 검게 만들었다는 것을

[5] The increase (in the frequency of black moths) / was caused /
증가는　　검은 나방 (출현) 빈도의　　　일어났다

by the effects (of pollution (on the trees)), / a phenomenon
영향에 의해　　공해의　　나무에 미치는　　현상인

(known as industrial melanism).
공업 흑화로 알려진

[6] Industrial melanism is / a **classic** example of natural selection.
공업 흑화는 ~이다　　자연선택의 **전형적인** 예

[7] In unpolluted forests, / speckled moths are at an advantage //
오염되지 않은 숲에서는　　작은 반점들이 있는 나방이 유리하다

because their lighter coloration camouflages them.
그들(작은 반점들이 있는 나방)의 더 밝은 천연색이 그들을 위장시키기 때문에

[8] Black moths, / on the other hand, / are more visible / on the light
검은 나방은　　반면에　　더 잘 보인다　　밝은

trunks / and consequently are eaten more frequently.
나무 몸통에서　　그리고 결과적으로 더 자주 먹힌다

[9] The advantage is reversed / in areas (with industrial pollution); //
그 이점은 뒤바뀐다　　지역에서　　산업공해가 있는

black moths are protected / by their camouflage, /
즉, 검은 나방은 보호받는다　　그들의 위장에 의해

while speckled individuals are more easily seen / and eaten more often.
반면 작은 반점이 있는 개체는 더 쉽게 보인다　　　그리고 더 자주 먹힌다

Stage 1　정답 찾아가기

Q 주어진 문장은 역접 연결어 on the other hand(반면에)와 함께 검은 나방이 밝은 나무 몸통에서 더 잘 보이고 더 자주 먹힌다는 점을 설명하고 있으므로, 주어진 문장 앞에는 이와 반대로 밝은 나무 몸통에서 생존이 유리한 나방에 관한 내용이 올 것임을 예상할 수 있다. ⑤ 앞 문장은 오염되지 않은 숲(밝은 나무)에서 작은 반점들이 있는 나방이 유리하다는 내용이므로, 그 뒤에 주어진 문장이 이어지는 게 적절하다. 또한 ⑤ 뒤의 내용인 산업공해가 있는 지역에서 검은 나방과 작은 반점들이 있는 나방의 이점이 뒤바뀐다는 것은 주어진 문장이 시사하는 바이므로 흐름도 자연스럽다. 따라서 주어진 문장의 위치로 가장 적절한 곳은 ⑤이다.

Stage 2　한 문장씩 뜯어보기

1　ⓑ
　해설 특정 지역에서 다수의 검은 나방을 발견했다고 언급한 뒤 그 개체군 변화의 수수께끼가 풀렸다고 했으므로, 그 배경에 해당하는 내용이 전개될 것이다.

2　X, accumulated
　해설 that 이하는 noticed의 목적어 역할을 하는 명사절이다. 명사절 내에 동사가 없으므로 주어 soot from English factories의 동사 역할을 하도록 문맥상 과거시제에 맞춰 accumulated로 고쳐야 한다. with the coming ~ Revolution은 that절 안의 삽입어구, making 이하는 결과를 의미하는 분사구문임에 유의한다.

3　ⓐ | ~ 때문에 일어났다
　ⓑ ~에 의해 주목받았다 ⓒ ~에 영향받지 않았다
　해설 빈칸 뒤는 검은 나방이 자주 나타나게 된 원인에 해당하므로, 원인을 이끄는 표현이 알맞다.

4　ⓑ | 검은 나방은 오염되지 않은 지역에서 **생존할 가능성이 낮다.** ⓐ 발달하다 ⓒ 번식하다
　• uncontaminated 오염되지 않은 reproduce 번식하다; 재생[재현]하다
　해설 밝은 나무 몸통, 즉 오염되지 않은 숲에서 검은 나방은 더 잘 보이기 때문에 더 자주 먹힌다고 했다.

5　ⓑ | 산업공해는 작은 반점이 있는 나방보다 검은 나방**에게 유리하다.** ⓐ 유해하다 ⓒ 다양화하다
　• favor ~에 유리하다; ~에 호의를 보이다
　해설 산업공해가 있으면 검은 나방이 위장으로 보호받기 때문에, 생존에 '유리한' 입장이 된다.

전문해석 [1]회색가지나방의 이름은 후추를 뿌린 것 같은 겉모습에서 유래하는데, 대부분의 개체는 희끄무레하며 날개에 작은 검은 반점들이 있다. [2]특정 지역의 회색가지나방 개체군 중에서 완전히 검은 나방을 다수 발견한 것은 놀라웠다. [3]그 개체군의 이런 극적인 변화에 대한 수수께끼는 1955년 H.B.D. 케틀웰이라는 영국의 한 생태학자에 의해 풀렸다. [4]그는 산업혁명의 시작과 함께 영국 공장에서 나온 그을음이 나무 몸통에 축적되어 껍질을 훨씬 더 검게 만들었다는 것을 알아차렸다. [5]검은 나방 (출현) 빈도의 증가는 나무에 미치는 공해의 영향, 즉 공업 흑화로 알려진 현상 때문에 일어났다. [6]공업 흑화는 자연 선택의 전형적인 예이다. [7]오염되지 않은 숲에서는 작은 반점들이 있는 나방이 더 유리한데, 작은 반점들이 있는 나방의 더 밝은 천연색으로 자신을 위장하기 때문이다. [8]반면에 검은 나방은 밝은 나무 몸통에서 더 잘 보여 결과적으로 더 자주 먹힌다. [9]산업공해가 있는 지역에서는 그 이점이 역전되는데, 즉 검은 나방은 위장으로 보호받는 반면, 작은 반점이 있는 개체는 더 쉽게 보이고 더 자주 먹힌다.

산업혁명에서 비롯한 공해는 나무 몸통을 (A) 어둡게 해서 검은 나방이 반점이 있는 나방보다 덜 (B) 눈에 띄고 (C) 더 많은 수가 살아남도록 도와줬는데, 이는 자연선택의 작용을 보여준다. • in action (고유의) 작용[활동]을 하는 darken 어두워[캄캄해]지다; 어둡게[캄캄하게] 만들다

해설 (A) 과거 산업혁명 시절에 공해가 나무 몸통을 검게 만들었던 것이므로 과거시제인 darkened로 변형한다.

---

1 ①

해석 찰스 다윈이 자신의 자연선택 이론을 발전시켰을 때, 유기체의 적응이 궁극적으로 생존과 번식을 위한 경쟁에 의해 일어나는 진화 과정을 묘사했다. 이러한 생물학적 '생존 경쟁'은 경쟁 시장에서 경제적 성공을 위해 애쓰는 사업가들 사이의 인간 분투와 상당히 유사하다. 다윈이 자신의 연구를 발표하기 오래전에, 사회 과학자 애덤 스미스는 이미 사업에서 경쟁은 경제적 효율성과 적응 이면에 있는 원동력이라고 생각했다. 진화 생물학과 경제학의 현대 이론 창시자들이 자신의 주된 견해의 근거로 둔 생각이 얼마나 비슷한가는 정말 매우 놀랍다.

어휘 evolutionary 진화의; 진화론에 의한　adaptation 적응; 각색　ultimately 궁극적으로, 결국　existence 생존; 존재, 실재　bear 있다, 지니다; 참다, 견디다　considerable 상당한, 많은　resemblance 유사함, 비슷함　strive for ~을 위해 애쓰다　driving force 원동력; 추진력　striking 놀라운, 이목을 끄는　founder 창시자, 설립자; 실패하다　[선택지] conventional 관습적인; 극히 평범한

해설 빈칸 문장으로 보아, 진화 생물학과 경제학의 현대 이론 창시자들의 생각이 '어떠한지'를 찾아야 한다. 생물학적 생존 경쟁이 사업 성공을 위한 분투와 유사하고, 경쟁에 의한 진화를 다룬 다윈의 연구 발표 이전에 사업에서도 경쟁의 중요성을 생각하는 등 두 사상의 유사성을 강조하므로 빈칸에 들어갈 말로 가장 적절한 것은 ① 'similar (비슷한)'이다.

② 혼란스러운
③ 비현실적인
④ 관습적인
⑤ 복잡한
②~⑤ 추론 근거 없음

2 ②

해석 자연선택에서 항상 그렇듯이, 박쥐와 그들의 먹잇감은 수백만 년 동안 생사를 건 감각적 군비 경쟁에 참여해 왔다. 나방의 청각은 특히 박쥐에게 잡아먹히는 위협에 반응하여 생긴 것으로 여겨진다. (모든 곤충이 소리를 들을 수 있는 것은 아니다.) 수백만 년 동안, 나방은 훨씬 더 높은 주파수의 소리를 감지하는 능력을 진화시켰고, 그렇게 하면서 박쥐의 발성 주파수 또한 높아졌나 일부 나방 종은 또한 날개에 비늘을, 몸에는 모피 같은 외피를 진화시켰으며, 둘 다 '음향 위장'의 역할을 하는데, 박쥐가 방출하는 주파수의 음파를 흡수함으로써 음파가 되돌아가는 것을 막는다. B-2 폭격기와 그 밖의 '스텔스' 항공기는 레이더 전파에 대해 비슷한 일을 하는 소재로 만들어진 기체를 가진다.

어휘 specifically 특히; 분명히, 명확하게　in response to A A에 반응하여　detect 감지하다, 발견하다　vocalization 발성　scale 비늘; 규모, 범위; 등급　act as ~의 역할을 하다　acoustic 음향의; 청각의　absorb 흡수하다; 받아들이다　emit 방출하다, 내뿜다　bounce back 되돌아가다; 다시 회복되다　bomber 폭격기; 폭파범　stealth 스텔스의 ((레이더가 탐지하게 힘들게 만든))　aircraft 항공기　[선택지] scarce 부족한, 드문; 겨우, 간신히　engage in ~에 참여하다　arms race 군비 경쟁　cope with ~에 대응[대처]하다

해설 빈칸 문장으로 보아, 수백만 년 동안 박쥐와 그 먹잇감의 행동이 '어땠는지'를 찾아야 한다. 이어지는 내용에서 나방이 박쥐를 피하고자 더 높은 주파수의 소리를 감지하는 능력을 진화시켰고, 이에 대응하여 박쥐는 발성 주파수를 높였다고 했다. 또한 마지막 문장에서 B-2 폭격기와 스텔스 항공기의 기체에 비유해 나방과 박쥐의 진화 과정이 군비 경쟁과 비슷함을 설명하므로, 빈칸에 들어갈 말로 가장 적절한 것은 ② 'been engaged in a life-or-death sensory arms race(생사를 건 감각적 군비 경쟁에 참여했다)'이다.

① 부족한 식량 자원을 두고 치열한 경쟁을 벌였다
　식량 경쟁은 언급되지 않음
③ 신체 일부가 아닌 무기를 발명했다
　나방은 비늘, 외피와 같은 신체 일부를 변화시켰다고 했음
④ 소음을 내는 다른 야생동물에 대응하기 위해 진화했다
　특정 야생동물에 관한 언급 없음
⑤ 아무 불빛 없는 밤하늘을 비행하는 데 적응했다
　어둠에 대한 적응은 언급되지 않음

111 Motivations

Stage 1　다의어 Check　1 ⓐ　2 ⓑ
　　　　　　INTRO Q　1 ②　2 ②　Q ③

Stage 2　1 ⓑ　2 be weakened → weaken[be weakening]　3 ⓒ　4 ⓑ　5 ⓑ　6 ⓒ

Stage 3　(A) financial　(B) challenging　(C) important

---

[1] A growing body of work (in social psychology) /
점점 더 많은 양의 연구는　　　사회 심리학에서

emphasizes the difference (between intrinsic motivations
(~의) 차이를 강조한다　　　　내적 동기 사이의

(such as moral conviction or interest (in the task at hand)) /
도덕적 신념이나 관심과 같은　　　　당면한 과제에 대한

and extrinsic ones (such as money or other tangible rewards)).
그리고 외적인 것(동기)　　　돈이나 다른 유형(有形)의 보상과 같은

[2] When people are engaged / in an activity [they consider intrinsically
사람들이 참여할 때　　활동에　　그들이 본질적으로 가치 있다고 여기는

worthwhile], // offering them money / may weaken their motivation /
그들에게 돈을 제공하는 것은　　그들의 동기를 약화시킬지도 모른다

by depreciating or "crowding out" / their intrinsic interest or
(~을) 평가 절하하거나 '몰아내어'　　그들의 내적 관심이나 헌신을

commitment.

[3] Standard economic theory interprets all motivations, / whatever
표준 경제 이론은 모든 동기를 (~로) 해석한다

their character or source, / as preferences / and assumes //
동기의 성격이나 출처가 어떤 것이라도　　선호로　　그리고 (~라고) 가정한다

they are additive, / meaning / they can be combined /
그것들(동기)이 (서로) 더해진다고　의미하는　그것들(동기)이 결합될 수 있음을

without influencing each other.
서로 영향을 주지 않고

[4] But this **misses** / the corrosive effect of money.
하지만 이것은 **놓치고 있다**　　돈의 부식 효과를

[5] The crowding-out phenomenon / has big implications for economics.
몰아내기 현상은　　　경제학에 큰 영향을 미친다

[6] It calls into question / the use of market mechanisms and market
그것(몰아내기 현상)은 의문시한다　　시장 메커니즘과 시장 논리의 사용을

reasoning (in many aspects of social life), / including financial
사회생활의 여러 측면에서　　금전적인 장려책을 포함하여

incentives (to motivate performance / in education, health care,
성과를 유도하는　　　　교육, 의료,

the workplace, voluntary associations, civic life, and other settings
직장, 자발적 단체, 시민 생활, 그리고 다른 상황에서

[in which intrinsic motivations or moral commitments matter]).
내적 동기나 도덕적 헌신이 중요한

[7] According to the economist Reto Jegen, / if the crowding-out effect
경제학자 레토 제겐에 따르면,　　만약 몰아내기 효과가 **사실이라면**,

holds, // raising monetary incentives could reduce, /
금전적 장려책을 증가시키는 것은 줄일 수 있다

rather than increase, / supply.
늘리기보다는　　　공급을

Stage 1　정답 찾아가기

INTRO Q 1 ① 경제학 ② 몰아내기 현상

Q 빈칸 문장의 주어 It은 문맥상 앞 문장의 'The crowding-out phenomenon(몰아내기 현상)'을 가리키므로 이 현상이 '어떤' 상황에서 시장 메커니즘과 시장 논리의 사용을 의문시하는지 찾는다. 사람들이 본질적으로 가치 있다고 여기는 활동에 참여할 때 돈을 제공하는 것은 내적 관심이나 헌신의 가치를 떨어뜨려 동기를 약화할 수 있다고 한다. 이는 시장 메커니즘과 논리가 의문시되는 상황이므로 빈칸에 들어갈 말로 가장 적절한 것은 ③ 'intrinsic motivations or moral commitments matter(내적 동기 또는 도덕적 헌신이 중요한)'이다.

① 시장 장려책과 동향이 행동을 지시하다
② 외적 동기는 필수적이고 유의미하다
④ 금전적 이득과 외적 보상이 미미하다
　①, ②, ④ 시장 메커니즘과 논리를 의문시한다는 빈칸 문장과 반대됨
⑤ 개인의 선호와 장려책이 우선시되다 개인의 선호(경제학에서의 동기)에
금전적 장려책이 미치는 영향에 관한 글로, 이 둘이 함께 우선시된다는 언급은 없음

Stage 2　한 문장씩 뜯어보기

1 ⓑ | 연구는 내적 동기와 외적 동기를 **구별한다**.
ⓐ 시너지 효과를 확인하다 ⓒ 상호 작용을 조사하다
해설 사회 심리학 연구가 내적 동기와 외적 동기의 차이를 강조한다는 것을 간단히 표현한 것이다.

2 be weakened → weaken[be weakening]
해설 돈을 제공하는 것(offering them money)이 동기(their motivation)를 '약화시키는' 것이므로 수동태 be weakened를 능동태 weaken으로 고쳐야 한다. 진행형 be weakening도 가능하다.

3 ⓒ | **독립적인** ⓐ 선호되는 ⓑ 지속적인
해설 동기들이 서로 영향을 주지 않고 결합할 수 있는 것은 독립적임을 의미한다.

4 ⓑ | 돈을 장려책으로 사용하면 **부정적인 결과로** 이어질 수 있다.
ⓐ 상호 영향 ⓒ 인상적인 성과
해설 돈을 장려책으로 사용하는 것의 해로운 영향을 돈의 부식 효과로 표현했다.

5 ⓑ | 중요한 고려 사항을 제기한다 ⓐ 직접적이고 밀접한 관련이 있다 ⓒ 지속적으로 부정적인 영향을 미치다
• pose (문제 등을) 제기하다　consideration 고려 사항; 배려
해설 몰아내기 현상이 시장 메커니즘과 시장 논리의 사용을 의문시한다고 했으므로, 경제학에서 고려해야 할 중요한 문제를 제기하는 것을 의미한다.

전문해석 [1] 점점 더 많은 사회 심리학 연구는 당면 과제에 대한 도덕적 신념이나 관심과 같은 내적 동기와 돈이나 다른 유형의 보상과 같은 외적 동기 사이의 차이를 강조한다. [2] 사람들이 본질적으로 가치 있다고 여기는 활동에 참여할 때 그들에게 돈을 제공하는 것은 그들의 내적 관심이나 헌신의 가치를 평가 절하하거나 '몰아내어' 동기를 약화할지도 모른다. [3] 표준 경제 이론은 모든 동기를 성격이나 출처가 어떤 것이든 선호로 해석하며, 동기들이 서로 더해진다고 가정하는데, 이는 동기가 서로에게 영향을 주지 않으면서 결합될 수 있음을 의미한다. [4] 하지만, 이것은 돈의 부식 효과를 놓치고 있다. [5] 몰아내기 현상은 경제학에 큰 영향을 미친다. [6] 몰아내기 현상은 교육, 의료, 직장, 자발적 단체, 시민 생활, 그리고 <u>내적 동기나 도덕적 헌신이 중요한</u> 다른 상황에서 성과를 유도하는 금전적인 장려책을 포함하여, 사회생활의 여러 측면에서 시장 메커니즘과 시장 논리의 사용을 의문시한다. [7] 경제학자 레토 제겐에 따르면, 만약 몰아내기 효과가 사실이라면, 금전적 장려책을 증가시키는 것은 공급을 늘리기보다는 줄일 수 있다.

6 ⓒ | 동기 ⓐ 이익 ⓑ 보상

해설 몰아내기 효과는 외적 보상이 내적 동기를 약화하는 것이므로, 줄어드는 것은 '동기'이다.

Stage 3 요약하기

연구에 따르면 (A) 금전적 보상은 내적 동기를 약화시킬 수 있으며, 이는 경제 이론에 (B) 이의를 제기하고 내적 동기가 (C) 중요한 영역에서 시장 메커니즘을 적용하는 것에 대한 우려를 제기한다.

• undermine (자신감을) 약화시키다; ~의 밑을 파다

해설 (B) 분사구문의 의미상 주어인 앞 문장 전체가 경제 이론에 '이의를 제기한다'라는 의미이므로 동사 challenge를 현재분사 challenging으로 변형한다.

함께 풀면 좋은 기출문제

p. 158

1 ③

해석 1947년 사해 두루마리가 발견되었을 때, 고고학자들은 새롭게 발견되는 각각의 문서마다 포상금을 걸었다. 다량의 두루마리가 추가로 발견되는 대신에 보상금을 늘리고자 그것들은 그저 찢겨 나뉘어졌다. 마찬가지로 19세기 중국에서는 공룡의 뼈를 발견하면 장려금이 주어졌다. 농부들은 자신의 토지에서 몇 개를 찾아내어 그것들을 조각으로 부수고 많은 돈을 벌었다. 현대의 장려금이라고 더 나을 것은 없다. 회사의 이사회는 달성된 목표에 대해 보너스를 주겠다고 약속한다. 그러면 무슨 일이 일어나는가? 관리자들은 사업을 키우는 것보다는 목표를 낮추는 것에 더 많은 에너지를 쏟는다. 사람들은 자신에게 가장 이익이 되는 일을 함으로써 장려금에 반응한다. 주목할 만한 점은 첫째로 장려금이 시행될 때 사람들의 행동이 얼마나 빠르게, 그리고 급격하게 변화하는지이며, 두 번째로는 사람들이 장려금의 이면에 있는 높은 차원의 의도가 아니라 장려금 그 자체에 반응한다는 사실이다.

어휘 archaeologist 고고학자 finder's fee 포상금 tear apart 갈기갈기 찢다 board 이사회; 판자; 탑승하다 invest (시간, 노력 등을) 쏟다, 투자하다 noteworthy 주목할 만한 radically 급격하게 come into play 시행되다 [선택지] relive 되새기다, (특히 상상 속에서) 다시 체험하다 cultural heritage 문화유산

해설 과거와 현대의 보상(두루마리 발견 포상금, 공룡 뼈 발견 포상금, 회사의 목표 달성 보너스)을 예로 들어 사람들이 자신에게 가장 이익이 되도록 원래의 목적에 반하여 반응하는 것을 보여주며, 사람들이 보상의 이면에 있는 높은 차원의 의도가 아닌 장려금 자체에 반응한다고 설명한다. 따라서 글의 제목으로 가장 적절한 것은 ③ 'Rewards Work Against Original Purposes(보상은 원래의 목적에 반하여 작용한다)'이다.

① 황금빛 과거의 영광을 되새기다
② 어떻게 이기심이 팀워크를 약화하는가 ①, ② 언급 없음
④ 우수한 동기 부여 요인인 비물질적 장려책
　　보상금은 물질적 장려책에 해당함
⑤ 문화유산이 관광산업의 촉진제가 되다!
　　사해 두루마리는 예로 언급된 세부 사항에 해당하며, 관광산업은 언급되지 않음

2 ②

해석 수년 동안 많은 심리학 연구는 인간이 공격성, 이기적인 사욕, 그리고 단순한 쾌락의 추구와 같은 저급한 동기들에 의해 움직인다는 가정에 바탕을 두었다. 많은 심리학자가 그 가정에서 출발했기 때문에, 자신들의 가정을 뒷받침하는 조사 연구를 무심코 설계했다. 그 결과 인류에 대한 우세한 심리학 관점은 인류의 공격적 성향을 겨우 억제하고, 타인에 대한 진실한 친밀감이나 진정한 공동체 의식보다는 동기가 부여된 사욕에 의해 사회 집단 속에서 간신히 살아가고 있는 종이라는 관점이었다. 지그문트 프로이트와 존 B. 왓슨이 이끈 초기 행동주의자 모두는 인간들이 주로 이기적인 욕구에 의해 동기 부여되었다고 생각했다. 그러한 관점에서, 사회적 상호 작용은 그러한 더 저급한 감정을 통제해야만 가능하고, 그러므로 그것은 폭력, 탐욕 그리고 이기심의 폭발에 항상 취약하다. 인간들이 실제로 사회 집단 안에서 함께 산다는 사실은 폭력으로부터 언제나 단지 한 걸음 떨어져 있는 미약한 합의라고 전통적으로 여겨져 왔다.

어휘 base 저급한, 비도덕적인; 기초, 토대 egoistic 이기적인 self-interest (사리)사욕 prevail 우세하다; 만연[유행]하다 barely 겨우; 거의 ~않는 keep in check 억제하다 manage to-v (간신히, 용케) v해내다 genuine 진실한; 진짜의 exert (권력 등을) 가하다, 행사하다 vulnerable 취약한, ~하기[받기] 쉬운 eruption 폭발; 분출 arrangement 합의; 준비; 정리

해설 빈칸 문장으로 보아, 초기 행동주의자는 인간이 주로 '무엇'에 의해 동기 부여되었다고 생각했는지를 찾아야 한다. 도입부에서 많은 심리학 연구는 인간이 공격성, 이기적인 사욕과 같은 저급한 동기들에 의해 움직인다는 가정에 바탕을 둔다고 했고, 이어지는 내용에서 인간은 동기가 부여된 사욕에 의해 사회 집단 속에서 간신히 살아가기 때문에 사회적 상호 작용은 그 저급한 감정들을 통제해야만 가능하다고 했다. 따라서 빈칸에 들어갈 말로 가장 적절한 것은 ② 'selfish drives(이기적인 욕구)'이다.

① 윤리적 사상　　③ 이성적 생각
④ 외적 보상　　⑤ 사회적 처벌
윤리적 사상, 이성적 생각, 외적 보상, 사회적 처벌은 언급되지 않음

112 Clocks

Stage 1   다의어 Check 1 ⓐ 2 ⓑ 3 ⓑ
           INTRO Q ② Q ④ OUTRO Q ①
Stage 2   1 ⓑ 2 in which 3 ⓑ 4 (a) 5 ⓐ
Stage 3   (A) time (B) precise (C) impact

---

[1] The **conventions** (of the clock) / have deeply affected / our conception
    관습은   시계의   깊은 영향을 미쳤다   우리의 개념에
(of time).
   시간에 대한

[2] The idea / that a day is divided / into 24 equal segments (of 60 minutes)
    개념은   하루가 나뉜다는   24등분으로   60분씩
// has become an essential part (of daily consciousness).
      필수적인 부분이 되었다   일상 의식의

[3] The clock also suggested / new ways of thinking (about the universe).
     시계는 또한 제시했다   새로운 사고방식을   우주에 대한

[4] In 1687 / Isaac Newton published / his *Principia*, // in which he **set out**
    1687년   아이작 뉴턴은 출판했다   자신의 책 <프린키피아>를   그리고 거기서 그는
his monumental theories (about the workings (of nature) /
   기념비적 이론을 **제시했다**   작용에 대한   자연의
and our place (in the cosmos)).
   그리고 인간의 위치에 대한 우주에서

[5] In doing so, / he conceived of the universe / as a great clock-like
    그렇게 해서   그(뉴턴)는 우주를 (~로) 생각했다   하나의 거대한 시계 같은
mechanism [that operates in a precise and predictable manner /
   체제로   정확하고 예측 가능한 방식으로 작동하는
by the laws of physics], // which is a philosophical idea [that had a deep
   물리법칙에 따라   그리고 이는 철학적 사상이다   깊은 영향을 미친
impact / on ideas (now shaping everyday thinking and behavior)].
   사고방식에   현재의 일상적인 사고와 행동을 형성하는

[6] It is worth noting // that the invention (of the clock) / predates Newton's
    주목하는 것은 가치가 있다   발명이   시계의   뉴턴의 이론보다 앞선다는 점에
theories / and had a profound effect / on how he framed them.
            그리고 엄청난 영향을 미쳤다는 점에   어떻게 그가 그것들(이론)을 표현했는지에

([7] Despite his genius, / he struggled with criticism and opposition
     그(뉴턴)의 천재성에도 불구하고   그는 비판과 반대로 어려움을 겪었다
(from some of his contemporaries).)
   몇몇 동시대인들로부터의

[8] This **underscores** // how scientific progress and technological innovations
    이는 **분명히 보여준다**   어떻게 과학 발전과 기술 혁신이 형성할 수 있는지
can shape / the way [scientists formulate and express their ideas].
   방식을   과학자들이 자신의 생각을 명확하게 나타내고 표현하는

전문해석 [1] 시계의 관습은 우리의 시간 개념에 깊은 영향을 미쳤다. [2] 하루가 60분씩 24등분으로 나뉜다는 개념은 일상 의식의 필수적인 부분이 되었다. [3] 또한 시계는 우주에 대한 새로운 사고방식을 제시했다. [4] 1687년 아이작 뉴턴은 <프린키피아>를 출판했는데, 그 책에서 그는 자연의 작용과 우주에서

Stage 1 **정답 찾아가기**

INTRO Q ① 시간 개념 ② 시계의 영향

Q 시계가 우리의 시간 개념과 우주에 대한 사고방식에 미친 영향을 설명하는 글이다. 문장 4 이후는 시계의 발명이 뉴턴의 이론에 미친 영향을 언급하며, 과학 발전과 기술 혁신이 과학자들의 생각을 명확하게 나타내고 표현하는 방식을 형성할 수 있음을 시사한다. 그런데 ④는 그의 천재성에도 불구하고 뉴턴이 몇몇 동시대인들로부터 비판과 반대를 받았다는 내용이므로, 글의 흐름과 무관하다.

Stage 2 **한 문장씩 뜯어보기**

1 ⓑ
해설 하루가 60분씩 24등분으로 나뉜다는 생각은 시계가 우리의 시간 개념에 미친 영향이다.

2 in which
해설 선행사가 his Principia이고, 이어지는 절이 <주어(he)+동사(set out)+목적어(his monumental theories ~)>를 갖춘 완전한 구조의 절이므로 <전치사+관계대명사> 형태인 in which가 적절하다. 관계대명사 which 뒤에는 불완전한 절이 온다.

3 ⓑ | 시계 기술에서 영감을 받은 뉴턴의 우주에 대한 견해는 현대의 사고와 행동에 깊이 영향을 미쳤다.
ⓐ 혼돈 상태인 ⓒ 예측 가능한
해설 시계가 우주에 대한 새로운 사고방식을 제시한 예로, 뉴턴의 우주에 대한 견해가 현재의 일상적인 사고와 행동을 형성하는 철학적 개념에 깊은 영향을 미쳤음을 설명한다.

4 (a)
해설 predate는 '~보다 앞서 오다'라는 뜻이므로 A predate B는 'A가 B보다 앞서다'라는 의미이다.

5 ⓐ | 시계의 영향은 기술이 어떻게 과학 이론을 형성하는지를 강조한다. ⓑ 발견 ⓒ 발명
해설 뉴턴의 이론이 시계에 영향을 받은 사례와 같이 기술이 과학자들의 생각을 명확하게 나타내고 표현하는 방식, 즉 과학 이론을 형성할 수 있음을 의미한다.

Stage 3 **요약하기**

시계는 (A) 시간에 대한 의식을 확립할 뿐만 아니라, 뉴턴이 우주를 (B) 정확한 체제로 묘사하도록 영향을 주어 과학적 관점에 미치는 시계의 (C) 영향을 보여주었다.

인간의 위치에 대한 기념비적인 이론을 제시했다. ⁵그렇게 해서, 그는 우주를 물리법칙에 따라서 정확하고 예측 가능한 방식으로 작동하는 하나의 거대한 시계 같은 체제로 생각했으며, 이는 현재의 일상적인 사고와 행동을 형성하는 사고방식에 깊은 영향을 미친 철학적 사상이다. ⁶시계의 발명이 뉴턴의 이론보다 앞서고 그가 그 이론들을 표현한 방식에 엄청난 영향을 미쳤다는 점에 주목하는 것은 가치가 있다. (⁷그의 천재성에도 불구하고, 그는 몇몇 동시대인들로부터의 비판과 반대로 어려움을 겪었다.) ⁸이는 과학 발전과 기술 혁신이 어떻게 과학자들이 자신의 생각을 명확하게 나타내고 표현하는 방식을 형성할 수 있는지를 분명히 보여준다.

1   ③

해석 1830년 최초의 상업용 철도 서비스가 리버풀과 맨체스터 간 운행을 시작했다. 10년 후, 최초의 열차 시간표가 발표되었다. 열차는 낡은 마차보다 훨씬 더 빨랐기 때문에, 지역별 시간의 고유한 차이는 심각한 골칫거리가 되었다. 1847년, 영국의 철도 회사들은 함께 머리를 맞대고 상의해 그 이후로 모든 열차 시간표를 리버풀, 맨체스터 또는 글래스고의 지역 시간 대신, 그리니치 천문대 시간에 맞출 것에 동의했다. 점점 더 많은 기관들이 철도 회사들의 선례를 따랐다. (철도는 역, 선로, 그리고 다른 시설과 관련된 문제와 같은 사회 기반 시설 관련 문제에 직면했다.) 1880년, 마침내 영국 정부는 영국의 모든 시간표가 그리니치 시간을 따르도록 법을 제정하는 전례 없는 조치를 취했다. 역사상 처음으로, 한 국가가 국가 표준 시간을 채택하고 국민이 지역 시간이나 일출, 일몰 주기 대신에 의무적으로 인위적인 시간에 따라 생활하게 했다.

어휘 commercial 상업의; 상업적인; 광고 (방송)   issue 발표하다; 발행하다; 주제   carriage 마차; (기차의) 객차; 운반[수송](비)   peculiar 고유한, 독특한   put one's heads together 함께 머리를 맞대고 상의하다   henceforth 이후로   observatory 천문대, 관측소   institution 기관, 단체, 협회; 제도, 관습   infrastructure 사회[공공] 기반 시설   facility 시설, 기관; 기능, 특징   unprecedented 전례 없는   legislate 법을 제정하다, 입법하다   oblige O to-v O가 의무적으로 v하게 하다

해설 상업용 철도 서비스가 시작되면서 그리니치 천문대 시간에 맞춘 열차 시간표가 표준화되었고, 영국 정부가 그리니치 시간을 국가 표준 시간으로 채택하는 결과로까지 이어졌다는 내용의 글이다. 점점 더 많은 기관들이 철도 회사들의 선례를 따랐다는 것은 열차 시간표와 마찬가지로 시간을 그리니치 천문대 시간에 맞추었음을 의미한다. 그런데 ③은 철도가 사회 기반 시설 관련 문제에 직면했다는 내용이므로 글의 흐름과 무관하다.

2   ②

해석 기계식 시계의 발명은 질서와 규칙적인 일상의 전형인 수도원에서 살던 수도승들에게 영향을 받았다. (B) 그들은 하루 중 기도를 위해 지정된 일곱 시간을 알리려고 규칙적인 간격으로 수도원 종을 울릴 수 있도록 정확한 시간을 지켜야 했다. 초기의 시계는 회전하는 드럼통에 감긴 밧줄에 묶인 무게 추에 불과했다. (A) 시간은 무게 추가 달린 밧줄의 길이를 관찰하여 결정되었다. 17세기 흔들리는 추(진자)의 발견은 시계와 거대한 쌩쌩 시계의 보편화로 이어졌다. 마침내, 시간을 지키는 것은 시간에 복종하는 것으로 변했다. (C) 사람들은 자신의 자연적인 생체 시간보다는 시계의 기계적 시간을 따르기 시작했다. 그들은 배고플 때보다는 식사 시간에 먹었고, 졸릴 때보다는 시간이 되면 자러 갔다. 심지어 정기 간행물과 패션도 '연간'이 되었다. 세상이 질서 정연해졌다.

어휘 mechanical 기계로 작동되는; 기계적인   monk 수도승   order 질서; 순서; 명령(하다); 주문(하다) *cf.* orderly 질서 있는; 정연한   routine 규칙적인 일상; 일상적인, 보통의   weight (추를 달아) 무겁게 하다; 추; 무게   widespread 광범위한, 널리 퍼진   serve 복종하다; 제공하다; 도움이 되다   accurate 정확한; 정밀한   interval 간격; 중간 휴식 시간   announce 알리다, 발표하다; 선언하다   reserved 지정된; 내성적인   prayer 기도   nothing more than ~에 불과한   revolve 회전하다, 돌다   periodical 정기 간행물

해설 주어진 글은 기계식 시계의 발명이 수도승들에 의해 영향을 받았다는 내용이다. (B)의 They는 주어진 글의 monks를 받아, 수도승이 기도 시간을 지키기 위해 사용한 초기 시계에 대해 설명하므로 주어진 글 바로 뒤에 와야 한다. (A)는 (B)에서 언급된 밧줄에 무게 추를 단 초기 시계에 대한 설명을 이어가므로 (B) 뒤에 오는 것이 적절하다. (A)에서 흔들리는 추의 발견이 시계의 보편화로 이어졌다고 했고, (C)는 시계의 보편화로 인한 변화들을 언급하므로 (A) 뒤에 이어지는 것이 자연스럽다. 따라서 글의 순서로 가장 적절한 것은 ② (B)-(A)-(C)이다.

113 Social Transition

Stage 1   **다의어 Check 1** ⓑ
            INTRO Q ②   **Q** ④

Stage 2   **1** ⓒ   **2** ⓐ   **3** ⓑ   **4** ⓒ

Stage 3   (A) innovation   (B) sufficient   (C) advanced

---

¹In early agricultural societies, / food production still dominated human
초기 농경 사회에서   식량 생산이 여전히 인간 활동을 지배했다
activities, // and as a result, / the range (of social interactions) /
그리고 그 결과   범위는   사회적 상호 작용의
remained relatively narrow.
비교적 좁게 유지되었다

²Then, / the **introduction** of draft-animal power (into agricultural
그러다가   가축 노동력의 **도입**이   농업 생산에
production) / decreased human power expenditure /
인력 소모를 줄였다
and increased free personal time.
그리고 개인의 자유 시간을 늘렸다

³People gained the freedom (to participate in various activities), //
사람들은 자유를 얻었다   다양한 활동에 참여할
and social systems became more complex.
그리고 사회 체계는 더 복잡해졌다

⁴Over time, / water and wind emerged / as excellent energy resources.
시간이 지나면서   물과 바람이 부상했다   훌륭한 에너지원으로

⁵Instead of using draft animals [that required energy for feed and care], /
짐을 끄는 가축을 사용하는 대신   먹이와 관리에 에너지가 필요한
people used waterwheels and windmills.
사람들은 물레방아와 풍차를 사용했다

⁶With this adjustment, / humans had more power / at their disposal /
이러한 조정으로   인간은 더 많은 에너지를 갖게 되었다   마음대로 사용할 수 있는
and at a lower cost / (calculated as human energy input) /
그리고 더 낮은 비용으로   인간 에너지 투입으로 계산했을 때
than in the past.
과거보다

⁷In this way, / the amount of surplus energy (available to society) /
이리하여   잉여 에너지의 양이   사회가 사용할 수 있는
was greatly increased, // which in turn facilitated various developments
많이 증가했다   그리고 이는 결국 다양한 발전을 촉진했다
(in trade, transportation, and technology), / as well as the diversification
무역, 운송, 기술에서의   다양화뿐만 아니라
(of human activities).
인간 활동의

전문해석 ¹초기 농경 사회에서 식량 생산이 여전히 인간 활동을 지배했고, 그 결과 사회적 상호 작용의 범위는 비교적 좁게 유지되었다. ²그러다가 농업 생산에 가축 노동력의 도입으로 인력 소모가 줄고 개인의 자유 시간이 늘어났다. ³사람들은 다양한 활동에 참여할 자유를 얻었고, 사회 체계는 더 복잡해졌다. ⁴시간이 지나면서, 물과 바람이 훌륭한 에너지원으로 부상했다. ⁵먹이를 주고 돌보는 데 에너지가 필요한 짐수레용 가축을 사용하는 대신, 사람들은 물레방아와 풍차를 사용했다. ⁶이러한 조정으로, 인간

Stage 1 정답 찾아가기

INTRO Q ① 다양한 활동 ② 에너지원 ③ 사회적 상호 작용

Q 이 글은 초기 농경 사회의 인간 노동력에서부터 가축 노동력, 물과 바람 에너지를 사용하기까지의 변화를 시간 순서대로 제시한 뒤, 그 결과로 잉여 에너지의 양이 증가하여 사회 발전이 촉진됐다고 설명하고 있다. 따라서 글의 주제로 가장 적절한 것은 ④ 'historical evolution of energy sources and their impacts(에너지원의 역사적 발전과 그 영향)'이다.

① 사회적 상호 작용이 제한되는 문제 인간의 사회적 상호 작용이 점점 다양해졌다고 했으므로 글의 내용과 반대됨
② 농경 사회에서 짐 수레용 가축 노동력의 영향 인력 소모를 줄여준 에너지원으로 언급된 세부 사항에 해당함
③ 에너지 사용 증가의 결과 및 해결책 에너지 사용 증가로 인한 결과와 해결책은 언급되지 않음
⑤ 인간 활동의 다양화를 통한 사회 변화 잉여 에너지 증가로 인한 결과로 언급된 세부 사항에 해당함

Stage 2 한 문장씩 뜯어보기

1 ⓒ | 농업이 시작되었을 때, 사람들은 **사회 활동을 할 시간이 한정되어 있었다.** ⓐ 식량 생산 ⓑ 사냥 활동
해설 초기 농경 사회에서 식량 생산이 인간 활동을 지배해 사회적 상호 작용의 범위가 좁게 유지되었다고 했으므로 사회 활동을 할 여유가 많지 않았음을 알 수 있다.

2 ⓐ | 농경에서 짐수레용 가축의 노동력은 여가 시간의 증가를 가져왔고, 복잡한 사회 체계로 이어졌다. ⓑ ~을 고려하면 ⓒ ~에서 벗어난 •leisure time 여가 시간
해설 가축 노동력의 도입으로 다양한 활동에 참여할 자유 시간이 늘고, 사회 체계가 복잡해졌다는 것을 간단히 표현한 것이다.

3 ⓑ | 물레방아와 풍차를 사용하는 것 ⓐ 먹이와 관리가 필요한 것 ⓒ 이전의 에너지원을 다시 사용하는 것
해설 인간들이 과거보다 더 낮은 비용으로 마음대로 사용할 수 있는 에너지를 더 많이 갖게 되었다는 것으로 보아, this adjustment는 앞 문장에 언급된 새로운 에너지원의 사용에 대한 예시인 'people used waterwheels and windmills'를 지칭함을 알 수 있다.

4 ⓒ | 잉여 에너지는 우리 문명에 기여했다. ⓐ 정체성 ⓑ 여가 시간 •contribute to A A에 기여하다

은 과거보다 (인간 에너지 투입으로 계산했을 때) 더 낮은 비용으로 마음대로 사용할 수 있는 에너지를 더 많이 갖게 되었다. [7]이리하여 사회가 사용할 수 있는 잉여 에너지의 양이 많이 증가했으며, 이는 결과적으로 인간 활동의 다양화뿐만 아니라 무역, 운송, 기술의 다양한 발전을 촉진했다.

해설 잉여 에너지의 증가로 인간 활동이 다양해졌을 뿐만 아니라 여러 사회적 발전도 가능했으므로 잉여 에너지는 결국 우리 문명에 기여했음을 알 수 있다.

Stage 3 요약하기
인적자원에서 천연자원, 기계로 만드는 자원에 이르기까지 농업에서 기술의 (A) 혁신 과정은 (B) 충분한 에너지를 제공하고 (C) 선진 사회 체계를 가져왔다.

함께 풀면 좋은 기출문제 p. 160

1 ⑤

해석 문화에 대해 생각할 때, 우리는 먼저 인간의 문화, 즉 '우리의' 문화를 생각한다. 우리는 컴퓨터, 비행기, 패션, 팀, 그리고 팝 스타를 생각한다. 인간 문화사의 대부분 동안 그러한 것들 중 어느 것도 존재하지 않았다. (C) 수십만 년 동안, 어떤 인간의 문화에도 움직이는 부분들이 있는 도구는 없었다. 20세기까지도 인간의 다양한 수렵 채집 문화는 돌, 나무, 그리고 뼈로 된 도구를 보유했다. 우리는 수렵 채집인들을 그들의 꽉 막힌 단순함 때문에 동정할지도 모르지만, 실수를 범하고 있는 것일 수 있다. (B) 수렵 채집인들은 광범위한 지식을 가졌고 땅과 생명체의 깊은 비밀을 알았다. 그리고 그들은 풍요롭고 가치 있는 삶을 경험했는데, (삶의) 방식이 위협받았을 때 그것을 고수하기 위해 그들이 죽을 때까지 싸운 걸로 보아 우리는 그렇게 알고 있다. (A) 슬프게도, 인간성보다 돈을 가치 있게 여기는 사람들에 의해 마지막 부족민들이 제압당할 때도 이것은 여전히 사실이다. 우리는 그들의 마지막 시대에 살고 있고, 각기 다른 정도로 우리는 모두 그러한 종말에 기여하고 있다. 결국 우리의 가치관이 자멸적이라고 드러나는 것일 수도 있다.

어휘 overwhelm 제압하다; 압도하다   humanity 인간성; 인류   self-defeating 자멸적인; 문제를 오히려 키우는   extensive 광범위한, 폭넓은   rewarding (~할 만한) 가치가 있는; 보람 있는   hold on to A A를 고수하다[지키다]   retain 보유하다, 유지하다   pity 동정하다, 불쌍해하다; 연민; 유감   stuck 막힌; 움직일 수 없는, 꼼짝 못 하는

해설 현대인과 수렵 채집인의 문화를 대조하는 글이다. 주어진 글은 우리가 문화에 대해 생각할 때 컴퓨터와 같이 생긴 지 오래되지 않은 것들을 생각한다는 내용이다. 그 뒤에는 주어진 글의 those things를 a tool with moving parts로 받아 수렵 채집인들이 사용하는 도구의 단순함과 대조하는 (C)가 와야 한다. 수렵 채집인들의 단순함 때문에 그들을 동정하는 것은 실수라고 반박하는 (C)의 마지막 문장 뒤에는 그 이유를 부연 설명하는 (B)가 이어지는 것이 적절하다. (A)의 첫 문장에 있는 this는 문맥상 (B)의 마지막 문장에 언급된 수렵 채집인들이 가치 있는 삶의 방식을 고수하고자 죽을 때까지 싸웠다는 것을 받아 원시 문화의 종말이 물질적 가치를 추구하는 현대인의 책임이라고 비판하고 있으므로 글의 순서로 가장 적절한 것은 ⑤ (C)-(B)-(A)이다.

2 ①

해석 1680년대 영국에서는 50세까지 사는 것은 드문 일이었다. 이 시기는 지식이 널리 보급되지 않았고, 책이 거의 없었으며, 대부분의 사람들이 글을 읽을 수 없었던 때였다. 결과적으로, 지식은 이야기와 공유된 경험이라는 구전 전통을 통해 전수되었다. 그리고 더 나이 든 사람들이 더 많은 지식을 축적했기 때문에 50세가 넘으면 지혜롭다는 것이 사회적 표준이었다. 나이에 대한 이런 사회적 인식은 인쇄기와 같은 새로운 기술의 출현으로 변화하기 시작했다. 시간이 지나면서 더 많은 책이 인쇄됨에 따라 읽고 쓸 줄 아는 능력이 증가했고, 지식을 전달하는 구전 전통이 서서히 사라지기 시작했다. 구전 전통이 사라지면서 노인들의 지혜는 덜 중요해졌고, 결과적으로 50세가 넘은 것은 더 이상 지혜로움을 의미하는 것으로 여겨지지 않았다. 우리는 실제 연령과 생물학적 연령 사이의 격차가 빠르게 변하고 사회적 규범이 적응하기 위해 분투하는 시기에 살고 있다. 오늘날의 세상에서 우리의 사회적 규범은 신속하게 최신화되어야 한다는 것이 분명하다.

어휘 unusual 드문, 흔치 않은   period 시기, 기간   oral 구전[구두]의; 입의   accumulate 축적하다   norm 표준, 기준; ((복수형)) 규범   advent 출현, 도래   literacy 읽고 쓸 줄 아는 능력   fade 서서히 사라지다; 바래다[희미해지다]   signify 의미하다; 중요하다   chronological age 실제 연령, 생활 연령   biological 생물학적인; 핏줄이 같은   [선택지] ongoing 진행 중인   depend on ~에 달려있다; ~에게 의존하다

해설 나이에 대한 과거와 현재의 인식 차이를 설명하는 글이다. 과거에는 50세가 넘으면 지혜롭다고 여겼지만, 이제는 50세가 넘어도 지혜롭다고 여기지 않는다고 하며, 나이 듦에 대한 사회적 규범도 신속하게 변화해야 한다고 이야기한다. 따라서 제목으로 가장 적절한 것은 ① 'Our Social Norms on Aging: An Ongoing Evolution (노화에 대한 우리의 사회적 규범은 진행 중인 진화)'이다. 참고로 사회적 규범이란, 집단이나 사회가 구성원들에게 기대하는 사고와 행동 양식을 의미한다.

② 현대 세계에서 구전 전통의 힘
현대에는 새로운 기술의 출현으로 구전 전통이 사라지기 시작했음
③ 세대 차이는 생각만큼 크지 않다
세대 차이에 관한 언급은 없음
④ 노화에는 미디어가 보여주는 것 이상이 있다 책의 등장으로 노화에 대한 인식이 달라지긴 했지만 그 이상의 언급은 없음
⑤ 얼마나 잘 늙는가는 노화에 대한 당신의 견해에 달려 있다 잘 늙어가는 것에 관한 언급은 없음

114 Plasticity

¹Brain plasticity can be a blessing / when the ongoing sensory
　　　　뇌 가소성은 축복일 수 있다　　　　　　　계속 진행 중인 감각 입력이 (~일 때)
input [we receive] / is pleasurable, // for it allows us to develop /
　　우리가 받는　　　　　기분 좋을 때　　　왜냐하면 그것은 우리가 발달시키게 하기 때문이다
a brain [that is better able to perceive and to savor /
　　뇌를　　　　　　　더 잘 지각하고 음미할 수 있는
pleasant sensations].
　　기분 좋은 감각을

²At the same time, / the plasticity can be a curse // when the
　　그와 동시에　　　　　그 가소성은 저주일 수 있다　　　　when the
sensory system (receiving ongoing input) / is the pain system.
　　감각 체계가 (~일 때)　　계속 진행 중인 입력을 받는　　　통증 체계일 때

³Chronic pain can lead to / changes in the brain [that make
　　만성 통증은 (~로) 이어질 수 있다　　　　뇌의 변화로
the nervous system more sensitive / to pain signals / over time].
　　신경계를 더 예민하게 만드는　　　　통증 신호에　　시간이 지나면서

⁴This phenomenon means // that the pain becomes more intense /
　　이 현상은 의미한다　　　　통증이 더 극심해진다는 것을
and harder to **treat**, / even if the initial injury has healed.
그리고 **치료하기** 더 어려워진다는 (것을)　　초기 부상이 치유됐을지라도

⁵Additionally, / bad habits may be manipulated / by brain plasticity,
　　게다가　　　　　나쁜 습관들은 조작될 수 있다　　　뇌 가소성에 의해
/ allowing one to unlearn their own behavior.
　　그래서 이것은 자신의 행동을 버리게 한다

⁶Suppose // a man has formed a bad habit (of eating /
　　가정해 보자　　어떤 사람이 나쁜 습관을 들였다고　　(음식을) 먹는
whenever he is emotionally upset).
　　감정적으로 속상할 때마다

⁷He **associates** the pleasure of food / with the relieving of
　　그는 음식의 즐거움을 **연관 짓는다**　　감정적 고통을 덜어 주는 것과
emotional pain; // breaking the habit will require /
　　　　　그래서 그 습관을 고치는 것은 필요로 할 것이다
learning to disassociate the two.
　　그 둘을 분리하는 법을 배우는 것을

⁸He might have to actively forbid himself / from going to the kitchen
　　그는 자신이 (~하는 것을) 적극적으로 금지해야 할지도 모른다　　부엌으로 가는 것을
/ when he is emotionally upset, // until he finds a better way
　　자신이 감정적으로 속상할 때　　　　더 나은 방법을 찾을 때까지
(to handle his emotions).
　　자신의 감정을 다룰

Stage 1 정답 찾아가기

Q 뇌 가소성의 축복과 저주를 대조한 다음 Additionally로 이어지는 빈칸 문장에서 뇌 가소성으로 나쁜 습관들이 조작될 수 있음을 서술했다. 분사구문으로 구성된 선택지 구조로 보아 빈칸 앞 절의 '결과'로 적절한 내용을 찾아야 하는데, 빈칸 뒤 예시에서 속상할 때마다 음식을 먹는 나쁜 습관을 고치려면 음식의 즐거움과 감정적 고통을 더는 것의 분리, 즉 뇌 가소성의 조작이 필요하다고 했다. 따라서 빈칸에는 뇌 가소성 조작으로 나쁜 습관을 고치게 된다는 결과가 이어지도록 ⑤ 'allowing one to unlearn their own behavior (자신의 행동을 버리게 한다)'가 들어가는 것이 가장 적절하다.

① 더 나은 감정 인식을 초래한다 감정 인식이 아닌 나쁜 습관과 관련되어야 함
② 인지 유연성 증가를 촉진한다
③ 삶의 경험에 반응하여 진화한다
④ 불안과 스트레스를 줄이는 데 도움이 된다 ②, ③, ④ 모두 언급 없음

Stage 2 한 문장씩 뜯어보기

1 문장 1 해석 참고
해설 해당 문장에서 for는 앞서 말한 내용의 이유를 나타내는 등위접속사로 쓰였다. to develop 이하는 동사 allows의 목적격보어이며 to부정사구 내의 that ~ pleasant sensations는 a brain을 수식하는 관계대명사절로 해석한다.

2 ⓑ | 가소성의 저주 ⓐ 진행 중인 입력 ⓒ 감각 체계
해설 만성 통증이 신경계를 통증에 더 예민하게 하고, 통증이 심해지고 치료가 어려워지는 것은 뇌 가소성의 저주이다.

3 ⓐ | 뇌 가소성의 이중성 ⓑ 원인 ⓒ 적용
해설 뇌 가소성이 축복일 수 있다는 문장 1 뒤에 저주일 수 있다는 내용이 대조되어 뇌 가소성의 이중성을 표현한다.

4 ⓑ | 뇌 가소성은 나쁜 습관을 없애는 데 기여할 수 있다.
ⓐ 만드는 것 ⓒ 유지하는 것
해설 나쁜 습관이 뇌 가소성에 의해 조작되어 자신의 행동을 버리게 하는 것은 나쁜 습관을 없애는 것과 같다.

5 associates the pleasure of food with the relieving of emotional pain
해설 주어(He)가 3인칭 단수이므로 단수동사 associates로 써야 한다. associate A with B(A를 B와 연관 짓다)를 사용하여 A와 B에는 각각 the pleasure of food와 the relieving of emotional pain을 넣어 완성한다.

6 ⓒ | 감정적 먹기를 그만두려면 음식의 즐거움과 감정적 완화를 분리하는 것이 필요하다. ⓐ 받는 것 ⓑ 강화하는 것

전문해석 [1]뇌 가소성은 우리가 받는 계속 진행 중인 감각 입력이 기분 좋을 때는 축복일 수 있는데, 우리가 기분 좋은 감각을 더 잘 지각하고 음미할 수 있는 뇌를 발달시키게 하기 때문이다. [2]그와 동시에 계속 진행 중인 입력을 받는 감각 체계가 통증 체계일 때는 그 가소성이 저주일 수 있다. [3]만성 통증은 시간이 지나면서 신경계를 통증 신호에 더 예민하게 만드는 뇌의 변화를 초래할 수 있다. [4]이 현상은 초기 부상이 치유됐을지라도 통증이 더 극심해지고 치료하기 어려워진다는 것을 의미한다. [5]게다가, 나쁜 습관들은 뇌 가소성에 의해 조작될 수 있어서, 자신의 행동을 버리게 한다. [6]어떤 사람이 감정적으로 속상할 때마다 음식을 먹는 나쁜 습관을 들였다고 가정해 보자. [7]그는 음식의 즐거움을 감정적 고통을 덜어 주는 것과 연관 지어서, 그 습관을 고치려면 그 둘을 분리하는 법을 배워야 할 것이다. [8]그는 자신의 감정을 다룰 더 나은 방법을 찾을 때까지, 감정적으로 속상할 때 부엌으로 가는 것을 적극적으로 금지해야 할지도 모른다.

해설 감정적으로 속상할 때마다 음식을 먹는 나쁜 습관을 고치려면 음식의 즐거움과 감정적 고통을 덜어주는 것을 분리하는 법을 배워야 함을 간단히 표현한 것이다.

뇌 가소성은 우리가 즐거움을 누리는 능력을 (A) 향상시키지만 만성 통증에 대한 민감도를 증가시킬 수 있다. 해로운 행동에서 즐거움을 (B) 분리하고 감정을 관리하는 더 건강한 방법을 찾음으로써 그것 (뇌 가소성)은 우리가 나쁜 습관을 버릴 수 있게 해준다.

해설 (A) 주어(Brain plasticity)가 단수이므로 단수동사 enhances로 변형한다.
(B) 전치사 by의 목적어 자리이며, '연결을 끊다'라는 의미가 되어야 하므로 connect의 반의어를 활용하여 동명사 disconnecting으로 변형한다. 동명사 finding과 and로 병렬 연결되었다.

함께 풀면 좋은 기출문제

p. 161

1 ①

해석 뇌 가소성이라는 특성이 성장기에 가장 뚜렷하긴 하지만, 뇌는 평생 변화할 수 있는 상태로 남아 있다. 우리가 성인이 된 훨씬 이후에도 정보를 학습하고 기억할 수 있다는 것은 분명하다. 게다가, 그만큼 분명하지는 않지만 성인의 뇌는 '일반적인' 경험에 의해 영향을 받을 수 있는 능력을 보유한다. (A) 예를 들어, 고급 포도주나 파바로티에 노출되는 것은, 늦은 성인기에 접하더라도 한 사람의 와인과 음악에 대한 이후의 감상을 변화시킨다. 성인의 뇌는 다른 방식으로도 가소성이 있다. 예를 들어, 일반적인 노화의 특징 중 하나는 신경세포가 죽고 대체되지 않는다는 것이다. 이 과정은 청소년기에 시작되지만, 뇌가 그 구조를 바꿈으로써 신경세포의 느린 손실을 보완하기 때문에 우리 대부분은 수십 년 동안 그 어떤 상당한 인지적 손상도 겪지 않을 것이다. (B) 마찬가지로, 완전한 기능 회복은 불가능하지만, 뇌는 그 손상을 적어도 부분적으로 보완하기 위해 부상에 대응하여 변화할 수 있는 능력을 갖추고 있다.

어휘 property 특성; 재산 maturation 성인이 됨; 익음, 성숙 retain 보유하다, 유지하다 fine 고급의, 질 높은, 좋은; 건강한 appreciation 감상; 공감; 감사 neuron 신경세포, 뉴런 adolescence 청소년기 compensate for ~을 보완하다 restoration 회복; 복원, 복구

해설 뇌 가소성은 성장기에 가장 뚜렷하긴 하지만, 일생 동안 지속되며 성인기에도 학습 및 신경세포 손실에 대한 보완을 가능하게 한다는 내용의 글이다. (A)의 앞 문장에서 성인의 뇌가 '일반적인' 경험에 의해 영향을 받을 수 있다고 한 다음 (A) 뒤에서 구체적인 예로 '고급 포도주나 파바로티에 노출'되는 경우를 들고 있으므로 (A)에는 For example(예를 들어)이 와야 한다. (B) 앞에서는 뇌가 신경세포의 손실을 보완한다는 내용이 나오고, (B) 뒤에서도 완전한 기능 회복은 가능하지 않아도 뇌가 손상을 보완하려고 변화할 능력을 갖추고 있다는 유사한 내용이 이어지므로 (B)에는 Similarly(마찬가지로)가 적절하다.

  (A)   (B)
② 예를 들어 - 그럼에도 불구하고 (A)는 맞지만 (B)는 틀림
③ 게다가   - 마찬가지로 (A)는 틀리지만 (B)는 맞음
④ 대조적으로 - 그럼에도 불구하고 (A)와 (B) 모두 틀림
⑤ 대조적으로 - 그러므로 (A)와 (B) 모두 틀림

2 ②

해석 물벼룩이라는 한 굉장히 흥미로운 종은 진화 생물학자들이 '적응적 가소성'이라고 부르는 일종의 유연성을 보여준다. (B) 만약 새끼 물벼룩이 물벼룩을 먹이로 하는 생물의 화학적인 특징을 포함하는 물에서 성체로 발달하고 있다면, 그것은 자신을 포식자로부터 방어하기 위해 투구와 가시 돌기를 발달시킨다. 만약 자신을 둘러싼 물이 포식자의 화학적인 특징을 포함하지 않으면, 그 물벼룩은 이러한 보호 장치를 발달시키지 않는다. (A) 그것은 영리한 책략인데, 가시 돌기와 투구를 만드는 것은 에너지 면에서 손실이 크고 에너지를 보존하는 것은 유기체의 생존과 번식 능력에 핵심적이기 때문이다. 물벼룩은 오직 필요할 때만 가시 돌기와 투구를 만드는 데 필요한 에너지를 쏟는다. (C) 따라서 이러한 가소성은 아마 적응, 즉 번식 적합성에 기여했기 때문에 생물 종에 존재하게 된 특징일 것이다. 여러 종에 걸쳐 적응적 가소성의 많은 사례가 있다. 환경에 충분한 변동이 있을 때 가소성은 적합성에 도움이 된다.

어휘 water flea 물벼룩 flexibility 유연성 in terms of ~라는 면에서 reproduce 번식하다; 복사하다 signature 특징; 서명 creature 생물, 생명체; 사람 prey on ~을 먹이로 하다[잡아먹다] may well 아마 ~일 것이다 fitness 적합성 variation 변동, 변화

해설 주어진 글은 물벼룩이 '적응적 가소성'이라는 유연성을 가지고 있음을 소개한다. 그 뒤에는 새끼 물벼룩이 포식자의 화학적 특징을 포함한 물에서만 보호 장치를 발달시킨다는 예를 설명하는 (B)가 오는 것이 적절하다. (A)의 That은 (B)의 마지막 문장을 받아, 필요할 때만 보호 장치를 발달시키는 것은 생존과 번식을 위한 영리한 책략이라고 설명하므로 (A)는 (B) 뒤에 이어져야 하나. (C)는 (A)에 대한 결과로, 적응적 가소성이 번식 적합성에 기여한 특징이라고 결론짓고 있으므로 마지막에 오는 것이 자연스럽다. 따라서 글의 순서로 가장 적절한 것은 ② (B)-(A)-(C)이다.

Thought Experiments

난이도 ★★★　p. 112

Stage 1　　다의어 Check　**1** ⓑ　**2** ⓐ
　　　　　　　INTRO Q　**1** ①　**2** (1) (C)　(2) (B)　(3) (A)　**Q** ②

Stage 2　　**1** (a) thought experiment　**2** running　**3** ⓑ　**4** 주어: objects　동사: fall　**5** ⓐ
　　　　　　　6 (a): to be conducted 또는 conducting, (b): O　**7** ⓒ

Stage 3　　(A) disproof　(B) imagined　(C) physical

---

[1]The notion (of a thought experiment) / has been useful /
　개념은　　　　　　사고 실험이라는　　　　　　유용했다
to the methods of theoretical physics // ever since the **discipline**
　　　이론 물리학의 방법론에　　　　　　　　그 **학문 분야**가
came into existence.
　생긴 이후로 줄곧

(B) [2]It involves / setting up an imagined piece of apparatus / and
　그것(사고 실험)은 포함한다　　가상의 장치를 설정하는 것을　　그리고
running a simple experiment with it / in your mind, / for the purpose
　그것으로 간단한 실험을 수행하는 것을　　마음속에서　　목적으로
(of proving or disproving a hypothesis).
　어떤 가설을 증명하거나 그 가설이 틀렸음을 입증할

[3]One example is Galileo's proof // that, / contrary to Aristotle's view, /
　한 가지 예는 갈릴레오의 증명이다　　~라는　　아리스토텔레스의 견해와는 반대로
objects of different **mass** fall / in a vacuum / with the same acceleration.
　서로 다른 **질량**의 물체들이 떨어진다(는)　　진공에서　　동일한 가속도로

(A) [4]One might think / that a real experiment needs to be conducted /
　어떤 사람은 생각할 수 있다　　실제 실험이 수행되어야 한다고
to test that hypothesis, // but Galileo simply asked us to consider /
　그 가설을 검증하려면　　그러나 갈릴레오는 단지 우리에게 생각해 보라고 했다
a large and a small stone (tied together / by a very light string).
　큰 돌과 작은 돌을　　서로 묶여 있는　　매우 가벼운 줄로

[5]If Aristotle were right, // the large stone should speed up the smaller
　만약 아리스토텔레스가 맞다면　　큰 돌은 작은 돌의 속도를 높일 것이다
one, / and the smaller one should slow down the larger one, /
　　그리고 작은 돌은 큰 돌의 속도를 늦출 것이다
making the overall speed slower / than that of the large stone.
　그래서 전체 속도를 늦춘다　　큰 돌의 속도보다

(C) [6]However, / according to Aristotle's view, / that combined object
　그러나　　아리스토텔레스의 견해에 따르면　　그 결합된 물체는
(small and large stone together) / should actually fall faster /
　작은 돌과 큰 돌을 함께 묶은 것　　실제로 더 빠르게 떨어질 것이다
than either stone alone / because of its greater total mass.
　어느 한 돌 하나만 (떨어질 때)보다　　그것(결합된 물체)의 더 큰 총질량 때문에

[7]This reveals the flaw (in Aristotle's reasoning).
　이것은 결함을 드러낸다　　아리스토텔레스의 추론에 있는

[8]The conclusion is // that all objects fall / in a vacuum / at the same rate.
　결론은 ~이다　　모든 물체가 떨어진다는 것　　진공에서　　동일한 속도로

Stage 1　정답 찾아가기

Q 주어진 글은 이론 물리학에서 사고 실험이라는 개념이 유용하다는 내용이다. (B)의 It은 주어진 글의 a thought experiment를 받으며, 갈릴레오의 증명을 예로 들어 이를 보충 설명하므로 주어진 글 바로 뒤에 와야 한다. (A)의 that hypothesis는 (B)에서 갈릴레오가 증명한 '서로 다른 질량의 물체들이 진공에서 동일한 가속도로 떨어진다'는 가설을 받아 갈릴레오의 사고 실험을 구체적으로 설명하므로, (A)는 (B) 뒤에 오는 것이 적절하다. (A)에서 언급한 아리스토텔레스 추론에 대해 역접 연결어 However로 이어지는 (C)가 그것의 결함을 밝히며 갈릴레오 사고 실험의 결론을 설명하므로 마지막에 와야 한다. 따라서 글의 순서로 가장 적절한 것은 ② (B)-(A)-(C)이다.

Stage 2　한 문장씩 뜯어보기

1 (a) thought experiment
해설 문장 2는 사고 실험에 대한 보충 설명이므로 밑줄 친 It은 (a) thought experiment를 가리킨다.

2 running
해설 문맥상 동사 involves의 목적어 setting up과 등위접속사 and로 연결된 병렬 구조이므로 동명사 running으로 써야 한다.

3 ⓑ | 사고 **실험의 정의** ⓐ 결과 ⓒ 한계
해설 사고 실험이라는 개념과 목적을 소개한다.

4 주어: objects, 동사: fall
해설 that절의 주어는 of different mass의 수식을 받는 objects이고, 뒤의 fall이 that절의 동사이다.

5 ⓐ
해설 아리스토텔레스의 견해는 '서로 다른 질량의 물체들이 진공에서 동일한 가속도로 떨어진다'라는 갈릴레오의 증명과 반대되는 것이다.

6 (a): to be conducted 또는 conducting, (b): O
해설 (a) '실험'이 '수행되는' 것이므로 to부정사의 수동형 to be conducted로 고쳐야 한다. need 뒤에 쓰인 동명사는 '~될 필요가 있다'라는 수동의 의미를 나타내므로 conducting으로도 고칠 수 있다.
(b) 'O가 v하도록 요청하다'라는 의미의 <ask+O+to-v>가 알맞게 쓰였다.

전문해석 [1] 사고 실험이라는 개념은 그 학문 분야가 생긴 이후로 줄곧 이론 물리학의 방법론에 유용했다. (B) [2] 사고 실험은 어떤 가설을 증명하거나 그 가설이 틀렸음을 입증할 목적으로 가상의 장치를 설정하고, 마음속에서 그것으로 간단한 실험을 수행하는 것을 포함한다. [3] 한 가지 예는 아리스토텔레스의 견해와는 반대로, 서로 질량이 다른 물체들이 진공에서 동일한 가속도로 떨어진다는 갈릴레오의 증명이다. (A) [4] 어떤 사람은 그 가설을 검증하려면 실제 실험이 수행되어야 한다고 생각할 수 있지만, 갈릴레오는 단지 우리에게 매우 가벼운 줄로 서로 묶여 있는 큰 돌과 작은 돌을 생각해 보라고 했다. [5] 만약 아리스토텔레스가 맞다면, 큰 돌은 작은 돌의 속도를 높일 것이고 작은 돌은 큰 돌의 속도를 늦출 것이므로, 결국 전체 속도는 큰 돌의 속도보다 더 느려진다. (C) [6] 그러나 아리스토텔레스의 견해에 따르면, 그 결합된 물체(작은 돌과 큰 돌을 함께 묶은 것)는 총질량이 더 크기 때문에 어느 한 돌이 단독으로 떨어질 때보다 실제로 더 빠르게 떨어질 것이다. [7] 이것은 아리스토텔레스의 추론에 있는 결함을 드러낸다. [8] 결론은 진공에서 모든 물체가 동일한 속도로 떨어진다는 것이다.

7 ⓒ | 다른 크기의 돌을 결합한 사고 실험은 아리스토텔레스의 이론을 <u>반박한다</u>.
ⓐ 사실임을 보여주다 ⓑ 재발견하다
해설 사고 실험을 통해 아리스토텔레스 추론의 결함을 보여주었으므로 그의 이론을 '반박하는' 것이다.

Stage 3 요약하기
(B) 가상의 떨어지는 물체를 사용한 갈릴레오의 아리스토텔레스 (A) 반증은 (C) 실제 실험 없이 가상의 시나리오가 이론을 입증하는 방법을 보여준다. • hypothetical 가상의, 가설의 validate 입증하다 physical ((비유)) 실제의, 눈에 보이는; 물리(학)의 advocacy 지지, 옹호; 변호

함께 풀면 좋은 기출문제

p. 162

1 ④

해석 실험 방법의 근본적인 본질은 조작과 통제이다. 과학자들은 관심 있는 변인을 조작하고, 차이가 있는지 확인한다. 동시에, 다른 모든 변인의 잠재적 영향을 통제하려고 시도한다. 사건의 근본적인 원인을 찾는 데 있어 통제된 실험의 중요성은 매우 강조할 만하다. 통제되지 않은 현실 세계에서, 변인들은 종종 상관관계가 있다. 예를 들어, 비타민 보충제를 먹는 사람들은 비타민을 먹지 않는 사람들과는 다른 식습관과 운동 습관을 지닐 수 있다. 그 결과, 만약 우리가 비타민이 건강에 미치는 효과를 연구하고 싶다면, 우리는 단지 현실 세계만 관찰할 수는 없는데, 이러한 요소(비타민, 식단, 운동) 중 어떤 것이든 건강에 영향을 미칠 수 있기 때문이다. <u>오히려, 우리는 현실 세계에서는 실제로 일어나지 않는 상황을 만들어야 한다.</u> 그것이 바로 과학 실험이 하는 일이다. 과학 실험은 그 밖의 다른 모든 것을 일정하게 유지하면서, 한 번에 한 특정 변인을 조작하여 세상에서 자연적으로 발생하는 관계를 분리하려고 노력한다.

어휘 fundamental 근본적인(= underlying); 필수적인 manipulation 조작; 조종 *cf.* manipulate 조작하다; 조종하다 variable 변인, 변수; 가변적인 overstate 과장하다 correlate 상관관계[연관성]가 있다 supplement 보충제; 보충[추가]하다

해설 주어진 문장이 앞서 말한 내용과 다르거나 반대되는 말을 도입할 때 사용하는 Rather(오히려)로 시작하는 것으로 보아, 그 앞에는 주어진 문장과 다른 내용이 나와야 한다. 따라서 비타민의 효과를 연구하고 싶다면, 현실 세계만 관찰할 수는 없다는 ④ 앞 내용에 대한 대안으로 '오히려 현실 세계에서는 실제로 일어나지 않는 상황을 만들어야 한다'는 주어진 문장이 이어지는 것이 적절하다. 그렇게 되면 주어진 문장을 ④의 뒤에서 That으로 받는 연결도 자연스러워지므로, 주어진 문장이 들어가기에 가장 적절한 곳은 ④이다.

2 ①

해석 최근 한 연구에 따르면 개는 <u>사람의 얼굴에 대한 심상을 형성하는</u> 것으로 보인다. 과학자들은 28마리의 개들을 불투명한 스크린으로 가려진 컴퓨터 모니터 앞에 놓고, 모니터의 스피커를 통해 개의 보호자나 낯선 사람이 개의 이름을 다섯 번 부르는 녹음을 재생했다. 마지막으로 개의 보호자나 낯선 사람의 얼굴을 드러내려고 스크린을 치웠다. 개들의 반응은 비디오로 녹화되었다. 당연히, 개들은 자신의 이름을 부르는 소리에 주의를 기울였고, 스크린을 치운 후 그들은 보통 약 6초 동안 얼굴을 응시했다. 하지만 그들이 보호자의 익숙한 목소리를 들은 후에는 낯선 사람의 얼굴을 응시하는 데 훨씬 더 많은 시간을 보냈다. 그들이 1, 2초 정도 더 멈췄다는 것은 그들이 뭔가 잘못되었다고 인식했음을 보여준다. 도출된 결론은 개들이 머릿속에 이미지를 형성하고, 그것에 대해서 생각할 수 있고, 그 이미지를 바탕으로 예측할 수 있다는 것이다. 그리고 우리와 마찬가지로, 개들은 보거나 듣는 것이 예상했던 것과 일치하지 않을 때 당황한다.

어휘 appear ~으로 보이다; 나타나다 block 가리다; 막다, 차단하다; 방해하다 guardian 보호자; 수호자 companion 동반자, 동행; 친구 attentive 주의를 기울이는; 배려하는 typically 보통, 일반적으로 stare at ~을 응시(하다)(= gaze at) pause 잠시 멈추다; 정지시키다 draw (결론, 생각 등을) 도출해 내다, 얻다; 그리다; 끌다 puzzled 당황한, 어리둥절해하는 match 일치하다; 어울리다; 성냥 [선택지] mental image 심상 ((이전에 경험한 것이 마음속에서 나타나는 것)) sense 감지하다(= detect); 감각 imitate 모방하다; 흉내 내다 habitual 습관적인; 특유의 obey 따르다, 순종하다 command 명령[지시](하다)

해설 연구의 내용과 그 결과를 담은 글이다. 빈칸 문장은 개에 관한 연구 결과를 서술하는 내용이므로 연구 결론이 '무엇'인지를 찾아야 한다. 개들이 보호자의 익숙한 목소리를 들은 후 스크린을 치웠을 때 낯선 사람의 얼굴을 더 오래 응시했다고 설명한 뒤, The conclusion 이하에서 개들이 머릿속에 이미지를 형성하고 그 이미지를 바탕으로 예측할 수 있다고 결론짓는다. 따라서 빈칸에 들어갈 개에 관한 연구 결과로 가장 적절한 것은 ① 'form mental images of people's faces(사람들의 얼굴에 대한 심상을 형성한다)'이다.

② 사람들의 목소리에서 그들의 기분을 감지하다
목소리를 들려주는 실험이지만 기분을 감지하는 것은 언급되지 않음
③ 일어날 수 있는 위험을 감지하고 대비하다 언급 없음
④ 보호자의 습관적인 행동을 모방하다 언급 없음
⑤ 낯선 사람의 명령에 선택적으로 따르다 익숙한 목소리를 들은 후에 낯선 사람의 얼굴을 좀 더 오래 응시했다고 했지만 명령에 따랐다는 내용은 없음

116 Ethnicity in Archaeology

Stage 1   다의어 Check 1 ⓐ   2 ⓑ
          INTRO Q ①   Q ④
Stage 2   1 ⓑ   2 ⓐ   3 ⓒ   4 ⓐ   5 ⓑ
Stage 3   (A) aids   (B) identify   (C) politically

1 In addition to / shedding light on the human past, / archaeology has
(~) 외에도   인류의 과거를 밝히는 것   고고학은
aided the reconstruction (of cultural groups, ethnic origins,
재현에 도움을 주었다   문화 집단, 민족 기원,
and the migration of groups (across geographic space)).
그리고 집단 이주의   지리적 공간을 가로지르는

2 In some countries, / archaeology has been a source (of national pride)—
일부 국가에서   고고학은 원천이었다   국가적 자부심의
/ in Greece, Egypt, and Italy, / for example, // where the historical record
그리스, 이집트, 이탈리아에서   예를 들면   이곳에서 역사적 기록과
and prehistoric remnants suggest / the glory and magnificence
선사 시대의 유물이 시사한다   영광과 장엄함을
(of ancient civilizations).
고대 문명의

3 The French are proud of their ancestors' resistance / to Roman conquest,
프랑스인들은 조상들의 저항 운동을 자랑스러워한다   로마의 정복에 대한
// the Italians look proudly to their Roman ancestors, // and the Israelis
이탈리아인들은 자신들의 로마 조상을 자랑스럽게 생각한다   그리고 이스라엘 사람들은
look to Iron Age archaeology / to support their historical claims.
철기 시대 고고학에 기대를 건다   그들의 역사적 주장을 뒷받침하려고

4 Many European archaeologists still work / under the assumption /
유럽의 많은 고고학자들은 여전히 연구한다   (~라는) 가정 아래
that the material culture [they **recover**] / relates to specific ethnic groups,
물질문화가   그들이 **찾아낸**   특정한 민족 집단과 관련이 있다는
// although it is difficult / to put a clear ethnic label / on archaeological cultures
비록 (~이) 어렵지만   명확한 민족적 라벨을 붙이는 것이   고고학적 문화에
/ due to the shared, adapted nature (of material culture).
공유되고 적응된 특성 때문에   물질문화의

5 However, / this has not stopped politicians / from taking advantage
그러나   이는 정치인들이 (~하는 것을) 막지 못했다   고고학을 이용하는 것을
of archaeology / as a tool (to **promote** distorted interpretations
도구로서   왜곡된 해석을 **촉진하는**
(of the past)) / to advance specific political viewpoints.
과거에 대한   특정한 정치적 관점을 조장하려고

6 In Sri Lanka, / both of the parties [that fought a long civil war] /
스리랑카에서   양측 모두가   긴 내전을 치른
claimed to be the original inhabitants (of the island).
원주민임을 주장했다   그 섬의

7 Neither side would allow any archaeological work //
어느 쪽도 고고학적 연구를 전혀 허용하려 하지 않았다
for fear / it may have provided support (for the other).
두려움 때문에   그것이 지지를 제공했을지도 모른다는   상대측에 대한

Stage 1 정답 찾아가기

다의어 Check 1 ⓐ 촉진하다 ⓑ 승진시키다

Q 주어진 문장은 역접 연결어 However(그러나)로 시작하여 '이것(this)'에도 불구하고 정치인들이 고고학을 이용한다는 내용이므로, 앞에는 this에 해당하는 고고학의 한계에 관한 내용이 제시되어야 함을 알 수 있다. 문맥상 this는 ④ 앞 문장의 고고학적 문화에 명확한 민족적 라벨을 붙이는 것이 어렵다는 것을 지칭한다. 또한 ④ 뒤는 서로가 원주민임을 주장하기 위해 고고학 연구를 허용하지 않은 스리랑카 사례를 통해 고고학이 왜곡을 조장하는 정치적 도구로 쓰인 구체적 예를 서술하고 있으므로, 주어진 문장이 들어가기에 가장 적절한 곳은 ④이다.

Stage 2 한 문장씩 뜯어보기

1 ⓑ | 고고학은 인류 역사를 밝혀내고 문화, 민족, 이주 패턴을 추적한다. ⓐ 옮기다 ⓒ 모호하게 하다
해설 고고학은 인류의 과거를 밝히는 것 외에도 문화 집단, 민족 기원, 집단 이주의 재현을 도왔다고 했다.

2 ⓐ | 고고학은 고대 역사를 지닌 일부 국가에서 자부심을 조성한다. ⓑ 정의하다 ⓒ 배제하다
해설 고고학은 일부 국가에서 국가적 자부심의 원천이라고 한 뒤, 그리스, 이집트, 이탈리아, 프랑스, 이스라엘을 예로 든 것을 간단히 표현한 것이다.

3 ⓒ | 물질문화의 특성은 특정 물질문화를 특정 민족 집단과 연관 짓는 것을 막는다. ⓐ 보상하는 것 ⓑ 대체하는 것
해설 물질문화의 공유되고 적응된 특성 때문에 고고학적 문화에 명확한 민족적 라벨을 붙이는 것이 어렵다고 한 것을 간단히 표현한 것이다.

4 ⓐ | 고고학적 기록으로 뚜렷한 민족 집단을 정의하는 것의 어려움 ⓑ 동기 부여하는 것 ⓒ 도전하는 것
해설 밑줄 친 this는 앞 문장의 고고학적 문화에 명확한 민족적 라벨을 붙이는 것의 어려움을 의미한다.

5 ⓑ | 정치인들은 편향된 관점을 조장하기 위해 고고학을 이용한다. ⓐ 객관적인 ⓒ 진보된
해설 정치인들이 특정 정치적 관점을 조장하기 위해 고고학을 왜곡된 해석을 촉진하는 도구로 이용한다는 내용 뒤에 스리랑카의 예가 이어진다. 따라서 정치인들은 고고학으로 '편향된' 관점을 조장한다고 볼 수 있다.

전문해석 [1]인류의 과거를 밝히는 것 외에도 고고학은 문화 집단, 민족 기원, 그리고 지리적 공간을 가로지르는 집단의 이주를 재현하는 데 도움을 주었다. [2]일부 국가, 예를 들면 그리스, 이집트, 이탈리아에서 고고학은 국가적 자부심의 원천인데, 이곳에서 역사적 기록과 선사 시대의 유물은 고대 문명의 영광과 장엄함을 시사한다. [3]프랑스인들은 로마의 정복에 대한 조상들의 저항 운동을 자랑스러워하고, 이탈리아인들은 자신들의 로마 조상을 자랑스럽게 생각하며, 이스라엘 사람들은 자신의 역사적 주장을 뒷받침하려고 철기 시대 고고학에 기대를 건다. [4]물질문화는 공유되고 (상황에) 적응하는 특성이 있어서 고고학적 문화에 명확한 민족적 이름표를 붙이는 것이 어렵지만, 유럽의 많은 고고학자들은 여전히 그들이 찾아낸 물질문화가 특정 민족 집단과 관련이 있다는 가정 아래 연구한다. [5]그러나 이는 정치인들이 특정한 정치적 관점을 조장하려고 과거에 대한 왜곡된 해석을 촉진하는 도구로 고고학을 이용하는 것을 막지 못했다. [6]스리랑카에서는 긴 내전을 치른 양측 모두가 그 섬의 원주민임을 주장했다. [7]그것이 상대측에 대한 지지를 제공했을지도 모른다는 두려움 때문에 어느 쪽도 고고학적 연구를 전혀 허용하려 하지 않았다.

Stage 3 **요약하기**

고고학은 인류의 역사와 기원을 이해하는 데 (A) 도움을 주지만, 민족성을 정확하게 (B) 식별하는 데는 어려움을 겪으며 (C) 정치적으로 오용되어 왔다.

해설 (A) 단수명사 Archaeology가 주어이므로 단수동사 aids로 변형한다.

(C) 동사 has been misused를 수식하므로 부사 politically로 변형한다.

함께 풀면 좋은 기출문제 p. 163

1 ③

해석 많은 발명품들은 수천 년 전에 발명되어서 그것들의 정확한 기원을 아는 것은 어려울 수 있다. 때때로 과학자들은 초기 발명품의 모형을 발견하고 이 모형으로부터 그 발명품이 얼마나 오래되었고 어디에서 생겨났는지를 우리에게 정확하게 알려줄 수 있다. 그러나 미래에 다른 과학자들이 세계의 다른 곳에서 똑같은 발명품의 훨씬 더 오래된 모형을 발견할 가능성은 항상 존재한다. 사실 우리는 고대 발명품들의 역사를 계속 발견하고 있다. 이것의 한 예는 도자기라는 발명품이다. 수년간 고고학자들은 그들이 기원전 9,000년까지 거슬러 올라가는 도자기를 발견한 근동 지역(현대의 이란 주변)에서 도자기가 처음 발명되었다고 믿었다. 그러나, 1960년대에 기원전 10,000년의 더 오래된 도자기가 일본의 혼슈섬에서 발견되었다. 미래에 고고학자들이 어딘가 다른 곳에서 훨씬 더 오래된 도자기를 발견할 가능성은 항상 존재한다.

어휘 invention 발명(품); 지어낸[날조된] 이야기 exact 정확한, 정밀한 origin 기원, 출신 *cf.* original 원본; 원래[본래]의; 독창적인 come from ~에서 생겨나다; ~의 출신이다 possibility 가능성, 가능함 pottery 도자기 date back (to A) (A까지) 거슬러 올라가다 [선택지] explore 살피다; 답사[탐험]하다; 탐구[분석]하다 journey 여정[여행] driving force 원동력; 추진력 civilization 문명 (사회)

해설 글의 도입부에서 발명품의 정확한 기원을 아는 것은 어렵다고 한 뒤, 미래에 다른 과학자들이 세계의 다른 곳에서 똑같은 발명품의 훨씬 더 오래된 모형을 발견할 가능성은 항상 존재한다고 서술하며 도자기를 예로 들었다. 따라서 글의 제목으로 가장 적절한 것은 ③ 'Origin of Inventions: Never-Ending Journey(끝없는 여정인 발명품의 기원)'이다.

① 원본과 가짜를 어떻게 구분할 수 있는가
　원본과 가짜의 구분법은 언급되지 않음
② 고대 도자기의 재료 살펴보기
　도자기는 예로 언급된 세부 사항에 해당함
④ 과거로부터 배우고, 더 나은 방향으로 변화하라
　배우고 변화하는 것은 언급되지 않음
⑤ 인간 문명의 원동력으로서의 과학
　과학자들이 발견하는 발명품의 기원에 관한 내용임

2 ④

해석 1996년 건설 노동자들이 새로운 현대 미술관을 설립하려고 아테네 시내의 한 부지를 치웠을 때, 그들은 그 암반 위에 있는 커다란 구조물의 흔적들을 발견했다. 약 2,500년 전 한 건물이 이곳을 차지했었고, 그때 그것은 일리소스 강둑에 있는 본래의 도시 성벽들 밖에 있는 나무가 우거진 신전의 일부였다. 발굴 작업으로 체육관, 레슬링 경기장, 탈의실, 욕조의 유적을 발견했다. 이는 운동 경기와 운동을 위한 장소였고, 그곳에서 아테네의 젊은이들이 군인 및 시민이 되고자 훈련했다. 하지만 그곳은 그저 신체적인 향상을 위한 중심지 이상이었다. 고고학자들은 자신들이 모든 서부 유럽의 지적 문화에서 가장 중요한 장소 중 한 곳, 즉 역사상 가장 위대한 철학자들이 끊임없이 언급하는 장소인 아리스토텔레스의 리시움을 발견했다는 것을 곧 깨달았다. 그것은 바로 세계 최초의 대학이었다.

어휘 centre 중심지; 중심, 중앙, 가운데 construction 건설, 공사; 건축[구조]물 foundation 설립; 토대[기초] trace 흔적, 자취; 추적하다, (추적하여) 찾아내다 bedrock 암반; (튼튼한) 기반 occupy (공간, 지역, 시간을) 차지하다 excavation 발굴; 발굴지 uncover (유적을) 발견[발굴]하다; (비밀 등을) 알아내다; 덮개를 벗기다 remains 유적; (죽은 사람, 동물의) 유해; 남은 것, 나머지 athletics 운동 경기 refer to A A를 언급[지칭]하다, A에 돌리다, 회부하다 philosopher 철학자

해설 주어진 문장은 역접 연결어 But(하지만)으로 그곳이 그저 신체적인 향상만을 위한 장소가 아니었다고 하면서 앞 내용과 대조되는 내용을 덧붙인다. 따라서 주어진 문장 앞에는 그곳에서 신체적인 향상을 할 수 있었다는 내용이 오고, 그 뒤에는 신체적인 향상이 아닌 그 장소의 다른 목적이 이어져야 할 것이다. ④ 앞은 그곳이 운동 경기와 운동을 위한 장소였다는 내용이고, ④ 뒤는 그곳이 지적 문화에서 가장 중요한 장소인 대학이었음을 설명한다. 따라서 주어진 문장이 들어가기에 가장 적절한 곳은 ④이다.

Legacy of Colonialism

난이도 ★☆☆　p. 120

Stage 1　다의어 Check　1 ⓑ　2 ⓑ
　　　　　　INTRO Q ①　Q ②
Stage 2　1 ⓑ　2 문장 5 해석 참고　3 Roads, railroad lines
　　　　　　4 the newly independent countries　5 ⓑ　6 ⓒ　7 ⓐ
Stage 3　(A) limited　(B) sustain　(C) poverty

---

¹More than 40 of the world's countries / do not have at least some
전 세계 40개가 넘는 국가가　　하다못해 조금의 영토도 갖고 있지 않다
territory (bordering on an ocean).
바다에 접하는

²Fourteen of these countries / are on the African continent, /
이 중 14개 국가는　　아프리카 대륙에 있다
a legacy of the era of colonialism.
그리고 이는 식민주의 시대의 유산이다

³During the period (of European domination in Africa), /
기간 동안　　유럽의 아프리카 지배
which began in the late 1800s, / the primary motive (of the occupiers)
1800년대 후반에 시작된　　주요한 목적은　　점령자들의
/ was to extract and export minerals and commodities /
광물과 원자재를 추출해서 내보내는 것이었다
from the interior of Africa to the coasts / for shipment to Europe.
아프리카 내륙에서 해안으로　　유럽으로의 운송을 위해

⁴Roads and railroad lines were installed / to facilitate the movement
도로와 철도선이 설치되었다　　물자 이동을 쉽게 하려고
of goods / to the coastal cities.
해안 도시로

⁵When the era of colonialism ended, // the newly independent countries
식민주의 시대가 끝났을 때　　새로 독립한 국가들에는 남았다
were left / with the economic infrastructure (installed by the Europeans).
경제적 사회 기반 시설이　　유럽인들에 의해 설치된

⁶However, / they didn't maintain the infrastructure / due to a lack of
그러나　　그들은 사회 기반 시설을 유지하지 못했다　　재정 자원 부족 때문에
financial resources / and border disputes.
그리고 국경 분쟁 (때문에)

⁷As such, / none of the former colonies **realized** full regional
그 결과　　이전의 식민지 중 어느 곳도 완전한 지역 발전을 **실현하지** 못했다
development, // and the interior lands (of the continent) /
그리고 내륙 국가는　　대륙의
received the least attention, / leading to /
가장 적은 관심을 받았다　　(그 결과) (~로) 이어졌다
them being among the poorest in Africa.
그들이 아프리카에서 가장 가난한 곳 중 하나가 되는 것으로

⁸Furthermore, / their **prospects** (for future development) /
게다가　　그들(내륙 국가)의 **가능성**은　　향후 발전에 대한
are hindered / by their lack of easy access to the sea.
저해된다　　바다에 대한 쉬운 접근성의 부족 때문에

Stage 1　정답 찾아가기

Q 빈칸 문장의 their는 아프리카 내륙국들을 지칭하며 이들의 발전을 저해하는 것이 '무엇'인지를 추론해야 한다. 아프리카에 미친 식민주의 영향에 관한 글로, 바다에 접하는 영토가 조금도 없는 아프리카 내륙국의 접근성을 높이기 위한 식민주의 시대의 발전과 그 이후의 낙후를 설명한다. 빈칸 다음 문장에서도 내륙국들이 항구를 이용하려면 이웃한 나라들에 의존해야 하는 것이 세계 무역에 참여할 능력을 제한한다고 했다. 따라서 빈칸에 들어갈 내륙국들의 발전 저해 요인으로는 ② 'their lack of easy access to the sea (바다에 대한 쉬운 접근성의 부족)'가 가장 적절하다.

① 분쟁 지역에 위치함 사회 기반 시설을 유지하지 못한 이유인 세부 사항임
③ 질 낮은 교육 시스템 교육은 언급되지 않음
④ 추출할 광물이 남아 있지 않음 광물이 고갈됐다는 언급은 없음
⑤ 유럽인들에 의해 식민지화되지 않았음
유럽 식민주의의 영향에 관한 글임

Stage 2　한 문장씩 뜯어보기

1 ⓑ | 아프리카 내륙에서 일어난 식민주의는 아프리카 대륙에서 자원을 착취하는 것을 포함했다.
ⓐ 보호하는 것 ⓒ 개발하는 것
해설 유럽의 주요한 목적은 아프리카 내륙에서 광물과 원자재를 추출하여 유럽으로 운송하는 것, 즉 자원의 착취였다.

2 문장 5 해석 참고
해설 <leave A with B(A에게 B를 남기다)>가 'A에 B가 남다'라는 뜻의 수동태로 쓰였다. 과거분사구 installed by the Europeans는 앞의 the economic infrastructure를 수식한다.

3 Roads, railroad lines
해설 the economic infrastructure(경제적 사회 기반 시설)은 물자 수송을 위해 유럽인들이 설치한 것이다.

4 the newly independent countries
해설 사회 기반 시설이 남았으나 유지하지 못한 국가들인 the newly independent countries를 지칭한다.

5 ⓑ | 발전을 위한 지원
ⓐ 자원의 추출 ⓒ 식민주의로부터의 피해
해설 가장 적은 관심이 내륙 국가를 가장 가난하게 만들었으므로, 관심은 국가 발전과 이익에 도움이 되는 것이다.

6 ⓒ | 아프리카 내륙 국가 ⓐ 해안 도시 ⓑ 유럽 강대국

9They must rely on neighboring countries / for port access, /
그들(내륙 국가)은 이웃한 나라들에 의존해야 한다   항구 이용을 위해

limiting their ability (to fully participate in global trade).
(그 결과) 능력을 제한한다   세계 무역에 완전히 참여할 수 있는

전문해석 **1**전 세계 40개가 넘는 국가가 하다못해 바다에 접하는 영토를 조금도 갖고 있지 않다. **2**이 중 14개 국가는 아프리카 대륙에 있는데, 이 사실은 식민주의 시대의 유산이다. **3**1800년대 후반에 시작된 유럽의 아프리카 지배 기간 동안, 점령자들의 주요한 목적은 광물과 원자재를 추출해서 유럽으로의 운송을 위해 아프리카 내륙에서 해안으로 내보내는 것이었다. **4**(유럽인들은) 해안 도시로 물자를 쉽게 이동시키려고 도로와 철도선을 설치했다. **5**식민주의 시대가 끝났을 때, 새로 독립한 국가들에는 유럽인들이 설치한 경제적 사회 기반 시설이 남았다. **6**그러나 그들은 재정 자원 부족과 국경 분쟁 때문에 사회 기반 시설을 유지하지 못했다. **7**그 결과, 이전의 식민지 중 어느 곳도 지역 발전을 완전하게 실현하지 못했으며, 대륙의 내륙 국가는 가장 적은 관심을 받아 아프리카에서 가장 가난한 곳 중 하나가 되었다. **8**게다가 바다에 쉽게 접근할 수 없는 것이 그들의 향후 발전에 대한 가능성을 저해한다. **9**그들은 항구 이용을 위해 이웃한 나라들에 의존해야 하며, 이는 세계 무역에 완전히 참여할 수 있는 능력을 제한한다.

해설 항구에 쉽게 접근할 수 없어서 이웃 국가에 의존해야 하는 아프리카 내륙 국가를 지칭한다.

7 ⓐ | **자원 낭비** ⓑ사회 기반 시설의 부족 ⓒ불리한 지리적 위치
• unfavorable 불리한, 호의적이 아닌

해설 아프리카 내륙은 사회 기반 시설을 유지하지 못했고 지리적으로 바다에 쉽게 접근할 수 없어서 낙후되었다고 했다. 자원 낭비에 관한 내용은 언급되지 않았다.

Stage 3 요약하기
식민지 시대 이후의 아프리카 국가들은 (A) 제한된 바다 접근성과 무역을 위한 사회 기반 시설을 (B) 유지할 수 없음으로 고통받으며, 이는 지속적인 (C) 빈곤을 초래한다.
• sustain 유지하다; 살아가게 하다

1 ①

해석 왜 현대 미국의 악센트는 영국의 악센트와 비슷하게 들리지 않을까? 어쨌든 영국이 미국을 식민지화하지 않았는가? 전문가들은 영국 거주민들과 미국에 정착한 식민지 주민들 모두 18세기에는 똑같이 소리를 냈으며, 아마 현대 영국인보다는 현대 미국인에 더 가깝게 소리를 냈을 것이라고 생각한다. 우리가 오늘날 영국 악센트로 식별하는 것은 미국 독립 혁명 시기쯤, 산업혁명 기간에 부유해진 하층계급의 사람들에 의해 발달되었다. 이 사람들은 자신과 다른 평민들을 구분하고자 새로운 말하기 방식을 개발했고, 이는 그들 자신을 분리시키고 자신의 새롭고 높아진 사회적 지위를 보여주기 위함이었다. 19세기에, 이 독특한 악센트는 영국 표준 발음으로 표준화되었고, 세련되게 말하는 법을 배우고 싶어 하는 사람들에게 발음 강사들에 의해 널리 가르쳐졌다.

어휘 accent 악센트, 억양; 강조   settle 정착하다; 해결하다   distinguish A from B A와 B를 구분하다   commoner 평민, 서민   set apart 분리시키다, 떼어 두다; 구별하다   elevated 높은; 고상한   standardize 표준화하다   fashionably 세련되게   [선택지] involvement 개입; 몰두

해설 빈칸 문장으로 보아, 사람들이 '무엇'을 보여주고자 새로운 말하기 방식을 개발했는지를 찾아야 한다. 빈칸 문장 앞에서 영국 악센트를 발달시킨 사람들은 산업혁명 기간에 부유해진 하층계급이었다고 했고, 빈칸 문장에서 그들이 새로운 말하기 방식을 개발한 것은 자신과 다른 평민들을 구분하기 위함이었다고 한다. 따라서 빈칸에 들어갈 말로 가장 적절한 것은 ① 'social status(사회적 지위)'이다.

② 패션 감각 패션 감각은 언급되지 않음
③ 정치적 압력 정치는 언급되지 않음
④ 식민지의 개입 영국이 미국을 식민지화했다는 내용은 세부 사항에 해당하여, 영국 악센트를 개발한 것은 식민지와 관계 없음
⑤ 지적 성취 지적 성취는 언급되지 않음

2 ③

해석 인류의 성공은 결정적으로 숫자와 (사회적) 연결에 달려있다. 몇백 명의 사람들로는 정교한 기술을 유지할 수 없다. 아프리카에서 아시아 해안을 따라 동쪽으로 퍼져 나가던 개척자들에 의해 호주가 45,000년 전에 식민지화되었다는 것을 돌이켜보자. 이러한 이주 선발대는 숫자가 적고 비교적 짐을 가볍게 해서 이동했음이 틀림없다. 그들은 홍해를 건널 당시 친족들이 이용할 수 있었던 기술의 견본만을 가지고 있었을 것이다. 이것은 호주 원주민들의 기술이 그 후로 천 년이 넘게 꾸준히 발전하고 정교해졌음에도 왜 구세계의 매우 많은 특징이 결여되어 있었는지에 대한 이유를 설명할 수 있다. 예를 들어, 활과 투석기 같은 탄성 무기는 알려지지 않았고, 화덕 또한 그랬다. 그들이 '원시적'이어서 혹은 정신적으로 퇴보했기 때문은 아니며, 단지 기술의 일부만을 가지고 도착했고, 그 기술들을 훨씬 더 발전시키기에 충분히 밀집한 인구와 그로 인한 충분히 큰 집단적인 지성을 갖고 있지 않았기 때문이다.

어휘 crucially 결정적으로   sophisticated 정교한; 세련된   pioneer 개척자, 선구자; 개척하다   anguard 선발대   migration 이주, 이동   aboriginal 원주민의; 원주민   elaborate 정교해지다; 정교한   ensuing 그 후로; 뒤이은   millennia 천년   Old World 구(舊)세계 ((유럽, 아시아, 아프리카))   elastic 탄성의, 탄력 있는   regress 퇴보[퇴행]하다   [선택지] subset 일부; 부분 집합   inherit 물려받다

해설 빈칸 문장과 앞 문장으로 보아 호주 원주민의 기술에 구세계의 특징이 결여된 '이유'를 찾아야 한다. 적은 수의 사람들로는 정교한 기술을 유지할 수 없음을 설명하는 글이다. 호주로 이주한 선발대를 예로 들어 그들의 수가 적었고 기술은 견본에 불과했다고 했다. 따라서 빈칸에 들어갈 말로 가장 적절한 것은 ③ 'had arrived with only a subset of technologies(단지 기술의 일부만을 가지고 도착했다)'이다.

① 너무 밀접하게 연결되어 새로운 기술을 개발할 수 없었다
연결이 기술 개발을 저해한다는 언급은 없음
② 탄성 무기를 개발하고 정교화하는 것에 집중했다
호주 원주민들에게 탄성 무기는 알려지지 않았음
④ 아프리카 친족들의 기술을 전혀 물려받지 못했다
개척자들이 친족 기술의 견본을 가지고 갔다고 했음
⑤ 그들의 기술적 통찰력을 구세계에 전달하지 못했다
구세계의 기술적 특성이 호주 원주민에게 결여되었다고 했음

118 Animal Communication

Stage 1　다의어 Check　**1** ⓑ
INTRO Q **1** ①　**2** (1) (C)　(2) (A)　(3) (B)　**Q** ⑤

Stage 2　**1** raised　**2** ⓒ　**3** ⓑ　**4** ⓒ　**5** ⓑ

Stage 3　(A) flexibility　(B) mimic　(C) similar

---

[1]Dolphin vocal learning and imitation skills / are probably not unrelated
돌고래의 음성 학습과 모방 기술은　　아마 서로 관련 없는 능력이 아닐 것이다

abilities, / but rather indications (of a generally flexible and
오히려 표시일 것이다　　대체로 융통성 있고

sophisticated communication system).
정교한 의사소통 체계를 나타내는

(C) [2]One possible reason (for such flexibility) / was raised /
한 가지 그럴듯한 이유가　　그러한 융통성에 대한　　제기되었다

by Peter Tyack.
피터 타이악에 의해

[3]He recorded whistles (from two captive dolphins (named Scotty and
그는 휘파람을 녹음했다　　포획된 두 돌고래의　　스코티와 스프레이라고 불리는

Spray)), // who lived together / in the same tank.
그리고 그들(스코티와 스프레이)은 함께 살았다　같은 수조에서

[4]He discovered // that each dolphin had / a favored whistle
그는 발견했다　　각 돌고래가 가지고 있다는 것을　　선호하는 휘파람을

(its signature whistle) / and a secondary whistle.
(그것의 고유한 휘파람)　　그리고 부수적인 휘파람을

[5]The catch was // that Scotty's secondary whistle was Spray's signature,
뜻밖에 얻은 것은 ~였다　　스코티의 부수적인 휘파람이 스프레이의 고유한 특징(휘파람)이라는 것
/ and vice versa.
그리고 그 반대도 마찬가지였다

(B) [6]Apparently each dolphin frequently imitated / the other's signature.
보아하니 각각의 돌고래는 자주 모방했다　　서로의 고유한 특징(휘파람)을

[7]He reasoned // that the dolphins were doing this / to establish contact, /
그는 추론했다　　그 돌고래들이 이런 행동을 하고 있다고　　연락하려고
essentially saying, "Hey, Scotty, are you there?" / instead of just,
본질적으로 "이봐, 스코티, 거기 있어?"라고 말하면서　　그냥
"Spray here, Spray here, Spray here."
"여기는 스프레이, 여기는 스프레이, 여기는 스프레이"라고 하는 대신

(A) [8]The use of signatures / in this way / has obvious parallels /
특징(휘파람)을 사용하는 것은　　이러한 방식으로　　명백한 유사점이 있다
with human use of names.
인간이 이름을 사용하는 것과

[9]And because it requires / a dolphin both to develop a unique signature /
그리고 그것(특징을 사용하는 것)은 요구하기 때문에　　돌고래가 고유한 특징(휘파람)을 개발하기를
and to be capable of imitating other signatures, // it could at least partly
그리고 다른 특징(휘파람)을 모방할 수 있기를　　그것은 적어도 부분적으로는
explain / the need (for vocal learning and imitation in dolphins).
설명할 수 있다　필요성을　　돌고래의 음성 학습과 모방의

Stage 1　정답 찾아가기

Q 주어진 글은 돌고래의 음성 학습과 모방 기술이 융통성 있고 정교한 의사소통 체계를 나타내는 표시일 것이라는 내용이다. 그 뒤에는 주어진 글에서 언급한 돌고래 의사소통의 그러한 융통성(such flexibility)의 원인을 제기한 연구 내용과 그 결과를 소개하는 (C)가 와야 한다. 이어서 (B)는 해당 연구에서 발견한 것에 대한 연구자의 추론을 서술하고, (A)는 그 추론이 시사하는 바를 설명하고 있으므로 글의 순서로 가장 적절한 것은 ⑤ (C)-(B)-(A)이다. 이 글은 도입부에서 연구 주제를 언급하고 차례대로 연구 내용, 결과, 추론과 시사점이 이어지는 것이 특징이다.

Stage 2　한 문장씩 뜯어보기

1 raised
해설 문맥상 원인이 '제기되었다'라는 수동 의미가 되어야 하므로 동사 raise(제기하다)의 과거분사형 raised가 알맞다. risen은 '오르다, 솟다'를 의미하는 자동사 rise의 과거분사형이다. 자동사는 목적어가 없으므로 수동태로 쓸 수 없다.

2 ⓒ
해설 vice versa는 '그 역[반대]도 마찬가지이다'라는 의미로, 여기서는 스프레이의 고유한 휘파람이 스코티의 부수적 휘파람이라는 것의 반대 상황을 의미한다.

3 ⓑ | 돌고래는 자신을 알아보게 하기 위해서뿐만이 아니라 응답을 얻기 위해 서로의 휘파람을 사용한다.
ⓐ 위험 신호를 보내다 ⓒ 위치를 알리다
해설 돌고래가 "이봐, 스코티, 거기 있어?"라고 말하면서, 연락을 위해 상대의 휘파람을 모방하는 것을 간단히 표현한 것이다.

4 ⓒ
해설 돌고래가 연락하려고 서로의 고유한 휘파람을 모방하는 것은 인간이 서로의 고유한 이름을 부르며 소통하는 것과 유사하다.

5 ⓑ | 의사소통을 위한 돌고래의 휘파람 사용
ⓐ 인간에게 신호를 보내는 돌고래의 휘파람
ⓒ 인간을 모방하는 돌고래의 지능
해설 돌고래가 고유한 휘파람을 개발하고 모방하도록 하고, 돌고래의 음성 학습과 모방의 필요성을 부분적으로 설명할 수 있게 하는 '그것'은 문장 8의 The use of signatures in this way, 즉 돌고래가 연락하려고 휘파람을 사용하는 것을 가리킨다.

전문해석 [1]돌고래의 음성 학습과 모방 기술은 서로 관련 없는 능력이 아닐 것이며, 오히려 대체로 융통성 있고 정교한 의사소통 체계를 나타내는 표시일 것이다. (C) [2]피터 타이악은 그러한 융통성에 대한 한 가지 그럴듯한 이유를 제기했다. [3]그는 스코티와 스프레이라고 불리는 포획된 두 돌고래의 휘파람을 녹음했는데, 그 돌고래들은 같은 수조에서 함께 살았다. [4]그는 각 돌고래가 선호하는 휘파람(그것의 고유한 휘파람)과 부수적인 휘파람을 가지고 있다는 것을 발견했다. [5]뜻밖에 얻은 것은 스코티의 부수적인 휘파람이 스프레이의 고유한 휘파람이라는 것이었고, 그 반대도 마찬가지였다. (B) [6]보아하니 각각의 돌고래는 서로의 고유한 휘파람을 자주 모방했다. [7]그는 그 돌고래들이 그냥 "여기는 스프레이, 여기는 스프레이, 여기는 스프레이"라고 하는 대신 본질적으로 "이봐, 스코티, 거기 있어?"라고 말하면서 연락하려고 이런 행동을 하고 있다고 추론했다. (A) [8]이러한 방식으로 고유한 휘파람을 사용하는 것은 인간이 이름을 사용하는 것과 명백한 유사점이 있다. [9]그리고 그것은 돌고래가 고유한 휘파람을 개발하고 다른 고유한 휘파람을 모방할 수 있기를 모두 요구하기 때문에, 돌고래의 음성 학습과 모방의 필요성을 적어도 부분적으로는 설명할 수 있다.

돌고래의 의사소통은 (A) 융통성과 정교함을 보여준다. 즉 그들은 인간이 이름을 사용하는 방식과 (C) 비슷하게 서로의 고유한 휘파람을 (B) 모방하여 연락하는데, 이는 음성 학습과 모방의 중요성을 나타낸다.

함께 풀면 좋은 기출문제

p. 165

1 ①

해석 꿀벌은 한 군집 안에서 최대 5만 마리의 일벌이 함께 민주적인 결정을 내리고자 모이면서, 우리가 '집단 지성'이라고 부르는 것을 발전시켜 왔다. 봄철에 벌집이 너무 붐비면, 군집은 새 벌집을 찾기 위해 정찰병을 보낸다. 어떤 정찰병이라도 다음 벌집을 지을 장소에 동의하지 않으면 그들은 문명화된 방법으로 그 문제를 논하는데, 바로 춤을 통해서이다. 각 정찰병은 다른 정찰병들에게 자신들이 찾은 장소의 장점을 납득시키려고 '8자 춤'을 춘다. 그 춤이 더 열정적일수록, 그 정찰병은 그 장소에 더 만족하는 것이다. 그 군집의 나머지 벌들은 자신들이 선호하는 장소로 날아가 한 잠재적인 벌집이 그 주변 벌집의 모든 다른 춤을 이길 때까지 춤에 합류해서 <u>몸으로 투표한다</u>. 의회가 의견 불일치를 같은 방식으로 해결한다면 멋질 것이다.

어휘 evolve 발전시키다[하다]; 진화하다   swarm 집단, 무리, 떼   democratic 민주적인, 민주주의의; 평등한   hive 벌집; 벌떼   scout 정찰병; 스카우트; 돌아다니다   civilized 문명화된; 교양 있는   waggle dance 벌들의 8자 모양 춤   in an attempt to-v v하려고, v하려는 시도로   convince 납득시키다; 설득하다   merit 장점; 가치   enthusiastic 열정적인   remainder 나머지   overcome 이기다; 극복하다   neighborhood 주변, 인근; 이웃   congress 의회, 국회; 회의   settle 해결하다, 합의를 보다; 결정[정리]하다   disagreement 의견 불일치, 의견 충돌   [선택지] invade 침략하다, 침입하다; 침해하다   concern 관심; 우려, 걱정

해설 빈칸 문장으로 보아, 군집의 나머지 벌들이 선호하는 잠재적인 벌집 장소로 날아가 춤을 추며 '무엇'을 하는지 찾아야 한다. 꿀벌의 민주적 결정에 관한 글로, 꿀벌은 새 벌집을 지을 장소를 결정할 때 춤을 통해 의견 불일치를 논한다고 했다. 구체적으로 꿀벌은 자신이 선호하는 장소에 대한 지지를 춤에 합류해서 나타낸다고 했으므로, 빈칸에 들어갈 말로 가장 적절한 것은 ① 'votes with their bodies(몸으로 투표한다)'이다.

② 다른 벌들의 벌집을 침략하다 벌집이 너무 붐비면 새 집터를 찾는다고는 했지만 침략한다는 내용은 없음
③ 더 많은 꽃을 찾다 꽃이 아닌 집터를 찾는 내용임
④ 짝에게 더 많은 관심을 보이다 짝은 언급되지 않음
⑤ 의사소통 기술을 향상시키다 춤으로 선호도를 나타내며 의사소통한다고 했지만 기술 향상에 대한 내용은 없음

2 ②

해석 전기로 하는 <u>의사소통</u>은 주로 물고기에게서 알려져 있다. 전기 신호는 특수한 전기 기관에서 생성된다. 신호가 방출될 때 전기 기관은 머리에 비해 음전하를 띠게 되어 물고기 주위에 전기장이 만들어진다. 일반 근육 세포가 수축할 때도 그 안에서 약한 전류가 발생한다. 전기 기관 안에서 근육 세포는 더 큰 덩어리로 연결되며, 이는 총 전류의 강도를 일반 근육에서보다 더 크게 만든다. 물고기는 전기장의 형태나 방출하는 주파수를 변화시켜서 신호를 달리한다. 이 체계는 약 1~2미터의 짧은 거리에서만 작동한다. 신호 체계를 사용하는 종들은 보통 다른 몇몇 종과 함께 큰 무리를 지어 살기 때문에 이것은 이점이 있다. 많은 물고기가 동시에 신호를 보낼 경우, 짧은 (도달 가능) 범위로 인해 간섭의 위험이 줄어든다.

어휘 organ 기관, 장기   chunk 덩어리; 상당히 많은 양   current 전류; 흐름, 기류; 현재의   intensity 강도, 세기; 강렬함   ordinary 일반적인, 보통의; 평범한   discharge 방출하다; 해고하다; 석방하다   negatively loaded 음전하를 띠는   compared to A A에 비해, A와 비교하여   electric field 전기장   contract 수축하다, 줄어들다; (병에) 걸리다; 계약(하다)   vary 달리하다[변화를 주다]; 서로 다르다   frequency 주파수, 진동수; 빈도   send out ~을 보내다; (빛, 신호 등을) 내다   range 범위; 다양성; 포함하다; (범위가 ~에서 …에) 이르다   interference 간섭, 개입; 전파 방해, 혼선

해설 주어진 문장에 뚜렷한 연결 단서가 없는 경우, 대명사, 관사, 지시어 등을 통해 위치를 파악한다. 주어진 문장은 전기 기관에서 근육 세포(the muscle cells)가 더 큰 덩어리로 연결되어 일반 근육에서보다 총 전류의 강도(the total current intensity)가 더 커진다는 내용이므로, 흐름상 일반 근육에서의 전류 강도가 먼저 언급된 뒤에 오는 것이 적절하다. ② 앞 문장에서 일반 근육 세포가 수축할 때 약한 전류(A weak electric current)가 발생한다고 했고, ② 이하는 신호를 변화시키는 것에 대한 내용이 이어지므로 전류 강도에 관한 주어진 문장이 들어가기에 가장 적절한 곳은 ②이다.

119 Business Globalization

Stage 1　다의어 Check　1 ⓐ　2 ⓑ
　　　　　INTRO Q ③　Q ⑤

Stage 2　1 ⓑ　2 ⓒ　3 ⓒ　4 ⓐ　5 ⓒ　6 1

Stage 3　(A) insensitive　(B) diverse　(C) centralized

---

[1] Globalization does not conform to / hard and fast rules.
세계화는 (~에) 따르지 않는다　　　　　불변의 규칙에

[2] For every general principle / there are so many obvious exceptions //
모든 일반 원칙에는　　　　　명백한 예외들이 아주 많아서
that it is tempting / to forget about management theory /
~은 솔깃하다　　　　경영 이론을 잊는 것
and just do / what feels right.
그리고 그냥 하는 것　옳다고 생각하는 것을

[3] For example, / marketing appears to be exactly the sort of task
예를 들어　　　마케팅은 정확히 (~한) 종류의 일인 것 같다
[that should be left / to local managers (of multinational brands)].
맡겨져야 하는　　　현지 관리자에게　　　다국적 브랜드의

[4] However, / when a branch (of a global brand) / **launched** a local
그러나　　　한 지점이　　　세계적 브랜드의　　　현지 홍보 캠페인을 **시작했을** 때
promotional campaign (featuring images [that many locals found offensive]),
이미지를 특징으로 하는　　　여러 현지인이 불쾌하다고 생각한
/ it led to significant negative reactions.
그것은 상당한 부정적 반응으로 이어졌다

[5] The embarrassed company had to centralize control /
난처해진 기업은 관리를 중앙화해야 했다
to prevent similar issues from arising.
비슷한 문제가 발생하는 것을 막으려고

[6] Similarly, / advocates (of globalization) / invariably urge / companies
마찬가지로　　　지지자들은　　　세계화의　　　언제나 권고한다　　　기업이
to recruit their senior **figures** (from as wide a range of countries
고위직 **인물**을 채용하도록　　　가능한 한 다양한 국가와 배경 출신의
and backgrounds as possible).

[7] But Iridium, / the satellite-phone company, / came crashing to the
그러나 이리듐은　　　위성 전화기 회사인　　　땅에 쾅 하고 떨어지고 말았다
ground // because its multi-cultural board was impossible to manage.
그것의 다문화 이사회는 관리하기 불가능했기 때문에

[8] The board's twenty-eight members spoke multiple languages, /
그 이사회의 구성원 28명이 다양한 언어를 사용했다
turning meetings into mini-UN conferences, / complete with headsets
(그래서) 회의를 소규모 UN 회의로 바꿨다　　　헤드셋이 완비된
(translating the proceedings into five languages).
회의록을 다섯 가지 언어로 번역하는

[9] Cultural conflicts and misunderstandings were commonplace.
문화적 갈등과 오해는 아주 흔했다

Stage 1　정답 찾아가기

INTRO Q ① 세계화 기회 ② 세계화 이점
③ 세계화의 난제

Q 세계적 브랜드의 한 지점에서 진행한 마케팅이 비난받은 사례와 한 위성 전화기 회사가 다문화 이사회 구성원들 간의 의사소통 문제로 인해 실패한 사례를 제시하며, 다국적 기업이 세계화 과정에서 겪을 수 있는 문제를 보여주고 있다. 따라서 글의 요지로 가장 적절한 것은 ⑤ '다국적 기업의 세계화는 예기치 않은 경영상의 문제를 동반할 수 있다.'이다.

① 다국적 기업이 경제에 미치는 악영향은 언급되지 않음
② 문화 다양성 저해는 언급되지 않음
③ 관리를 중앙화해야 했던 기업의 예와 반대됨
④ 다국적 기업이 하는 사회 공헌은 언급되지 않음

Stage 2　한 문장씩 뜯어보기

1 ⓑ | 세계화는 광범위하게 달라져서 표준 경영 관행이 덜 **적용되게** 한다. ⓐ 무시되는 ⓒ 제한적인
해설 세계화는 불변의 규칙을 따르지 않고 일반 원칙에는 예외가 많아서 경영 이론을 잊는 것이 솔깃하다고 했으므로, 표준적인 경영 관행이 덜 적용되게 하는 것이다.

2 ⓒ | 부정적인 ⓐ 중립적인 ⓑ 긍정적인
해설 여러 현지인이 불쾌하게 생각하는 이미지를 사용한 홍보 캠페인은 '부정적' 반응으로 이어진다는 문맥이 알맞다.

3 ⓒ | 현지 경영에 의존하다 ⓐ 현지 전통을 무시하다 ⓑ 브랜드 정체성을 이해하다
해설 관리를 중앙화하는 것은 본사의 표준화된 경영 방침을 따르는 것으로, 그 반대는 현지 관리자에게 경영을 맡기는 것이다.

4 ⓐ | 지지자 ⓑ 반대자 ⓒ 구경꾼
해설 기업이 다양한 국가와 배경의 고위직 인물을 채용할 것을 권고하는 사람은 세계화를 지지하는 사람이다.

5 ⓒ | 글로벌 기업의 다양성 있는 채용은 **다루기 힘든 다문화**로 인해 실패할 수 있다. ⓐ 혁신적인 ⓑ 권위적인
해설 위성 전화기 회사 이리듐이 다문화 이사회를 관리하지 못해 실패했다는 내용을 간단히 표현한 것이다.

전문해석 [1]세계화는 불변의 규칙에 따르지 않는다. [2]모든 일반 원칙에는 명백한 예외들이 아주 많아서 경영 이론을 잊고 옳다고 생각하는 것을 그냥 하는 것이 솔깃하다. [3]예를 들어, 마케팅은 정확히 다국적 브랜드의 현지 관리자에게 맡겨야 하는 종류의 일인 것 같다. [4]그러나 세계적 브랜드의 한 지점이 여러 현지인이 불쾌하다고 생각한 이미지를 특징으로 하는 현지 홍보 캠페인을 시작했을 때, 상당한 부정적 반응으로 이어졌다. [5]난처해진 기업은 비슷한 문제가 발생하지 않도록 관리를 중앙화해야 했다. [6]마찬가지로, 세계화를 지지하는 사람들은 기업이 가능한 한 다양한 국가와 배경 출신의 고위직 인물을 채용하도록 언제나 권고한다. [7]그러나 위성 전화기 회사인 이리듐은 다문화 이사회는 관리하기 불가능했기 때문에 몰락하고 말았다. [8]그 이사회의 구성원 28명이 다양한 언어를 사용해서 회의는 회의 내용을 다섯 가지 언어로 번역하는 헤드셋이 완비된 소규모 UN 회의로 바뀌었다. [9]문화적 갈등과 오해는 아주 흔했다.

6 1

해설 세계화가 불변의 규칙을 따르지 않는다는 문장 1 뒤로 문장 2가 이를 보충 설명한 뒤 한 기업을 예로 들어 이를 뒷받침하므로, 주제문은 문장 1이다.

세계화는 현지 팀의 문화적으로 (A) 몰이해한 마케팅과 과도하게 (B) 다양한 지도부 내의 오해와 같은 경영 문제를 야기하며, (C) 중앙화된 통제와 문화에 대한 의식이 높은 전략의 필요성을 강조한다.
• present (문제 등을) 야기하다; 보여 주다 overly 지나치게, 과도하게

함께 풀면 좋은 기출문제

p. 166

1 ④

해석 문화의 세계화는 인도에서 제작된 발리우드 영화와 홍콩에서 제작된 쿵후 영화처럼 아시아에 다수의 중심지를 두고 있다. 그것들은 무려 17개나 되는 언어로 자막 처리되며 특정 디아스포라에 배급된다. 힌디어와 만다린 같은 언어들이 지배하는 이러한 문화적 공간들은 영어의 확산을 무시하고 저항한다. 바이시 교수는 싱가포르에 사는 중국인 아이들과 인도인 아이들이 각각 중국 대중음악과 인도 영화에 참여함으로써 어떻게 범중국 및 범인도 문화로 연결되는지를 보여주었다. (세계에서 가장 인구가 많은 두 나라로서, 중국은 인도의 최대 무역 동맹국이며, 양국 간 무역 규모는 715억 달러의 가치에 이른다.) 따라서 그녀는 아시아 청년들이 문화의 세계화 또는 서양에서 유래한 '세계 문화'의 수동적 희생자라는 견해에 실증적으로 이의를 제기한다.

어휘 subtitle 자막 처리를 하다; 부제를 달다; 자막　distribute 배급[유통]시키다; 나누어 주다　dominate 지배하다; 압도적으로 우세하다　Hindi 힌디어 ((특히 인도 북부 지역에서 사용되는 인도 공용어의 하나))　Mandarin 만다린, 표준 중국어　pan- ~을 다 포함하는　engagement 참여; 약혼; 약속　respectively 각각, 각자　populous 인구가 많은　empirically 실증적으로

해설 첫 문장에서 문화의 세계화가 아시아에 다수의 중심지를 두고 있다고 했으므로 이와 관련된 구체적인 내용이 전개되어야 한다. 이어지는 내용에서 싱가포르에 사는 중국인 아이들과 인도인 아이들을 예로 들어 아시아 청년들이 자국 문화에 참여하여 각각의 문화로 연결된다고 하면서 그들은 문화 세계화의 수동적 희생자가 아니라고 했다. 그런데 ④는 중국과 인도 양국 간의 무역 관계를 다루고 있으므로 문화의 세계화에 관한 글의 흐름과 무관하다.

2 ③

해석 아동 문학에서 이데올로기에 대한 관심은 아동 문학 텍스트가 문화적으로 형성되고, 교육적으로, 지적으로, 사회적으로 엄청나게 중요하다는 믿음에서 비롯된다. 적어도 작가에게는 아마 다른 어떤 텍스트보다도 아동 문학 텍스트가 사회를 그 사회가 바라는 대로, 보이고 싶은 대로, 그리고 그것이 무의식적으로 드러내는 그대로 반영한다. 분명히, 문학은 아이들의 삶 속에서 심지어 매체 중에서도 사회화시키는 유일한 동인은 아니다. 예를 들어, 오늘날 책의 영향력은 TV의 영향력에 의해 매우 무색해진다고 주장할 수 있다. 그러나 두 매체 사이에는 상당한 정도의 상호 작용이 있다. 소위 아동 문학 고전이라고 불리는 많은 책이 TV로 방송되며, 그 결과로 생긴 새로운 책의 판은 (TV) 시청이 그다음의 독서를 장려할 수 있다는 것을 강력하게 시사한다. 마찬가지로, 아동을 위한 몇몇 TV 시리즈는 책 형태로 출판되기도 한다.

어휘 vastly 매우, 엄청나게　overshadow 무색하게 만들다; 가리다　ideology 이데올로기, 이념; 관념　literature 문학 (작품); 문헌 cf. literary 문학의; 문학적인　arise from ~에서 비롯되다[발생하다]　formative 형성되는; 형성에 중요한　massive 엄청나게 큰; 거대한　unconsciously 무의식적으로　socialise(-ze) 사회화시키다　agent 동인, 중요한 작용을 하는 것; 대리인　considerable 상당한, 많은　so-called 소위, 이른바　televise TV로 방송하다　subsequent 그다음의, 차후의

해설 주어진 문장은 for example을 사용하여 오늘날 책의 영향력이 TV의 영향력에 의해 매우 무색해진다는 예를 들고 있으므로, 그 앞에는 책의 영향력이 약하다는 일반적인 내용이 먼저 제시되어야 한다. ③의 앞 문장은 문학(책)이 매체 중 사회화시키는 유일한 동인은 아니라는 내용이고, ③ 뒤의 문장은 두 매체 사이의 상호 작용에 대해 설명하는데, 여기서 the two media는 주어진 문장에서 언급된 책과 TV를 가리킨다. 따라서 주어진 문장이 들어가기에 가장 적절한 곳은 ③이다.

120 Self-Disclosure

Stage 1   다의어 Check   1 ⓑ   2 ⓐ
INTRO Q ②   Q ④   OUTRO Q ②

Stage 2   1 what → which[that]   2 ⓒ   3 ⓑ   4 that   5 ⓑ   6 ⓑ   7 1

Stage 3   (A) Fears   (B) negative   (C) disclosing

---

1 There are some powerful sources (of resistance to self-disclosure)
강력한 원인들이 있다   자기 공개에 대한 저항의

[that often keep you hiding / in your hidden self], / despite its rewards.
종종 당신이 계속 숨게 하는   당신의 숨겨진 자아 안에   그것(자기 공개)의 보상에도 불구하고

2 It isn't considered "nice" / to talk about yourself too much /
(~은) '좋은' 것으로 여겨지지 않는다   자신에 대해 너무 많이 이야기하는 것은

or to discuss your feelings or needs / outside a family circle.
또는 당신의 감정이나 욕구에 대해 이야기하는 것   집안 외의 사람들에게

3 You often don't disclose yourself / out of fear: / fear of rejection, /
당신은 종종 자신을 드러내지 않는다   두려움 때문에   거절에 대한 두려움

fear of being talked about / behind your back, / or fear //
이야기되는 것에 대한 두려움   당신의 등 뒤에서   혹은 두려움

that someone will take advantage of you.
누군가가 당신을 이용할 것이라는

4 If you reveal one **negative** trait, / they will imagine / you're all bad; //
당신이 **부정적인** 특성을 하나 드러내면   사람들은 생각할 것이다   당신이 전부 나쁘다고

if you reveal something positive, / you might be **accused** of bragging, /
당신이 긍정적인 것을 드러내면   자랑한다고 **비난받을**지도 모른다

and if you express an opinion, / you might have to do something
그리고 당신이 의견을 표현하면   그것(의견)에 대한 무언가를 해야 할지도 모른다

about it — / vote, contribute, or volunteer.
투표하기, 기부하기, 자원봉사하기와 같은

(**5** Although we cannot control / how others respond to our
우리가 제어할 수 없지만   다른 사람들이 우리의 자기 공개에 어떻게 반응하는지를

self-disclosures, // we can control / how we respond to theirs, /
우리는 제어할 수 있다   우리가 그들의 자기 공개에 어떻게 반응할지를

and our thoughtful responses can affect / their self-esteem /
그리고 우리의 사려 깊은 반응은 영향을 미칠 수 있다   그들의 자부심에

and connection to us, / just as their responses can affect us.)
그리고 우리와의 관계에   그들의 반응이 우리에게 영향을 미칠 수 있는 것처럼

6 Finally, / you may be afraid of self-knowledge itself, // because you
마지막으로   당신은 자기 인식 자체를 두려워할지도 모른다   당신이

instinctively know / that / by disclosing it / you will come to know yourself
본능적으로 알기 때문에   (~을) 그것(자기 인식)을 공개함으로써   당신이 자신을 더 잘 알게 될 것을

better, / but you suspect / that there are some unpleasant truths
그러나 당신은 생각한다   어떤 불편한 진실이 있지 않은가 하고

(about yourself) [that you would rather not be aware of].
자신에 대한   차라리 모르는 것이 나은

전문해석 **1** 자기 공개의 이점에도 불구하고, 종종 숨겨진 자아 안에 당신이 계속 숨게 하는 자기 공개에 대한 강력한 저항 원인들이 있다. **2** 자신에 대해 너무 많이 이야기하거나 집안 외의 사람들에게 당신의 감정이나 욕구에 대해 이야기하는 것은 '좋은' 것으로 여겨지지 않는다. **3** 당신은 종종 두려움 때문에 자신을 드러내지 않는데, 거절에 대한 두려움, 당신이 없는 곳에서 이야기되는 것에 대한 두려움, 혹은 누

Stage 1 정답 찾아가기

INTRO Q ① 자기 공개를 위해 고려해야 할 중요한 요소 ② 당신이 자신을 공개하는 것을 꺼리는 이유

Q 첫 문장에서 자기 공개의 보상에도 불구하고 이에 저항하게 하는 강력한 원인들이 있음을 언급한 뒤, 이어지는 내용에서 그 원인들을 구체적으로 열거하는 글이다. 반면에 ④는 다른 사람들의 자기 공개에 대해 우리가 반응하는 방식이 미치는 영향에 관한 내용이므로 글의 흐름과 무관하다.

OUTRO Q ① 자기 인식과 불편한 진실에 대한 두려움 ② 다른 사람들의 자기 공개에 대한 우리의 반응 제어

Stage 2 한 문장씩 뜯어보기

1   what → which[that]
해설 what 앞에 선행사(some powerful sources ~ self-disclosure)가 있고, 뒤에 주어가 빠진 불완전한 구조가 이어지므로 주격 관계대명사 which[that]로 고쳐야 한다.

2   ⓒ | 개인적인 문제를 논하는 것은 **부적절하게 여겨질 수 있다**. ⓐ 사회적인 ⓑ 긍정적인
해설 자신에 대해 너무 많이 이야기하거나 집안 외의 사람들에게 감정이나 욕구에 대해 이야기하는 것이 좋게 여겨지지 않는다고 했다.

3   ⓑ | 거절, 부당한 이용, 판단에 대한 두려움은 자기 공개를 **막는다**. ⓐ 야기하다 ⓒ 환영하다
해설 거절당하거나 누군가가 자신을 이용하는 것, 또는 자기 공개 이후에 사람들이 자기를 판단하는 것이 두려워 자신을 드러내지 않는다고 했다.

4   that
해설 네모 뒤에 주어(you), 동사(will come), 보어(to know yourself better)를 갖춘 완전한 구조의 문장이 오므로 접속사 that이 알맞다. 이때 that은 동사 know의 목적어 역할을 하는 명사절을 이끈다.

5   ⓑ | (~라고) **생각하다** ⓐ 드러내다 ⓒ 보증하다
해설 여기서 suspect는 '(~이 아닌가 하고) 생각하다'라는 의미로 believe와 같은 의미로 쓰였다.

6   ⓑ
해설 ⓐ는 문장 2에서 언급되었으며 ⓒ는 문장 4에서 언급되었다. 문장 6에서 자기 자신을 더 잘 알게 되는 것에 대한 두려움은 언급되었지만, ⓑ는 그와 반대되는 내용으로 언급된 바 없다.

군가가 당신을 이용할 것이라는 두려움이다. ⁴당신이 부정적인 특성을 하나 드러내면 사람들은 당신이 전부 나쁘다고 생각할 것이고, 긍정적인 것을 드러내면 자랑한다고 비난받을지도 모르며, 의견을 표현하면 투표, 기부, 자원봉사와 같이 그에 대한 무언가를 해야 할지도 모른다. (⁵우리는 다른 사람들이 우리의 자기 공개에 반응하는 방식을 제어할 수 없지만, 우리가 그들의 자기 공개에 반응하는 방식을 제어할 수 있고, 그들의 반응이 우리에게 영향을 미칠 수 있는 것처럼 우리의 사려 깊은 반응은 그들의 자부심과 우리와의 관계에 영향을 미칠 수 있다.) ⁶마지막으로, 당신은 자기 인식을 공개함으로써 자신을 더 잘 알게 될 것을 본능적으로 알지만, 차라리 모르는 게 나은 자신에 대한 불편한 진실이 있지 않은가 하고 생각하기 때문에 자기 인식 자체를 두려워할지도 모른다.

7 1

해설 문장 1에서 자기 공개에 저항하게 하는 강력한 원인들이 있다고 했고, 이어지는 내용에서 구체적으로 그 원인들을 열거하며 글을 맺으므로 주제문은 문장 1이다.

Stage 3 요약하기

거절, 잠재적 의무, 그리고 (B) 부정적인 자기 인식의 발견과 같은 (A) 두려움이 당신의 진정한 자아를 (C) 공개하지 못하게 한다.

해설 (A) like 뒤에 두려움의 여러 원인을 나열하고 있으며 문장의 동사가 복수동사 keep이므로 복수명사 Fears로 쓴다.

1 ③

해석 동반자들이 서로 자신에 대한 모든 것을 말함으로써 관계를 시작하는 경우가 발생하기는 하지만, 그런 경우는 ① 드물다. 대부분의 경우, 공개의 양은 시간이 지나면서 ② 증가한다. 우리는 자신에 대해 상대적으로 거의 드러내지 않으며 관계를 시작하고, 그런 다음 우리 자기 공개의 첫 부분이 잘 받아들여지고 상대방으로부터도 비슷한 반응을 이끌어 낸다면, 우리는 더 많이 드러내기를 ③ 꺼린다(→ 기꺼이 한다). 이 원칙을 기억하는 것이 중요하다. 다른 사람과 처음 관계를 맺을 때 확고한 관계를 형성하는 방법이 자신에 관한 가장 사적인 세부 사항을 드러내는 것이라고 생각하는 것은 보통 ④ 실수일 것이다. 특별한 상황이 아니라면, 그런 식으로 당신의 마음을 드러내는 것은 잠재적인 동반자를 더 가까이 다가오게 하기보다는 오히려 겁을 줘서 쫓아버릴 ⑤ 가능성이 있다.

어휘 instance 경우, 사례; ~을 예로 들다   rare 드문; 희귀한   receive 받아들이다, 받다; 환영하다   bring on ~을 이끌어 내다   assume (사실이라고) 생각하다, 가정하다; (권력, 책임을) 맡다   circumstance 상황, 환경; 형편   scare away 겁을 주어 쫓아 버리다   potential 잠재적인, 가능성이 있는; 가능성

해설 관계를 시작할 때 자신에 대해 너무 많이 드러내는 것은 잠재적인 동반자를 멀어지게 할 수 있기 때문에 보통 시간이 지나면서 점차 자기 공개를 늘리는 것이 좋다는 내용의 글이다. 자기 공개의 첫 부분이 잘 받아들여지고 상대방도 비슷한 반응을 보이는 경우, 자신에 대해 더 많이 드러내려고 한다는 맥락이 되어야 하므로 ③ 'reluctant(꺼리는)'를 'willing(기꺼이 하는)'과 같은 단어로 바꿔야 한다.

① 드문 Although(~이긴 하지만)로 보아, 자신의 모든 것을 말하면서 관계를 시작하는 경우가 있으나 '드물다'라는 표현이 자연스러움
② 증가하다 자신의 모든 것을 말하면서 관계를 시작하는 경우가 드물다고 하였으므로, 대부분 자기 공개는 시간이 지나면서 '증가할' 것임
④ 실수 앞에서 자기 공개가 잘 받아들여지고 상대방도 비슷한 반응을 보이면 더 많이 드러낸다고 했으므로, 처음 확고한 관계를 맺는 방법이 가장 사적인 것까지 드러내는 것이라고 생각하는 것은 '실수'임
⑤ (~할) 가능성이 있는 그런 식으로 드러내는 것(Such baring), 즉 처음에 가장 사적인 세부 사항을 드러내는 것은 상대를 겁을 줘서 쫓아 버릴 '가능성이 있는' 행동임

2 ③

해석 연극계를 둘러싼 많은 미신이 있다. 미신은 첫 관객이 오기 전에 연극의 마지막 대사를 말하려 하지 않는 것에서부터, 최종 리허설 전에 커튼콜을 예행연습 하지 않으려는 것에 이르기까지 무엇이든 될 수 있다. 셰익스피어의 유명한 비극 〈맥베스〉는 저주받았다고 일컬어지며, 문제를 피하고자 배우들은 극장이나 (예행연습실이나 의상실 같은) 극장식 공간 안에서 절대 그 연극의 제목을 소리 내어 말하지 않는다. (연극에서 관객과 배우 사이의 상호 작용은 배우들의 연기에 영향을 미친다.) 그 연극은 스코틀랜드를 배경으로 하므로 연극의 제목을 말해야 할 때 쓰는 암호는 '그 스코틀랜드 연극'이다. 만약 우연히 제목을 정말 말하게 될 경우, 전설에 따르면 밖에 나가서 세 바퀴를 돌고 다시 극장으로 돌아와야 한다.

어휘 superstition 미신   line (연극, 영화의) 대사; 선, 줄   rehearse 예행연습[리허설]을 하다; 반복하다   tragedy 비극   curse 저주(하다); 욕(을 하다)   theatrical 극장(식)의, 연극의; 연극조의, 과장된   be set in ~을 배경으로 하다   Scottish 스코틀랜드의   by accident 우연히   legend has it 전설에 따르면

해설 연극계를 둘러싼 많은 미신이 있다고 언급한 다음, 구체적으로 그 미신을 열거하며 연극 〈맥베스〉를 예로 들어 설명하는 글이다. 그런데 ③은 관객과 배우 사이의 상호 작용에 관한 내용이므로 미신에 관한 글의 흐름과 부관하나.

MEMO

MEMO

*○□

Be a Master of Reading

천일문 **독해**

쎄듀 초·중등 커리큘럼

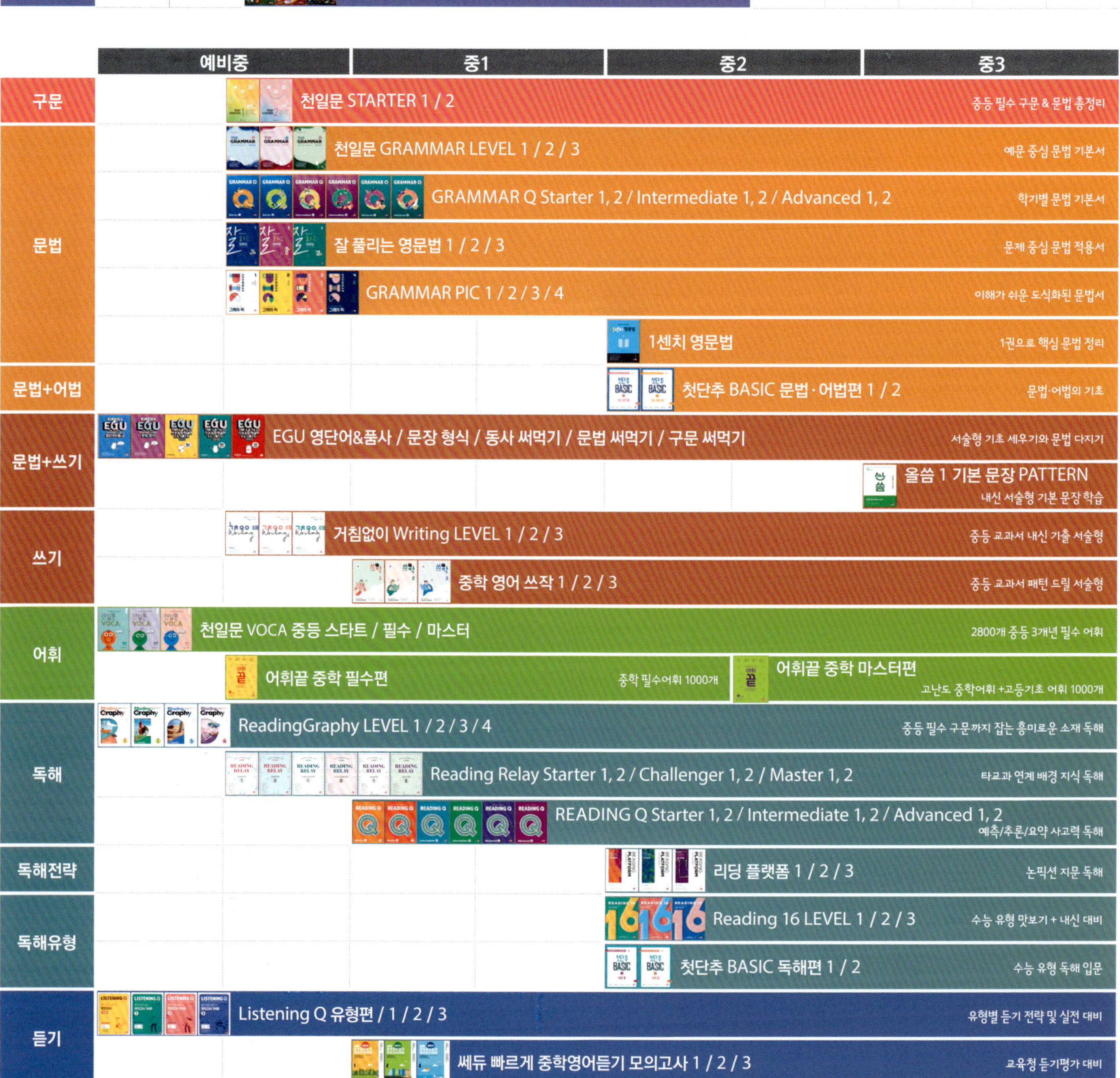

초등

	예비초	초1	초2	초3	초4	초5	초6
구문		천일문 365 일력 |초1-3| 교육부 지정 초등 필수 영어 문장		초등코치 천일문 SENTENCE — 1001개 통문장 암기로 완성하는 초등 영어의 기초			
문법				초등코치 천일문 GRAMMAR — 1001개 예문으로 배우는 초등 영문법			
			왓츠 Grammar		Start (초등 기초 영문법) / Plus (초등 영문법 마무리)		
독해				왓츠 리딩 70 / 80 / 90 / 100 A / B — 쉽고 재미있게 완성되는 영어 독해력			
어휘				초등코치 천일문 VOCA&STORY — 1001개의 초등 필수 어휘와 짧은 스토리			
		패턴으로 말하는 초등 필수 영단어 1 / 2 — 문장 패턴으로 완성하는 초등 필수 영단어					
ELT	Oh! My PHONICS 1 / 2 / 3 / 4 — 유·초등학생을 위한 첫 영어 파닉스						
		Oh! My SPEAKING 1 / 2 / 3 / 4 / 5 / 6 — 핵심 문장 패턴으로 더욱 쉬운 영어 말하기					
		Oh! My GRAMMAR 1 / 2 / 3 — 쓰기로 완성하는 첫 초등 영문법					

중등

	예비중	중1	중2	중3
구문	천일문 STARTER 1 / 2			중등 필수 구문 & 문법 총정리
문법	천일문 GRAMMAR LEVEL 1 / 2 / 3			예문 중심 문법 기본서
	GRAMMAR Q Starter 1, 2 / Intermediate 1, 2 / Advanced 1, 2			학기별 문법 기본서
	잘 풀리는 영문법 1 / 2 / 3			문제 중심 문법 적용서
	GRAMMAR PIC 1 / 2 / 3 / 4			이해가 쉬운 도식화된 문법서
		1센치 영문법		1권으로 핵심 문법 정리
문법+어법		첫단추 BASIC 문법·어법편 1 / 2		문법·어법의 기초
문법+쓰기	EGU 영단어&품사 / 문장 형식 / 동사 써먹기 / 문법 써먹기 / 구문 써먹기			서술형 기초 세우기와 문법 다지기
			올씀 1 기본 문장 PATTERN	내신 서술형 기본 문장학습
쓰기	거침없이 Writing LEVEL 1 / 2 / 3			중등 교과서 내신 기출 서술형
		중학 영어 쓰작 1 / 2 / 3		중등 교과서 패턴 드릴 서술형
어휘	천일문 VOCA 중등 스타트 / 필수 / 마스터			2800개 중등 3개년 필수 어휘
		어휘끝 중학 필수편	중학 필수어휘 1000개	
			어휘끝 중학 마스터편	고난도 중학어휘 +고등기초 어휘 1000개
독해	ReadingGraphy LEVEL 1 / 2 / 3 / 4			중등 필수 구문까지 잡는 흥미로운 소재 독해
		Reading Relay Starter 1, 2 / Challenger 1, 2 / Master 1, 2		타교과 연계 배경 지식 독해
		READING Q Starter 1, 2 / Intermediate 1, 2 / Advanced 1, 2		예측/추론/요약 사고력 독해
독해전략			리딩 플랫폼 1 / 2 / 3	논픽션 지문 독해
독해유형			Reading 16 LEVEL 1 / 2 / 3	수능 유형 맛보기 + 내신 대비
			첫단추 BASIC 독해편 1 / 2	수능 유형 독해 입문
듣기	Listening Q 유형편 / 1 / 2 / 3			유형별 듣기 전략 및 실전 대비
		쎄듀 빠르게 중학영어듣기 모의고사 1 / 2 / 3		교육청 듣기평가 대비